警　察　法　学　文　库

本书受湖北警官学院“荆楚卓越经管人才协同育人计划”项目资助出版！特此致谢！

# 刑事强制措施要论

张建良　著

WUHAN UNIVERSITY PRESS
武汉大学出版社

**图书在版编目(CIP)数据**

刑事强制措施要论/张建良著.—武汉：武汉大学出版社,2021.12
警察法学文库
ISBN 978-7-307-22648-7

Ⅰ.刑…　Ⅱ.张…　Ⅲ.刑事诉讼—强制执行—研究—中国
Ⅳ.D925.218.34

中国版本图书馆 CIP 数据核字(2021)第 214779 号

责任编辑:田红恩　　责任校对:李孟潇　　版式设计:马　佳

出版发行：**武汉大学出版社**　(430072　武昌　珞珈山)
(电子邮箱：cbs22@ whu.edu.cn　网址：www.wdp. com.cn)
印刷：武汉邮科印务有限公司
开本:720×1000　1/16　印张:23　字数:331 千字　插页:1
版次:2021 年 12 月第 1 版　2021 年 12 月第 1 次印刷
ISBN 978-7-307-22648-7　定价:78.00 元

# 修订版说明

本书首次出版于2005年，面世以来，受到学界同仁和读者的关注。书中某些观点，被多部论著所引用，部分高校还将其作为《刑事诉讼法学》教学的参考教材，一些法律实务工作者还将其作为办案的参考用书，本书还先后被湖北省法学会、湖北警官学院等多个单位评为优秀学术著作。在此，笔者衷心感谢社会各界同仁对本拙著的关心和厚爱。

党的十八大以来，中共中央先后作出了《关于全面深化改革若干重大问题的决定》《关于全面推进依法治国若干重大问题的决定》，全国人民代表大会及常务委员会先后三次作出了《关于修改〈中华人民共和国刑事诉讼法〉的决定》；中央全面深化改革领导小组、中共中央办公厅、国务院办公厅、中央政法委员会、最高人民法院、最高人民检察院、公安部、司法部以及全国人大常委会法制工作委员会等单位，相继分别或联合发布了一系列重要文件或法律解释，对我国的刑事强制措施制度，作了较大修改完善；学界有关刑事强制措施制度的理论研究，也取得了丰硕的成果；域外一些国家和地区的刑事强制措施制度也呈现出新的变化趋向。学界同仁及武汉大学出版社相关领导、编辑，为方便读者学习交流刑事强制措施的最新立法精神、最新法律规定、最新研究成果，基于对拙著的厚爱，建议笔者对本书进行修订。

为不辜负出版社领导、编辑以及学界同仁的殷切期望和厚爱，努力达到修订的目的，在修订拙著过程中，特别注意了以下关系的把握：

一是全面修改与重点修订的关系。相较原版书，新版书根据立法、司法实践以及刑事强制措施最新理论研究成果，在基本框架、具体内容、参考文献等多方面，都作了比较全面的修改。在此基础上，重点突出了刑事强制措施的理论、法条、司法解释的修订。特别充实完善了刑事强制措施的原则、功能、价值、救济以及监视居住、刑事拘留、逮捕、刑事赔偿等新内容。

二是理论阐述与适用疑惑解答的关系。新版书根据理论与实践紧密结合的原则，对刑事强制措施的基础理论进行了言简意赅的阐述，同时又对拘传、取保候审、监视居住、刑事拘留、逮捕等强制措施适用中的疑点、难点、热点问题，作了针对性的探究与解答，以便于法律实务工作者参考。

三是放眼世界与立足国情的关系。新版书重点解析了我国刑事强制措施最新的法律规定及相关司法解释，在此基础上，还适当增加了域外国家地区刑事强制措施立法、司法和学术研究最新成果的介绍，适度吸纳了《两权公约》《死刑犯权利保障措施》《禁止酷刑公约》《囚犯待遇规则》等联合国相关法律文件的内容。

本书修订历时两年多，适逢亘古未见的“新冠病毒肺炎”肆虐全球，“疫魔”给本书的修订造成了诸多异常的困难和不便，尽管本人试图竭力按时完成修订任务，但囿于自身的水平、能力等原因，书中错谬和不足之处一定在所难免，恳请学界同仁不吝批评指正。

本书在修订过程中，得到了武汉大学出版社田红恩等编辑的悉心指导和热切关心，湖北警官学院袁周斌、王德威等同事和朋友给予了鼎立支持和无私帮助，在此，一并向上述各位领导、同仁、朋友表示衷心的感谢。

**张建良**

二〇二一年七月八日

# 序

刑事强制措施，作为刑事诉讼制度的重要组成部分，在刑事诉讼中具有极其特殊的地位和作用。从一定的意义上说，它的立法设计和司法运用水平，是衡量一个国家刑事诉讼民主、科学和文明程度的重要标志。因此，深入探索刑事强制措施的基本理论，认真考察刑事强制措施的历史和现状，反复比较不同国家地区刑事强制措施的异同，系统研究解决刑事强制措施运用中存在的问题，全面探讨刑事强制措施的改革和完善，有着极为重要的理论和实践意义。

长期以来，刑事强制措施一直是学界同仁和法律实务工作者研究的热点问题，也取得了不少优秀成果。但客观地说，对这一制度全面、系统、深入的研究还不够。究其原因很多，大致上可归纳为两个方面：一是因为刑事强制措施在保障人权与保障刑事诉讼的顺利进行之间存在一定的冲突，如何平衡协调这种矛盾，需要精心设计和科学论证；二是刑事强制措施几乎映现和折射了所有刑事诉讼制度及重要理论问题，理论研究难度非常之大。

本书从理论与实践紧密结合的角度，对刑事强制措施的基本理论和具体适用，进行了初步的探讨。全书共十三章，第一章至第六章，从宏观的角度，对刑事强制措施的内涵、沿革、功能、价值、基本原则、适用以及救济等基本原理问题，进行了较为系统的梳理阐述；第七章至第十一章，从微观的角度，对干预人身自由的刑事强制措施的适用，结合法律实务，作了针对性的分析论证；第十二章至第十三章，对刑事赔偿及刑事强制措施的再完善，进行了全面的探索思考。

选取这一问题进行研究，笔者深感驾驭这一问题的难度。但我祈望通过自己的努力探索，能引起学界同仁对这一问题的关注，愿本书的再版能对刑事强制措施的理论发展和司法实践具有一定的参考价值。

**张建良　谨识**

二〇二一年七月八日

# 本书法律文件全称简称对照表

中国法律文件

| 全称 | 简称 |
| --- | --- |
| 1.《中华人民共和国宪法》 | 《宪法》 |
| 2.《中华人民共和国刑事诉讼法》（1979 年） | 1979 年《刑事诉讼法) |
| 3.《中华人民共和国刑事诉讼法》（1996 年） | 1996 年《刑事诉讼法》 |
| 4.《中华人民共和国刑事诉讼法》（2012 年） | 2012 年《刑事诉讼法》 |
| 5.《中华人民共和国刑事诉讼法》（2018 年） | 2018 年《刑事诉讼法》 |
| 6.《中华人民共和国刑法》 | 《刑法》 |
| 7.《中华人民共和国律师法》 | 《律师法》 |
| 8.《中华人民共和国人民警察法》 | 《人民警察法》 |
| 9.《中华人民共和国国家安全法》 | 《国家安全法》 |
| 10.《中华人民共和国人民法院组织法》 | 《人民法院组织法》 |
| 11.《中华人民共和国人民检察院组织法》 | 《人民检察院组织法》 |
| 12.《中华人民共和国国家赔偿法》 | 《国家赔偿法》 |
| 13. 全国人大常委会《关于司法鉴定管理问题的决定》 | 人大常委会《司法鉴定管理决定》 |
| 14. 最高人民法院、最高人民检察院、公安部、国家安全部、司法部、全国人大常委会法制工作委员会《关于实施刑事诉讼法若干问题的规定》 | 六部门《规定》 |

续表

| 全称 | 简称 |
| --- | --- |
| 15. 最高人民法院、最高人民检察院、公安部、司法部《关于刑事诉讼法律援助工作的规定》 | 两院二部《法律援助规定》 |
| 16. 最高人民法院《关于适用〈中华人民共和国刑事诉讼法〉的解释》 | 最高法《解释》 |
| 17. 最高人民法院《关于建立健全防范刑事冤假错案工作机制的意见》 | 最高法《防范冤假错案意见》 |
| 18. 最高人民法院《关于刑事裁判涉财产部分执行的若干规定》 | 最高法《刑事财产执行规定》 |
| 19. 最高人民法院《关于完善人民法院司法责任制的若干意见》 | 最高法《人民法院司法责任制意见》 |
| 20. 最高人民检察院《人民检察院刑事诉讼规则（试行）》 | 最高检《规则》 |
| 21. 最高人民检察院《人民检察院办理未成年人刑事案件的规定》 | 最高检《办理未成年人刑事案件规定》 |
| 22. 最高人民检察院《人民检察院刑事诉讼涉案财物管理规定》 | 最高检《涉案财物管理规定》 |
| 23. 最高人民检察院《关于完善人民检察院司法责任制的若干意见》 | 最高检《检察院司法责任制意见》 |
| 24. 公安部《公安机关办理刑事案件程序规定》 | 公安部《规定》 |
| 25. 十八届三中全会《中共中央关于全面深化改革若干重大问题的决定》 | 十八届三中全会《决定》 |
| 26. 十八届四中全会《中共中央关于全面推进依法治国若干重大问题的决定》 | 十八届四中全会《决定》 |
| 27. 中共中央办公厅、国务院办公厅《领导干部干预司法活动、插手具体案件处理的记录、通报和责任追究规定》 | 两办《领导干部干预司法责任追究规定》 |

续表

| 全称 | 简称 |
| --- | --- |
| 28. 中央政法委员会《司法机关内部人员过问案件的记录和责任追究规定》 | 中政委《司法机关内部人员过问案件责任规定》 |
| 29. 中共中央政法委员会、财政部、最高人民法院、最高人民检察院、公安部、司法部《关于建立完善国家司法救助制度的意见（试行）》 | 中政委等部门《完善司法救助意见（试行）》 |

**联合国法律文件**

| 全称 | 简称 |
| --- | --- |
| 1. 联合国《公民权利和政治权利国际公约》 | 联合国《两权公约》 |
| 2. 联合国《关于保护死刑犯的权利的保障措施》 | 联合国《死刑犯权利保障措施》 |
| 3. 联合国《禁止酷刑和其他残忍、不人道或有辱人格的待遇或处罚公约》 | 联合国《禁止酷刑公约》 |
| 4. 联合国《囚犯待遇最低限度标准规则》 | 联合国《囚犯待遇规则》 |
| 5. 联合国《关于司法机关独立的基本原则》 | 联合国《司法独立原则》 |
| 6. 联合国《关于检察官作用的准则》 | 联合国《检察官作用准则》一 |
| 7. 联合国《关于律师作用的基本原则》 | 联合国《律师作用基本原则》 |
| 8. 联合国（打击跨国有组织犯罪公约》 | 联合国《打击跨国犯罪公约》 |

# 目　　录

# 第一章　刑事强制措施概述

## 第一节　刑事强制措施的内涵

### 一、刑事强制措施的内涵

#### （一）刑事强制措施的内涵

本书所研究的是刑事强制措施问题，显然，什么是刑事强制措施，就成为笔者所要探讨问题的逻辑起点。从汉语语法与词义这一角度考察，“刑事强制措施”这一词组，由“刑事”“强制”“措施”三个词组成。刑事，与民事相对而言，是有关刑法的①；强制，指强迫、迫使，施加压力使之服从②；措施，指实施，解决问题的办法③。将三者组合起来，“刑事强制措施”这一词组从语源上看，其意思大致是，在刑事诉讼的过程中，通过强制的方式来解决问题的方法。

作为一个法律术语，《中国大百科全书》（法学）将“刑事强制措施”定义为“司法机关在刑事诉讼中，为防止现行犯、重大嫌疑分子或被告人逃避侦查、审判，毁灭、伪造证据，继续犯罪，自杀，或进行其他破坏活动，而采取的对他们的公民基本权力加以限制的措

---

①《汉语大词典》第 2 册，汉语大词典出版社 2003 年版，第 604 页。

②《汉语大词典》第 4 册，汉语大词典出版社 2003 年版，第 138 页。

③《汉语大词典》第 6 册，汉语大词典出版社 2003 年版，第 639 页。

施。又称强制处分”；强制措施“是为了保证侦查、审判工作的顺利进行，防止犯罪分子继续危害社会而采取的措施，属于诉讼上的强制方法”。①（当然，刑事强制措施能否被称为“强制处分”是值得商榷的。另外，使用“犯罪分子”这一称谓显然违背无罪推定原则。——笔者注）

域外一些国家和地区，对什么时刑事强制措施有多种不同的表述，如在德国，强制措施包括对人格自由权之侵犯、对生理权之侵犯、对财产权之侵犯、对住宅权之侵犯、对通讯秘密权之侵犯、对职业自由权之侵犯以及对信息自主权之侵犯，且实施侵犯的职权单位不仅包括法官、检察官以及检察官的辅助机关，还包括不属于检察官辅助机关的警察及每个国民。② 在俄罗斯，诉讼强制措施分为三类，即拘捕、强制处分和其他诉讼强制措施。拘捕是短期剥夺犯罪嫌疑人的自由以查清其身份并解决是否需要对其适用强制处分等；强制处分是通过限制刑事被告人（特殊情况下亦包括犯罪嫌疑人）的人身自由以制止其实施妨碍具体刑事案件诉讼行为的可能性；其他强制措施则是为诉讼程序顺利推进以及生效裁判正确执行创造条件。在我国台湾地区，强制处分是指违反受强制的诉讼主体的意思而干预或者剥夺其基本自由与权利，包括对人身自由之剥夺、对身体不可侵犯性之干预、对居住自由权之干预、对秘密通讯自由之干预以及对财产权之剥夺。③ 综上可看出，尽管域外国家和地区，关于刑事强制措施内涵和外延的表述不尽一致，其内涵和外延也不一致，但刑事强制措施所涵盖的范围，几乎都包括所有干预或者限制公民基本权利的行为。

国内各种版本的教科书都对“刑事强制措施”这一法律术语也作了不同界定，其中比较有代表性的观点是，“刑事强制措施，是指公安

---

① 《中国大百科全书》（法学），中国大百科全书出版社 1984 版，第 662 页。

② ［德］克劳思·罗科信：《刑事诉讼法》，吴丽琪译，法律出版社 2003 年版，第 273 页。

③ 林山田主编：《刑事程序法》，台湾五南图书出版有限公司 1998 年版，第 170 页。

机关、人民检察院和人民法院为了保证刑事诉讼的顺利进行，依法对刑事案件的犯罪嫌疑人、被告人的公民基本权力进行限制或者剥夺的各种强制方法"①；"我国刑事诉讼中的强制措施，是指公安机关、国家安全机关、人民检察院和人民法院为保证刑事诉讼活动的顺利进行，依法对犯罪嫌疑人、被告人或者现行犯、重大嫌疑分子所采取的强制性限制其公民基本权力或暂时剥夺其公民基本权力的各种法定强制方法"②；"在刑事诉讼中，为保障刑事诉讼顺利进行，而干预（限制或剥夺）公民基本权利的各种强制行为"③，"所谓刑事强制措施，是指国家追诉和审判机关在刑事诉讼活动中，实施的干预宪法所保障的公民基本权利的行为"④ 等。

关于刑事强制措施的内涵与外延，理论界争论较大，大多数观点都认为，当前我国法定刑事强制措施仅限于限制和剥夺犯罪嫌疑人、被告人人身自由的五种类型，显得过于狭窄，与法治国家强化人权保障的理念相脱节，应进行改革：应将所有用于办理刑事案件的人身强制方法统一作为刑事强制措施加以规定；⑤ 应按照基本权利是否受侵犯为标准来界定刑事强制措施，将搜查、监听等强制性侦查行为也纳入强制措施范围之内，从而突出强制措施的本质特征以及在宪政体制中的地位；⑥ 应当将搜查、扣押等对物的强制措施纳入刑事强制措施体系的基础上，提出应探索限制经营、停止经营等符合我国目前实际情况的对单位犯罪嫌

① 陈光中主编：《刑事诉讼法》（第六版），北京大学出版社/高等教育出版社 2016 年版，第 244 页。

② 陈卫东主编：《刑事诉讼法学》（第二版），高等教育出版社 2018 年版，第 160 页。

③ 樊崇义主编：《刑事诉讼法学》（第四版），法律出版社 2016 年版，第 131 页。

④ 孙连钟：《刑事强制措施研究》，知识产权出版社 2007 年年版，第 34 页。

⑤ 孙长永主编：《比较法视野中的刑事强制措施》，载《法学研究》2005 年第 1 期。

⑥ 杨雄：《刑事强制措施实体化倾向之反思——以预防性羁押为范例》，载《政法论坛》2008 年第 4 期。

疑人、被告人的强制措施，使刑事强制措施体系更趋完整。① 刑事强制措施被用以包容和丰富强制措施的相关内容，具体包括对人身自由的强制性措施、对物的强制性措施以及对隐私权的强制性措施三个方面。②

从逻辑学的角度来给一个事物下定义通常用种差加邻近的属概念的方法，即“被定义的概念=种差+邻近的属概念”。任何定义都在于区别对象，为了区别对象就必须先找出被定义概念的邻近的属概念，然后再找出被定义概念所反映的这一类事物与同一属概念下其他种概念所反映的事物之间的特有本质属性，即种差，以组成下定义的概念，最后用连结词把定义项和被定义项联结起来。具体到“刑事强制措施”这一概念，由上述推知，学者们大多认为“刑事强制措施”特有的本质属性是为了保证刑事诉讼的顺利进行，而依法对犯罪嫌疑人、被告人的公民基本权利予以干预，而这一概念的邻近的属概念则是一般使用“方法”“手段”或“强制方法”。结合域内外学者的观点，尽管我国现行《刑事诉讼法》仅对人的强制措施设专章予以规定，而将搜查、扣押、查封、冻结等对财产权的强制处分以及监听、监控等对隐私权的强制处分被划归至“侦查”章节，但笔者坚持认为，我国传统刑事诉讼立法和理论坚持认为的刑事强制措施概念及其体系，存在较大的缺陷，主要表现为：狭隘的将刑事强制措施局限于人身自由的强制，不利于公民宪法性基本权利的保护，如财产权、通信自由等权利；适用对象限定为被追诉人，直接造成司法操作上的困境，如如何强制证人出庭作证；模糊了强制措施的本质和目的，导致理论研究中出现认识错位，以及实践中某些本质上的强制措施，脱离司法审查的现象。③ 综上，笔者认为，刑事强制措施可以界定为：国家机关为保证刑事诉讼的顺利进行，依法对犯罪嫌疑人、刑事被告人的宪法性基本权利进行干预的各种诉讼行为的总

① 宋英辉：《完善刑事强制措施的理念与总体构想》，载《人民检察》2004年第17期。

② 卞建林主编：《刑事诉讼法学》，科学出版社2008年版，第284页。

③ 樊崇义主编：《刑事诉讼法学》（第四版），法律出版社2016年版，第130~131页。

称，具体包括对人的强制，对物的强制以及对隐私的强制三个方面。需要说明的是，限于篇幅，本书仅就人身自由的强制进行研究，对物以及对隐私的强制，留待以后再论。

（二）刑事强制措施的特征分析

事物的特征，是事物本质属性的外在表现，是事物之间相互区别的关键所在，与民事、行政诉讼的强制措施相比较，刑事强制措施具有如下特征：

1. 适用主体的法定性

根据我国《刑事诉讼法》的规定，有权适用刑事强制措施的机关是：公安机关（包括其他侦查机关）、人民检察院和人民法院，其他任何国家机关、团体或个人都无权采用刑事强制措施，否则即构成对公民人身权利的侵犯，严重的构成犯罪。①

2. 适用对象的特殊性

即只能对犯罪嫌疑人（包括现行犯和重大嫌疑分子）、刑事被告人适用。对于其他诉讼参与人，如自诉人、公诉案件的被害人、法定代理人、辩护人等则不得适用。目前，有少数国家也将证人、保证人等列为刑事强制措施适用的对象，如法国、日本等，但我国法律没有做此规定。

3. 适用内容的特定性

即是干预犯罪嫌疑人、被告人的宪法性基本权利，包括人身自由权、财产权、隐私权等公民基本权利。

4. 适用目的保障性

适用刑事强制措施的目的在于保证刑事诉讼活动的顺利进行，防止被适用对象可能实施的逃跑，匿藏或伪造、隐藏、毁坏证据及串供等妨碍刑事诉讼的行为。尽管我国三大诉讼法规定的强制措施都是针对妨碍诉讼程序的行为，但它们在解决问题时是有区别的：刑事强制措施更侧重于对可能妨碍诉讼程序的未然行为的强制，而民事行政强制措施则侧

① 陈光中主编：《刑事诉讼法》（第六版），北京大学出版社/高等教育出版社2016年版，第224页。

重于对已然的妨碍诉讼程序行为的强制。

5. 适用程序的合法性

我国刑事诉讼法对各种刑事强制措施的适用机关、适用条件、程序和期限都作了严格的规定，必须严格依法适用。

6. 适用手段具有强制性

强制措施、顾名思义，以强制力的行使为其显著的外在特征。所谓“强制”一语，实际有两层含义：一是强制力。所谓强制，就是以人力或物力限制或剥夺他人之自由，因此，人力或物力等强制力的使用，是强制措施的显著外在特征。二是强行力。强制措施中的“强制”一语，还指可以不经适用对象同意即强行实施。换言之，适用对象的意愿不构成强制措施适用的前提，即便适用对象不配合，强制措施仍可强行实施。①

7. 适用期限具有临时性

强制措施的法律效果是强制性限制其人身自由或者暂时剥夺其人身自由，但无论是限制人身自由还是暂时剥夺人身自由、都是临时性的，因为它不是一种惩罚，而仅仅是为了保证诉讼活动的顺利进行，诉讼都是有期限的，所以强制措施的期限不可能是无期的，也不可能比诉讼期限更长，随着刑事诉讼的推进，当适用强制措施的必要性减弱或者消除时，公安司法机关应当及时将强制措施予以变更或者解除。②

### （三）刑事强制措施与相关概念之比较

1. 刑事强制措施与强制处分

在学界，常有学者将强制处分与强制措施等同使用，一些国家和地区，如德国、日本以及我国的台湾诉讼理论界，也采用“强制处分”这一概念，“强制处分”，依照其行使的对象是“人”或“物”（含动产及不动产），可以分成“对人之强制处分”及“对物之强制处分”，

① 陈卫东主编：《刑事诉讼法》（第二版），高等教育出版社 2016 年版，第 161 页。

② 樊崇义主编：《刑事诉讼法学》（第四版），法律出版社 2016 年版，第 130 页。

前者如传唤、拘提、逮捕、羁押、身体检查等，后者如扣押用对物搜索等；其次，依照其行使的对象是“被告本身或其所属之物”抑或“第三人本身或其所属之物”，可分成“对被告之强制处分”及“对第三人之强制处分”。① 在刑事诉讼强制措施体系中，对物强制措施是刑事诉讼强制措施的下位概念，重新界定“对物强制措施”的前提针就“刑事诉讼强制措施”进行定性。笔者认为，刑事强制措施与强制处分两者不可替换使用。“措施”与“处分”概念不同，其内涵各异。如前所述，“措施”指实施，解决问题的办法，而“处分”一词有三种含义，即处理，处置；处罚；吩咐，嘱咐 ②。从字义上看，措施更接近刑事强制措施的本义，因为刑事强制措施是为解决刑事诉讼中的具体问题，如保证被告人到场、裁判的执行而采取的具体办法，它不是简单的处理，更不是最后的处罚。所以，“强制措施”是指带有强制性的方法。从措施与处分的汉语本义来说应当是强制措施，而非强制处分。这样区分具有以下优点：一是符合强制措施的本来意义；二是避免引起误会，如果叫“处分”，就易与刑事处分相混淆；三是有利于被采取强制措施的人的权利的恢复和保障其合法利益。措施相对具有临时性，而处分则是终局性的。有了这样的区分，就可以随时采取和及时撤销措施，有利于被告人、犯罪嫌疑人权益的保障。措施可以随着客观情况的变化及时调整、变更，如用“处分”一词，不断变更处分则不够严肃。③

2. 刑事强制措施与刑事强制性措施

我国《刑事诉讼法》第 108 条第 1 项规定，“侦查”是指公安机关、人民检察院对于刑事案件，依照法律进行的收集证据、查明案情的工作和有关的强制性措施。该条文提到的“强制性措施”与《刑事诉讼法》第 1 编第 6 章规定的“强制措施”究竟是什么关系，立法未予

---

① 林钰雄著：《刑事诉讼法（上册 总论编）》，中国人民大学出版社 2005 年，第 231 页。

② 《辞海》（缩印本），上海辞书出版社 2002 年版，第 698 页。

③ 李忠诚：《刑事强制措施制度研究》，中国人民公安大学出版社 1995 年版，第 6 页。

明确，理论界也尚无统一的认识。目前，关于强制措施与强制性措施的关系有三种不同的学术观点：一是同一说，认为刑事强制措施即为刑事强制性措施，两者内涵并无二致，只是表述不同。二是包容说，认为侦查中的强制性措施不单纯指刑事诉讼法规定的五种强制措施，还包括为确保证据的收集而采用的带有强制性的办法，它体现在专门调查工作诸项活动中。例如，"所谓强制性措施，是指侦查机关采取的涉及限制或剥夺个人公民基本权力、财产、隐私等权益措施，它既包括法定的五种'强制措施'，即拘传、取保候审、监视居住、拘留和逮捕等，也包括诸如搜查、扣押、冻结、通缉等侦查措施。"① "刑事诉讼中的强制性措施，既包括人身强制，如逮捕和拘留，又包括对物的强制，如搜查、扣押。"② 三是并列说，认为我国刑事诉讼中作为侦查概念组成部分的有关强制性措施与刑事强制措施是两个既不等同也不互相包含的概念。

笔者认为我国《刑事诉讼法》第 1 编第 6 章规定的"强制措施"是狭义上的强制措施。专指为了保障刑事诉讼活动的顺利进行而干预公民宪法性基本权利的强制措施，包括拘传、取保候审、监视居住、拘留、逮捕五种。至于搜查、扣押、查封、冻结、监听等，则一般被视为侦查中的"强制性措施"。而"强制性措施"则是"广义"上的强制措施，即包括对人的强制性措施、对物的强制性措施和对隐私权的强制性措施。对人的强制性措施不仅包括五种强制措施，而且包括强制检查、搜查犯罪嫌疑人等侦查措施。

## 二、刑事强制措施制度

### (一) 刑事强制措施制度的概念

对于刑事强制措施，我们可以从一种具体的诉讼方法上去理解，更应当从一种诉讼制度的视角去把握。明确刑事强制措施制度的概念，首先要明确制度本身的含义。"制度"一词在《辞海》中有三种解释：要求成员共同遵守的、按一定程序办事的规程，如工作制度，学习制度；

① 陈瑞华：《刑事诉讼的前沿问题》，中国人民大学出版社 2000 年版，第 5 页。

② 徐静村：《刑事诉讼法学》，法律出版社 1999 年版，第 235 页。

在一定的历史条件下形成的政治、经济、文化等各方面的体系，如社会主义制度、资本主义制度；旧指政治上的规范法度。《汉书·元帝纪》称："汉家自有制度，本以霸王道杂之。"① 将制度概念与刑事强制措施联系起来分析，第一种含义与刑事强制措施制度的本义较为接近，因为它也是一种要求人们共同遵守的、按一定程序办事的规程，同时刑事强制措施制度作为诉讼制度乃至整个法律制度的组成部分，也是在一定的历史条件下形成的有关刑事强制措施的各方面体系的综合。具体而言，刑事强制措施制度是为保证刑事诉讼的顺利进行，实现刑事诉讼目的，以法律形式确定的有关刑事强制措施的种类、适用的主体、对象、条件、程序等项内容的总称。②

（二）刑事强制措施制度与司法强制措施制度的比较

刑事强制措施制度与司法强制措施制度都属于国家法律制度，同归上层建筑范畴，都是诉讼保障制度，依附于诉讼而存在，且都具有强制性，但同时两者又存在明显的区别：

1. 法律性质不同

刑事强制措施制度是为了防止犯罪嫌疑人、被告人逃避或者妨碍侦查、起诉和审判，预防性、保障性、临时性和强制性是其法律性质之所在；司法强制措施制度除了保障性质外，还具有对妨碍诉讼顺利进行者的制裁作用。

2. 法律依据不同

刑事强制措施制度的法律依据是刑事诉讼法，具体地说是《刑事诉讼法》第6章第66~100条；司法强制措施制度根据具体种类的不同其法律依据也不相同：刑事司法强制措施制度的依据是《刑事诉讼法》第193条和第199条，民事司法强制措施制度的法律依据是《民事诉讼法》第10章第100~106条，行政司法强制措施制度的法律依据是《行政诉讼法》第49条。

---

① 《辞海》（缩印本），上海辞书出版社2002年版，第210页。

② 李忠诚：《刑事强制措施制度研究》，中国人民公安大学出版社1995年版，第3页。

3. 适用对象不同

刑事强制措施制度适用于犯罪嫌疑人、被告人；司法强制措施制度不仅适用于双方当事人和其他诉讼参与人，而且还可以适用于没有参与诉讼的人，如殴打证人的、以暴力阻碍司法工作人员执行职务的人，范围很广。其中，民事司法强制措施制度中的拘传适用于被告。

4. 适用条件不同

刑事强制措施制度的适用条件是犯罪嫌疑人、被告人涉嫌罪行的大小和是否可能逃避、妨碍、干扰侦查、起诉和审判活动；司法强制措施制度的适用条件一般是行为人故意实施了妨害司法诉讼（包括刑事诉讼、民事诉讼、行政诉讼）的某种行为，如哄闹、冲击法庭，侮辱、诽谤、威胁、殴打审判人员，严重扰乱法庭秩序，等等。

5. 适用阶段不同

刑事强制措施制度适用于立案、侦查、起诉和审判阶段，执行阶段不存在适用强制措施问题；而司法强制措施制度既可适用于审判阶段，又可适用于执行阶段。

6. 具体种类不同

刑事强制措施制度有拘传、取保候审、监视居住、逮捕和拘留五种；而司法强制措施制度中的刑事司法强制措施有警告、强行带出法庭、1000 元以下的罚款或 15 日以下的拘留，民事司法强制措施有拘传、训诫、责令退出法庭、罚款和拘留五种，行政司法强制措施制度的种类有训诫、责令具结悔过、1000 元以下罚款或 15 日以下的拘留。

7. 适用机关不同

刑事强制措施制度，除拘留仅公安机关和人民检察院在直接受理的案件中有权采用外，其他措施都可由公安机关、人民检察院和人民法院采用；司法强制措施制度只有对司法案件（包括刑事、民事、行政案件）行使审判权的人民法院有权采用。

8. 适用程序不同

刑事强制措施制度的适用程序为刑事诉讼法明确规定，司法强制措施制度的适用程序则由具体的相关条文规定。如同样采取拘留措施，应遵守的程序则不尽相同：在刑事诉讼中，公安机关决定拘留后应当在24小时以内进行讯问，一般还应当把拘留的原因和羁押的处所通知被拘留人的家属或者他的所在单位，经讯问发现不应当拘留的时候，必须立即释放，发给释放证明。公安机关认为被拘留的人需要逮捕时，应当在法定期限内提请人民检察院审查批准。而人民法院在民事诉讼中采取拘留措施时，法律规定的程序是必须经院长批准，应当用拘留决定书；被拘留人对拘留决定不服的，可以向上一级人民法院申请复议一次，复议期间不停止执行；被拘留的人在拘留期间承认并改正错误的，人民法院还可以提前解除拘留。

## 第二节　刑事强制措施的性质

### 一、有关刑事强制措施性质的理论观点

所谓性质，“是指人或事物固有的或适应环境而逐渐形成的本质、能力、特征等”①。性质是一种事物区别于其他事物的本质属性。刑事强制措施的性质，就是指刑事强制措施的本质属性和特征。目前，学术界对这一问题有多种不同的观点，有代表性的观点有：“从诉讼的角度来考察刑事强制措施的法律性质，应该注意以下几个方面：1. 强制性……2. 预防性……3. 时间性……4. 法律性……5. 依附性……”②“强制措施的性质是刑事诉讼中暂时限制公民基本权力的一种方法和手段，不具有惩罚性质，可以说是一种诉讼保障措施……”③“强制措施

① 《中华字典》，中华书局出版社1999年版，第530页。

② 李忠诚：《刑事强制措施制度研究》，中国人民公安大学出版社1995年版，第14~16页。

③ 胡锡庆主编：《新编中国刑事诉讼法学》，华东理工大学出版社1998年版，第166页。

是国家刑事诉讼专门机关，为保障刑事诉讼活动的顺利进行，对犯罪嫌疑人、被告人实施强制性限制人身自由或暂时剥夺人身自由的各种强制方法。”① “强制措施的性质可概括为：1. 强制性……2. 临时性……3. 程序性 ……”② “刑事诉讼中的强制措施，是在被告人的刑事责任尚未确定之前的一种暂时限制人身自由的防范性措施，它本身不具有惩罚性，是一种诉讼保障方法。”③ “刑事诉讼中的强制措施是国家权力的体现，即有强制性又有预防性。”④ “强制措施是一种限制或剥夺人身自由的强制性方法。”⑤ “强制措施具有明显的强制性。”⑥ “刑事诉讼强制措施的性质在于它的诉讼性和保证性。诉讼性是指强制措施的程序意义，也是公、检、法机关在诉讼中所采用的程序性措施；保证性是指适用强制措施的目的在于保证刑事诉讼的顺利进行”⑦ 等。

## 二、刑事强制措施的性质界定

学界有关刑事强制措施性质的不同观点，尽管其表述方式各异，但大多认为刑事强制措施具有预防性（又称保障性）和诉讼性（又称程序性）。笔者认为，从刑事诉讼角度来考察、理解和把握刑事强制措施的性质，至少应包括以下几个方面：

---

① 樊崇义主编：《刑事诉讼法学》（第四版），法律出版社 2014 年版，第 129 页。

② 谢佑平著：《刑事诉讼模式与精神》，成都科技大学出版社 1994 年版，第 151~154 页。

③ 武延平主编：《中国刑事诉讼法教程》，中国政法大学出版社 1994 年版，第 74 页。

④ 王国枢主编：《刑事诉讼法学》（第四版），北京大学出版社 2014 年版，第 135 页。

⑤ 陈卫东：《刑事诉讼法》（第二版），高等教育出版社 2018 年版，第 160 页。

⑥ 汤啸天主编：《刑事诉讼研究的新视角》，上海人民出版社 1998 年版，第 41 页。

⑦ 陈光中、徐静村主编：《刑事诉讼法学》，中国政法大学出版社 1999 年版，第 214 页。

（一）刑事强制措施的程序性或诉讼性

即它是刑事诉讼法所规定的，在刑事诉讼过程中，为查清案件事实真相，实现刑罚权和保障人权而适用的一种法定的措施、手段或方法。它不是一种法律责任，其运用的对象仅限于涉嫌犯罪、正在受到追诉的犯罪嫌疑人和刑事被告人。尽管刑事强制措施适用的结果也包含限制或剥夺公民基本权利，但它只是作为一种实现刑事诉讼的目的和完成刑事诉讼的任务而存在的一种办案措施、手段或方法而已，这是它与法律责任的原则性区别。

（二）刑事强制措施的预防性或保障性

即适用的目的在于保障刑事诉讼活动的顺利进行，预防各种妨碍诉讼活动行为的发生。当然也不排除在发生了妨碍刑事诉讼行为时适用刑事强制措施的情况，但立法的目的则是在于预防妨碍诉讼行为的发生。一般来说，公安司法机关适用刑事强制措施的目的在两个方面：一是防止犯罪嫌疑人、被告人逃避侦查、起诉和审判，防止他们妨碍刑事诉讼活动，如防止他们可能发生的逃跑、自杀、串供、毁灭证据、伪造证据、转移赃款赃物等行为；二是防止犯罪嫌疑人、被告人继续危害社会，即对其适用刑事强制措施、限制或剥夺其公民基本权力，防止其继续进行犯罪或者实施新的犯罪及其他危害社会的行为。

（三）刑事强制措施的强制性

即它是一种公安司法机关以刑事诉讼法为根据，以国家强制力为后盾，以外力迫使犯罪嫌疑人、刑事被告人不同程度地丧失公民基本权利，不能按其个人意志自由活动，使原来法律所赋予的权利和自由受到不同程度的限制或剥夺的措施。这里所谓的强制，“即以人力或物力限制或剥夺人身自由，是故人力或物力等强制力的使用，遂成为强制处分显著的外在特征”①，强制的本质是凭借手中的力量，迫使他人作既定的服从。尽管刑事强制措施的种类不同，对犯罪嫌疑人、被告人的公民的限制或剥夺程度不同，但刑事强制措施均有强制性，被采取强制措施

---

① 樊崇义主编：《刑事诉讼法学》（第四版），法律出版社 2014 年版，第 132 页。

之人只能作既定的服从。

（四）刑事强制措施的临时性

即它是一种短期内限制或剥夺公民基本权力的措施。现代刑事诉讼遵循效率和保障人权原则，即寻求在最短的时间内、以最少的司法资源获取最大的刑事案件处理量。刑事强制措施作为一种限制或剥夺公民基本权力的程序性措施，其适用时间较之其他限制或剥夺公民基本权力的措施更短。这既是及时惩罚犯罪的需要，又是保障犯罪嫌疑人、被告人基本人权的需要。“一旦发现适用强制措施的必要性减弱或消除，公安司法机关就应当及时对强制措施予以变更或解除。”① 我国刑事诉讼法就各种刑事强制措施的期限做了明确规定，此问题，在后面有关章节中将做专门论述。

## 三、刑事强制措施与相关的处罚、措施的区别

（一）刑事强制措施与刑罚

刑罚是国家为惩罚犯罪而制定的并由专门机关对犯罪分子适用的处罚方法。在我国的刑罚体系中，限制或剥夺公民基本权力的有管制、拘役、有期徒刑等。虽然，这些刑罚与刑事强制措施都有使适用对象的公民基本权力受到限制或被剥夺、具有强制性等共同点，但两者有明显的区别。

1. 法律依据不同

刑事强制措施适用的主要依据是刑事诉讼法，另外还要考虑刑法及法院组织法的有关规定；而刑罚适用则以刑法为依据。

2. 有权适用的机关不同

在刑事强制措施体系中，除了拘留不能由人民法院适用外，其他刑事强制措施公安司法机关都有权适用；而刑罚只能由人民法院适用。

3. 适用的对象不同

刑事强制措施适用于犯罪嫌疑人、刑事被告人、现行犯以及重大嫌

---

① 陈卫东主编：《刑事诉讼法》（第二版），高等教育出版社 2018 年版，第 161 页。

疑分子，而刑罚只适用于犯罪分子。①

4. 适用的时间不同

刑事强制措施仅适用于刑事诉讼过程，而刑罚则在人民法院作出判决之后适用。

5. 适用的目的不同

适用刑事强制措施的目的在于保障诉讼的顺利进行；而刑罚的目的则是实现犯罪的预防，即犯罪的一般预防和特殊预防。

6. 稳定性不同

刑事强制措施是一种临时性措施，随着诉讼的进展要发生变化，具备法定情形的还应当变更或撤销；刑罚一经法院终审判决确定，即产生既判力，非经法定程序不得随意变更。②

7. 法律后果不同

强制措施不是刑事处罚，被采取过强制措施的人，如果被宣告无罪，不应视为有前科；刑罚产则生前科效力，并且在一定条件下成为今后犯罪从重处罚的法定情节（累犯）。

（二）刑事强制措施与行政处罚

行政处罚是行政主体对具有行政违法行为的公民、法人或其他组织依法给予的行政制裁。刑事强制措施与某些行政处罚（如治安拘留）虽然具有相同或相似之处，但两者之间的区别也是明显的。

1. 法律依据不同

刑事强制措施适用的依据是刑法及刑事诉讼法，而行政处罚的依据是行政处罚法及有关行政法规。

2. 性质不同

刑事强制措施是诉讼过程中的保证性措施，具有程序性质；而行政处罚是行政制裁，是一种实体性结论。

---

① 陈卫东：《刑事诉讼法》（第二版），高等教育出版社 2018 年版，第 161 页。

② 陈光中：《刑事诉讼法》（第六版），北京大学出版社/高等教育出版社 2016 年版，第 225 页。

3. 适用的机关不同

刑事强制措施只有公安机关、人民检察院和人民法院有权适用；而行政处罚只有行政机关及其工作人员有权适用。①

4. 适用对象不同

刑事强制措施适用于被追诉的犯罪嫌疑人、刑事被告人、现行犯以及重大嫌疑分子，而行政处罚则适用于违反行政法律的公民、法人和其他组织。

5. 适用的稳定性不同

刑事强制措施可以根据案件情况变更或者撤销，相对不稳定；行政处罚作为一种行政制裁手段，相对稳定。②

## 第三节　刑事强制措施的法律渊源与体系

### 一、刑事强制措施的法律渊源

法的渊源是指法的各种表现形式，即由不同国家机关制定或认可的、具有不同法律效力和法律地位的各种类别的规范性法律文件的总称。有关刑事强制措施的法律规范的表现形式主要有宪法及宪法性法律、刑事诉讼法、公安司法机关有关刑事诉讼的司法解释以及国际法等。

#### （一）宪法及宪法性法律

宪法是国家的根本法，在一国法律体系中，具有最高的法律地位和效力，是制定其他法律的基础和依据。我国宪法规定了当代中国的根本制度和根本任务，公民的基本权利和义务，国家主要机关的组成、任

① 阮国平、丁翠英、杨华主编：《刑事诉讼法教程》（第四版），中国人民公安大学出版社/群众出版社2019年版，第193页。

② 陈光中：《刑事诉讼法》（第六版），北京大学出版社/高等教育出版社2016年版，第226页。

期、权限等根本性问题。由于刑事强制措施涉及公民基本权利等问题，因此我国宪法对刑事强制措施作了一些原则性规定。

我国《宪法》第37条第1款规定："中华人民共和国公民的人身自由不受侵犯。任何公民，非经人民检察院批准或者人民法院决定，并由公安机关执行，不受逮捕。"宪法的这一规定明确了批准、决定和执行逮捕的国家机关，是刑事诉讼法及相关法律、法规关于刑事强制措施立法的宪法依据。另外，《宪法》第74条规定："全国人民代表大会代表，非经全国人民代表大会会议主席团许可，在全国人民代表大会闭会期间，非经全国人民代表大会常务委员会许可，不受逮捕或者刑事审判。"这一规定对人民检察院、人民法院的批捕权、决定逮捕权作了限制性规定，其目的是保障人民代表充分行使人民赋予的权利，参与管理和决策国家大事，防止他人非法阻挠人民代表行使权利。

此外，由于刑事强制措施涉及公民的基本权利，所以一些宪法性法律也有关于刑事强制措施的规定，这样的宪法性法律有《立法法》《全国人民代表大会组织法》《地方各级人民代表大会和地方各级人民政府组织法》《人民检察院组织法》等。如《立法法》第8条规定，对公民政治权利的剥夺、限制人身自由的强制措施和处罚的事项只能通过法律来规定。同时，该法第9条规定："本法第八条规定的事项尚未制定法律的，全国人民代表大会及其常务委员会有权作出决定，授权国务院可以根据实际需要，对其中的部分事项先制定行政法规，但是有关犯罪和刑罚、对公民政治权利的剥夺和限制人身自由的强制措施和处罚、司法制度等事项除外。"这两条规定说明刑事强制措施必须要由法律作出规定，行政法规、部门规章及地方性法规都不能规定新的刑事强制措施种类或变更实施刑事强制措施的条件，这体现了法律对人权的特别保护。《全国人民代表大会组织法》和《地方各级人民代表大会和地方各级人民政府组织法》这两部组织法都明确规定，在对人民代表实施刑事强制措施前须经该级人民代表大会主席团或人大常委会的许可。

### （二）刑事诉讼法

刑事诉讼法是国家统治阶级按照自己的意志制定的有关刑事诉讼程

序的法律规范的总称。它有广义和狭义之分。狭义的刑事诉讼法，单指国家制定的刑事诉讼法典，如我国第八届全国人民代表大会第四次会议通过的《刑事诉讼法》。广义的刑事诉讼法除刑事诉讼法典之外，还包括关于刑事诉讼制度和程序的法律、法规。我国现行的刑事诉讼法第6章即对刑事强制措施的种类、适用的机关、对象、条件和程序等作了具体的规定。可以说，刑事诉讼法是确立刑事强制措施制度的主要法律依据，也是刑事强制措施的主要法律渊源。

（三）相关司法解释

司法解释指最高司法机关在适用法律、法规的过程中对具体应用法律、法规问题所作的解释。与司法机关的分类相对应，司法解释分为审判解释、检察解释和审判—检察共同解释。审判解释是最高人民法院对地方各级人民法院在审判过程中具体应用法律问题所作的解释。检察解释是最高人民检察院对各级人民检察院在检察工作中有关具体应用法律问题所作的解释。审判—检察共同解释指最高人民法院和最高人民检察院对审判工作和检察工作中遇到的涉及共同适用法律的问题作出的联合解释。司法解释具有法律效力，对全国的审判工作和检察工作具有指导意义，可以作为办案和适用法律、法规的依据。由于公安机关在刑事诉讼活动中也具有司法机关的性质，所以在这里阐述刑事强制措施的法律渊源时，也将公安部对刑事强制措施的具体规定划归司法解释一类。

有关刑事强制措施的司法解释主要有：六部门《规定》，最高法《解释》，最高检《规则》，公安部《规定》。

（四）国际法

国际法包括国际公约、国际条约、国际惯例以及一般法律原则等。对于国际法在国内的效力问题，理论界一直存有争议，在公法领域更是如此。但根据国际法“条约必须信守”的原则，我们还是必须遵守有关的国际法律规定。在我国，虽然刑事诉讼法本身并没有规定国际法在国内的效力，但是最高法《解释》第317条规定：“中华人民共和国缔结或者参加的国际条约中有关于刑事诉讼程序具体规定的，适用该国际条约的规定。但是，我国声明保留的条款除外。”

为保护人权，联合国成立以来，国际社会已经达成了许多与保障人权有关的国际公约。对我国刑事司法较有影响的国际公约主要有：《世界人权宣言》《两权公约》《经济、社会和文化权利国际公约》《禁止酷刑公约》《国际囚犯待遇最低限度标准规则》《执法人员行为守则》《联合国少年司法最低限度标准规则》《保护所有遭受任何形式羁押或监禁人的原则》《关于检察官作用的准则》《关于律师作用的基本原则》《联合国非拘禁措施最低限度标准规则》《人类及人民权利非洲宪章》《美洲人权公约》《人权和基本自由保障公约》等，这些公约都明确规定了各缔约国的司法机关不得随意限制公民的基本权利。为了加强与其他国家在刑事司法方面的合作，我国与很多国家签订了刑事司法协助方面的双边条约，这些条约也是我国公安司法机关在实施刑事强制措施时必须遵守的。在国际惯例方面，也有一些惯例涉及刑事司法问题，如享有外交豁免权的外交人员、政府间国际组织的工作人员等就享有司法方面的豁免，对他们不可采取逮捕、拘留、取保候审、监视居住、拘传等刑事强制措施，这样的国际惯例也是我国公安司法机关实施刑事强制措施时应当遵守的。

## 二、刑事强制措施的体系

“体系”一词，在汉语中，常常被理解为“体系+系统”，其基本含义是，各要素直接按照一定的逻辑关系构成一个整体。① 在《辞海》中，体系是指“若干有关事物互相联系互相制约而构成的一个整体”。② 所谓“刑事强制措施体系”，笔者认为，就是由一定数量的刑事强制措施的种类组成的，形成结构的、能发挥一定功能效用的有机整体。

关于刑事强制措施体系问题，我国刑事诉讼法的规定与域外大多数国家的立法不尽相同。在域外，一般将刑事强制措施分为三类：第一类是限制公民基本权力的刑事强制措施，如逮捕、羁押、附条件保释等；

① 胡杰著：《刑事诉讼对物强制措施研究》，武汉大学出版社 2018 年版，第 20 页。

② 舒新城主编：《辞海（上）》，上海辞书出版社 1999 年版，第 644 页。

第二类是对物的强制处分，如搜查、扣押等；第三类是对隐私权的干预，如窃听、采样等。如法国刑事诉讼法中规定的刑事强制措施包括拘传、拘留、逮捕、司法管制和临时羁押；德国在立法体例上并没有采取专章规定刑事强制措施的方式，其内容散见于各个程序规定中，具体包括逮捕、审前拘留、身份认定、带至有关当局、通缉、观察所观察、身体检查、鉴定、扣押、通讯监听、搜查以及其他临时性措施，如暂时羁押在精神病医院或者未成年教养机构、暂时没收驾驶执照、暂时禁止执业活动。① 而我国中刑事诉讼中的刑事强制措施，仅限于对公民基本权力的限制或剥夺，对物的强制处分则是一种常规侦查手段，对隐私权的干预作为一种技术侦查手段，两者都为在强制措施一章中规定。而放在侦查程序中予以规定。一些学者认为，目前之所以这样处理，主要原因是，依照中国的现实国情，对这两类强制措施目前还难以做到审批机关和执行机关的分离，更难做到进行司法审查，目前的强制措施体系已形成了一个有机联系的整体，能够适应刑事诉讼的各种不同情况。②

笔者认为，刑事强制措施直接关系到相对人的生命权、自由权、财产权等基本权利，在"尊重和保障人权"已载入《宪法》，在全面深入推进依法治国以及司法改革的背景之下，为切实尊重和竭力保障公民的基本权利，应借鉴学习域外经验，尽快将对物的强制和对隐私权的强制，纳入刑事强制措施体系，以更好地发挥刑事强制措施的整体功能。

当前，尽管我国也有不少学者致力于探讨"刑事强制措施的体系"，但主要聚集于"刑事强制措施种类"的研究，并将"刑事强制措施的种类"等同于"刑事强制措施的体系"。大多数学者热衷于"个别措施"的研究，对各项强制措施的相互联系、相互作用，"整体功能作用的发挥"，缺乏体系视角，缺乏整体观念，这在一定程度上，影响了我国刑事强制措施体系的完整性、合理性、民主性以及诉讼效用。

---

① 钟佳平、程晓辉著：《中外刑事诉讼法概论》，贵州人民出版社 2003 年版，第 427 页。

② 陈光中主编：《刑事诉讼法》（第六版），北京大学出版社/高等教育出版社 2016 年版，第 226 页。

至于如何完善我国刑事诉讼强制措施的体系，学界经过反复地研讨和理论沉淀，实务和学界已就“刑事诉讼强制措施需要进行体系化建设”基本达成一致。即在刑事诉讼强制措施的体系化问题上，采纳台湾学者的观点，刑事强制措施由对人的强制、对物的强制以及对隐私权的强制这三部分构成。综上，刑事强制措施作为一个有组织的体系，需要、也必然由一定数量的刑事强制措施的种类组成。不同的强制措施有着不同的适用主体、对象、条件，每种强制措施都不是孤立存在的，而是作为和其他部分的关系存在的。刑事强制措施体系之各要素相互关联、相互作用，在结构上以集合体的形式发挥“保证诉讼顺利进行和保障人权”的整体功能，表征着强制措施自身能够作用于刑事诉讼的能力。种类齐全、层次分明、结构合理的刑事诉讼强制措施体系，更有助于保障刑事诉讼活动的顺利进行，防止诉讼过程中的意外，有助于实现多维正义，是实现刑事诉讼目的与任务不可或缺的制度。①

此外，在我国刑事诉讼中，还有三个相关问他需要说明：一是公民的扭送；二是保护性约束；三是强制有关证人出庭。

《刑事诉讼法》第 84 条规定，对于有下列情形的人，任何公民都可以立即扭送公安机关、人民检察院或者人民法院处理：正在实行犯罪或者在犯罪后即时被发觉的；通缉在案的；越狱逃跑的；正在被追捕的。笔者认为，这是法律赋予公民同刑事犯罪作斗争的一种手段，对于鼓励公民积极协助公安司法机关缉拿违法犯罪分子，有效地帮助公安司法机关抓获犯罪嫌疑人、被告人和查明犯罪事实具有重要的意义，它体现了我国刑事诉讼依靠群众、实行专门机关和人民群众相结合的原则。但公民的扭送在本质上不属于刑事强制措施，而只是公民配合公安司法机关采取刑事强制措施的一种辅助手段。

《刑事诉讼法》第 303 条第 2 款规定，对实施暴力犯罪行为的精神病人，在人民法院决定强制医疗前，公安机关可以采取临时的保护性约束措施。这一措施，从适用的对象和对人身自由的限制看，视乎完全符

① 胡杰著：《刑事诉讼对物强制措施研究》，武汉大学出版社 2018 年版，第 24 页。

合强制措施特点，笔者认为，尽管刑事强制措施中没有对此问题进行明确规定，但应该视为一种特殊的保护性观察措施。

《刑事诉讼法》第 193 条规定，经人民法院通知，证人没有正当理由不出庭作证的，人民法院可以强制其到庭，但是被告人的配偶、父母、子女除外。笔者认为，在现行制度空间内，这种对证人的强制，本质上也具有强制措施的属性。

## 第四节　研究刑事强制措施制度的意义

刑事强制措施作为一项重要的诉讼制度，在刑事诉讼中占有十分重要的地位。通过探索刑事强制措施制度的本质与特征，考察刑事强制措施制度的历史与现状，比较不同国家刑事强制措施制度的异同，研究刑事强制措施制度的发展趋势，探讨刑事强制措施制度原则及其体系，对于完善我国刑事诉讼立法，完善刑事强制措施的体系以及在实践中更好地适用刑事强制措施和实现其诉讼价值都具有重要的意义。具体而言，研究刑事强制措施具有以下几个方面的意义：

### 一、有利于完善我国刑事诉讼立法

刑事强制措施是一项重要的诉讼制度，在刑事诉讼中占有十分重要的地位。而刑事强制措施的立法则是其适用的前提和基础。如果刑事强制措施的立法本身就混乱不堪、毫无逻辑，则会使其应有功能不能实现。因此，要加强对刑事强制措施的理论研究，为刑事强制措施的立法提供理论支持，从而有利于完善刑事强制措施立法。目前，世界各国极为关注刑事强制措施的立法完善，有的国家在刑事诉讼法中设有专章对刑事强制措施进行规定，有的国家在立法体例上虽然并没有采取专章规定的形式，但其内容也散见于各个程序规定中。加强对刑事强制措施制度立法的比较研究，吸收借鉴其他国家和地区的立法经验，无疑有利于完善我国刑事诉讼立法。

## 二、有利于健全和完善刑事强制措施体系

刑事强制措施的体系是刑事强制措施制度的重要组成部分，合理的刑事强制措施体系对刑事强制措施本身整体功能的发挥具有极为重要的作用。加强刑事强制措施的种类、层次、结构等问题的合理性研究，才能使刑事强制措施的种类更加齐全、层次更加分明、结构更加合理、体系更加完善。

## 三、有利于刑事强制措施的正确适用

不同的刑事强制措施有不同的适用主体、对象、条件和期限。只有深入系统地研究，才能正确地适用刑事强制措施，做到既保障诉讼活动的顺利进行，又切实尊重和保护人权。在实践中出现的对重大嫌疑分子适用较轻的刑事强制措施，从而导致犯罪嫌疑人逃匿、串供、毁灭罪证或继续犯罪；或者对案情轻微、人身危险性较小的犯罪嫌疑人适用强制力较大的刑事强制措施以及滥用刑事强制措施和超期羁押等现象，在很大程度上是由于公安司法机关的工作人员没有正确理解和适用刑事强制措施所致。因此，研究刑事强制措施，有利于公安司法机关工作人员在实践中正确选择和适用刑事强制措施。

## 四、有利于实现刑事诉讼的目的和任务

尽管学术界对于刑事诉讼的目的和任务的内涵和外延众说纷纭，但一般都认为发现犯罪事实、惩罚犯罪、保障人权、实现法制教育是刑事诉讼目的和任务必不可少的内容。显然，加强刑事强制措施的理论与适用等具体问题的研究，对于准确、及时适用刑事强制措施，保障刑事诉讼活动的顺利进行，防止诉讼过程中出现各种意外情况，实现刑事诉讼的目的和任务都是必不可少的。

# 第二章　刑事强制措施的沿革

## 第一节　域外刑事强制措施的沿革

### 一、奴隶社会的刑事强制措施

在原始社会不存在现代意义上的法，调整氏族成员行为的规范是风俗习惯，部落没有严格意义的司法。社会没有严格意义的司法。① 因而，也不存在现代意义上的刑事强制措施。法律是随着人类文明进程的推进并随着国家的产生而产生出来的，在法律产生过程中，基于惩罚、遏制犯罪和解决纠纷的需要而产生了实体法和程序法，实体法与程序法从总体上说是同步产生的。②

奴隶社会是人类历史上的第一个阶级社会，刑事强制措施是与奴隶制国家及其法律相伴而生的。奴隶主为了维护统治秩序，强化国家的专政职能，于是就产生了追究犯罪的刑事诉讼，刑事强制措施也随之出现。刑事强制措施本质上是维护奴隶主占有制社会秩序的工具，主要用于解决对奴隶主之间的犯罪案件，奴隶不是法律关系的主体，因此，用

---

① 陈光中主编：《刑事诉讼法》（第六版），北京大学出版社/高等教育出版社 2016 年版，第 23 页。

② 陈光中、王万华：《论程序法与实体法的关系》，载《诉讼法论丛》第 1 卷，法律出版社 1998 年版，第 3~16 页。

于保护奴隶主特权和对广大奴隶实行野蛮、残暴镇压的刑事强制措施在性质上属于军事镇压。

这一时期的刑事强制措施制度主要有如下特点：

### （一）传唤与拘传（传票）是基本的刑事强制措施

公元前5世纪古罗马的《十二铜表法》第1条规定："若（有人）被传出庭受讯，（则被传人）必须到庭。若（被传人）不到，则（传讯人）可于证人在场时，证实（其传票），然后将他强制押送。"该法第2条规定："若（被传人）托词拒（不到案）或企图回避，则（传讯人）得拘捕之。"①

### （二）逮捕具有最严厉的强制力

从历史角度考察，逮捕的产生是人类发展到一定阶段、达到一定文明程度的结果。人类有了刑律就有了对惩罚对象或罪犯的捉拿、押解和关押。在古罗马，逮捕作为暴力统治的措施曾被大量地采用。从逻辑上看，逮捕从其产生之初，就与犯罪、与刑罚、与诉讼有着密切的联系。②

逮捕最初作为军事镇压手段，转而用于追究刑事案件中相关人员的刑事责任，具有了司法性质，这就是原始意义的"逮捕"，但"捕""押"不分，羁押是逮捕的自然后果。奴隶社会的刑事诉讼所要解决的是自由民侵犯其他自由民和奴隶主的犯罪案件。奴隶不是诉讼主体，仅仅被视为会说话的工具。因此，对奴隶犯罪案件，奴隶主可以通过非诉讼程序任意处罚，对于奴隶的反抗斗争而采用的逮捕措施具有国家进行军事镇压的性质，为追究自由民刑事责任而采用的逮捕才具有司法的性质。

### （三）逮捕执行政策灵活

1. 奖励捕捉奴隶和犯罪的自由民

奴隶背叛奴隶主逃亡在当时属大逆不道，应由奴隶主处罚，以维护

① 《世界著名法典汉译丛书》编委会：《十二铜表法》，法律出版社2000年版，第2页。

② 孙谦著：《逮捕论》，法律出版社2000年版，第10页。

奴隶主的利益。《汉穆拉比法典》第 17 条规定："自由民于原野捕到逃亡之奴婢而交还其主人者，奴隶主应以银二舍客勒酬之。"①

2. 对被害人实行补偿

《汉穆拉比法典》第 23 条规定："如强盗不能捕到，被劫者应于神前发誓，指明其所有失物，则盗劫发生地点或其应赔偿其所失之物。"②这实际上也是对负有维护地方治安之责的长老的一种变相处罚，以此来督促其尽职捕捉强盗。

3. 处罚不报捕者

自由民有协助逮捕逃犯的义务，以维护社会的稳定。《汉穆拉比法典》第 109 条规定："倘犯人在卖酒妇之家聚议，而卖酒妇不报捕此等犯人、送之宫廷，则此卖酒妇应处死。"③ 以如此严厉的刑罚来强制人们抓捕逃犯，维护奴隶主的统治秩序。

## 二、封建社会的刑事强制措施

封建社会时期，奴隶由任意被处置的物转化为依附于封建领主的农奴。"对被释放的奴隶，适用前主人的法律。"④ 因此，对农奴的犯罪行为也依法追究，任何人不能以诉讼外的手段任意处罚。这一时期的法律规定，处罚被传唤而拒绝出庭者。《萨利克法典》第 1 条规定："凡经遵照王命，被传唤到法庭去，而拒绝不到者，罚款六百银币，折合十五金币。"⑤ 有关逮捕的政策主要如下：

---

① 《世界著名法典汉译丛书》编委会：《汉穆拉比法典》，法律出版社 2000 年版，第 18 页。

② 《世界著名法典汉译丛书》编委会：《汉穆拉比法典》，法律出版社 2000 年版，第 20 页。

③ 《世界著名法典汉译丛书》编委会：《汉穆拉比法典》，法律出版社 2000 年版，第 50 页。

④ 陈盛清主编：《外国法制史》，北京大学出版社 1987 年版，第 83 页。

⑤ 银币指得那，40 个得那等于一个金币（索里达）。每索里达重 1/72 磅。但因当时货币缺乏，罚款多以实物偿付。《世界著名法典汉译丛书》编委会：《萨利克法典》，法律出版社 2000 年版，第 1 页。

（一）放纵罪犯的责任

西撒克逊国王伊尼的法典第36条规定："抓住一个强盗或接收一个已被抓的强盗的人，然后把他放跑了或把盗行掩盖起来，他必须为这个强盗支付他的偿命金。"① 日本御成败式目第33条则规定："守护使不能进入的采邑如果发现恶党，应及时逮捕递解至守护所。如地头对恶党加以掩护或同情时，守护使即应进驻采邑，且应撤换其地头代官。如不撤换代官，应罢免地头之职务，将其交付守护使治罪。"②

（二）逮捕是刑讯的前提

在封建社会，纠问式是典型的诉讼形式，体现了君主专制主义的精神，实行国家主动追究犯罪的制度，奉行口供中心主义，刑讯是诉讼的中心环节。③ 刑讯的前提条件是逮捕。"捕""押"一体，羁押与刑讯相伴随，是封建刑事强制措施的特色。尽管有拘传、取保候审等刑事强制措施的存在，但逮捕在封建刑事强制措施中占据绝对主导的地位。

《英国大宪章》第39条规定："凡自由民除经其贵族依法判决或遵照国内法律之规定外，不得加以扣留、监禁、没收其财产、剥夺其法律保护权、或加以放逐、伤害、搜索或逮捕。"这说明自由民只有依据法律才能被逮捕，同时说明司法机关执行逮捕时必须依据法律。

（三）重视证据作用

日本御成败式目第32条规定："对境内之凶贼，应依证据予以逮捕。"应当指出，封建社会时期各国关于刑事强制措施的规定虽不尽相同，但在处罚不出庭者，以及强调依照法律、注重证据等方面对后世均有启迪作用，影响颇深。

## 三、资本主义社会的刑事强制措施

自18世纪末19世纪初，资产阶级在反封建斗争过程中提出了"民

---

① 《外国法制史资料选编》，北京大学出版社1982年版，第194页。

② 《外国法制史资料选编》，北京大学出版社1982年版，第268页。

③ 徐静村著：《刑事诉讼法（上）》，修订版，法律出版社1999年版，第29~30页。

主”“自由”“人权”“平等”等进步的口号，取得政权后又将这些口号及其所体现的思想写进法律，在刑事强制措施中亦有体现，具体表现在：

（一）逮捕和羁押的分离

逮捕和羁押的分离首先发生在英美法系国家。英国1679年《人身保护法》的颁布标志着逮捕和羁押的初步分离。该法规定，没有法庭所发的附有理由的逮捕令不得捕人，对于被捕人必须在20天以内提交法庭审理，逾期应立即释放。该法还规定了“人身保护令”制度，即被捕人或其代表有权请求法庭发出命令将被捕人在一定期限内解送法庭，以审查监禁理由。如认为无正当理由，可立即释放。① 由此可知，令状逮捕的人身拘束时间不得超过20天，需要继续羁押的，必须经法庭审查决定。尽管这时令状逮捕自然附带的羁押期间比较长，但羁押的司法审查程序使逮捕和羁押发生了初步分离。《美国联邦宪法》第1条第9款也规定了人身保护令制度。

随着工业文明的迅速发展，交通、通讯的发达，一方面，为了保障人权，令状逮捕自然附带的羁押时间逐步缩短；另一方面，为了有效控制犯罪，必须赋予追诉机关控制犯罪嫌疑人的有效手段。为此，警察的无证逮捕权不断扩大。在英国，到20世纪70年代，规定有无证逮捕权的制定法已经有近70部。1967年刑事法第2条的规定则使这一逮捕权力一般化、法典化了。②《1984年警察与刑事证据法》为警察对任何犯罪享有潜在的逮捕权提供了新的法律根据，从而正式确立了警察无证逮捕的一般性权力。在美国，无证逮捕的一般化主要是借助宪法解释的手段来实现的。在20世纪60年代，美国联邦最高法院通过的“合理性第四修正案”赋予了警察根据合理性条款实施无证逮捕的权力。

大陆法系国家建立资本主义制度晚于英、美两国。从18世纪以来，大陆法系国家一直在从英美法系国家的刑事诉讼制度中获取改革的灵感

---

① 《外国法制史资料选编》，北京大学出版社1982年版，第313~318页。

② 宋英辉、吴宏耀：《刑事审判前程序研究》，中国政法大学出版社2002年版，第193页。

和精神资源。大陆法系国家传统上也像英美法系国家一样普遍实行令状原则。检警机关持预审（侦查）法官签发的令状执行逮捕，并将被捕人移交预审（侦查）法官，预审（侦查）法官以讯问被捕人的形式进行审查并决定是否羁押。作为令状原则的例外，德国刑事诉讼法赋予检警机关暂时逮捕权，法国刑事诉讼法赋予了检警机关拘留权。20 世纪中期以后，大陆法系国家对羁押的审查程序进行了深入的“司法化”改革，德国在 1975 年废除预审法官制度，改由检察官主导侦查，力求消除审查羁押时法官的追诉倾向；法国在 20 世纪 80 年代对羁押的审查程序进行了大幅度的修改，设置了言词辩论程序；1988 年意大利全面修改刑事诉讼法，废除了预审法官制度，赋予了检警机关全面的逮捕决定权，并建立了法官决定羁押的言词辩论程序。可以说，在当今的大陆法系国家，逮捕或拘留作为强制到案手段主要是检警机关的职权，羁押则作为一种独立的刑事强制措施由侦查法官通过司法审查加以认定，逮捕和羁押分离的程序特征是明显的。

日本刑事诉讼法集大陆法系传统和英美当事人主义因素于一体，明确将逮捕与羁押区分为不同的阶段，并规定不同的适用条件，要求羁押由法官通过书面审查加讯问的程序来决定，创造了逮捕和羁押分离的完备形式。

（二）保释制度地位上升

羁押的替代性制度，指嫌疑人、被告人到案后或者被关押一段时间后，由司法机关责令其履行按时到案或限制自由和社会生活的义务而不被关押的制度。英国 1679 年《人身保护法》就规定了保释制度。1641 年 12 月美国马萨诸塞湾自由典则第 18 条规定：“任何人当其能提供充分之保人或保证金保证其随时出庭及良好行为，则其身体在法律判决之前不得被任何官吏或机构限制或囚禁，除非其犯死刑之罪或侮辱法庭罪以及其他案件由法庭特别规定者。”①

在当今英美法系国家，保释在很大程度上是嫌疑人、被告人的权

① 《外国法制史资料选编》，北京大学出版社 1982 年版，第 431~436 页。

利。美国刑事诉讼法更是将其发展成了完善的附条件释放措施。在大陆法系国家，传统上只存在羁押的停止执行制度，在20世纪中期以后通过吸收英美法系保释制度的内容，建立了限制自由的刑事强制措施。法国在1970年修改刑事诉讼法时，建立了一种介于自由与羁押之间的中间措施，即司法监督，并且将羁押规定为一种例外措施。意大利在1988年修改刑事诉讼法，设置了多于三种的限制自由措施，也确定了羁押的例外性原则。羁押的例外性原则使羁押的替代性制度获得了重要地位，使其被大量适用成为可能。

随着刑事程序的国际准则的形成和普及，羁押的替代性制度的重要地位在国际范围内得到了肯定。《公民权利与政治权利国际公约》第9条第3款规定："等待审判的人们被置于羁押状态不应当是一般的原则，但是释放时可以附加担保在审判时或司法程序的其他阶段出庭或者在案件需要的情况下于执行刑罚时到场的条件。"

（三）严格逮捕程序

资产阶级吸取封建专制统治者滥用逮捕措施而导致民变的教训，严格要求了逮捕的程序，以此来防止司法权的滥用，保护公民的权益不受非法侵犯。如1789年法国的《人和公民的权利宣言》第7条规定："除非在法律规定的情况下并且依照法律已规定的程序之外，任何人都不受控告、逮捕或者拘留。"法国人权宣言的规定产生了深远的历史影响。法国宪法第12条规定："任何被逮捕的人如能在法律准许交保释放的情况下提供充分担保时，不得拘留之。"

（四）实行司法救济

国家对于遭受错捕错拘的人给予经济补偿，是对公民权利的保护，也是对司法机关行使权力的制约。1679年英国的《人身保护法》第11条规定："凡在现在或将来被非法监禁者，得向各地方国立法院控诉违反本律实施羁押，拘留，滥禁，命令监禁或移解及参与签发盖印副署或教唆帮助之人员。告诉人除损害费外，应判给三倍诉讼费用。此项损害费之数额，不得在五百磅以下。"这是对错捕错押的一种救济性规定，体现了国家对公民权利的尊重和保障，对司法机关正确适用刑事强制措施也具有制约作用。①

## 第二节　我国刑事强制措施的沿革

### 一、奴隶社会的刑事强制措施

我国奴隶社会经历了夏、商、周三朝。当时的法律特点是诸法合体刑民不分、实体法与程序法不分。因此没有一部独立的刑事诉讼法典，刑事强制措施也散见于有关的法条中。具体地说，我国奴隶社会刑事强制措施的特点是：

（一）未出现拘传措施

我国奴隶社会尚未出现拘传这种刑事强制措施。西周时已有“两造具备”的法律规定，但原告和被告人，如果一方不到庭缴纳诉讼费，便“自服不直”，即承认败诉，这说明在当时尚未出现拘传某一方当事人到庭的这种刑事强制措施。

（二）取保候审制度出现雏形

《周礼·秋官·大司寇》规定：“以两剂禁民狱，入钧金，三日，乃至于朝，然后听之。”一般认为，这是我国最早的取保候审制度。入钧金即交30斤铜，以保证出庭受审，即“然后听之”。从交纳30斤铜作为被告接受审判的保证来看，我国西周已建立了取保候审制度的雏形，而且具有财产保的性质。当然，这项制度还不能同现今的财产保同日而语。但西周时，被告交纳的30斤铜入公说明“我国周礼明文规定诉讼保证金归诸国家收入”②。

（三）逮捕措施出现

古代中国的逮捕措施与拘传措施往往难以泾渭分明，逮捕的对象包

① 李忠诚著：《刑事强制措施制度研究》，中国人民公安大学出版社1985年版，第35~36页。

② 徐朝阳著：《中国古代诉讼法》，商务印书馆1985年版，第115页。

括诉讼的原告、被告和证人。① 正如颜师古所说："逮捕谓事相连及者皆捕之也"，这属于广义上的逮捕，但这种说法容易混淆逮捕和拘传的界线，没有区别强制手段的力量大小。②

真正意义上的逮捕是国家司法机关为了诉讼活动的顺利进行而对犯罪之人在逃亡状态下采取的刑事强制措施。正如刘分所说："逮者，其人存，直追取之；捕者，其人亡，当讨捕之。"从这个意义上看，中国古代逮捕措施的运用，开始于春秋战国时期。春秋战国楚国丞相石奢"行县，道有杀人者，相追之"，说明官吏见到犯罪时，就要马上实行逮捕，防止罪犯逃逸。春秋时期的逮捕措施被称为追捕，罪犯在现场作案，追捕罪犯人人有责，即使是身居相国的大官，路上遇到有罪犯行凶杀人，也要尽力追捕，将罪犯擒拿归案。

（四）捕盗网络初步建立并逐步完善

《睡虎地秦墓竹简·封诊式·群盗》记载："爰书：某亭校长甲、求盗才（在）某里曰乙、丙缚诣男子丁，斩首一，具弩二、矢廿，告曰：'丁与此首人强攻群盗人，自昼甲将乙等徼循到某山，见丁与此首人而捕之。此弩矢丁及首人弩矢，（也）。首人以此弩矢□□□□□□乙，而以剑伐收其首，山俭（险）不能出身山中。'（讯）丁，辞曰：'士五（伍），居某里。此首某里士五（伍）戊（也），与丁以某时与某士五（伍）己、庚、辛、强攻群盗某里公士某室，盗钱万，去亡。已等已前得。丁与戊去亡，流行毋（无）所主舍，自昼居某山，甲等而捕丁戊，戊射乙，而伐杀收首。"③ 这则记载的内容是丁、戊、己、庚、辛五人盗钱犯罪以后逃亡，己、庚、辛三人被捕后，校长甲和求盗乙、丙继续逮捕仍在逃亡的丁、戊，最后捕丁杀戊，完成逮捕任务。这是一起记载地方负责治安的负责人校长、求盗逮捕罪犯的例子。在秦代还有群众捕获罪犯的例子，这属另一种性质的逮捕。《睡虎地秦墓竹

① 茅彭年著：《中国刑事司法制度（先秦卷）》，法律出版社2001年版，第51页。

② 李交发著：《中国诉讼法史》，中国检察出版社2002年版，第88页。

③ 《睡虎地秦墓竹简》，文物出版社1978年版，第8页。

简·法律答问》记载："夫、妻、子五人共盗，皆当刑城旦，今中(甲)尽捕之。"记载中的"中(甲)"当属群众，不是官吏。①

《周礼·秋官·士师》载有："掌乡合州党族闾比之联，与其民人之什伍，使之相安相受，以比追胥之，以施刑罚庆赏。"就是说使六乡中州党族闾与卒伍相互联合共事，并与百姓每家出1人，5人为伍，10人为什，"相安相受"，从事追寇捕盗之事，并根据功绩给庆赏或根据罪过施以刑罚处罚。

（五）囚禁政策开始出现

囚禁在古代称为"囚拘""囚桎""囚系"等，即把人关押在监牢中。《说文》称："囚，系也，从人在口中。"这种刑事强制措施早在夏、商时期就开始使用了。囚禁的对象是诉讼当事人，主要为被告，也包括原告和证人。从身份上看，包括已决犯和未决犯。夏朝关龙逄被夏桀王"囚拘"过，商朝一代名相傅说也曾经被囚禁在圜土，身穿囚衣，戴着绳索服劳役。

羁押的政策包括：不得损害被羁押人的身体；明确械具的使用。夏朝囚禁俘虏和罪隶，最初大概就是"置于丛棘（监狱）"一类的情况。② 就司法保障而言，依照诉讼程序追究自由民的犯罪行为时，逮捕与羁押一起发挥了重要的司法保障作用。"以圜上聚教罢民；凡害人者，置之圜土而施职责焉，以明刑耻之。"③ 这里说的是对罪犯实行劳改的情况，但也不排除对待审人员的羁押。因为"即使民事被告牵连作证，即涉嫌的亲属收监拘押，也都一律实行刑具管制"④。由此推知，对刑事被告人自然要予以逮捕羁押了。

《墨子·尚贤下》记载："昔者傅说，居北海之洲，圜土之上，衣揭戴索，庸筑于傅岩之城。"夏商时期囚禁人的场所"圜土"，实际上就是关押人的土牢，也称"圉"，其甲骨文的字形象征着外为槛笼，右

① 李交发著：《中国诉讼法史》，中国检察出版社2002年版，第89页。
② 张晋藩主编：《中国法制史》，群众出版社1982年版，第27页。
③ 《中国法制史资料选编》，群众出版社1988年版，第57页。
④ 张晋藩主编：《中国法制史》，群众出版社1982年版，第85页。

为人在槛笼中蜷屈地穴，左为锁住双手的刑具，形象被囚禁人手戴刑具被禁在方形的监牢或土穴中。因此，《说文》释为：“圉，囹圄，所以拘罪人。”从殷墟遗址发掘出的土牢，长仅1.6米，宽1.1米，深达2.7米，是一种又深又小、暗无天日的土牢。西周时期的圜土，罪人白天服劳役，夜间囚禁于此。所谓“以圜土聚教罢民”，关押的时间是按罪的大小，有下罪一年、中罪二年、上罪三年之区别。西周还有一种囚禁罪犯的措施——囹圄，《礼忘·月令》载：“仲春之月……命有司省囹圄。”郑玄注：“省，减也，囹圄，所以禁守系者，若今别狱矣。”就是说，一年中除了仲春之月外，其他时间是可以用囹圄囚禁人犯的。仲春之月不囚禁人，是考虑到春耕生产的重要性所致。以后往往囚禁于狱或临时设置的囚所。

## 二、封建社会的刑事强制措施

春秋战国是我国奴隶制法制向封建制法制过渡的时代。战国时魏文侯相李悝在总结各国新兴地主阶级立法经验的基础上，编《法经》一部，将捕法编入《法经》，足见“捕”这种刑事强制措施的地位。《唐律疏议》曰：《捕亡律》者，魏文侯之时，李悝制《法经》六篇，《捕法》第四。至后魏，名《捕亡律》，北齐名《捕断律》，后周名《逃捕律》，隋复名《捕亡律》。总的说来，我国封建社会的刑事强制措施具有以下特点：

### （一）适用主体和对象的广泛性

封建社会刑事强制措施的适用主体十分广泛。皇帝是中国封建社会的最高统治者，“天下之事无小大皆决于上”，皇帝遣人捕人的案件一般都是些大案和官吏犯罪的案件，而且这种逮捕权是为其审判权服务的。中央司法机关、县以上地方司法机关均拥有审判权，而且同时拥有采取刑事强制措施之权。县以下地方官吏也负有检举人民反抗活动、维护社会治安、逮捕现行犯和逃犯的责任。另外，公民扭送罪犯也被封建法律确认为逮捕行为。

封建社会刑事强制措施的适用对象更为广泛，不仅包括被告人、现行犯和逃犯，而且还包括原告人和证人。如前所述，唐律规定对原告人不仅可以拷问，而且还要取保放之。《明律》“故禁故勘平人”条纂注云：“虽无罪犯，系紧关干对之人，立有文案，而应该监禁者，则非故禁矣。”①

（二）拘传作为刑事强制措施初具雏形

相关研究资料表明：拘传作为一种刑事强制措施出现在我国战国时期的秦国以及六国灭亡之后的秦朝。② 不同朝代拘传的称谓及内容也不尽相同。

1. 秦律中的“执”

“执”，《说文》释为“握持也”，“是司法机关以强制手段拘传被告人，类似现代的拘留”。《睡虎地秦墓竹简·封诊式》“盗自告”载：“□□□爰书：某里公士甲自告曰：‘以五月晦与同里士五（伍）丙盗某里士五（伍）丁千钱……来自告，各丙’。即令（令）史某往执丙。”又“出子”载：“爰书：某里士五（伍）妻甲告曰：‘……今甲裹把子来诣自告，告丙。’即令令史某往执丙。”③ 这两则记载都说明了当诉讼提起后，司法机关马上派人前往拘传被告人，目的就是使被告人到庭，以便顺利进行审讯。

2. 唐代的“追摄”

《唐律疏议·断狱律·鞠狱停囚待对》记载：“诸鞫狱官，停囚待对问者，虽职不相管，皆听直牒追摄。”疏议解释说，司法官对囚犯的伙伴，现在别处又必须到案对质的，虽然在职务上不相统辖，但准许直接发出公文书，到该地衙门去执行拘传。

3. 宋代拘传对象还包括证人

宋真宗天禧年间诏令：“军巡院所勘罪人，如有通指合要干证人，并具姓名、人数，以及支证事状，申府勾追。”这里所说的“勾追”，即唐代的“追摄”，拘传之意。按真宗天禧诏令规定拘传证人，虽本是

① 陈光中等著：《中国古代司法制度》，群众出版社1984年版，第81页。
② 李交发：《中国诉讼法史》，中国检察出版社2002年版，第83页。
③ 《睡虎地秦墓竹简》，文物出版社1978年版，第8页。

封建社会诉讼审判中一种常见的现象，但也存在很多的弊端，如怎样解决路途遥远的证人及时到庭？如何对待证人到庭支证后的问题？而且，证人毕竟有异于被告。因此，宋代作了以下法律规定：一是要求官府对证人“候诏证毕，无非罪者，即时疏放”。即对被拘传到案 的证人在支证完毕以后，除有罪者外应马上释放。由于在这条诏令中没有规定具体的期限，而司法审判实践中，往往由于各种原因或借口，淹留不决者有之，滥禁无辜者亦有之，严重影响诉讼活动的正常进行。因此，宋朝廷进一步规定：“诸鞫狱干证人无罪者，限二日责状先放，其告捕及被侵损人，唯照要切情节听暂追，不得关留。证讫，仍不得随司即证。徒以上罪犯人未录问者，告示不得远出。”这样就明确规定了拘传证人，关留时间不得超过两天，就是徒刑以上重案，案犯尚未录问时也不能拘传证人，只是告示不得远出，便于证人随时到庭。二是为了解决因路途遥远带来的诸多不便，规定“千里之外勿摄，移牒所在区断”。

4. 明清律中的“勾取”“勾问”

明、清两代法律规定，在诉讼活动需要时，对停待别处的同案犯和证人，都可以依法拘传，而且规定了期限，违者还要承担刑事责任：“一日笞二十，加等至五日以上，罪止杖六十。”《大清律例汇辑便览·刑律·断狱·鞫狱停囚待对》说：“凡鞫狱官推问（当处）罪囚，有（同）起内（犯罪）人伴，见在他处官司，（当处）停囚专待（其人）对（问）者，（虽彼此）职分不相统摄，皆听直行（文书）勾取。”律条后解释为：“鞫狱官推问在案罪囚，起内有同犯，干证等人伴，见在他处，而此处应将罪囚停止推问，以待其人质对者，此处鞫狱官，虽与他处官司职分不相统摄，皆听直行勾取，文书到后，限三日内将公取人犯发遣。”明清时期法律规定，对官吏涉嫌犯罪后也采取拘传的刑事强制措施，一般称为“勾问”。如“凡上司催会公事，立案定限，或遣人，或差人……其有必合追对刑名、查勘钱粮、监督造作重事，方许勾问”。“勾与”与“追摄”同属拘传一类的强制手段，但也有学者认为两者有细微的区别，认为“勾问比追摄的强制性要少一些，但也不是没有强制性”。

### （三）逮捕措施日趋完善①

1. 秦朝的逮捕措施

战国时期的秦国，商鞅在秦孝公死后被公子虔等人告为谋反，商鞅逃亡，秦太子“发吏捕商君”。可见当犯罪之人逃亡时，国家实行逮捕，以便诉讼顺利进行，及时惩处犯罪。战国时期出现的第一部封建法典《法经》中专门规定有“捕法”一篇，另外也能在秦简中见到很多逮捕犯罪的案例。《睡虎地秦墓竹简·封诊式·群盗》记载：“爰书：某亭校长甲、求盗才（在）某里曰乙、丙缚诣男子丁，斩首一，具弩二、矢廿，告曰：‘丁与此首人强攻群盗人，自昼甲将乙等徼循到某山，见丁与此首人而捕之。此弩矢丁及首人弩矢，（也）。首人以此弩矢□□□□□□乙，而以剑伐收其首，山俭（险）不能出身山中。’（讯）丁，辞曰：‘士五（伍），居某里。此首某里士五（伍）戊（也），与丁以某时与某士五（伍）己、庚、辛、强攻群盗某里公士某室，盗钱万，去亡。己等已前得。丁与戊去亡，流行毋（无）所主舍，自昼居某山，甲等而捕丁戊，戊射乙，而伐杀收首。”② 这则记载的内容是丁、戊、己、庚、辛五人盗钱犯罪以后逃亡，己、庚、辛三人被捕后，校长甲和求盗乙、丙继续逮捕仍在逃亡的丁、戊，最后捕丁杀戊，完成逮捕任务。这是一起记载地方负责治安的负责人校长、求盗逮捕罪犯的例子。

战国秦朝时期还有不少逮捕成功而获奖赏的例证，如“捕亡完城旦，购几可（何）？当购二两。”“夫、妻、子十人共盗，当刑城旦，亡，今甲捕得其八人，问甲当购几可（何）？当购人二两”。这属秦律中凡能捕获一个犯城旦罪的人奖赏黄金二两的规定。还有逮捕谋杀官长犯罪人奖赏黄金二十斤的重奖规定，如《墨子·号令》载：“诸吏卒民有谋反伤其将长者，与谋反同罪，有能捕告，赐黄金二十斤。”可见当时国家对逮捕的高度重视。

2. 秦汉至魏晋时期被称为“传”的逮捕方法

---

① 李交发著：《中国诉讼法史》，中国检察出版社 2002 年版，第 89~93 页。

② 《睡虎地秦墓竹简》，文物出版社 1978 年版，第 10 页。

这种方法往往比后世的“勾追”的强制性要高，是实际上的逮捕，故唐代李贤注《后汉书》时说：“传，谓逮捕而考之也。”这种“传”的记载有《史记·陈涉世家》，说到秦末农民大起义中，陈胜部将宋留率军投降秦朝，结果“秦传（宋）留至咸阳，车裂（宋）留以徇”。《后汉书·陈禅传》记载，陈禅为州治中从事官时，因刺史受贿而受牵连，“当传考”。

3. 唐宋时期逮捕制度趋于规范化

此时期对诸如逮捕权、逮捕对象、逮捕中问题的处理等方面都在律法上作了明确的规定。

唐宗时期在逮捕权上基本遵守两个原则：一般意义上的官府逮捕权和特殊情况下的群众逮捕权。唐宋法律规定，逮捕权属于州县以上官府，由主官派人进行。《唐律疏议·捕亡律》规定，主官授权，“将吏已受使追捕”。《宋史·刑法志》记载：“郡之狱事，则有两院治狱之官，若某当追，若某当讯，若某当被五木，率具检以禀郡守，曰可则行。”法律规定不允许假冒官府派遣、冒充官吏、卑官冒充高官逮捕人，违者构成犯罪，处以刑罚。《唐律疏议·捕亡律》规定：“诸诈为官及称官所遣而捕人者，流二千里。”“无官及卑官诈称高官者，杖八十。”同时，唐宋时期特殊情况下，也允许一般人实施逮捕。如《唐律疏议·捕亡律》规定：“诸被人殴击折伤以上，若盗及强奸，虽旁人皆得捕系，以送官司。”除此之外，其他的犯罪除“言请官司者”外，不能逮捕犯罪人，如违反者，处以笞刑三十。又规定：“诸追捕罪人而力不能制，告道路行人，其行人力能助之而不救助者，杖八十；势不得助者，勿论。”

关于逮捕对象，唐宋法律规定对各种罪犯、逃亡罪人、“从军征讨而亡者”以及“宿卫人逃亡”“丁夫杂匠工乐杂户逃亡”“官户奴婢逃亡”“在官无故逃亡”等诸种人，都为官司逮捕或追捕的对象。

逮捕罪犯和亡人是一个复杂的过程，也是一个存在危险的过程，在整个逮捕过程中会出现很多意外的、突发的情况，为了顺利完成逮捕任务，必须赋予执行逮捕任务的官吏以遇事临时处置的权力。

（1）在逮捕过程中遇到罪犯拒捕的处置。逮捕中当罪犯拒捕时，执行逮捕任务的官吏可以当场击杀之；罪犯逃跑则执行逮捕任务的官吏可以在追逐中将他当场杀死，且无论逃跑的罪犯是手持棒杖还是赤手空拳；罪犯在被追捕中因紧迫力窘而自杀，或跌落身死，执行追捕任务的官吏无罪。《唐律疏议·捕亡律》记载："诸捕罪人而罪人持仗拒捍，其捕者格杀之及走逐而杀（走者，持仗、穿手等）。若迫窘而自杀者，皆勿论。"但是规定如罪人拒捕，或原本无拒捕的想法，逮捕执行也不能杀死或伤害其身体。

（2）执行逮捕的官吏力量不足，可以告知过路人帮助逮捕罪犯。《唐律疏议·捕亡律》规定："诸追捕罪人而力不能制，告道路行人……助之。"

（3）对重案罪犯逮捕时，可以申请组织逃亡人的"家居所属"、逃亡地的邻县邻州协助追捕。《宋刑统·捕亡律》规定："诸囚及征防、流移人逃亡，及入寇贼者，经随近官司申牒，即移亡者之家居所属，及亡处比州比县追捕。承告之处，下其乡里村保，令加访捉。"

关于同罪相捕的政策规定。为了有效逮捕罪犯，唐宋时期允许、鼓励一起逃亡的罪犯，轻罪捕重罪和同罪相辅，向官府自首者免除其罪。《唐律疏议·捕亡律》规定："诸犯罪共亡，轻罪能捕重罪首，（重者应死，杀而首者，亦同）及轻重等，获半以上首者，皆除其罪（常赦所不原者，依常法）。"疏议解释为：犯罪事发以后，不论已被捕关押，或未被捕关押，以及同案犯、另案犯一起逃亡的，对他们中或是犯流罪的人能捕得犯死罪的人自首；或是犯徒罪的人能捕犯流罪的人自首；或犯轻罪的人杀死处死罪的人自首；以及有五个都是犯杖一百的罪犯，如果其中有一人能捕得另外二人或二人以上者自首，都可以依法从宽，赦免其罪。实际上，这是唐律自首免罪刑法原则的灵活运用，也体现了唐宋时期重视逮捕刑事强制措施的表现。

4. 明清时期的逮捕措施

明清时期逮捕的规定与唐宋时期相比，有相同之处，也有不同的地方。不同之处是：

（1）在追捕罪犯期限上比唐宋法律规定更具体。唐宋法律规定罪犯逃亡，执行逮捕的官吏，临时差遣者，知而不捕，或捕而退者，要承担刑事责任。同时规定必须在三十日内捕获罪犯。还规定，宋囚之人，典狱官因“不觉失囚”，或“囚拒捍而走”，守囚之人和典狱官除负刑事责任外，还必须在一百日内追捕到罪犯。官吏在限内完成逮捕任务的，可以免其刑事处分。明清律除此相似规定外，还有其他多种方面的规定。如“起发已经断决徒、流、迁徙、充军囚徒，未到配所，中途在逃者……（配所）主守（途中）押解人，不觉失囚者……皆听一百日内追捕”。这条规定是在唐宋徒流罪犯在配所服役期间逃亡限期追捕的基础上增加的，也就是押送途中若罪犯逃亡，限在一百日内追捕到人可免除刑事处分，否则配所主守官和途中押解人以逃亡罪犯人数为准，一名杖六十，每增加一名加刑一等，最高刑止杖一百。而且配所提调官和途中长押官也要负刑事责任，减主守官和押解人罪三等。但“故纵者”不在此列。又如“凡捕强、窃盗贼，以事发（于官之）日为始，限一月内捕获”。如果限内不能捕获犯罪人，负责逮捕任务的捕役、汛兵、捕盗官都要负刑事责任：如捕强盗者不到，捕役、汛兵经一个月过期当笞刑二十，两个月过期笞刑三十，三个月过期笞刑四十，捕盗官罚俸两个月。如捕窃盗者不到，捕役、汛兵经一个月过期笞刑一十，两个月过期笞刑二十，三个月过期笞刑三十，捕盗罚俸一个月。还有条例规定：“五城遇有承缉凶犯，选差干捕，勒限严缉。如一月不获，照例责比，三月至五月不获者，即将该捕役从重责革，枷号两个月示惩。”

（2）明清法律放宽了对逮捕的限制。唐宋时期的逮捕权比较严格地规定在官府，老百姓原则上对罪犯无逮捕权，特殊情况下仅限于对殴斗伤人、偷盗、强奸三类案犯有逮捕权。明清律却可以捕系任何犯罪人送至官府。如明太祖朱元璋为了重典惩贪、整肃吏治，提倡、鼓励老百姓把害民官吏捉拿进京。因此，他告示天下：“有等贪婪之徒，往往不畏死罪，违旨下乡，动扰于民，今后敢有如此，许民间高年有德耆民率精壮拿赴京来。”

（3）明清法律规定了奖赏捕告的内容。唐宋法典有奖赏捕告的规定，而明清两代法律中都有奖赏捕告的内容。如明朝抓到伪造印信历日、伪造宝钞、私铸铜钱的犯罪人，都可以得到奖赏，赏格从30两到250两银不等。在清代同样沿用这种做法，《大清律例汇辑便览·刑律·捕亡·盗贼捕限》条例规定："其邻境、他省之文武官，有能怒气获别案内首盗、伙盗，质审明确者，该地方文武各官，交部分别议叙，兵役分别酌量给赏。若不在伙内之人首出，盗首即行获者，地方官从优给赏，捕役获盗首者，亦从优给赏。若盗首不获，将承缉捕役家口监禁勒比，如获盗过半之外，又获盗者，地方官亦酌量给赏。"又有条例规定：在五城缉拿犯罪时，"如捕役果能实力获者，照获盗案之例，于赃罚银两内，令巡城科道，酌量赏给"；"如该汛捕役，有能于限内缉获正凶者，量加奖赏，于步军统领衙门房租项下动支发给"。

（四）囚禁制度开始规范化

我国古代称羁押为囚禁。囚禁有两种情况：一是对有关诉讼参与人的囚禁，即现在的羁押；二是对已决犯的囚禁。前者属于刑事强制措施，后者属于刑罚的执行。作为刑事强制措施的囚禁是以逮捕为前提的。但并不是所有被捕之人都必须羁押，有些罪轻的被告也可以不羁押。唐宋时期，追摄亦作为一种刑事强制措施载于法典。宋朝的刑事强制措施系统中还有门留、寄收、寄禁之制。① 门留这种措施类似现代诉讼中的拘留；寄收也具有拘留的性质；寄禁是指官差到外地押解捕获的罪犯，途中将罪犯暂时寄押于当地监狱。由此可见，宋朝刑事强制措施中的门留、寄收的实质是羁押，只是时间稍短些，可称之为拘留；寄禁则是把押解的被告人临时寄押当地监狱的措施。

1. 秦汉时期的囚禁制度

秦汉时期的囚禁开始规范化、法律化，秦律中有"系狱"和"系作"的制度，就是诉讼被提起后，就意味着刑事被告人有罪，不论罪之大小都要逮捕系狱，在审判结案前还要强制劳动。《睡虎地秦墓竹简·法律答问》记载："将上不仁邑里者而纵之，可（何）论？当（系）作

① 王云海主编：《宋代司法制度》，河南大学出版社1992年版，第207~208页。

召其所纵，以须其得；有爵，作官府。”译文为：押送在乡里作恶的人而将他放走，应如何论处？应当像他所放走的罪犯那样拘禁劳作，直到罪犯被抓获为止；如果是有爵位的人，可在官服役。可见秦汉在囚禁时期的强制劳动有两种形式，普通人系狱后，在狱所服役；有爵位人系狱后，可以在官府服役。在囚禁、系作一段时间便进入讯问审判阶段。此外，还规定不能对犯罪人无限期地囚禁、系作，否则官吏要负刑事责任。

汉承秦制，在《九章律》中仍有“捕律”的法律规定，虽然“捕律”的内容难得而知，但很多的典籍载有这方面的内容，可以证明汉代囚禁制度的存在。《汉书·江充传》载：“（江充）诣阙告（赵）太子丹与同产子及王后奸乱，交通郡国豪猾，攻剽为奸，吏不能禁。书奏，天子怒，遣使者诏郡发吏卒围赵王宫，收捕太子丹，移系魏郡诏狱。”这个案例完整地反映出对一起犯罪从起诉到逮捕到移系诏狱（囚禁）的全过程。

2. 唐宋时期的囚禁制度

唐宋时期，囚禁制度日臻完善。《唐律疏议·断狱》规定：“诸囚应禁而不禁……杖罪笞三十，徒罪以上递加一等……若不禁，杖罪以上始合禁推。”说明唐代不是对一切犯罪者都实行囚禁措施，而只对杖罪以上犯罪人实行囚禁。并且，规定应囚禁不囚禁者，官吏要负刑事责任，即对杖罪犯者不囚禁处以笞刑三十，徒刑犯罪不囚禁，则在杖罪基础上递加一等。又规定依法不应该实行囚禁而囚禁的，官吏也要负刑事责任，处杖刑六十。

宋代囚禁措施的制度化、法律化特点更加明显。《宋刑统·断狱律》规定“应囚禁枷”。这个记载如同唐律外，还另有法律规定，如对老人、幼童以及孕妇、身体残疾之人实行散身监禁不加枷；对官吏犯罪后的囚禁“应议、请、减者，犯流罪以上，除免官当”等。宋代还规定了一种对证人采用强制性较弱的“寄收”措施。“寄收”，即临时拘禁，而不是正式囚禁在狱。所谓“两争追会未圆，亦且押下，佐厅亦时有遣至者，谓之寄收”。

3. 明清时期的囚禁制度

明清法律关于囚禁的规定更趋完善。以清律为例，清律中“囚应禁而不禁”规定与唐宋律“囚应禁不禁”条内容基本相同，但清律在此条文之后附有七个条例，明确了各种情况下的囚禁规定，这些都为唐宋律所不载。明清律在唐宋律基础上新规定了两个条文：

（1）“故禁平人”的内容。“凡官吏怀挟私仇，故禁平人者，杖八十。（平人系平空无事，与公事毫不相干，亦无名字在官者，与下文公事干连平人不同。）因而致死者，绞（监候），提牢官及司狱不坐。若因（该问）公事干连平人在官，（本）无招（罪，而不行保管），误禁致死者，杖八十。（如所干连事，方讯鞫）有文案应禁者，（虽致死）勿论。”并有条例重申监狱重犯，而证人和轻犯不准囚禁：“凡内外大小问刑衙门，设有监狱，除禁监重犯外，其余干连，并一应轻罪人犯，即令地保保保候审理，如有不肖官员，擅设仓铺、所店等名，私禁轻罪人犯，及致淹懑者，该督抚即行指参，照律拟断。”

该条例规定对证人和轻罪之犯既不能囚禁监狱，也不准私设临时性监狱囚禁。当然，这项法律规定在实践中是很难实行的，相反往往是乐用滥施囚禁手段。据《庄氏史案本末》记载，清代有一起文字狱，株连入狱者达 2000 多人，致使杭州监狱人满为患。为了解决这个问题，清代适时出现了临时囚禁的场所——班房。班房本是清代衙役的办公场所，也成了囚禁人和未决犯的临时监狱。甚至有的还把饭店旅馆也变成了临时性囚禁场所。同治九年续纂例也再次申明，“直省审办案件，轻罪及干连人证交保看管”，不囚禁于监狱，但始终难以真正做到。

（2）原告及时放回的内容。《大清律例汇辑便览·刑律·断狱》规定：“原告人别无待对事理，（鞫狱官当）随即放回。若无故（无待对事）稽留三日不放者，笞二十，每三日加一等，罪止笞四十。”该条文之后条例又规定：“督抚应题案件，有牵连人犯，情罪稍轻者，准取的保，俟具题发落。其重案内，有挟仇扳害者，承问官申解，督抚详审，果系诬枉，即行释放，不得令候结案。若承问官审系无辜牵连者，不必解审，即行释放。”

### （五）刑事强制措施适用上的特殊规定

从唐代开始，我国历朝历代对刑事强制措施的适用均有一定的限制性规定。① 主要表现为：

1. 对拘传犯罪长官、使节的限制

《唐律疏议·职制律》记载："诸在外长官及使人使处有犯者，所部属官等不得即推，皆须申上听裁。若犯当死罪，留身待报。违者，各减所犯罪四等。"如都督、刺史、镇将、县令等长官，以及出使之人在出使的地方犯罪后，所部官署副职以下官员和出使人前往地方主管衙门中的长官、属吏等都不能随便加以拘传、审讯，必须报告上司听候裁断。宋以后各朝基本沿用这一规定，如清律规定："凡在上各衙门长官，及（在内奉制）出使人员所在去处有犯（一应公私等罪）者，所部属官等，（流罪以下）不得（越分）辄便推问，皆须（开具所犯事由）申覆（本管）上司区处。若犯死罪（先行）收管，听候上司回报。"此外，唐宋时期对于长官、使节犯死罪后采取的"留身待报"与明清时期采取的"先行收管"措施，两者稍有区别，后者稍带临时强制性。

2. 对职官犯罪后的限制

唐宋法律对非主官以外的一般职官无明确的犯罪后拘传的刑事强制措施，但明清律对此规定则不同："凡京官及在外五品以上官有犯，奏闻请旨，不许擅问。六品以下，听分巡御史、按察司并分司取问明白，议拟奏闻区处。若府、州、县官犯罪，所辖上司，不得擅自勾问。止许开具所犯事由，实封奏闻。若许准推问，依律议拟回奏，候委员审实，方许判决。其犯应该笞决、罚俸、收赎纪录者，不在奏请之限。"可见，明清两代对职官犯罪后的拘传限制是，对京官和地方五品以上的高官犯罪后不准拘传，必须奏请皇帝裁决；而对六品以下的官员犯罪后可由监察官、地方最高司法机关拘传，强调地方州、县官犯罪后，其管辖上司也不能擅自拘传，"止许开具事实，实封奏闻"。其原因是"布政司辖府，府辖州，州辖县。统属衙门使事之间，或生嫌隙，恐假推问之名而

---

① 李交发著：《中国诉讼法史》，中国检察出版社2002年版，第85~87页。

行仇怨之私也”。

3. 对军事官犯罪后的限制

由于军队的特殊性地位，军事官犯罪后，不仅地方官府，而且军事机关也不能擅自对所犯之军官采取拘传措施。明清两朝法典都规定“凡军官犯罪从本管衙门开具事由，申呈五军都督府奏闻请旨取问。若六部、察院、按察司并分司及有司，见问公事，但有干连军官及承告军官不公不法等事，须要密切实封奏闻，不许擅自勾问”。

4. 对八议者及其亲属犯罪的限制

在封建社会，议亲、议故、议贤、议能、议功、议贵、议勤、议宾等八议者，是在法律上享有特权的统治阶级，不仅八议者本人，包括他们的亲属在犯罪后都享有减免刑罚的法律特权。因此，他们犯罪后不能被简单地等同于一般官吏和人们，实行拘传刑事强制措施。虽然《唐律疏议》无明确规定，只有“八议之人犯死罪，皆先奏请，议其所犯”，“曹司不敢与夺”的记载，但在明律和清律中则明确规定：“凡八议者犯死罪，实封奏闻取旨，不许擅自勾问。若奏旨推问者，开具所犯及应之状，先奏请议，议定奏闻，取自上裁。”同时还规定：“凡应八议者之祖父母、父母、妻及子孙犯罪，实封奏闻请旨，不许擅自勾问。”清律同于明律规定。由此可见，明清时期的八议者以及他们家庭中祖孙三代和妻子都享有犯罪不受拘传的法律特权。但是必须指出的是，如果八议者本人以及他们的亲属犯有“十恶不赦”之罪时，不能享受这种法律特权。

## 三、半封建半殖民地时期的刑事强制措施

中国的半封建半殖民地时期经历了清末、南京临时政府、北洋政府、广州国民政府、武汉国民政府、国民党政府。这里只集中对清末、北洋政府及国民党政府时期刑事诉讼法中的刑事强制措施概括地加以阐述。

### （一）清末时期的刑事强制措施

清末制定的有关诉讼的法律主要有：1906 年的《大清刑事民事诉

讼法草案》(未予颁行)、1909年颁行的《各级审判厅试办章程》(清末唯一正式颁行的具有现代诉讼法性质的法规)、1910年编订的《刑事诉讼律草案》和《民事诉讼律草案》(未正式颁行)。综观清末刑事诉讼立法中有关刑事强制措施制度的规定，具有以下几个特点：

1. 出现专门的诉讼法，并将刑事规则与民事规则单列

清朝光绪三十二年颁行的《大清刑事民事诉讼法草案》共规定了5章，其中在第2章《刑事规则》和第3章《民事规则》中分别规定了适用于刑事诉讼过程和民事诉讼过程的刑事强制措施，其刑事强制措施包括捕逮、拘票搜查票及传票、关提、拘留及取保、审讯等。①

2. 取保措施分人保与财产保两种

清末立法一改以往封建统治者有关取保候审的立法模式，实行人保与财产保并用的原则，如光绪三十三年颁布的《大清各级审判厅试办章程》第82条规定了人保："凡取保，或责付其家属，或取具切实铺保，或由官吏及殷实土著之人，保其听候传审，皆可无庸管收。"该章程第83条规定了财产保："凡不能依前条规定取保，而呈缴相当之保证金者，亦得释放。其保证金于本案完结后发还之。"②

3. 主张司法救济

清末立法曾主张实行司法救济。1906年的《大清刑事民事诉讼法草案》第28条规定，被错捕错禁者有权要求追究责任人的刑事责任并取得赔偿。这一规定明显地借鉴了西方资本主义国家的立法，体现了民主、进步的思想。

(二) 北洋政府时期的刑事强制措施

北洋政府统治时期(1912年—1928年)颁行的有关刑事强制措施的诉讼法主要有：1914年4月5日颁行的《县知事审理诉讼暂行章程》、1921年11月4日颁行的《刑事诉讼条例》。北洋政府建立之初，

① 尤志安著：《清末刑事司法改革研究——以中国刑事诉讼制度近代化为视角》，中国人民公安大学出版社2004年版，第180页。

② 尤志安著：《清末刑事司法改革研究——以中国刑事诉讼制度近代化为视角》，中国人民公安大学出版社2004年版，第223页。

曾于1912年5月核准暂行沿用清末的刑事诉讼律草案的某些部分，这就决定北洋政府刑事强制措施的规定必然与清末相关立法具有千丝万缕的联系，其特点如下：

1. 刑事强制措施决定主体的“司法化”

北洋政府1914年4月5日颁行的《县知事审理诉讼暂行章程》第6章第16条规定：“县知事有发刑事票民事票之权。”在五四运动的推动下，北洋政府的刑事诉讼立法也发生了深刻变化。首先是司法与行政相分离，县知事的审判权为法院的承审官取代；其次是将适用刑事强制措施的主体由过去的县知事改为检察官和法官。

2. 刑事强制措施立法技术进一步合理

《县知事审理诉讼暂行章程》对强制措施的规定是民事强制措施刑事化，刑民不分，这显然混淆了两种不同性质的诉讼。《刑事诉讼条例》则单独对刑事强制措施进行了规定，这表明北洋政府的刑事强制措施立法技术趋于合理。

3. 刑事强制措施的体系日趋完备

《县知事审理诉讼暂行章程》规定的刑事强制措施主要有拘传（包括拘留）、管收、保释（人保和财产保），这些大都是清末《各级审判厅试办章程》规定的刑事强制措施，体系很不完备。《刑事诉讼条例》则对刑事强制措施作出了比较全面的规定，该条例用两章（第4章、第6章）44个条文对刑事强制措施作出了具体的规定，其种类有传唤、拘提、逮捕、羁押、具保、责付、限制居住等，刑事强制措施的体系明显地趋于完备，而且对以后国民党政府时期有关刑事强制措施的立法也有重大影响。

4. 刑事强制措施立法具有某些进步的内容

北洋政府的《刑事诉讼条例》是在五四运动的推动下制定的，有关刑事强制措施的规定体现了民主、进步的思想。简括说来主要有以下几方面：一是注意被告人名誉的保护；二是对武器使用的限制；三是限制羁押的时间。但这种进步多体现在法条中，未真正得以贯彻执行，但这毕竟也体现出中国刑事强制措施立法的进步，特别是在人权保障方面。①

（三）国民党统治时期的刑事强制措施

国民党统治时期（1927 年—1949 年）对刑事强制措施的规定，从编章结构上看与北洋政府的《刑事诉讼条例》如出一辙，没有多大变化。可以说，北洋政府刑事强制措施的特点也是国民党统治时期刑事强制措施的特点，两者具有历史的继承性。与北洋政府一样，国民党当局虽然制定了刑事诉讼法，规定了刑事强制措施，但是他们为维护自身统治、镇压人民的反抗斗争，往往以单行法规代替基本法，甚至不惜采用法外手段，动用宪兵、特务非法拘捕共产党人和民主进步人士。

1945 年 10 月 10 日，《政府与中共代表会谈纪要》即《“双十”协定》的第 6 条规定：“关于特务机关问题。司法和警察以外机关（特务机关）禁止拘捕和处罚人民。”② 将禁止特务机关拘捕处罚人民作为《“双十”协定》的 12 项内容之一明确提出，足见国民党特务机关非法拘捕问题的严重性。国民党败逃台湾后，几度修改刑事诉讼法，但就刑事强制措施的总体框架和具体内容而言没有多大变化。

## 四、中国现代社会的刑事强制措施的发展

（一）第一次国内革命战争时期的刑事强制措施

1925 年著名的省港大罢工，在罢工委员会下设有纠察队、军法处、会审处、特别法庭和监狱等司法机关，同时设有法制局。纠察队是由罢工工人组成的群众武装组织，也是罢工委员会的治安保卫机关。其主要任务是对一切不利于罢工的事件进行调查和侦查并有权拘捕人犯。

（二）第二次国内革命战争时期的刑事强制措施

根据 1931 年 12 月 13 日中华苏维埃共和国中央执行委员会非常会议通过的《处理反革命案件和建立司法机关的暂行程序》、1932 年 6 月 9 日颁布的《中华苏维埃共和国裁判部暂行组织及裁判条例》、1934 年

① 李春雷著：《中国近现代刑事诉讼制度变革研究（1895—1928）》，北京大学出版社 2004 年版，第 54 页。

② 王府民著：《蒋介石传》，经济日报出版社 1992 年版，第 249 页。

4 月 8 日颁布的《中华苏维埃共和国司法程序》的规定，拥有逮捕权的机关主要有：

（1）国家政治保卫局。它是专门执行镇压反革命任务的机关，对一切反革命案件均有侦查、逮捕和预审之权。

（2）县、区政府及肃反委员会。肃反委员会是新区的临时镇反机关，直属苏维埃革命委员会，当正式政权建立后，肃反委员会即行撤销，其职权便由国家政治保卫局及其特派员行使。

（3）检察员。当时由于条件所限，只在裁判所内设专职的检察人员。省裁判部设正副检察员各 1 人，县裁判部设检察员 1 人，区裁判部不设立检察员。检察员有预先逮捕犯罪人之权。

（4）区保卫局特派员、区裁判部、区肃反委员会（新苏区革命委员会之下的）、民警局、劳动法庭。

（三）抗日战争时期的刑事强制措施

根据各边区颁布的《施政纲领》《保障人权条例》以及有关规定，逮捕人犯只能由司法机关和公安机关行使，同时要有充分的证据。要严格控制逮捕权，以适应抗日战争的形势发展。

为有效地同犯罪作斗争，1943 年 2 月 4 日晋察冀边区行政委员会公布的《关于逮捕搜索侦查处理特种刑事犯之决定》第 23 条、第 24 条、第 25 条规定，凡县政府所在地，在游击区与封锁沟线外，因敌人封锁、交通隔阻、与专员公署或者办事处联系困难，其所判决之特种刑事案件，得先执行，事后补报。游击区武装工作队，对于证据确凿之汉奸，得径行逮捕，送交县政府处理，但因接敌太近或解送中案犯大声疾呼，有被敌人发觉之虞，无法带走时，得先行处理，事后补报。在敌占据点线附近，进行某种汉奸行为之现行犯，抗日人民均得当场逮捕，解送区公所以上之政府机关或武装工作队，先行处理，事后补报。

抗战时期，各边区除运用逮捕、羁押等刑事强制措施外，还注意发挥取保候审这种刑事强制措施的作用。如 1942 年 10 月陕甘宁边区高等法院在《关于羁押被告人应注意事项命令》中规定："如系寻常案件，情节较轻之被告人，可准其交保候讯勿须羁押。"当时的取保候审除人保外，还有财产保。如 1942 年 8 月山东省战时工作推行委员会《关于厉行保释减少羁押人犯与改善犯人待遇的决定》第 2 条规定："刑事案件被告除犯最重本刑五年以上之罪者，于必要时应行羁押之外，其余不及五年之较轻案件，应厉行保释候审为原则，或斟酌情形令其缴纳相当数量之保证金，在外候审。"①

（四）第三次国内革命战争时期（解放战争时期）的刑事强制措施

各解放区基本上沿用抗日战争时期行之有效的各项诉讼制度和程序，革命根据地有关刑事强制措施的立法都散见于有关条例、程序等单行法规之中，具有突出的时代特点。这一时期的刑事强制措施立法反映了战争环境下革命根据地人民运用司法手段来维护和巩固革命政权的艰难历程，主要有如下特点：

1. 逮捕权主体范围随着斗争形势不断变化，但司法机关始终是核心主体

1925 年省港罢工委员会规定，逮捕人犯由代行公安职权的工人纠察队负责。第二次国内革命战争时期，对于一切反革命案件，国家政治保卫局有权侦查、逮捕、预审和提起公诉，部队、机关、团体也都曾拥有逮捕、审讯人犯的权力。抗战时期，除司法系统及公安机关依法执行其职务外，任何机关、部队、团体不得对任何人加以逮捕、审问或处罚。第三次国内革命战争时期基本上沿用抗战时期的规定，有的地区还作了必要的补充。

2. 强调法定程序，注重运用证据

逮捕状不仅要由有权机关签发，而且在执行逮捕时应当持有逮捕状。逮捕时不仅要有形式要件，而且要有实质要件，即要有犯罪事实存在，并应有证据予以证明。1942 年 2 月公布的《陕甘宁边区保障人权财权条例》第 8 条规定："司法机关或公安机关逮捕人犯应有充分证据，依法定手续进行。"

3. 注重保障人权

① 《中国新民主主义革命时期根据的法制文献选编》第 3 卷，中国社科出版社 1981 年版，第 457 页。

革命根据地的红色政权积极通过革命法制规范刑事强制措施，以达到保障人权之目的。陕甘宁边区、晋西北、山东省、冀鲁豫边区、渤海区等根据地先后制定了保障人权条例。其总的精神是注重被告人的人权保障，规定了相应的保障措施。除前面提到的依法定程序注重运用证据外，对逮捕的主体、逮捕后迅速讯问、审判，及时通知被告人亲属等都作出了规定，并明确不得株连。

4. 体系不完备

由于革命根据地立法本身具有区域性的特点，而且大多是针对具体问题而规定的，因此，对刑事强制措施的规定过于分散，从而导致其体系不尽完备，如对逮捕规定得过多，而对其他刑事强制措施规定得较少。尽管如此，根据地的刑事强制措施立法对于保障刑事诉讼顺利进行和保障人权都发挥了重要作用，并为我国法制建设积累了宝贵的经验。

（五）中华人民共和国成立后的刑事强制措施

我国社会主义法律是革命根据地法律的继续和发展。我国刑事强制措施制度也是在总结革命根据地的立法和司法实践经验基础上逐步建立和完善起来的。

我国于1954年颁布的第一部宪法中规定："公民的人身自由不受侵犯；任何公民非经人民法院决定或者人民检察院批准，不受逮捕。"1954年12月的《中华人民共和国逮捕拘留条例》对刑事强制措施的种类，逮捕、拘留的对象范围、条件，逮捕的程序，执行拘留、逮捕的机关及其权限，以及其他有关事项作出了具体规定。

1979年，我国先后修改、制定了一些法律，其中包括第五届全国人大常委会第六次会议修改公布的《中华人民共和国逮捕拘留条例》，以及第五届全国人大第二次会议通过的中华人民共和国成立以来第一部比较完整的刑事诉讼法典——《中华人民共和国刑事诉讼法》。后者就刑事强制措施设立专章并作了较为详尽的规定，标志着我国刑事强制措施制度的完善和发展已达到了一个历史新水平。① 随着我国改革开放和

① 李忠诚：《刑事强制措施制度研究》，中国人民公安大学出版社1995年版，第31~64页。

社会主义建设事业的不断发展，特别是社会主义市场经济体制的逐步形成，1996年第八届全国人大第四次会议审议并通过了《关于修改〈中华人民共和国刑事诉讼法〉的决定》，对《刑事诉讼法》进行了一系列重大修改，集中解决了一批长期没有解决的和难以解决的问题，强化了对犯罪嫌疑人、被告人诉讼权利的保障，完善了强制措施、取消了收容审查，① 加强了刑事强制措施法律监督。1998年六部门制定了《规定》，最高人民法院、最高人民检察院、公安部也分别制定、下发了关于执行《刑事诉讼法》的解释、规则、规定等，这些规范性文件又对刑事强制措施的适用作了补充，使刑事强制措施制度沿着法治化、民主化和科学化的方向迈进了一大步。为适应我国民主法制建设的需要，2012年第十一届全国人民代表大会第五次会议，又通过了《关于修改〈中华人民共和国刑事诉讼法〉的决定》，《决定》增加了“尊重和保障人权”的规定，② 完善细化了逮捕的条件，增强了审查批捕程序的公开性，规范了拘留、逮捕的羁押场所，完善了监视居住的条件及地点，强化了取保候审的监管与执行，适当延长了拘传的时间，调整了拘留后通知家属的相关规定。随之有关实务部门和立法部门又相继制定了若干司法解释和其他法律文件，我国刑事强制措施制度的法治化、民主化、科学化程度，再次获得重大提升。

2013年以来，我国的刑事司法体制改革，又取得了重大进展。中共中央于2013年、2014年相继通过了《中共中央关于全面深化改革若干重大问题的决定》和《中共中央关于全面推进依法治国若干重大问题的决定》。2018年，第十三届全国人民代表大会常务委员会第六次会议，通过了《关于修改〈中华人民共和国刑事诉讼法〉的决定》，确立了“以审判为中心”“认罪认罚从宽”“刑事速裁程序”等制度，进一步完善了拘留、逮捕及羁押的相关规定。

---

① 陈卫东主编：《刑事诉讼法》（第二版），高等教育出版社2018年版，第19页。

② 陈光中主编：《刑事诉讼法》（第六版），北京大学出版社/高等教育出版社2016年版，第57页。

综上，可以说，人类自有刑事诉讼伊始，就有了刑事强制措施。尽管各时代，各国家，各阶段刑事强制措施名称、具体内容不尽相同，其服务对象、维护的阶级利益亦各有差异，但总揽刑事强制措施，用历史的眼光纵观人类刑事诉讼进程，刑事强制措施的发展史实为一部刑事强制措施的体系完善史。与强制措施相生相随的是人类逐步进化到更高的社会文明，刑事诉讼强制措施呈现出不断发展、体系日趋完备的态势。① 这对分析、完善我国现行刑事强制措施制度建设具有重要的借鉴和参考价值。

① 胡杰著：《刑事诉讼对物强制措施研究》，武汉大学出版社 2018 年版，第 19 页。

# 第三章 刑事强制措施的功能

## 第一节 刑事强制措施的功能

### 一、刑事强制措施功能的内涵及其观点

从哲学范畴来看，功能是事物作用于他物的能力，亦即系统作用于环境的能力。功能不应孤立地被理解为一种静态的概念描述或者内容陈述，其取决于事物自身的内部构造或者结构并与之互成动态影响，“结构—功能分析”亦是社会学中最为重要的方法论之一。①简单地说，功能，即功效和能力，指事物能够发挥和隐藏着的有利作用。刑事强制措施的功能是其对刑事诉讼可能发挥的积极作用。目前学界关于刑事强制措施的功能有多种观点，“如保障性、预防性、保护性、教育性功能”②；“诉讼保障功能与人权保障功能”③；还有“刑罚预支”“证据发现”以及“犯罪预防”等。认识刑事强制措施的功能，应从应有、法定以及实有三个层面分析。应有功能是指强制措施之所以在刑事诉讼

① 卞建林：《我国刑事强制措施的功能回归与制度完善》，载《中国法学》2011年第6期，第23页。

② 李忠诚：《刑事强制措施功能研究》，载《法制与社会发展》2002年第5期，第115页。

③ 卞建林：《我国刑事强制措施的功能回归与制度完善》，载《中国法学》2011年第6期，第25页。

中确立、在刑事诉讼中适用的内在性功能；其法定功能是指强制措施在法律上的体现，它以法律规定为前提，体现为刑事诉讼法规定的强制措施的规范的功能；其实有功能是指其法定功能在刑事诉讼实践中所具有的功能。有时在客观上存在刑事强制措施的法定功能不能充分发挥，实有功能与法定功能不一致的情况。① “由于执法者的素质和水平的差异，在有些情况下，刑事强制措施的法定功能不能充分发挥，实有功能也就达不到法律设计的标准。因此，正确认识刑事强制措施的应有功能，就为法定功能设计提供了广阔的空间，法定功能的充分设计，为实现实有功能提供了法律保障，只有依法严格、准确适用刑事强制措施，其实有功能才能达到法律设计的要求。”② 而且当我们从理论上去论证一个制度的合理性时，决不应从现行的法律中去寻求根据，因为现行法的规定只停留在实然性的层次，而在理论上去论证一个制度的合理性时则着眼于应然性的层次。存在的并非完全是合理的，现行的法律规定也有许多值得研究的地方，随着时间的推移，法律会逐步除去不合理的部分而趋于完善，因此，不能以实然上的合法性来论证理论上的应然性。在此，笔者仅讨论刑事强制措施的应有功能。

## 二、刑事强制措施的主要功能

### （一）诉讼保障性功能

“刑事强制措施是一种诉讼保障措施，其适用的目的，是保障刑事诉讼的顺利进行。”③ 刑事强制措施的重要特性就在于保障性，即保障刑事诉讼的顺利进行。这一功能的发挥表现在：一是防止犯罪嫌疑人、被告人逃避诉讼。犯罪嫌疑人、被告人的身份是特定的，具有不可更换性，不能由他人来代替。犯罪人在作案后总是力图逃避法律的制裁，往往会逃跑、隐匿，甚至以自杀来逃避侦查和审判，使国家刑罚权难以实

① 孙连钟主编：《刑事强制措施研究》，知识产权出版社 2007 年版，第 45 页。

② 李忠诚：《刑事强制措施功能研究》，载《法制与社会发展》2002 年第 5 期，第 115 页。

③ 樊崇义主编：《刑事诉讼法学》（第四版），法律出版社 2014 年版，第 135 页。

现。刑事强制措施可以使追诉机关强制限制或者剥夺其公民基本权利，能有效防止其逃离诉讼轨道，保障追究刑事责任的诉讼活动顺利进行。因而各国刑事诉讼法都规定，在犯罪嫌疑人、被告人逃跑或有逃跑可能时，对其适用刑事强制措施，以保障诉讼得以进行。如根据日本刑事诉讼法第60条的规定，审前羁押适用的条件之一就是“被怀疑人有逃亡行为或者有相当理由足以怀疑被怀疑人有逃亡可能时”。二是保全诉讼证据。实施犯罪行为后，犯罪人为逃避追究，往往会隐藏、转移或毁灭、伪造证据，与同案犯串供，设置各种障碍或制造假象，转移侦查视线，使侦查机关难以获得证明犯罪嫌疑人有罪的证据，阻碍侦查机关查明犯罪行为的真相，导致诉讼迟延或者无法进行。在这种情况下，侦查机关及时采取刑事强制措施，有助于及时保全证据，保障案件真实情况的查明。三是防止犯罪嫌疑人、被告人继续实施危害社会的行为，包括防止犯罪嫌疑人、被告人继续实施犯罪行为，以及防止犯罪嫌疑人、被告人打击报复控告人、证人以及干扰证人作证等行为。有些犯罪嫌疑人、被告人涉嫌犯罪后并不思悔改，伺机继续犯罪，尤其是那些主观恶性较深的累犯，更难轻易停止犯罪；有的犯罪嫌疑人、被告人在其罪行暴露后，更可能对举报人、被害人、证人等进行报复。根据案件情况采取相应的刑事强制措施，限制和剥夺犯罪嫌疑人、被告人的公民基本权力，可以有效地预防其继续犯罪，防止其干扰诉讼活动。但是，绝不是对所有的犯罪嫌疑人都必须采取刑事强制措施。刑事强制措施当然可以保证国家专门机关及时迅速追究犯罪、惩罚犯罪，却也有可能造成对犯罪嫌疑人合法权益的侵害，因而只有当采取其他措施无法实现以上作用时，才能适用刑事强制措施。

### （二）人权保护性功能

“在刑事诉讼领域，秩序价值包含两种含义：其一是通过追究犯罪以恢复社会秩序；其二是追究犯罪的活动必须是有序的，不得导致无序状态。”① “如果将诉讼保障作为强制措施唯一功能的话，那无疑等于认

---

① ［英］彼得·斯坦、约翰·香德：《西方社会的法律价值》，王献平译，中国人民公安大学出版社1990年版，第38页。

可国家机关仅凭追诉需要而任意地、无节制地对公民人身自由等基本权利加以恣意干预和侵犯，其结果不仅导致刑事诉讼的无序和混乱，更会使得强制措施特别是羁押性强制措施被过度适用，因为处于羁押状态的被追诉人无论是在生理上还是心理上都更易受到控制。"① 由于各种刑事强制措施的适用都有相应的条件，是否适用刑事强制措施、适用何种刑事强制措施取决于法律规定的条件，这无疑在保障犯罪嫌疑人、被告人人权方面发挥了重要的作用，而且刑事强制措施的严厉程度也与犯罪嫌疑人、被告人的人身危险性相适应。通过必要性原则和比例性原则对刑事强制措施基本结构的调整，能减轻对犯罪嫌疑人、被告人人身自由的权利的侵害。而且，刑事强制措施以"到案"为时空标志，"到案"为犯罪嫌疑人、被告人提供了参与条件，使得刑事强制措施不再是追诉机关单方面的专横决定，维护了犯罪嫌疑人、被告人的尊严。

刑事强制措施虽然是限制或者剥夺犯罪嫌疑人、被告人的公民基本权利的措施，但是在某些特定情况下，实施刑事强制措施更有利于保护犯罪嫌疑人、被告人的人身安全。例如，在犯罪嫌疑人、被告人作案后，有可能激起被害人的报复，也可能招致同案人的迫害，会因犯罪在公众舆论中引起的情绪而引起群众报复性反应，而刑事强制措施的适用则可对其人身安全起到保护作用。英国《1976年保释法》中规定，"如果法院确信羁押被告人是为他自身的安全，或被告人为儿童或青少年，羁押是为其自身利益"，得决定继续羁押候审。近年来，有组织犯罪、黑社会性质犯罪日益猖獗，使得刑事强制措施的这一功能更为突出。在这类犯罪中，犯罪嫌疑人、被告人常会受到同组织成员的迫害，以求杀人灭口，对其适用刑事强制措施有利于保障他的人身安全。

## 三、惩罚不是刑事强制措施的功能

关于刑事强制措施是否具有惩罚功能，在认识上一直有分歧。由于刑事强制措施是限制或剥夺犯罪嫌疑人、刑事被告人一定公民基本权利

① 卞建林：《我国刑事强制措施的功能回归与制度完善》，载《中国法学》2011年第6期，第24页。

的措施，因此使人很容易将它与刑罚以及其他处罚性措施等同起来，认为刑事强制措施具有惩罚性。但从制度设计原意上讲，刑事强制措施不具有惩罚功能，只是一项预防性措施。

实践中的一些做法也易使人产生等同感觉，比如有些时候被羁押人可能与已决犯关押于同一场所，执行大致相同的监禁制度。尤其在我国，审前羁押在一定程度上已经在客观上导致了与惩罚相同的后果，即如果一个人在审前被羁押，就会被认为有罪。但这是由我国特定的情况决定的：一是长期以来，我国受到“有罪推定”的影响；二是与我国司法程序运作有关。我国审前羁押的条件规定很严，如逮捕的条件是有证据证明有犯罪事实，可能被判处徒刑以上刑罚，采取取保候审、监视居住等方法尚不足以防止发生社会危险性。而且一旦被逮捕，难以获得释放。我国实行的是一种“严进严出”的运作方法，而英美这些国家则实行“宽进宽出”的做法。它们规定的逮捕条件比较松（如美国规定，有合理根据相信有犯罪行为发生并且由被告人所为，应当签发逮捕该人的令状），又实行必要的保释制度，使得大多数人在逮捕后可以获得保释。三是我国对被羁押的人的定罪率很高，这也与我国羁押的条件有关。以上种种造成人们在观念上认为被审前羁押人就是有罪的人，这主要是观念和运作上造成的误区。

在实践中，审判的法官在可以适用缓刑的情况下，不倾向适用缓刑或监禁刑的替代刑；有时会利用部分缓期执行刑罚，而将不予缓期的部分定为相当于已经羁押的时间。在司法资源紧张而案件量日益增加的情况下，法官往往会在法律允许的范围内选择更简便的做法，以避免更复杂局面的出现。审判法官选择刑期的做法会使人觉得审前羁押就是刑罚的一部分，然而这只是法官操作引起的问题。从制度本身讲，审前羁押是不具有惩罚性的。刑事强制措施是在审判前，即犯罪嫌疑人、被告人的刑事责任确定之前，因国家追究犯罪、维护统治和社会安定的需要而对犯罪嫌疑人、被告人公民基本权力的限制或剥夺，看起来这是有悖于无罪推定原则的，却是维护国家稳定、维持社会秩序的必需。可以说，刑事强制措施是为了国家、社会、公众利益而对个别个人利益的牺牲。

而且，惩罚、处罚必须具有一定的实体条件和形式要件。所谓实体条件是被惩处人必须有过错，有一定的作为或不作为，因违反法律、法规而受到惩罚；程序要件要求必须由有权机关作出确定的裁判或认定。刑事强制措施不具备惩罚、处罚的要件。综上，刑事强制措施不具有惩罚功能。

在任何情况下，刑事强制措施都不能被赋予惩罚性的功能，也不能被视为变相的“预期刑罚”。这是因为，根据现代法治原则，无论刑事诉讼所涉及的公共利益有多么重要，也不能将那些受到刑事追诉的公民仅仅视为国家惩治犯罪的工具和手段。换言之，尽管对于那些涉嫌违法犯罪的公民，国家不得不采取一些必要的刑事强制措施，从而导致公民的公民基本权力、财产等受到限制、剥夺，但这些措施的采取应摆脱赤裸裸的报复性，而应具有最基本的合法目的性。为此，国家有义务保持公民自由和国家利益之间的平衡，使得惩治犯罪的目的与保障个人自由的目的得到兼顾。而要做到这一点，就必须将刑事诉讼中刑事强制措施定位于程序保障方面，使得羁押被限制在最必要的层面上。同时，按照无罪推定原则，犯罪嫌疑人、被告人在被法院依照法定程序作出生效裁判之前，由于尚未被国家作出有罪这一否定性法律评价，因此始终处于法律上无罪的地位。由于犯罪嫌疑人、被告人在刑事诉讼过程中就拥有与国家追诉机关进行对抗的权利，因此，追诉机关不能对其采取任何带有惩罚性的刑事强制措施，刑事强制措施的目的也就与实现或者预先实现刑罚无关了。综上，刑事强制措施显然不是刑罚，也不应该成为变相的刑罚。这就对刑事强制措施的适用提出了一个基本要求，即绝不能仅仅因为犯罪嫌疑人、被告人涉嫌重大犯罪，而恣意对其采取刑事强制措施。

从总体上讲，刑事强制措施的主要功能是保障刑事诉讼活动的顺利进行。作为一种国家专门机关采用的追究犯罪的必需的措施，它更多地体现了刑事诉讼中控制犯罪的一面，因而在适用过程中必须加以注意。

至于刑罚预支功能、证据发现功能、犯罪预防功能等观点，笔者认为，刑罚预支功能以及犯罪预防功能的观点，有将刑事强制措施实体化倾向，不符合刑事强制措施的立法定位，无罪推定以及人权保障等基本原则；混淆了刑罚与刑事强制措施的界限，实践中容易造成错误羁押、错误判决以及国家赔偿等危害后果；证据发现功能的观点，混淆了刑事强制措施与侦查的界限，不符合刑事强制措施保障诉讼立法的初衷，有“有罪推定”之嫌，也不可取。

## 四、刑事强制措施功能的差异性

各国因其诉讼价值取向的不同，刑事强制措施的功能也各有侧重。英美法系国家强调法律的正当程序，其刑事强制措施侧重于保障有关人员到庭，使诉讼顺利进行；大陆法系国家追求实体真实，除保障诉讼进行之外，还强调刑事强制措施“保全”证据的功能。

在西方法治国家中，大陆法系国家的刑事强制措施侧重于追究犯罪的功能，比较重视羁押对于保证侦查工作、查明案件事实方面的积极意义。正如美国学者所言，“在大多数大陆法系国家，除了犯罪轻微以外的所有被告可能花费长时间作收监调查。对他们采取羁押措施的全部理由，基于一种判定，即对他们的羁押是‘发现真实情况’所必需的”①。在职权主义诉讼构造下，刑事诉讼的目的侧重于实体真实，为了查明案件真相，刑事强制措施的适用不仅在于保全犯罪嫌疑人、被告人的人身，防止其逃跑或隐藏，更重要的是为了保全证据，防止犯罪嫌疑人、被告人毁灭、隐藏实物证据或者对证人或其他知情人实施不当影响，或者与同案犯串供，从而满足决定提起公诉所必备的较高的证明标准。正因为如此，大陆法系国家对于刑事强制措施适用的必要性判断通常对侦查的需要给予较多的考虑，在侦查终结以前刑事强制措施的替代性制度适用率低，并且被附加较为严格的条件。随着侦查活动的深入，侦查机关收集到的证据逐步达到确实、充分的程度，与此相应，羁押的必要性也相应减少，因此，从督促侦查机关及时收集保全证据，保障犯罪嫌疑人、被告人的公民基本权力利出发，大陆法系国家普遍在法律上

---

① ［美］埃尔曼：《比较法律文化》，三联书店 1990 年版，第 87 页。

对侦查期限作出了明确规定。

英美法系国家的刑事强制措施强调保障人权的功能，在当事人主义的诉讼构造下，刑事诉讼的目的侧重于正当程序，控辩双方都有在审判前积极准备、收集证据的客观需要，而且犯罪嫌疑人、被告人本身享有沉默权，不允许侦查机关为获得取证上的优势而凭借国家强制力对犯罪嫌疑人、被告人予以羁押，更不准许把羁押作为获得口供的手段。① 而且英美法系国家刑事起诉时证据标准不及大陆法系国家要求高，即使在起诉后仍然可以继续侦查、收集证据，因此，出于保全证据的目的而羁押犯罪嫌疑人、被告人的必要性，在英美法系国家刑事诉讼中没有大陆法系国家那么明显。在侦查模式上，弹劾式是英美法系国家侦查程序的一般特点，犯罪嫌疑人、被告人有着与侦查机关同等的侦查权并且诉讼权利平等，有着诸多的防御性权利以防止侦查机关权力的不当侵害，并且享有充分的保释权。②

# 第二节　刑事强制措施的价值

## 一、刑事强制措施价值的内涵

法律解决的是社会问题，它用于评价人们行为的对错，是一种价值判断，但法律同样是人类社会中现实存在的事物，仍然需要一种价值标准来进行判断，否则法律应有的理性和权威性就会受到损害。实际上，法律规则虽是一个逻辑规则问题，但同时又隐藏着价值判断。正如佩雷尔曼所言："法律基本上是关于各种价值的讨论；所有其他问题都是技术问题。"③

① 孙长永：《侦查程序与人权——比较法考察》，中国方正出版社 2000 年版，第 194 页。

② 左卫民、周长军：《刑事诉讼的理念》，法律出版社 1999 年版，第 39 页。

③ 锁正杰：《刑事诉讼法法哲学基础理论》，法律出版社 2003 年版，第 8 页。

在进行刑事强制措施价值分析时，先要谈及一个重要的理论范畴，即价值。“价值”一词本为经济学上的一个专门术语，意为交换价值和使用价值。19世纪，在许多思想家和各种哲学流派的影响和推动下，价值这一概念开始延伸到哲学和社会科学各个领域。价值，在哲学原理中表示已经纳入人类认识和实践范围的客体的各种能够满足主体需要的功能或属性。① 价值存在于主客体的关系之中，当主体作用于客体时，客体就会显现出某些属性，这些属性也会对主体发生某种作用、存在某种意义，从而满足人的一定的需要。那么，刑事强制措施的价值是什么呢？刑事强制措施的属性从根本上讲，在于它能够满足统治阶级的诉讼需要，能够保障刑事诉讼活动的顺利进行。刑事强制措施的存在是刑事诉讼的客观必然，刑事强制措施必须依附于刑事诉讼。“这种存在，在形式上依赖于国家以法律的形式予以确认，实质上是人们对这种客观实在物的发现和利用……刑事诉讼中都必须设有刑事强制措施，这种事实说明它是一种独立于人们意识之外的客观实在，人们可以发现和利用它为自己服务，满足自己的利益需要和达到某种目的。”② 因此，根据上面的论述，我们认为，刑事强制措施的诉讼价值就是它在刑事诉讼中能够满足国家、社会及其一般成员的特定需要，而对国家、社会及其一般成员具有的效用或意义。

刑事强制措施在刑事诉讼中首先是满足司法的需要，人们对刑事诉讼中刑事强制措施的需要，因诉讼地位不同而存在差异。控诉方基于对犯罪的控诉和揭露的需要，希望刑事强制措施尽可能严厉、完备，形成不疏漏的法网。辩护方则基于保护自身权益的需要，希望扩大自由活动的范围和程序，以便收集辩护证据，增强抗辩能力，从而要求刑事强制措施尽可能宽松。这种对刑事强制措施需要满足上的对立，是由各自的诉讼价值观决定的。由于控辩双方衡量、评价刑事强制措施的价值的标

---

① 宋英辉：《刑事诉讼目的论》，中国人民公安大学出版社1995年版，第13页。

② 李忠诚：《刑事强制措施制度研究》，中国人民公安大学出版社1995年版，第80页。

准不同，所以得出了相反的结论。而刑事诉讼的直接目的在于惩罚犯罪，实现刑罚权和保障人权，刑事强制措施的诉讼价值就在于实现这一刑事诉讼目的、满足这种诉讼需要。“公正、效率的本质应是统一的，统一的都复归于正义。”① 刑事强制措施与公正、效率的诉讼价值目标有极为密切的联系，刑事强制措施的制定和适用必须体现这两个价值目标。

刑事强制措施制度是为适应和实现控制、惩罚犯罪这一刑事诉讼目的的需要而产生的，但在当代，更应为适应与实现刑事诉讼民主、文明，保障公民合法权益，维护社会安全这一根本目的的需要而不断得到发展与完善。发展中的刑事强制措施在人权保障方面的进步是刑事司法制度体系科学化、民主化的重要标志，同时也是刑事诉讼程序法律控制机制发展的价值方向，它体现了法治社会下，立法者自觉运用刑事价值体系所要求的利益权衡原则②，来使强制措施制度不断适应社会发展，实现法的正当性的、公正性的行为模式，有利于刑事诉讼根本目的的最终合理实现。

## 二、刑事强制措施与司法公正

“公正（正义）是人类社会所追求的首要价值目标。在各种社会公正中，社会体制即社会基本结构的公正无疑是起决定性作用的公正。③ 司法公正则在社会公正中占有十分重要的地位，它是维护社会正义的最后一道屏障，是体现社会正义的窗口，是司法机关的灵魂和生命线。”④

---

① 易延友：《沉默的自由》，中国政法大学出版社 2001 年版，第 154 页。

② 宋英辉：《刑事诉讼目的论》，中国人民公安大学出版社 1995 年版，第 226~227 页。

③ 美国伦理学家罗尔斯认为，“正义的主要问题是社会的基本结构，或更准确地说，是社会主要制度分配基本权利和义务，决定由社会合作产生的权益之划分的方式”。见［美］罗尔斯：《正义论》，何怀宏、何包纲、廖申白译，中国社会科学出版社 1988 年版，第 7 页。

④ 陈光中主编：《刑事诉讼法》（第六版），北京大学出版社/高等教育出版社 2016 年版，第 12 页。

公正是法的基本标准，法律只有在合乎公正标准的时候，才是真正的法律；如果法律充斥着不公正的内容，那么法律只不过是推行专制的工具。因此，在制定法律的时候，立法者必须以正义的观念为指导，并将它体现在具体的法律之中，维系公正的制度形态。公正促进了法律地位的提高，它使得依法治国作为公正所必需的制度建构而存在于现代民主政体之中，从而突出了法律在现代社会中的位置；公正推动了法律内部结构的完善，它使得权力控制、权利保障等制度应运而生；公正也提高了法律的实效，法律的运行不仅仅要秩序的维持，更主要的是实现社会的公正。

司法公正包括实体公正和程序公正两个方面。实体公正是指公正地惩治犯罪，包括正确分清罪与非罪的界限，准确认定罪名，适度用刑。其实刑事诉讼领域的实体公正可以从多个角度去理解，但是有一点可以肯定，它是通过刑事诉讼过程以诉讼结果的面目实现的公正。刑事诉讼运行的理想结果无非包括以下三种情形：一是实施犯罪的人被判决；二是无辜的人不被定罪；三是有罪的人得到与其罪行相当的处罚。① 程序公正是指诉讼程序本身符合公正标准。程序公正要求在适用刑事强制措施的过程中，必须保证所有的诉讼参与人，特别是对自己的切身利益有关系的犯罪嫌疑人、被告人能决定并自主行使自身权利，对刑事强制措施的适用有陈述自己的意见和辩解的机会。只有这样，才能使犯罪嫌疑人、被告人感觉到公平和正义；也只有这样，才能使得他们理性地接受刑事强制措施的决定。我国现行的刑事强制措施制度在犯罪嫌疑人、被告人的参与并自主行使权利的保障方面十分欠缺，作为刑事强制措施制度的涉及对象，犯罪嫌疑人、被告人不能自主地行使自己的权利，只能由追诉机关来决定，并且在决定是否适用刑事强制措施制度的过程之中，犯罪嫌疑人、被告人不能陈述自己的意见，使他们在承受不利后果的时候，不能反驳追诉机关作出的决定。正是由于现行的刑事强制措施制度对程序的主体参与方面不能提供保障，所以就不能体现出程序的

① 宋英辉：《刑事诉讼原理》，法律出版社2003年版，第15页。

公正。

刑事强制措施的设计首先是为了满足国家惩治犯罪的需要。犯罪行为发生后，在一定情况下，为了及时、有效地追究犯罪，刑事强制措施的实施是必需的。这一方面是为了防止涉嫌犯罪的人以各种手段逃避诉讼，从而使犯罪难以或无从追究；另一方面也是为了防止犯罪嫌疑人重新危害社会、制造新的犯罪。犯罪嫌疑人具有一定的人身危险性——为了逃避追究往往会采取逃跑、灭证等行为，甚至会进行破坏性活动，从而给国家专门机关的侦查、起诉活动制造种种阻碍，拖延国家惩治犯罪活动的进行，并可能再次危害社会、破坏社会正常秩序。因此，在法定情形下，在一定时期内剥夺犯罪嫌疑人的公民基本权力，就是保障国家追诉活动顺利进行的需要，是国家惩治犯罪、维护社会秩序的需要。刑事强制措施对于平息犯罪行为在公众中造成的激愤情绪、消除犯罪行为的影响、尽快恢复正常秩序也具有一定作用。当然，刑事强制措施的适用不能是随意的，每项刑事强制措施都有自己的适用条件和程序，不符合条件的被告人将被排除在外，符合条件的也要依法定程序公正地进行，否则刑事强制措施的滥用会带来比犯罪更为严重的危害后果。

刑事强制措施作为一种强制手段是维护政治权威的具体表现，刑事强制措施制度通过干预犯罪嫌疑人、被告人的基本权利来保障其他人的人身和财产安全。从价值层面来讲，符合“人民的福利是最高的法律”①。刑事强制措施于国家追究犯罪有着重要的作用，但是由于刑事强制措施的适用介入了国家权力，所以使犯罪嫌疑人、被告人始终处于弱势地位。具体来说，在刑事诉讼中，犯罪嫌疑人、被告人处于被追究刑事责任的状态之中，其辩护能力根本不能同拥有强大国家强制力的追诉机关的追诉能力相比，而且被剥夺公民基本权力后，犯罪嫌疑人难以寻找对自己有利的证据，更难以与侦控机关相对抗。在双方力量对比不均等的情况下，诉讼结果的公正性就值得怀疑。但是，刑事强制措施又是国家惩治犯罪、维护社会秩序所必需的，所以必须赋予被采取刑事强

① 哈耶克著：《自由秩序原理》（上），邓正来译，生活、读书、新知三联书店1997年版，第183页。

制措施的犯罪嫌疑人、被告人一定的对抗手段，尽量缩小这种差距，最大限度地促进控辩双方受到同等的对待，增强犯罪嫌疑人对抗控诉机关的能力。反之，如果不对追诉机关适用刑事强制措施加以制约，就可能直接导致犯罪嫌疑人、被告人的防御能力急剧下降，就会进一步加大他们间的差距。赋予被追诉者一系列诉讼权利，要求控辩双方的人格尊严和意志自由受到尊重，特别是对于作为弱者的犯罪嫌疑人、被告人而言，更应将其作为一个人来对待，以人道的而非野蛮、武断、粗暴的方式来对待他们，不能因为他们可能有罪而采取偏见的态度，随意地以压制手段来迫使其接受某种对其不利的行为或后果。例如，设立严格的审查程序、完善的监督机制及充分的救济手段（赋予犯罪嫌疑人沉默权、与外界联系权等诸多权利），切实保障犯罪嫌疑人的权利，从而保障刑事强制措施和整个诉讼地位的公正性。具体来说，就是刑事强制措施的适用要经过严格的审查程序，而且是由中立的司法机关来审查，犯罪嫌疑人也可对刑事强制措施的合法性、合理性提出质疑，申请法律救济。追诉机关采取的刑事强制措施的种类、宽严程度应和被追诉者的人身危险性（实施行为的社会危害性）相适应。对于罪行较轻、社会危害性不大的，能够采取程度较轻的刑事强制措施就不要采用程度较重的刑事强制措施；能够不采取刑事强制措施达到目的的就尽量不采取刑事强制措施。在刑事诉讼过程中，随着诉讼的发展和案件的变化，当不需要采取严厉的刑事强制措施时，就应该相应地变更为较为缓和的刑事强制措施。对于超过法定羁押期限而不能结案的或者发现不应该采取刑事强制措施的，就应当及时解除刑事强制措施。

## 三、刑事强制措施与诉讼效率

“诉讼效率是指诉讼中所投入的司法资源（包括人力、财力、设备等）与所取得的成果的比例”① 提高诉讼效率是当代诉讼所追求的价值目标之一，刑事强制措施的适用反映了其追求效率的价值取向。以最小

① 陈光中主编：《刑事诉讼法》（第六版），北京大学出版社/高等教育出版社 2016 年版，第 16 页。

的资源消耗取得同样多的效果或者以同样的资源消耗取得最大的效果，这是一切生产和社会活动所追求的目标，刑事诉讼也不例外。在具体适用刑事强制措施时，应在公正的基础上追求效率。在诉讼活动的视野内，效率是指以较小的诉讼成本实现较大的诉讼效益。① 也就是以一定的司法资源投入换取尽可能多的刑事案件的处理，即提高单位时间内的有用工作量，加速刑事程序的运作效率，降低诉讼成本，减少案件积压和司法拖延等现象。“没有正当的理由，人们不能使程序在运作过程中的经济消耗增大，在其他条件相同的情况下，任何一位关心公共福利的人都有理由选择经济消耗比较低的程序。”② 一般来说，一个国家在一定时期的刑事司法资源投入相对固定和有限，因而在刑事诉讼制度和程序设计及其运作上应当尽可能符合诉讼效率的要求。当前，整个世界包括我国的犯罪率都处于上升的趋势，给整个刑事司法系统造成了极大的压力，特别是在我国现行条件下，看守所经常人满为患，超期羁押的现象时有发生。而被羁押的人数越多，国家为羁押犯罪嫌疑人、被告人投入的成本就越大，解除这种压力的最佳方式就是增加司法资源和提高诉讼效率。但是，在现有的条件下，司法资源的投入是有限的，因此，只能通过提高诉讼效率，以最少的司法资源取得最佳的案件处理结果。

以取保候审为例，这项刑事强制措施的广泛适用可以大大减少关押犯罪嫌疑人和被告人的费用，国家专门机关可以抽出更多的人力、物力和财力投入刑事诉讼活动的其他环节，从而合理配置司法资源，减少诉讼成本，使诉讼效益最大化。在实际运作中，可根据案件的性质、严重程度以及犯罪嫌疑人、被告人的主观恶性的程度等多方面因素来决定是否适用，在案情或者犯罪嫌疑人、被告人的情况发生变化的时候及时撤销取保候审，做到既不放纵犯罪，又不会冤枉无辜，这同样是诉讼效率的体现。因为放纵犯罪和冤枉无辜就是司法资源的无效使用，国家对于这类案件进行重新审理或者予以国家赔偿就是增加诉讼成本、降低诉讼效率。

① 徐静村：《刑事诉讼法》，法律出版社 1997 年版，第 117 页。

② 陈瑞华：《刑事审判原理论》，北京大学出版社 1997 年版，第 41 页。

刑事强制措施的运用是刑事诉讼的保障系统，及时、有效地适用刑事强制措施可以防止妨碍刑事诉讼行为的发生，并可保全证据，保障公安司法机关及时查明案情、迅速结案，从而提高诉讼效率。诉讼效率的提高应在坚持司法公正的前提下，不应以牺牲人权保障为代价。有学者认为："刑事诉讼的主要任务应当是惩罚犯罪，维护人权的行动主要通过准确地惩罚犯罪来进行。如果在刑事诉讼的具体操作过程中把保护无辜、维护人权单独作为一项与惩罚犯罪等量齐观的任务的话，不仅有碍于与犯罪作斗争的客观现实，更主要是易造成司法人员过分谨小慎微，从而降低诉讼效率，使司法机关难以完成保卫社会的使命。"① 这是一种重惩罚犯罪轻保护人权的思想。笔者认为，刑事强制措施制度的适用的确能够有效地避免犯罪嫌疑人、被告人被错押或延期羁押，还可以减少国家用于在押人员的生活、管理费用等项开支，有利于减轻羁押场所的工作压力，体现了对诉讼效率的追求。但是，片面强调惩罚犯罪，重视羁押而轻视保护人权，在刑事强制措施的具体适用中不把保护人权作为单独的一项内容与惩罚犯罪等量齐观，不仅会忽视对人权的保护，而且会促使公安司法机关片面追求效率，势必造成错案、冤案增多，造成更大的司法资源的浪费。尤其在当前司法实践中忽视人权比较严重的情况下，更应强调均衡地实现惩罚犯罪和保障人权。

由于犯罪情况的不同以及历史文化的差异，各国在刑事强制措施的价值取向以及一个国家在不同时期的价值取向都是不同的。英美法系国家比较重视公民个人权利的保障和程序公正，其刑事强制措施在制度设计和适用上更注重公正性，如被羁押人享有广泛的诉讼权利，实行必要的保释制度、人身保护令制度等；大陆法系国家更重视犯罪的控制，其刑事强制措施相应更关注实体真实，如被羁押人的权利在某些情况下会受到限制等。在犯罪数量增加的情况下，在价值取向上往往会偏重于秩序和效率；在犯罪数量相对较少的情况下，则更会关注公正。我国长期以来受"有罪推定"思想的影响，刑事强制措施在制度设计上和适用

---

① 马贵翔：《公正、效率、效益——当代刑诉三个基本价值目标》，载《1992 年诉讼法学年会论文》，第 5 页。

中都过分重视实体真实，相对比较忽视程序公正，这表现在被羁押人享有的权利范围较小、缺少有效的法律救济手段、律师介入不足、超期羁押现象严重等诸多问题。因此，我国在完善刑事强制措施的设置过程中，通过刑事强制措施自身诉讼价值的实现，达到在司法公正的前提下，提高刑事诉讼的效率，保障刑事强制措施的适用达到公正、效率价值的均衡。

综上，刑事强制措施对实现刑事诉讼公正、效率价值十分重要，而其本身在制定、适用上也须体现公正、效率价值。这两项价值是相互作用、相互依存、相互制约、不可偏废的。刑事诉讼公正、效率价值体系中，惩罚犯罪和保障人权的对立决定了价值体系中存在着难以调和的矛盾，对其中一方面的忽视，结果必然或是放纵犯罪，或是侵犯了人权。

# 第四章 刑事强制措施的原则

## 第一节 人权保障原则

### 一、人权保障的内涵

（一）人权的概念

人权是一个比较复杂的概念。不同的阶级、不同的国家由于历史背景、政治形态、道德文化、宗教信仰、经济状况等的不同对于人权的理解和界定都有所不同。近代人权概念最早出现于西方，西方资产阶级通常在两种意义上认识和理解人权：一种建立在自然法意义上。在这种意义上所谓人权，是指作为人享有或应该享有的自由、平等的权利，并且这种权利是与生俱来，因此人权主要表现为个人的权利和自由。另一种是从法学意义上认识人权，人权即宪法中规定的公民的基本权利和自由，又称"基本人权"。① 到了现代，人权的含义更加丰富，人权是指人的个体或群体，基于人的本性，在一定的历史条件下基于一定的经济结构和文化发展，为了自身的自由生存、自由发展、自由活动而能够真正掌握自己的命运，必须平等具有的权利。它包含三层含义：一是应有权利。它是基于人的本性和本质所应享有的权利。二是法律权利。人的

① 胡锦光、韩大元：《当代人权保障制度》，中国政法大学出版社 1993 年版，第 1~2 页。

自然应有权利只有被法律确认后才有实现的可能性，这就是通常所说的法学意义上的权利，它由各种权利所构成。① 三是实有权利。前述两种权利仅仅为人权的实现提供一种实现状态上的可能性和资格，只是一种应然的权利，但这显然是不够的。人权必须是一种实在的权利。保护人权是现代各国的基本理念，人权所代表的精神已成为人类的共同财富，尊重人权、保障人权无疑已经成为一项得到大多数人类共同认可的社会政治原则。法国的《人权宣言》、美国的《独立宣言》以及《世界人权宣言》、联合国《两权公约》等都对此予以规定和确认。我国也不例外。我国一贯重视公民权利的实现和保障，2004 年，我国将“公民合法的私有财产不受侵犯”“国家尊重和保障人权”载入了《宪法》；2007 年，我国又通过了《物权法》，进一步完善了对公民合法私有财产的保护；2012 年，又将“国家尊重和保障人权”载入了《刑事诉讼法》；2019 年，我国发表了《为人民谋幸福：中华人民共和国人权事业发展 70 年》白皮书，其中指出：人民幸福生活是最大的人权。中国共产党从诞生那一天起，就把为人民谋幸福、为民族谋复兴、为人类谋发展作为奋斗目标。中华人民共和国成立以来，特别是中共十八大以来，在习近平新时代中国特色社会主义思想指引下，中国不断总结人类社会发展经验，在建设中国特色社会主义的伟大实践中，坚持把人权的普遍性原则与自身实际相结合，奉行以人民为中心的人权理念，始终把生存权、发展权作为首要的基本人权，协调增进全体人民的各项权利，努力促进人的全面发展。可以说，尊重和保障人权已经成为中国共产党执政兴国的一个重要理念，国家根本大法的重要原则，国民经济和社会发展的一项重要内容，对外交流合作的一个重要主题。②

### （二）刑事强制措施中人权保障的内涵

刑事诉讼活动是对犯罪行为实现刑罚权的活动，也是国家对侵犯社会整体利益的行为给予否定性评价的活动。当公权力与私权利相碰撞

① 夏勇：《人权概念起源》，中国政法大学出版社 1992 年版，第 4 页。

② 樊崇义等著：《刑事诉讼法再修改理性思考》，中国人民公安大学出版社 2007 年版，第 238 页。

时，国家行为的强制性和权威性必须对社会成员的权利给予充分的救济与保障。一般而言，自由是人权的内容要素，平等是人权的形式要素。人权保护的关键是自由的保护。人身自由权是仅次于生命健康权的公民基本人权，是公民行使其他权利的重要基础和保障，因此，应尽可能地受到保护而不能被恣意剥夺和限制。在刑事诉讼领域的自由体现在两个方面：一是诉讼参与人免受非法侵害的自由，这是一种消极的自由。主要表现在诉讼过程中对国家权力的限制。任何个体（尤其是处于被追诉地位的犯罪嫌疑人、被告人）相对于国家的权力来说都是微不足道的，因此防止国家权力的恣意行使尤为必要。二是诉讼参与人享有自主抉择和行为的自由，这是一种积极的自由。其表现为诉讼参与人应享有的诉讼权利和基本人权以及行使权利时应受到的保障。诉讼权利未经法定事由和法定程序不受限制，更不能被剥夺。

在刑事诉讼过程中，特别是在刑事强制措施的适用中，犯罪嫌疑人、被告人一旦被羁押而被剥夺人身自由权后，面对的是强大的国家权力。国家有足够的人力、物力、财力调取和搜集其有罪的证据，在这种情况下，被羁押者将处于明显不利的位置。而根据无罪推定原则的要求，任何人在法院未作出生效判决之前，其人身自由都不应受到剥夺，如果在没有确定有罪的情况下就剥夺其人身自由权，而不给予其证明自己无罪的机会和条件，就是对人权的蔑视。所以，应当赋予犯罪嫌疑人、被告人一定的诉讼权利，来保证无辜者不受刑事追究和对犯罪嫌疑人、被告人进行公正的追究，切实保障人权。

从以上分析中可以看出，在刑事强制措施的适用中，人权保障的具体对象是犯罪嫌疑人、被告人。但是，我们并不否认对一般公民的人权保障，因为“任何人都有进入刑事司法的危险”。犯罪嫌疑人、被告人的合法利益和诉讼地位仅仅是刑事诉讼法保障人权的外在体现，不能把刑事诉讼法所保障的人权仅仅归结为犯罪嫌疑人、被告人的个人利益。实际上，犯罪嫌疑人、被告人的合法权益是整个社会成员“人权”的缩影，刑事诉讼法所要保障的人权的潜在主体是一切可能进入刑事诉讼程序的社会成员，反映的是整个社会成员相对于国家的法律地位。因此，忽视和侵犯被告人的合法权益，直接受害者固然是具体的被告人，但实际上全体社会成员的合法权益都会受到威胁。① 综上，有学者将刑事强制措施中人权保障的内涵概括为以下方面：第一，保护一般公民的合法权益。这是通过适用刑事强制措施，惩罚犯罪来防止广大人民群众的利益受到犯罪的侵犯。第二，保障无罪的人不受刑事追究。即在惩罚犯罪的同时不冤枉与犯罪无关的人。第三，保障所有诉讼参与人，特别是犯罪嫌疑人、被告人和被害人的诉讼权利得到保障。第四，使有罪的人受到公正的惩罚，即做到程序合法、事实可靠、定罪正确、量刑适当。②

## 二、刑事强制措施中人权保障的对象及权利体系

刑事强制措施适用的对象虽然是犯罪嫌疑人、被告人，但也关涉到被害人、证人的权益，因此，刑事强制措施的人权保障对象是多元化的。当然涉及主体的多元化，也不能使得人权保障失去重点，而是要衡量受刑事强制措施影响的程度，受侵犯的可能性而区别对待各种人权保障的对象。限于篇幅，笔者在此只探讨犯罪嫌疑人、被告人的诉讼权利保障体系。

犯罪嫌疑人、被告人是追诉的对象，在刑事诉讼活动中，犯罪嫌疑人、被告人处于被怀疑有罪的弱势地位，加之人身自由经常受到限制，相对于代表国家行使追诉权力的侦查机关和检察机关，他们即使有一定对抗侦查和起诉的权利，也无法真正在平等的基础上与追诉机关平等对抗。总体上看，犯罪嫌疑人、被告人在面对追诉机关职权活动的时候，其人权始终处于一种岌岌可危的状态。正是由于犯罪嫌疑人、被告人在追诉职权活动中这种天然的劣势，为平衡这种地位上的不平等，犯罪嫌疑人、被告人的人权也就成为整个刑事诉讼中人权保

① 王航兵：《论刑事诉讼中的人权保障》，载胡锡庆主编《刑事诉讼热点问题探究》，中国人民公安大学出版社 2001 年版。

② 陈光中、严端：《中华人民共和国刑事诉讼法修改建议稿与论证》，中国方正出版社 1999 年版，第 86 页。

障的中心问题。同时，追诉程序中对犯罪嫌疑人、被告人的人权保障也在某种程度上具有典型意义。刑事诉讼中强调犯罪嫌疑人、被告人人权保障，间接保护的对象是社会的每一个成员。这是因为，在一个国家中，每一个社会成员都可能犯罪或被犯罪所侵害，一旦某人犯罪而被追诉或因他人犯罪而被卷入追诉程序时，刑事诉讼法所设定的各种人权保障制度就会对他发生作用，因而社会的每一成员都是刑事诉讼的潜在主体。① 有学者据此指出，“一个政府怎么样对待它的嫌疑人，就必然会怎么样对待其他国民，也可以说，侦查机关与犯罪嫌疑人之间的关系，实际上不过是政府与个人之间法律上与现实中的关系在刑事程序中的延伸和具体表现”②。

尽管各国诉讼模式和诉讼制度可能存在差异，但是还是有一些为大多数国家所公认的侦查程序中犯罪嫌疑人享有的基本人权。按照学界通说，可以将犯罪嫌疑人的权利分为御性权利、救济性权利和推定性权利三种。所谓防御性权力，是指犯罪嫌疑人为对抗追诉机关的指控，抵消其控诉的效果所享有的权利，主要包括：知情权、沉默权、辩护权、被保释权。所谓救济性权利，是指犯罪嫌疑人对侦查机关所作出的涉及其重大权益的行为、决定，要求中立的司法机关予以审查并撤销该行为、决定的诉讼权利，主要包括：控告权、获得刑事赔偿权、推定性权利。

在犯罪嫌疑人、被告人享有的上述各项权利中，笔者认为，应着重注意以下几种权利的保护：

### （一）知情权

告知本身既是国家限制公民人身自由权时的正当程序的内在要求，也是为了便于在押犯罪嫌疑人、被告人针对刑事强制措施采取相应的防御措施对策。知情权是被告人进行防御的基础，如果被告人不知被控何罪，则无从防御和辩护。

---

① 陈卫东主编：《刑事诉讼法学研究》，中国人民大学出版社 2008 年版，第 364 页。

② 孙长永：《侦查程序与人权》，中国方正出版社 2000 年版，第 8 页。

犯罪嫌疑人要能够充分行使辩护权，就必须知道他被指控犯有何罪。以逮捕为例，由于西方国家将羁押与逮捕相分离，因此一般都由法官来告知被羁押者羁押的理由。我国《刑事诉讼法》第 120 条规定："侦查人员在讯问犯罪嫌疑人的时候，应当首先讯问犯罪嫌疑人是否有犯罪行为，让他陈述有罪的情节或者无罪的辩解。然后向他提出问题……"根据我国刑事诉讼法的立法精神，对被采取刑事强制措施或被讯问的犯罪嫌疑人时，应告知其被控告的罪名和委托律师的权利，以便其能够及时、充分地行使辩护权。目前在司法实践中，地方侦查机关均会通过《犯罪嫌疑人权利义务告知书》，告知其在法律中诉讼中的权利与义务，虽然跟过去相比，这有很大的进步，但是由于法律上对此并没有明确的规定，导致各地在范围、方式以及程序上并未统一，侦查机关的告知会发生任意性的风险。同时由于我国并未确立程序性制裁，如果侦查机关未有效保障犯罪嫌疑人知情权的行使，也不会承担任何程序上不利的后果，例如证据的排除，行为的无效等。强制措施采取后，犯罪嫌疑人人身自由在一定程度上都会受到限制或剥夺，同时他们也不是法律事务的精通者，如果不及时告知其诉讼权利，对其人权的侵犯有可能是不可逆转性的。因此，在侦查开端保障犯罪嫌疑人知情权的实现，也将会最大限度地平衡控辩双方的力量悬殊。

（二）受到人道待遇的权利

在刑事强制措施的运用中，被强制者容易受到许多严重侵犯人权的伤害，如刑讯逼供、残酷非人道的行为等。因此，联合国刑事司法准则和许多国家的国内法都规定了被羁押者受到人道待遇的权利。联合国《两权公约》第 7 条规定，任何人均不得加以酷刑或施以残忍、不人道的或侮辱性的待遇或惩罚。第 10 条第 1 款、第 2 款规定，所有被剥夺自由的人应给予人道及尊重其固有的人格尊严的待遇。联合国《保护所有遭受任何形式拘留或监禁的人的原则》规定，所有遭受任何形式拘留或监禁的人均应获得人道待遇和尊重其固有人格尊严的待遇；对于遭受任何形式拘留或监禁的人不应施加酷刑或施以残忍、不人道或有辱人格的待遇或处罚，任何情况均不应作为施加酷刑或其他残忍、不人道或有辱人格待遇或处罚的理由。①

（三）在合理的时间内接受审判的权利

联合国《两权公约》第9条第3款规定了该项权利。该项权利的核心内容是，即使有合理的原因继续关押被告人，但如果审判没有在合理的时间内开始，被关押者无论如何也要被释放。该项权利的规定主要是考虑到：如果被羁押者的刑事责任迟迟不能予以确定，将会给其人身、财产、家庭等各个方面带来种种影响。

应当指出的是，在保证被羁押者在合理的时间内接受审判的权利方面，英国的做法值得一提。英国根据《欧洲人权公约》而制定的《1998年人权法案》规定了被逮捕或拘留的人有权在合理的时间内接受审判，并且在苏格兰等地，对于该项权利所提出的许多质疑都获得了成功。即便在受到谋杀罪指控的案例中，被告人在审前被监禁的期限也不得超过110天；对于盗窃、斗殴等不是非常严重的罪行，则在交付审判之前对其监禁的最长期限不得超过40天。除此之外，在被告人被保释的情形下，无论被告人被指控犯有谋杀罪或其他不是很严重的罪行，对被告人的审判也必须要自其被初次交付法院之日起一年内进行。因此，在苏格兰的许多案例中，就审判未能在法定的期限内进行所提出的质疑均获得了成功，其结果是公诉方败诉。这是法院适用联合国《两权公约》中有关在合理期限内获得审判的权利的规定排除苏格兰刑事司法体系中通常的期限要求的结果，其哲学基础在于被告人不应被置于命运不决的状态中。② 在我国，主要体现在侦查机关的办案期限有明确规定，侦查机关必须在法定期限内尽快解决犯罪嫌疑人的刑事责任，不得拖延。也就是说对待审关押的时间作了明确规定。《刑事诉讼法》第156条规定："对犯罪嫌疑人逮捕后的侦查羁押期限不得超过二个月。案情复杂、期限届满不能终结的案件，可以经上一级人民检察院批准延长一个月。"第158条规定："下列案件在本法第156条规定的期限届满不能

---

① 樊崇义主编：《刑事诉讼法》（第四版），法律出版社2016年版，第79页。

② 中国政法大学刑事法律研究中心、英国大使馆文化教育处编：《英国〈1998年人权法案〉及考察报告》，第165页。

侦查终结的，经省、自治区、直辖市人民检察院批准或者决定，可以延长二个月：1. 交通十分不便的边远地区的重大复杂案件；2. 重大的犯罪集团案件；3. 流窜作案的重大复杂案件；4. 犯罪涉及面广，取证困难的重大复杂案件。”为了保障犯罪嫌疑人尽快接受审判，对因为特殊原因而在较长时间内不宜交付审判的特别重大复杂的案件还规定了特别严格的程序，即由最高人民检察院提请全国人民代表大会常务委员会批准延期审理。另外，传唤、拘传持续的时间最长不得超过 12 小时，不得以连续传唤、拘传的形式变相拘禁犯罪嫌疑人；监视居住最长不得超过 6 个月；取保候审最长不得超过 12 个月。

（四）律师辩护权

被追诉者作为犯罪嫌疑人可能被追究刑事责任，因此顾虑重重，不敢行使自己的诉讼权利，有的出于种种私人动机、目的而违心地坦白自首或供认犯罪，从而不想行使自己的诉讼权利；有的因为被适用某种刑事强制措施，人身自由权受到程度不同的限制，从而不便行使自己的诉讼权利；有的则因为缺乏法律知识，从而不能正确地行使自己的诉讼权利。

在刑事强制措施程序中，犯罪嫌疑人、被告人拥有获得律师辩护的权利对于保障犯罪嫌疑人、被告人的合法权益至关重要。律师有广泛的诉讼权利，便于全面具体地了解案情，从而为正确有效地进行辩护提供事实基础；律师有丰富的法律知识，积累了大量的法律经验，因此能够熟练有效地帮助犯罪嫌疑人、被告人行使诉讼权利。① 侵犯了被追诉者的获得律师辩护权而取得的证据应当予以排除，这是有效保障其获得律师帮助权的重要手段。② 联合国《两权公约》第 14 条第 3 款第 2 项规定，任何被刑事指控者完全平等地有资格享受最低限度的保证，即有相当时间和便利准备他的辩护并与他自己选择的律师联络。联合国《律师作用基本原则》第 1 条规定，每个人都有权按照他们的选择与一个律师联系，并在刑事程序的所有阶段保护他们和确立他们的权利，并为他们

① 陈光中：《刑事诉讼法学》，中国政法大学出版社 1996 年版，第 127 页。
② 熊秋红：《刑事辩护论》，法律出版社 1998 年版，第 216~222 页。

辩护。第7条规定，任何被逮捕和羁押的人无论是否受到刑事指控，都应当迅速接触律师，在任何案件中，从逮捕或羁押的进行时起，不得晚于48小时。联合国《保护所有遭受任何形式拘留或监禁的人的原则》第17条规定，被拘留人有权获得法律顾问的协助，主管当局应在其被捕后及时告知该项权利，并向其提供适当便利。被拘留人如未自行选择法律顾问，则在司法利益有此需要的一切情况下，有权获得由司法当局或其他当局指派的法律顾问，如无充分的支付能力，则无须支付。

获得律师帮助的权利在西方发达国家的刑事诉讼法典中都有所体现。在英国，《1984年警察与刑事证据法》第58条规定，被逮捕且被羁押于警察局或其他地方的人如果提出要求，有权在任何时候向律师私下咨询。并且，嫌疑人无力自行聘请律师的，要为其指定辩护人。在美国，根据《1984年联邦保释改革法》的规定，在法官举行对被告人是否羁押的听审时，被告人有权获得律师帮助，如果他无力聘请，有权获得指定律师的帮助。在德国，虽然被逮捕人在法官决定羁押时并无要求指定辩护律师的权利，但该国刑事诉讼法第117条规定了在申请羁押复查时指定辩护律师的制度，并且在第147条规定，辩护律师在侦查阶段就可以查阅对嫌疑人的讯问笔录、法院的调查笔录以及鉴定结论。虽然各国对被指控者被羁押时的律师帮助权的规定有所差异，但就总体而言有两方面的共同点：一是通过律师提供的专业法律帮助，可以使得那些缺少法律知识的人能够有效地行使辩护权，也有助于采取对违法逮捕或羁押的补救措施。二是通过律师的帮助，可以制约追诉机关滥用逮捕、羁押，使羁押的公正性得到保证。法国刑事诉讼法第145条规定，决定对被审查人进行羁押的预审法官应当告知被审查人有权在一定期限内作辩护的准备。如果该人没有聘请律师协助，应当告知其有权选择聘请律师或者要求指定律师。预审法官主持预审时，必要时还可听取律师发言。而且，如果律师请求给予时间准备辩护，则预审法官不能命令立即羁押。

我国《刑事诉讼法》对犯罪嫌疑人在侦查阶段未聘请律师或未获得法律援助的，增设了值班律师的帮助，值班律师制度是认罪认罚、速裁程序的配套制度，可以说是法律援助全覆盖的辅助版。但是由于值班律师诉讼权利有限，只能提供程序性建议，明显形式大于实质，没有权利主动介入或要求会见，没有权利阅卷，这也就限制了其提供法律建议的有效性。

面对强大的国家机器，每个个体都有可能成为被追诉人，强制措施的适用正当与否关涉到我们每一个人的切身利益。超强的犯罪控制理念，微弱的人权保障意识，严重阻碍了以“尊重和保障人权”作为刑事诉讼理念的司法改革步伐，也导致了我国限制性强制措施运用不力、未决羁押率却居高不下的现象发生。增强刑事司法人员保障被追诉者人权的意识，尽可能将限制性强制措施作为常态，羁押性强制措施作为非常态的例外来对待，才是强制措施应有的保障人权内涵体现。

（五）沉默权

目前在我国，犯罪嫌疑人在侦查阶段除获得律师辩护，能强化他们的防御权外，还必须忍受着“如实陈述”的义务，犯罪嫌疑人在侦查阶段并不享有沉默权。但是沉默权的确立却可以发挥下述的功能与价值：其一，早期的刑事诉讼在证据方面比较重视口供，所以促使司法人员想方设法地获取被追诉者的口供，甚至不择手段动用刑讯虐待被追诉者的肉体，摧残被追诉者的精神。这种刑讯的方法，不仅包括执法人员的违法行为，而且包括了导致虚假供述的可能性，并且也降低了控诉者寻求实物证据的积极性。在庭审中心主义和证据裁判主义下，刑讯逼供的现象已得到了很大的遏制。如果引入了沉默权，将会更有效地消除非法取证的不良现象。其二，沉默权可以加强被追诉者的防御力量，使其在辩护的策略和技巧上多了一层选择的余地，从而也增强了其与控诉方相抗衡的能力。另外，反对强迫自证其罪原则也强调，在一个公正的程序当中，犯罪嫌疑人、被告人既不能受到强迫，也不能要求其无证明自己有罪，他没有义务去帮助追诉方获得用以反对自己的武器。从法治国家的普遍理论上讲，沉默权是维持政府与个人之间利益平衡的客观需要。而且，沉默权是犯罪嫌疑人人格尊严的重要保障，也是犯罪嫌疑人作为诉讼主体的基本标志之一，还是贯彻无罪推定原则所必不可少的一项程序法措施。其三，沉默权可以加强追诉机关的举证责任。证明犯罪嫌疑人、被告人有罪的举证责任应当由追诉方承担，在公诉案件中也就是由控诉一方来承担，因为犯罪嫌疑人、被告人享有沉默权，他就可以理所当然地反对自我归罪、提供证明自己有罪的证据。我国加入联合国《两权公约》时，曾在 1990 年对联合国禁止酷刑委员会明确表示“在中国法律制度下，中国所缔结或参加的国际条约会经过立法机关的批准程序或国务院的通过程序”。该条约一旦对中国有效就具有法律效力，中国便有义务去实行该条约承担相应的国际法义务在国内刑事侦查中贯彻沉默权制度，从而使我国的刑事侦查与国际接轨。因此，我国应当确立沉默权制度以满足促进国内刑事诉讼制度的民主化和履行国际法义务的双重需要。

## 三、刑事强制措施中人权保障原则之强化

我国现行刑事强制措施偏重追求效率，在查明犯罪事实，打击犯罪方面具有优势，但在人权保障方面存在不足，与国际上通行的人权准则有冲突之处。主要表现为：一是立法存在空白。我国刑事诉讼法规定的强制措施仅限于对人身自由的限制、范围过窄。对搜查、扣押、查封、冻结等限制财产权的措施，只作为侦查手段在“侦查”一章中作了规定，而财产权也是人权的组成部分。侦查中广泛适用的电子监听强制采样等涉及犯罪嫌疑人、被告人人身权益的措施刑事诉讼法均未规定，有悖于程序法定原则。在司法实践中，有些办案机关忽视对财产权的保护，借口有利于侦查办案，滥用搜查、扣押、查封、冻结等措施，使得原本效益很好并未涉案的公司、企业无法正常经营，甚至濒临破产，严重侵犯了犯罪嫌疑人、被告人的合法权益。① 二是对刑事强制措施决定权监督制约不够。对犯罪嫌疑人、被告人采取刑事强制措施时施行司法令状主义，是世界上绝大多数国家的通行做法。找国刑事诉讼法律要求，所有的强制措施必须依据有权机关签发的文件实施。但是，公安机

① 樊崇义等著：《刑事诉讼法再修改理性思考》，中国人民公安大学出版社 2007 年版，第 243~247 页。

关可自行采取除逮捕之外的各种强制措施及搜查、扣押等强制性侦查行为，只要履行内部审批手续即可。这种监督机制“只是一种弹性监督，而不至于引起程序性后果。其有效性不仅从逻辑上讲很可疑，并且现实表明也确实是十分有限的”①。因此、在强制措施的实施上，未能实质上形成司法审查原则和令状主义要求的司法控和程序制约的机制。三是逮捕的广泛运用，存在超期羁押的现象。当前，我国刑事诉讼法规定的拘留、逮捕、取保候审、监视居住等强制措施均有法定适用条件，但在司法实践中，逮捕进而羁押被广泛运用，实际上更多地被当做惩罚措施和侦查手段运用，成了绝大多数犯非嫌疑人都必经的程序。有的地方办案机关为了防止“放虎归山”，倾向于限制犯罪嫌疑人和被告人的人身自由。在案情疑难时，想到的不是恢复犯非嫌疑人、被告人人身自由，而是想方设法延长侦查期间，或者补充侦查，规定的侦查期间得不到严格遵守，往往造成超期羁押。②

上述问题，侵犯了犯罪嫌疑人、被告人的人权，影响了司法公正，与建设法治国家的要求不符。因而，改革刑事强制错措施，强化人权保障已势在必行。有关完善刑事强制措施的具体意见和建议，将在第 13 章专门论述。

## 第二节　程序法定原则

### 一、程序法定原则的内涵

程序法定原则，也称为法制国家程序原则，程序法治原则，其基本含义是指，国家刑事司法机关的职权及其追究犯罪、惩罚犯罪的程序，

---

① 王敏远：《论我国检察机关对刑事司法的监督》，载《中外法学》2000 年第 6 期。

② 樊崇义等著：《刑事诉讼法再修改理性思考》，中国人民公安大学出版社 2007 年版，第 246 页。

立法机关所制定的法律加以明确，刑事诉讼法没有明确赋予的职权，司法机关不得行使，司法机关也不得违背刑事诉讼法所明确设定的程序规则而人为决定诉讼的进程。根据程序法定的要求，凡是涉及国家司法机关的职权配置和犯罪嫌疑人、被告人重大权益保障的事项，都应当由立法机关通过法律的形式加以明确规定，而不能由其他机关、团体或个人以其他任何形式作出规定，司法机关也不得通过制定司法解释的形式变相进行“二次立法”。① 联合国《两权公约》第 9 条第 1 款也规定了程序法定原则：“每个人都享有人身自由与安全权利，任何人不得被任意逮捕或羁押，除非依据法律所规定的理由并遵守法定的程序，任何人不得被剥夺自由。”

一般认为，程序法定原则包含两层含义：② 刑事诉讼的具体程序必须经过法律预先明确规定，否则不能予以适用，这亦是法律可预见性的内在要求；③ 刑事诉讼的具体程序必须依据业已明确规定的法律进行，国家机关违反法律的诉讼行为应当被认定为无效。需要强调的是，这里的“法律”是狭义的、国家立法机关制定的法律。也有学者指出，程序法定原则应当具有形式和实质双重内涵，包括程序合法性和程序正当性两项要件，前述两层含义仅是程序合法性的要求，而程序正当性要求规范刑事诉讼具体程序的法律本身必须具备正当性，即实质的合法性。

程序法定原则作为刑事诉讼中具有全局指导性意义的重要原则，是诉讼公正理念的体现，是刑事诉讼公正、秩序等价值得以实现的保障，是维护法律良性发展，确立立法与司法相互制衡关系的需要。

程序法定原则是人权理论、人民主权理论、权力制约理论的具体体现。刑事诉讼活动是以实现国家刑罚权为最终目的的，因此国家强制力作为其后盾，行为必然具有一定的强制性。从打击犯罪、实现追诉职能

---

① 樊崇义主编：《刑事诉讼法学》（第四版），法律出版社 2016 年版，第 59 页。

② 卢梭著，何兆武译：《社会契约论》，商务印书馆 1980 年版，第 87 页。

③ 胡玉鸿：《〈以权利制约权力〉疑辩》，载《法学》2000 年第 9 期，第 11 页。

的角度讲，刑事强制措施的适用，与人权保障的关系是对立的。一方面，刑事强制措施的适用，是国家公权力在刑事诉讼活动中的体现；另一方面，要求给予诉讼参与人以基本权利的尊重，也必然会带来国家权力的压制运行，两者之间存在着价值上的矛盾冲突。正如西塞罗所指出的："我们都是法律的奴隶。正因为此我们才是自由的。如果没有所强加的限制，每一个人都可以随心所欲，结果必然是因此而造成的自由毁灭。"为了维持既定的社会规则，国家权力与公民个人权利都应作出部分的让渡。比较而言，强大的国家权力应作出更大的让步与限制。因此，人权保障是强制性行为的必然选择。"关于权力，无论在任何情势下，其所指定的范围必须以保护社会免于外来的危险，与内部的暴乱无政府，其余则属于自由，超乎此，则为不安全或不合格。"① 强制措施采取以干涉公民的基本权利为外在表现形式，为了保障刑事诉讼活动的顺利进行，公民个人为了社会整体利益在一定范围内让渡自己的人身自由，并将之处于公权力控制之下，这种控制必然具有公权力的强制属性。在强权之下，权力与权利之间必然需要进行力量的协调。否则一方面容易构成个人权利的损害威胁，另一方面也易造成国家权力的膨胀和垄断。

为了国家的利益和秩序实现，法律允许国家在一定条件下限制和剥夺权利，但这里的"一定条件"是十分严格的，它包括严格的主体、程序、条件、手段等，即这种限制和剥夺必须是由法律授权的主体依照法律规定的条件和程序、针对法律所特指的对象而实施的，并允许在限制和剥夺失范的情况下，权利的享有者可以提起申诉和控告，以达到对权力的制约。这种既授予公民权利又在特定的条件下"收回"的状况体现了权利和权力的互相制约性，一方面权利制约权力，即"个人手中的权利能够作为维护自身权益的盾牌，形成保护私域并最终影响到公共权力的终极力量"②，达到防止权力的滥用，防止造成对权利的侵害；

① 樊崇义主编：《刑事诉讼专论》，中国方正出版社 1998 年版，第 318 页。

② 史立梅：《简论我国刑事措施改革的理论基础》，载樊崇义主编《刑事诉讼法专论》，中国方正出版社 1998 年版，第 316 页。

另一方面又以权力来制约权利的不当发展，从而维护整个社会的安全和大多数的权利。这种权利与权力的互相制约性是整个刑事诉讼呈现正当性并且得以存在的基本理论依据，其中的程序法定原则是该理论得以体现的范例。

## 二、程序法定原则对强制措施的要求

程序法定原则一方面要求强制措施的种类、适用主体、条件、对象以及程序等具体内容必须由法律预先明确规定，否则不能予以适用，这亦是法律可预见性的内在要求；另一方面则要求强制措施必须依据业已明确规定的法律进行，国家机关不能违反法律的既有规定适用强制措施，否则可能因违法行为承受程序性制裁。①

我国《刑事诉讼法》第3条第2款规定，“人民法院，人民检察院和公安机关进行刑事诉讼，必须严格遵守本法和其他法律的有关规定”。它是国际通行的程序法定原则在我国刑事诉讼中的具体体现。② 它表明，在我国，刑事强制措施只有公安司法机关适用，任何其他机关、团体和个人都无权适用。同时，公安司法机关采取刑事强制措施时，也必须严格遵守法定的条件、程序和期限。具体表现为：

### （一）种类适用法定

我国《刑事诉讼法》设专章规定了拘传、取保候审、监视居住、拘留和逮捕等五种刑事强制措施。除此之外，办理任何刑事案件均不得适用其他针对人身自由的强制方法。但是，由于“口供中心主义”观念的根深蒂固，司法实践中，利用行政措施或者其他手段的采用对刑事强制措施的适用产生了较大冲击，特别是不够拘留和逮捕条件的情况下，比较突出的表现是留置盘问的运用。根据《人民警察法》的规定，公安机关的人民警察对有违法犯罪嫌疑的人员进行盘问检查后，有下列情形之一的可以留置：被指控有犯罪行为的，有现场作案嫌疑的，有作

① 卞建林：《我国刑事强制措施的功能回归与制度完善》，载《中国法学》2011年第6期。

② 樊崇义主编：《刑事诉讼法学》（第四版），法律出版社2016年版，第81页。

案嫌疑身份不明的，携带的物品有可能是赃物的。留置的时间不得超过24小时，在特殊情况下，经县级以上公安机关批准，可以延长至48小时。留置盘问不属于刑事强制措施，但在司法实践中往往被运用，成为办理刑事案件的“准刑事强制措施”。

（二）适用对象法定

我国《刑事诉讼法》规定刑事强制措施的适用，对象只能是犯罪嫌疑人、被告人，对其他诉讼参与人和案外人不得适用。特别是对于证人，不得采用拘传而强迫其到案接受询问或者采用刑事拘留等手段对拒不作证者予以处罚。由于证人作证会考虑经济成本、人情关系、社会态度、人身安全等因素，目前证人不愿作证现象仍然存在。在立法没有对此作出相应规定前，对证人的人身自由予以强制或处罚是违法的，我们可以通过经济补偿，切实保障安全，努力优化作证环境等措施提高证人作证率。

（三）适用目的和条件法定

我国《刑事诉讼法》规定，适用刑事强制措施的目的在于保证刑事诉讼的顺利进行，防止犯罪嫌疑人、被告人自杀、逃跑或者隐匿、毁灭、伪造证据以及串供、订立攻守同盟等情形发生。如果不存在妨害诉讼发生的可能且没有相应的证据证明，就不应该采取刑事强制措施。司法实践中完全凭借主观猜测的妨碍诉讼程序是不具有法律意义的，不得以此为依据而采取刑事强制措施。即使是对犯罪性质极其严重的犯罪嫌疑人，也未必都采取刑事强制措施。目前，刑事强制措施在理论上只是一种暂时的预防性措施，属于诉讼的范畴，不具有实体的惩罚性。但是，在实践中，由于过多地强调犯罪控制，在制度上刑事拘留、逮捕与羁押没有完全分立，刑事拘留、逮捕之后隐藏着不具有严格期限的羁押，使得刑事强制措施尤其是逮捕事实上异化为惩罚。

（四）适用程序和期限法定

“正义不仅要实现，还要以人们看得见的方式实现。”人身自由是人权中最重要的环节，对人身自由的限制和剥夺必须采取严格的审查方式，漠视程序的正当性，必然会导致实体正义的偏离，诉讼的终极目的是解决纠纷，但是程序的滥用将会背离这一宗旨，原本的纠纷没有根本解决，又导致了新的纠纷产生，甚至有时候这类纠纷指向的对象是国家的公信力。我国《刑事诉讼法》规定了，每种强制措施适用的具体程序、步骤、期限以及变更、解除或撤销的法定情形。

## 三、程序法定原则贯彻之不足

我国的刑事强制措施立法，一定程度上体现了程序法定原则，但由于法律本身的局限性，以及追究犯罪的复杂性，从我国司法实际情况来看，并不是实践中适用的所有强制措施都有国家立法的明确规范与制约，程序法定原则在刑事强制措施的适用上，并没有得到严格的贯彻落实。表现为三种情况：一是法律规定的缺失。如《人民警察法》规定的留置盘问，对单位犯罪嫌疑人和被告人采取的限制经营、停业等措施，虽然涉及适用对象的多项基本权利，但并未在《刑事诉讼法》中明确规定。① 二是司法解释的任意扩张和压缩。如关于取保候审、监视居住等强制措施的适用期限，《刑事诉讼法》第 79 条规定，“人民法院、人民检察院和公安机关对犯罪嫌疑人、被告人取保候审最长不得超过十二个月，监视居住最长不得超过六个月。”但是，在司法实践中，公、检、法三机关通过各自制定的司法解释实际上将其解释为在诉讼的不同阶段各自采取取保候审和监视居住最长不得超过 12 个月和 6 个月。也就是说犯罪嫌疑人、被告人从侦查到起诉、最后到审判，可能被累计取保候审长达 36 个月。这是明显违背《刑事诉讼法》规定的，是对《刑事诉讼法》规定的任意扩大解释。另外，我国《刑事诉讼法》第 160 条规定，“犯罪嫌疑人不讲真实姓名、住址、身份不明的，侦查羁押期限自查清其身份之日起计算，但是不得停止对其犯罪行为的侦查取证。对于犯罪事实清楚，证据确实、充分的，也可以按其自报的姓名移送人民检察院审查起诉”。根据《刑事诉讼法》的规定，这一条款主要是适用于逮捕后的侦查羁押期限的计算问题。但是公安部《规定》第

① 罗海敏著：《反恐视野中的刑事强制措施研究》，中国人民公安大学出版社 2012 年版，第 45 页。

126条规定，犯罪嫌疑人不讲真实姓名、住址，身份不明的，在30日以内不能查清提请批准逮捕的，经县级以上公安机关负责人批准，拘留期限自查明其身份之日起计算，但不得停止对其犯罪行为的侦查。显然，公安部的这一解释是与《刑事诉讼法》第160条规定的精神不相符合的，它将《刑事诉讼法》所规定的逮捕后的侦查起押期限的计算方法，扩大到了逮捕前的拘留阶段，从而不适当地扩大了《刑事诉讼法》规定的适用。① 三是规定不明确的。《刑事诉讼法》第120条虽然增加规定了技术侦查措施、秘密侦查措施的适用范围、条件和程序等内容，但并没有将其纳入强制措施范畴中予以规定，并且法律条文也比较原则笼统，以于于实践中不便操作等，这些不足急需在强制措施的立法和适用中加以解决。

## 第三节　比例原则

### 一、比例原则的内涵

比例原则又称为相当性原则，是国家干预人民基本权利时所必须遵守的基础原则，即国家行使权力、干预人民基本权利所使用的“手段”与所欲达到的“目的”之间必须合乎比例，抑或说具有相当性关系。具体到刑事诉讼强制措施，是指刑事诉讼中的各项强制措施，在其种类、轻重上，应当与所要调查犯罪事实、所要追究的犯罪事实相适应。②

比例原则有广义和狭义之分。广义的比例原则之具体内涵，一般认为包括适合性原则、必要性原则与狭义比例原则。狭义比例原则，是指国家为实现特定目的对公民权利所造成的不利，在程序上不应超过其所

① 孙连钟著：《刑事强制措施研究》，知识产权出版社2007年版，第75页。
② 胡杰著：《刑事诉讼对物强制措施研究》，武汉大学出版社2018年版，第71页。

欲维护的利益。① 台湾学者李震山指出，“比例原则之要素，包括合适性、必要性（侵害最小）、合比例性（狭义），已受到大多数人之赞同，三要素间环环相扣，譬如以公权力为基础之干预性行为，虽符合所谓合适性、必要性，未必合乎狭义比例原则，易言之，虽然已‘就无数可行处分中，选择伤害最小者为之’，该经选择之行为之效果，尚有可能‘导致与其结果居然不成比例之不利’。反之，若同一行为，已符合狭义比例原则，自应已吸收合适性及必要性原则”。② 合适性原则和必要性原则来源于在事实上可能的范围内尽最大可能被实现的义务。它们表达了帕累托最优的理念。狭义上的比例原则则来源于在法律上可能的范围内尽最大可能被实现的义务，即尽可能考虑所有相对立的原则。③

从法理上说，比例原则是建立在法治理念中的限制国家权力思想之上的，从法律技术上说，所谓比例原则，其核心内容就是，政府不能采取任何一个总成本高于总利益的行为。它要求国家在保护个人权利与保护国家和社会公益之间应当保持一种合理的比例和不稳关系。④ “法律制度中的许多原则和制度最好被理解或者解释为促进资源有效配置的努力。”⑤ 比例原则在肯定国家公权力行使的前提下，通过强调权力行使必须审慎、必要且预先进行利益衡量进而实现法律对基本人权的保障，使得国家权力对公民的干预降低至最低限度。⑥

刑事诉讼强制措施中的比例原则是指，在是否采取刑事诉讼强制措施以及采取何种刑事诉讼强制措施，要同犯罪的轻重程序以及用行为人

---

① 叶巍著：《刑事诉讼中的私有财产权保障》，法律出版社 2009 年版，第 115 页。

② 李震山著：《行政法导论》，三民书局 2003 年版，第 285~286 页。

③ 罗伯特·阿列克西著：《法律原则的结构》，雷磊译，载《公法研究》2009 年年刊，第 467~480 页。

④ 杨开湘著：《刑事诉讼与隐私权保护的关系研究》，中国法制出版社 2006 年版，第 233 页。

⑤ ［美］理查德·A. 波斯纳著：《法律的经济分析》，中国大百科全书出版社 1997 年版，第 26 页。

⑥ 卞建林、刘玫主编：《外国刑事诉讼法》，中国政法大学出版社 2008 年版，第 10 页。

的人身危险性程序相适应。① 比例原则是一个维护法秩序的最基本的原则，也是法治国原则的最高规范，是对基本权利干预是否合适的衡量模式，在刑事诉讼措施体系中占有十分重要的地位。② 对公民权益的维护具有重要的意义与价值。

比例原则主要包括以下内容：③

（1）目的正当性原则，是指所采取的手段必须适合所追求的目的才可谓之正当而具有适当性。或者说，以法律手段来干预公民基本权利可达到维护公益的目的时，其手段具有适当性。同理，任何刑事强制措施的采用均须为合法手段，且应有助于目的的实现。

（2）最小侵害原则，是指所采取的任何手段能达到目的，且无其他具有相同效力而不限制基本权利的更佳手段时，可谓侵害最小而具有必要性。或者说，当实现目的有多项手段时，应选择对公民权利侵害最小的手段，其手段才具有必要性。

（3）均衡性原则，亦称为狭义比例性原则。指欲达到一定目的所采取手段的限制程度，不得与达到目的所需要程度不成比例，即必须符合一定比例关系。

确立比例原则可以实现刑事诉讼强制措施打击犯罪与保障人权之间的平衡。侦查机关运用法律赋予的刑事诉讼强制措施，实现打击犯罪，维护社会秩序的稳定，其重要性是不言而喻的。各国法律普遍赋予了侦查机关适用刑事诉讼强制措施的“自由裁量权”，侦查机关可以根据案件的具体情况，采取干预被追诉人基本权利的强制措施。“自由裁量”表现在强制措施方面，就是在法律许可的情况下，对作为或不作为，以及怎样作为进行选择的权力。它有两个层次的选择：一是行为选择，包

① 金石：《刑事诉讼强制措施的适用应遵守比例原则》，载《西南政法大学学报》2006 年版，第 4 期。

② 徐昌锦：《通奸除罪化：安全研究与实证分析》，五南图书出版股份有限公司 2006 年版，第 72 页。

③ 罗海敏著：《反恐视野中的刑事强制措施研究》，中国人民公安大学出版社 2012 年版，第 46 页。

括作为与不作为；二是在作为的前提下产生的有关幅度、时间、程序上的选择。

## 二、比例原则对强制措施的要求

在理论上，比例原则要求，刑事强制措施的整体设计和具体规定，都必须适合于实现其所追求的诉讼目的，而且目的本身应当具有合法性和确定性，其追求的是目的和手段之间的合理的比例关系。它要求追诉机关在考虑是否如何采取强制措施时，要考虑的其行为的社会危害性、发生危害的原因以及是否超过必要的限度，以实现其所追求的诉讼目的。在刑事强制措施的使用中，比例性原则强调对犯罪嫌疑人、被告人适用刑事强制措施时必须考虑有无适用的必要。刑事强制措施只是为了防止妨碍、逃避诉讼的行为发生，并非对每一案件中犯罪嫌疑人、被告人都必须采用。①

在司法实务中，比例原则要求，刑事强制措施的适用，应当与犯罪的严重性、嫌疑程度（掌握证据的充分性），以及案情的紧急性和必要性相适应。当不采用强制性诉讼手段就不能阻止妨害诉讼的行为出现时，才允许适用强制措施。从设置刑事强制措施的初衷出发，只有在表明犯罪嫌疑人、被告人有可能采取逃跑等方式逃避追诉的行为时，才可以对其采取刑事强制措施。具体而言，对于某一刑事案件，是否需要采取刑事强制措施，或者采取何种刑事强制措施，应当充分考虑以下情况：犯罪嫌疑人、被告人犯罪行为的性质，对社会造成的危害大小；犯罪嫌疑人、被告人的人身危险程度；是否有逃避、妨碍侦查、起诉、审判活动或者发生意外情况的可能；对犯罪嫌疑人、被告人的犯罪证据的掌握程度；犯罪嫌疑人、被告人的年龄、性别、职业、家庭状况等。但是，现行刑事诉讼法要求刑事强制措施的适用与犯罪嫌疑人、被告人可能判处的刑罚有关，而基本忽视他们在立案后的表现。对可能判处管制、拘役或者独立适用附加刑的犯罪嫌疑人、被告人，无论其是否配合

① 汤啸天著：《刑事诉讼研究的新视角》，上海人民出版社 2008 年版，第 56~59 页。

公安机关的侦查、检察机关的起诉还是法院的审判，一概适用。对公民权利损害较大的诉讼手段通常只能适用于比较严重的犯罪；逮捕行为作为最严厉的一种强制措施只能适用于可能被判处徒刑以上刑罚的被追诉人；羁押的期限不能超过被追诉人可能被判处的刑期。

## 三、比例原则贯彻之检讨

我国刑事诉讼法有关对强制措施的规定，在一定程度上体现了比例原则的要求，但并未将其作为一项基本原则加以规定，在总体上仍然十分简略，既无原则性规范，具体条文又过于笼统，在实践中还存在着八个方面的问题，第一，强制措施特别是羁押被异化为一种惩罚措施。第二，羁押被用作获取被追诉人口供的手段。第三，我国司法实践中存在的非常严重的变相羁押也是对适合性原则的一种违反。第四，由于我国立法未规定在刑事诉讼中应尽可能采用对公民权利损害最小的手段，因而司法实践中侦查人员在诉讼手段的选用上往往非常随意，总是倾向于采用强制力较大的强制措施。第五，由于我国立法对绝大多数强制措施都未规定严格的使用条件，或虽有规定，但条件过于宽松，因而司法实践中强制措施超量适用的现象非常普遍。第六，由于检察机关在审查批捕时对必要性控制不严，因而司法实践中逮捕的比例非常高。第七，办案机关很少根据案件情况的变化及时解除或变更强制措施，造成强制措施适用的长期化。第八，实践中超期办案现象非常普遍。①

贯彻比例原则，应确立"限制公权力滥用"的观念。"一个发达的法律制度经常会试图阻止压制性权力结构的出现，而它所依赖的一个重要手段就是通过在个人和群体中广泛分配权利以达到权力的分散和平衡。"② 从比例原则出发，应深化刑事强制措施制度的改革，关键在于协调实现刑法价值与限制权力价值的对立统一、平衡控制犯罪价值与保

① 林钰雄：《刑事诉讼法》（上册·总论篇），中国人民大学出版社 2003 年版，第 236~238 页。

② ［美］E.《博登法律方法》，邓正来译，中国政法大学出版社 1999 年版，第 361 页。

障权利价值的措施侵害程度、促进秩序价值与程序正当性价值的比例均衡。①同时，要设置多元化、层次化的刑事强制措施体系，保证每种强制措施之间需要有内在的逻辑联系或者刑事功能上的承续性，否则就会出现定位不清、适用不明的情况。

## 第四节　令状主义原则

### 一、令状主义原则的内涵

所谓令状主义原则，又称为“司法令状原则”，目前国内学者有多种不同的界定：“在刑事诉讼中，执行侦查职能的公安机关或其他机关，只有在获得法官签发的令状后，才有权实施搜查、扣押、人身检查和逮捕等侦查行为。”② “令状主义，即一方面要求强制侦查（逮捕、搜查、扣押、强制检查等）须经司法审批通常不得由侦查机关直接发动，另一方面对这些侦查措施规定严格的条件和程序，以防止侦查权滥用。”③还有学者认为：“所谓令状主义，是在英美法系国家和现代的大陆法系国家执行侦查职能的警察（或其他侦查人员）只有获得了法官签发的令状的许可，才有权力执行逮捕、搜查和扣押。”④ “令状主义指在进行强制性措施时，关于该强制措施是否合法，必须由法院或法官予以判断并签署令状；当执行强制措施时，原则上必须向被处分人出示该令状。”⑤ 上述不同界定都强调了对侦查机关权力的限制，却未能反映出令状原则在当代的发展以及令状的推定功能。下面，笔者将结合美国最

① 樊奕君：《比例原则视角下刑事强制措施价值平衡研究》，载《中国刑事法杂志》2011年第12期。

② 孙连钟著：《刑事强制措施研究》，知识产权出版社2007年版，第96页。

③ 龙宗智著：《上帝怎样审判》，中国法制出版社2000年版，第211页。

④ 刘善春、毕玉谦、郑旭著：《诉讼证据规则研究》，中国法制出版社2005年版，第122页。

⑤ 宋英辉主编：《刑事诉讼原理》，法律出版社2004年版，第272页。

高法院在约翰逊诉美国联邦政府所做的、迄今为止有效且最全面的解释，对令状原则作出自己的阐述："是在研究介绍国外刑事司法制度时对下面一种现象的归纳：在英美法系国家和现代的大陆法系国家，执行侦查职能的警察（或其他侦查人员）只有获得了法官签发的令状的许可，才有权力执行逮捕、搜查和扣押。由此可见，令状主义的要求有以下几方面：对公民的自由权、财产权和隐私权的侵犯，必须根据令状才能进行；对公民的自由权、财产权和隐私权侵犯的决定，只能由中立的法官作出，不能由侦查机关自己决定；法官在签发上述令状时必须根据法律规定的理由；禁止颁发普遍适用的逮捕、搜查、扣押的令状，即General Warrant，不制定具体的被逮捕、搜查、扣押的人或物或地点的令状。"①

综上，不难看出，司法令状原则的主要目的是控制侦查权，其具体内容涉及司法令状的申请、司法令状的签发、司法令状的执行、司法救济的申请以及司法令状的例外这几方面。

## 二、令状主义原则在强制措施中的体现

令状制度起源于英国，彰显了现代法治国家在程序正义和人权保障方面的价值理念，在刑事强制措施中，已成为强制措施适用原则的具体保障，现已被世界大多数国家采纳。

在英国，英国的逮捕分为有证逮捕与无证逮捕两类，其中有证逮捕的批捕程序具体为：警察根据查明的案件事实和证据向受案地治安法官提交对犯罪嫌疑人的指控文书，治安法官再通过对指控文书内容的审查来并决定是否签发令状；随后，被追诉人在接到传票令状后，应当在指定的时间内去法庭应诉，并接受法官的审问；最后，治安法官会根据双方的当庭辩论情况，作出是否予以逮捕的决定。在美国，宪法第四修正案中规定："人民有保护其身体、住所、文件与财产之权，不受无理拘捕、搜查与扣押，并不得非法侵犯，除有正当理由，经宣誓或代誓宣言

---

① 胡杰：《刑事诉讼对物强制措施研究》，武汉大学出版社2018年版，第92页。

并详载搜查之地点、拘捕或搜押之人或物外，不得颁发搜查票、拘票或扣押状。”如果没有司法令状的授权，任何搜查行为都会被推定为不具合理性——即使警察具有合理的支持，亦然。①

在大陆法系国家中，有关逮捕的批捕权也由法官行使。在德国，先由检察官向法官提出发布羁押令的申请，随后，告知被告人有关羁押他/她的具体情况，并在24小时内将其带到法官面前，接受法官讯问；最后，法官根据讯问的结果及其相关的证据决定是否予以逮捕。在日本，有关逮捕的程序也采取的是令状主义制度，即如果侦查机关若要采取强制措施必须首先取得法官所签发的令状，即便是检察官，也不具有对被告人采取强制措施的权利。

由此看出，几乎在所有的域外法国家中，司法警察或是检察官除在紧急情况下以外，若要对某一公民实施逮捕时，一般都要将该公民交与法官进行审查，法官也会为此举行专门的司法听审或是聆讯，并在控辩双方共同参与的前提下，审查是否符合羁押的法定条件，并作出是否予以逮捕的决定。这种司法审查程序的建立，可以说是将逮捕程序纳入了“诉讼”的轨道上来了，从而确保批准逮捕这一与公民基本人权息息相关的决定，是由不承担侦查职责的中立司法机关来做出。

由于国情的差异，目前我国尚未确立司法令状原则，这不利于刑事诉讼的顺利进行、侦查权的控制以及公民基本权利的保障。如在我国的逮捕程序中，正如陈瑞华教授所言：“法院既无权对那些涉及限制或剥夺公民人身自由的强制措施发布许可令，也无权对一些涉及侵犯公民隐私、财产的侦查措施发布许可令，更无权就审判前阶段出现的程序性事项进行开庭听审活动。因此，在我国的逮捕性程序中，往往是一种由追诉者与被追诉者双方构成的诉讼构造，是一种单纯的追诉与被追诉、限制与被限制、剥夺与被剥夺的关系，而不存在一个相对独立和中立的司法机构。”此外，我国刑事诉讼法关于刑事拘留、搜查、查封、扣押、人身检查以及对公民隐私权强制的规定，都还没有体

---

① ［美］丹尼尔·J. 凯普斯著：《美国联邦宪法第四修正案：搜查与扣押》，吴宏耀、向燕、刘静、高翡译，中国人民公安大学出版社2010年版，第97页。

现现代令状主义的理念。① 因此，对于刑事强制措施，特别是刑事拘留和逮捕，我国应该学习借鉴域外法治国家的经验，实行司法审查制度，即由法官主持进行逮捕听证会，给予控辩双方就羁押条件和逮捕必要性进行当庭辩论的机会。只有这样才能避免逮捕成为侦查的工具和公诉的手段，从而进一步地避免对被追诉人的权利侵犯，真正体现法治精神。

### 三、令状主义原则贯彻之强化

为了实现犯罪控制和保障人权的双重目的，我国应当吸收司法令状原则的基本精神，形成分权制衡的机制。在审判中心主义下，事前审查的令状授权与无令状的事后审查从不同角度制约了强制处分权的滥用，二者相辅相成，缺一不可。事前审查方面，我国公安机关、检察机关、法院在不同的诉讼阶段都具有强制措施决定权，互相之间几乎不受任何制约，仅有的只是各机关内部上下级之间的制约机制。事后审查上，对于逮捕和羁押而言，公安机关释放被逮捕的人或者变更逮捕措施的，应当通知原批准的人民检察院；公安机关发现犯罪嫌疑人另有重要罪行，重新计算侦查羁押期限，也只需报检察院备案。② 随着诉讼阶段的推进，对于每一种强制措施，后一个机关可以改变或者撤销前一个机关适用的强制措施，而不受前一个机关的任何限制。也就是说，检察院可以改变或者撤销侦查机关对犯罪嫌疑人所适用的强制措施，而法院又可以改变或者撤销检察院对犯罪嫌疑人所适用的强制措施。这种权力的制约并不能达到令状主义的合理内涵，并未触动我国强制措施决定权配置的基本格局。

为了实现刑事诉讼法的立法目的，未来我国刑事强制措施决定权配置模式的改革，应当吸收令状制度的基本精神，形成分权制衡的机制。“基于人身自由权利的重要性，原则上应当全部由法院决定。但是，暂

① 罗海敏著：《反恐视野中的刑事强制措施研究》，中国人民公安大学出版社 2012 年版，第 48 页。

② 汤啸天著：《刑事诉讼研究的新视角》，上海人民出版社 2008 年版，第 61 页。

时性、较轻微的传唤措施则分配给检察官，具有急迫性的拘留、逮捕决定权可以由检察院和公安机关自行决定。"① 尽管这些暂时性、较轻微的、急迫性的行为人思维刑事强制措施等均无须法院事前令状授权，但是事后司法审查绝对是不可或缺的。目前除了逮捕后的羁押有检察院的主动审查外，其他均是由犯罪嫌疑人进行申请审查。接下来，基于强制措施对受人身自由强制处分的程序，我们应强化对每一种强制措施的基于申请或依职权的事后司法审查。事后审查不仅表现在审前阶段，也表现在正式审判阶段。目前许多诉讼程序在开展过程中的，都兼听当事人、辩护人、诉讼代理人的意见，这一做法值得强制措施的采取进行借鉴，我们需要多方面听取意见，即在采取强制措施之前，听取当事人、辩护人、诉讼代理人的意见，以代替单方面、职权式的公安司法机关的处置局面。此外，作为配套机制，法律还应设置更科学、更详实、可操作的违反令状授权的非法证据排除规则机制，由公安司法机关承担程序上不利的法律后果，得到程序上的制裁。唯有如此，才能形成事后的预防机制，与事前的令状授权相结合，促使强制措施的执行者依法慎重适用强制措施。

① 杨雄：《刑事强制措施中的令状制度研究——从美国法的角度切入》，载《东疆学刊》2012 年第 3 期。

# 第五章　刑事强制措施的适用

## 第一节　适用刑事强制措施的方针

### 一、惩罚犯罪与保障人权相结合

“刑事诉讼的目的是指国家进行刑事诉讼活动所要预期达到的理想目标，是整个刑事程序的灵魂。目的不同，表明在刑事诉讼中保护的利益侧重点不同，体现出国家与个人之间法律上的相互关系不同。”① 我国《刑事诉讼法》在第 1 条规定：“为了……惩罚犯罪，保护人民……根据宪法，制定本法。”第 2 条规定了刑事诉讼法的任务：“……是保证准确、及时地查明犯罪事实，正确应用法律，惩罚犯罪分子，保障无罪的人不受刑事追究，教育公民自觉遵守法律，积极同犯罪行为作斗争，维护社会主义法制，尊重和保障人权，保护公民的人身权利、财产权利、民主权利和其他权利，保障社会主义建设事业的顺利进行。”

这表明，惩罚犯罪和保障人权是我国刑事诉讼法自始至终贯彻的两个目的，刑事诉讼中的任何措施、办法，包括刑事强制措施的适用，都要服从和服务于这两个目的。那么，“到底惩罚犯罪与保护无辜两种价

---

① 樊崇义主编：《刑事诉讼法学》（第四版），法律出版社 2016 年版，第 27 页。

值之间何者更为重要或者说何者更为根本，远不是一个有着简单答案的选择题”。① 在适用刑事强制措施的过程中，不能一味强调惩罚犯罪这个直接目的而侵犯公民的基本权利，要始终体现保障人权的立法精神，同时也要防止一味地强调犯罪嫌疑人、被告人在被判决有罪之前享有的权利，否则，会发生许多犯罪嫌疑人、被告人妨碍诉讼、逃脱公安司法机关追诉和惩罚的情况。因此，适用刑事强制措施应当在惩罚犯罪与保障人权两者之间保持一种平衡。

（1）“追究犯罪、惩罚犯罪是刑事诉讼的直接目的的一个方面。”② 刑事强制措施在刑事诉讼目的中的价值取向是侧重于追究和惩罚犯罪，实现国家刑罚权。惩罚犯罪和保障人权之间的对立决定了两者之间存在着难以调和的矛盾，对其中一个方面的侧重必然会导致对另外一个方面的忽视，结果必然或是放纵了犯罪，或是侵犯了人权。刑事诉讼法律体系中任何一种制度都不可能在惩罚犯罪和保障人权这两方面取得一种绝对理想的均衡状态，都面临着对这两者进行取舍和平衡的问题。刑事强制措施也不例外，其在这两者的价值取向上更多地侧重于追究和惩罚犯罪，实现国家刑罚权。这是由刑事诉讼的目的以及刑事强制措施本身所具有的价值功能所决定的。刑事诉讼的直接目的是惩罚犯罪，追究被追诉人的刑事责任，根本目的是维护国家的法律秩序和民主政治制度，促进文明的发展和社会的进步。站在国家层面上考虑，刑事诉讼的根本目的决定了刑事诉讼的直接目的，而直接目的是为根本目的服务的，是根本目的在个案中的体现，无法实现直接目的也就无法实现根本目的。当刑事诉讼的直接目的的两个方面发生冲突时，所选择的价值取向应是更有利于根本目的实现的一面，使得被犯罪行为所破坏的秩序能尽可能地恢复原状。对刑事强制措施而言，世界上任何一个国家刑事强制措施的目的，无非是防止犯罪嫌疑人、被告人逃避诉讼和保全证据，以保证刑事诉讼活动的顺利进行。只有在个案中实现了自身的目的，追诉犯罪，

① 宋英辉：《刑事诉讼原理》，法律出版社 2003 年版，第 16 页。

② 陈光中：《刑事诉讼法学》（第六版），北京大学出版社/高等教育出版社 2016 年版，第 11 页。

实现刑罚权，并且与刑事诉讼法律体系中的其他制度共同发挥作用，才能实现刑事诉讼的根本目的。

（2）我国现行刑事强制措施在侧重惩罚犯罪的同时也十分强调保障人权。我国现行的刑事强制措施在一定程度上是对刑事诉讼目的认识深化的结果，表现在从过去单一强调追究犯罪、保证刑事诉讼活动顺利进行、实现国家刑罚权等向惩罚犯罪和保障人权相结合这种均衡价值取向转变。实际上，惩罚犯罪与保障人权之间具有一定的辩证关系。例如，公安司法机关对被追诉者采取刑事强制措施，就必然要干预公民的基本权利，有人据此认为刑事强制措施不是保障人权而是在侵犯人权。公安司法机关通过对被追诉者采取刑事强制措施，一方面保证公安司法机关准确、及时揭露犯罪，惩罚犯罪；另一方面可以有效地防止其继续犯罪，这不仅在客观上保障了社会大多数人的人权，而且也保障了被追诉者的人权（这一点往往被忽略）。刑事强制措施对于保障被追诉者的人权主要体现在以下几个方面：一是在刑事强制措施立法上。我国刑事诉讼法规定的五种严厉程度不等的干预人身自由的刑事强制措施，其主要根据就是被追诉者的人身危险性程度。这种适应本身就体现了保障人权。另外，刑事诉讼法对于刑事强制措施的适用条件、适用程序、适用期限的规定都比较严格，在一定程度上防止因错误适用刑事强制措施而侵犯被追诉者的人权。二是在刑事强制措施的适用上。在司法实践中，公安司法机关为准确、及时地适用刑事强制措施，必须遵守合法性原则、必要性原则、相当性原则等。这些原则无不体现了保障人权的理念。三是在适用刑事强制措施过程中，被追诉者拥有一系列对抗公安司法机关权力滥用的诉讼权利，包括以民族语言文字进行诉讼的权利（《刑事诉讼法》第9条）、辩护权（《刑事诉讼法》第11、33、34、35条）、控告权（《刑事诉讼法》第14条第2款）、申请回避权（《刑事诉讼法》第29、30条）、申请变更刑事强制措施权（《刑事诉讼法》第97条）、申请解除违法超期羁押权（《刑事诉讼法》第99条）、法律帮助权（《刑事诉讼法》第34条第1款）、遭受错误适用刑事强制措施的刑事赔偿权（《国家赔偿法》第17条第1、2项）。

## 二、严肃与谨慎相结合

人身自由权是法律赋予公民的最重要的基本权利，人身自由权受到限制或剥夺，就谈不上行使其他任何权利了。而各种对人的刑事强制措施都不同程度地限制或剥夺了人身自由权，所以，采用刑事强制措施必须是一项法律性很强的活动。“依法适用，才能有效地制止犯罪，惩罚犯罪分子，保障侦查、起诉和审判的顺利进行；违法适用，将会侵犯公民、法人或其他组织合法权益并造成损害的，应加以国家赔偿。”① 违背保护人民的根本目的。因此，采用刑事强制措施必须贯彻严肃与谨慎相结合的指导方针。

所谓“严肃”，就是在刑事诉讼活动中要根据法律的规定和刑事案件以及犯罪嫌疑人、被告人的实际情况，坚决、果断、迅速地采取刑事强制措施。否则，有可能使刑事诉讼活动陷入僵局，甚至给社会带来重大危害。

所谓“谨慎”，就是在适用刑事强制措施问题上要持十分慎重的态度，力求准确，防止出现差错。在选择刑事强制措施的种类和对象等方面都要认真研究，正确判断，切不能马虎草率。

要在适用刑事强制措施时做到严肃与谨慎相结合，就必须注意以下几个问题：首先，必须严格依法适用刑事强制措施。我国刑事诉讼法对各种刑事强制措施的适用条件、对象、审查决定程序、时限等都作了明确规定，实践中要准确理解、正确适用。其次，犯罪嫌疑人、被告人涉嫌犯罪的证据是适用刑事强制措施的客观依据，对犯罪嫌疑人、被告人适用刑事强制措施的前提之一是有证据证明其有犯罪嫌疑，仅凭一些非本质现象和办案人员的主观臆想就决定适用刑事强制措施是违法的。最后，有对犯罪嫌疑人、被告人采取刑事强制措施的必要性，也是适用刑事强制措施的先决条件。只要犯罪嫌疑人或被告人不存在法定的妨碍侦查、起诉和审判活动顺利进行的因素或继续危害社会的危险性，就不必

① 陈光中：《刑事诉讼法学》（第六版），北京大学出版社/高等教育出版社2016年版，第526页。

采用刑事强制措施。

## 三、突出社会效益，兼顾经济效益

刑事强制措施的适用必然涉及效益问题。一般认为，效益包括社会效益和经济效益，刑事强制措施的适用应当贯彻以社会效益为主、兼顾经济效益的原则。公安司法机关适用刑事强制措施，首先应考虑社会效益，应当看其社会效果如何，是否有利于刑事诉讼的顺利进行以及社会秩序的稳定等。如果一味追求经济效益而忽视社会效益，搞“提钱释放”，该适用刑事强制措施的不适用，该羁押的却采取取保候审等较轻的刑事强制措施，不仅会影响刑事诉讼的顺利进行，还会在社会上产生不良影响，不仅被破坏的社会秩序不能得到恢复，更为可怕的是使公民法律公信力的信任度降低，尤其是那些被适用取保候审等较轻刑事强制措施的犯罪嫌疑人和被告人在此期间又犯新罪时，更会引起人们的逆反心理，“社会张力”不断加大，成为动摇统治秩序的潜在因素。当然，适用刑事强制措施应当注意社会效益，并不是说对犯罪嫌疑人、被告人适用的刑事强制措施越严厉，社会效益就越好。适用刑事强制措施其社会效益的好坏取决于公安司法机关依法准确地适用刑事强制措施。如果对不该适用刑事强制措施的人适用了刑事强制措施，或者对该适用较轻的刑事强制措施的人适用了较重的刑事强制措施，同样会带来消极的社会影响，轻则使人们怀疑公安司法机关的执法水平和能力，重则侵犯人权，这必然会降低刑事强制措施适用的社会效益。

适用刑事强制措施虽然应当首先考虑社会效益，但也不能忽视经济效益。我国刑法中有关侵犯财产的犯罪是以一定数额为构成要件的。对数额较小的侵犯财产权的违法行为一般不作犯罪处理，不投入较大的司法力量，这充分体现了经济效益观。注重投入产出的经济效益也是刑事诉讼理论研究的一大课题和刑事诉讼追求的价值目标之一。适用刑事强制措施是一项有意识、有目的的诉讼活动，应当充分考虑经济效益，这种经济效益是指以较小的经济投入来获得惩罚犯罪和保障人权的最佳效果。适用刑事强制措施时考虑经济效益，应当尽量少用或不用羁押性刑事强制措施。因为这样不仅可以减少国家的监管费用，而且被告人可以在社会上生产、工作和生活，既可创造财富，又可照顾自己的家庭生活。与此相关的是，在采用监视居住、取保候审能达到人身强制目的时，就应当用监视居住、取保候审代替羁押性的刑事强制措施，这样既可以减少国库开支，也给以后罚金刑和附带民事诉讼裁判的执行提供了保证。应当说，适用刑事强制措施时考虑经济效益，不仅对国家有利，也有利于保障被告人的人权，可以使其免遭羁押之苦，尤其是一旦证明被追诉人无罪，国家也不会因羁押错误而承担较多的赔偿责任。①

### 四、适时变更、撤销和解除

刑事强制措施适用后并非一成不变。公安司法机关应随着诉讼的推进，根据案件的具体情况，综合考虑各项因素如犯罪嫌疑人、被告人所实施的犯罪行为的性质和社会危害性大小，犯罪嫌疑人、被告人的人身危险性大小，犯罪嫌疑人、被告人是否有逃避或妨碍侦查、起诉和审判的可能，对案件事实的掌握程度以及证据的收集情况等，适时变更、撤销和解除强制措施。当适用的刑事强制措施已不足以约束犯罪嫌疑人、被告人，如犯罪嫌疑人在取保候审期间串供、毁灭证据或者对证人行凶报复等；有些已不需要采取逮捕羁押这种严厉的刑事强制措施，如经过侦查，犯罪嫌疑人的某些犯罪嫌疑已逐渐排除，其人身危险性减小；有些是在法定羁押期限届满又不能结案，或者对被拘留的人需要逮捕而又证据不足的等，这些都应当及时变更刑事强制措施，在某些情形下发现对犯罪嫌疑人、被告人不应当采取刑事强制措施或者强制措施期限已届满的，应当及时撤销或解除刑事强制措施。

## 第二节　适用刑事强制措施的决定要素

### 一、适用刑事强制措施的决定要素

刑事强制措施不同程度地限制甚至剥夺被适用对象的基本权利的强

---

①　李忠诚：《刑事强制措施制度研究》，中国人民公安大学出版社 1995 年版，第 108 页。

制手段。虽然其适用目的在于保障刑事诉讼活动的顺利进行，但若错误适用，反会造成对合法权利的侵犯，这是与刑事诉讼的目的相悖。因此，必须坚持控制犯罪与保障人权相结合的指导方针，既要依法对犯罪嫌疑人、被告人的人身自由权采取必要限制，又要注意保护公民的人身权和其他各项合法权利。对于必须对其采取刑事强制措施的人，既应当坚决、果断地采取刑事强制措施，又要注意严格按照法定程序进行，不能滥用。① “比例原则，作为一项公理性法治原则，我国刑事诉讼法虽然没有明确规定，但在适用刑事强制措施时，仍应当遵守。”② 具体而言，适用刑事强制措施，应当斟酌、考虑以下因素：

（1）犯罪嫌疑人、被告人所实施的行为的性质和社会危害性大小。一般来说，犯罪嫌疑人、被告人实施的行为对社会危害性越大，其人身危险性越大，就应对其适用相对严厉的刑事强制措施。反之，可以适用严厉程度较轻的刑事强制措施，甚至不采用刑事强制措施。

（2）犯罪嫌疑人、被告人是否有逃避、妨碍侦查、起诉、审判的可能性及可能性的大小。如果犯罪嫌疑人、被告人有逃避、妨碍侦查、起诉、审判或继续犯罪的可能，就应对其适用刑事强制措施。刑事强制措施的强度要与这种可能性的大小相适应。

（3）公安司法机关对案件事实的调查情况和对案件证据的掌握情况。适用各种刑事强制措施都要求一定的法定条件，公安司法机关通常是根据对案件的调查情况和对案件证据的掌握情况来判明是否需要适用刑事强制措施或适用何种刑事强制措施。

（4）犯罪嫌疑人、被告人的个人情况。犯罪嫌疑人、被告人的一些个人情况有时也是适用刑事强制措施应考虑的因素，如身体状况，是否为正在怀孕或哺乳自己婴儿的妇女，是否为未成年人等。③

---

① 陈光中、徐静村：《刑事诉讼法学》，中国政法大学出版社 2000 年修订版，第 217 页。

② 樊崇义主编：《刑事诉讼法学》（第四版），法律出版社 2016 年版，第 139 页。

③ 陈光中：《刑事诉讼法》（第六版），北京大学出版社/高等教育出版社 2016 年版，第 227 页。

虽说具体分为四个因素，但从司法实践角度来看，关键在于犯罪嫌疑人、被告人的人身危险性以及公安机关收集运用证据的情况。犯罪嫌疑人实施的犯罪行为性质、造成的后果、有否继续危害社会的可能都统称为人身危险性。其人身危险性越大，妨碍诉讼的可能性越大，犯罪行为性质越恶劣，后果越严重，相应采取的强制措施就会越严厉。从公安司法机关的角度来说，采取任何强制措施必须相应证据支撑，该证据一方面是证明案件事实情况，另一方面也要证明犯罪嫌疑人自身情况。

## 二、人身危险性

刑事强制措施是一个有机的整体，各种刑事强制措施是按照强制力度的大小依次排列的，都有各自适用的对象、条件和方法。同时，犯罪也是一种复杂的社会现象，对社会造成的危害有大有小，而犯罪人的经历、出身、性别、年龄、家庭情况、身体健康状况等个人情况不尽相同，是否具有重新危害社会和妨碍刑事诉讼顺利进行的人身危险性及其大小也不尽相同。因此，在选用刑事强制措施时，应当充分考虑各种因素，使所选用的刑事强制措施的强制力度与犯罪嫌疑人、被告人的人身危险性相适应。坚持这项原则对于惩罚犯罪和保障人权具有十分重要的意义。刑事强制措施的强制力度与人身危险性相适应，一方面可以防止出现犯罪嫌疑人、被告人逃跑、毁灭证据等情况，从而准确、及时地惩罚犯罪，实现国家的刑罚权。另一方面避免了刑事强制措施的强制力度超出犯罪嫌疑人、被告人的人身危险性而导致侵犯犯罪嫌疑人、被告人人权等现象的发生。如果对人身危险性较小的犯罪嫌疑人、被告人适用了较严厉的刑事强制措施，甚至超过所判处刑罚的严厉程度，势必侵犯其人权。①

在刑事诉讼法中，所谓人身危险性，主要表现为犯罪嫌疑人、被告人所实施的行为的性质和社会危害性大小；犯罪嫌疑人、被告人是否有逃避、妨碍侦查、起诉、审判的可能性及可能性的大小；犯罪嫌疑人、

---

① 李忠诚：《刑事强制措施制度研究》，中国人民公安大学出版社 1995 年版，第 109~111 页。

被告人的一些个人情况，包括身体状况，是否为正在怀孕或哺乳自己婴儿的妇女，是否为未成年人等，如存有这些特殊情况，则其人身危险性相应降低。

我们还可以从犯罪形成过程的角度来认识人身危险性的表征，主要有以下四个方面：其一，平时情况。指行为人准备或者预备实施犯罪之前的个人基本特征，可分为三方面内容：一是生理状况，包括性别、年龄、身体状况、生理特征等。二是心理和思想情况，包括性格特征、爱好习惯、人格气质、文化知识、道德观念、政治思想等。三是社会关系情况，包括婚姻家庭、亲戚朋友、职业经历、经济状况和社会环境等。其二，犯前情况。这里主要指行为人准备实施犯罪到开始实施犯罪这一段时间的情况，包括犯罪动机、犯罪目的、犯罪起因以及犯罪的罪过形式等。犯罪前表现出的内心世界和心理活动直接体现人身危险性，对决定人身危险性的大小具有重要作用。其三，犯中情况。犯中情况指的是行为人犯罪过程中的表现，也是人身危险性的重要表征之一，主要包括犯罪行为，犯罪性质，犯罪的手段、方式、时间、地点、对象，犯罪的中止、未遂、既遂，犯罪后果，等等。犯中情况同样很大程度地反映行为人身危险性的大小。其四，犯后情况。犯后情况指的是行为人犯罪后的表现，包括认罪悔罪态度。行为人对自己犯罪行为的性质及其后果有一定认识，并对其行为给国家、集体或者他人造成的损害后果有痛苦感，其人身危险性相对较小。有的犯罪后不仅没有悔恨之意，相反以此为荣，其人身危险相对较大。更有人隐匿罪行、杀人灭口、畏罪潜逃、抗拒逮捕、嫁祸于人等，这种人的人身危险性则更大。

从发展过程来看，人身危险性具有稳定性、连续性和可变性。人身危险性一经形成，一般会长期存在，这是人格具有稳定性的原因。同时，人身危险性又具有可变性。犯罪倾向性人格其形成原因是复杂、多方面的，有主观的、客观的、内在的、外部的因素，这些因素的削弱、消失或者增强，都会在一定程度上影响人的相对自由意志，继而使人身危险性发生一定的改变。①

① 李宇先：《人身危险性的特征和现实表征》，载《人民法院报》2005 年 4 月 20 日。

# 第三节　刑事强制措施的变更、撤销和解除

## 一、刑事强制措施的变更

### （一）刑事强制措施变更的内涵

刑事强制措施的变更是指公安司法机关在刑事诉讼中因发生了法定事由，使其已适用的刑事强制措施不适应变化了的情况而改用新的刑事强制措施的诉讼行为。如前所述，刑事强制措施的力度应与犯罪嫌疑人、被告人的人身危险性相适应。而随着案情的发展和客观情况的变化，原有刑事强制措施的强制力度可能与犯罪嫌疑人、被告人的人身危险性相脱节，应对已采取的刑事强制措施予以相应变更，包括变更为较轻的刑事强制措施和较重的刑事强制措施两种。若不予以适时变更，就会产生不良后果：或者导致犯罪嫌疑人、被告人实施逃跑、毁灭证据、继续犯罪等逃避、妨碍诉讼活动的行为，或者造成对其人权的侵害。

### （二）刑事强制措施变更的原因

1. 犯罪嫌疑人、被告人个人情况发生变化

其中又可分为如下三种情形：一是犯罪嫌疑人、被告人身体健康状况发生变化或者处于特殊的生理期间。如犯罪嫌疑人、被告人在羁押期间患严重疾病或被发现羁押前未被发现的严重疾病；怀孕或本已怀孕而羁押前未被发现；分娩后需要哺育自己婴儿的等。如有这些情况发生，可以考虑将其刑事强制措施变更为取保候审或监视居住，这一方面是因为上述犯罪嫌疑人因特殊的生理状况致其人身危险性降低，再则也体现了人道主义精神。再如疾病痊愈或哺乳期已满的，也应相应变更刑事强制措施。如最高法院《解释》第169条规定："被逮捕的被告人具有下列情形之一的，人民法院可以变更强制措施：（1）患有严重疾病、生活不能自理的；（2）怀孕或者正在哺乳自己婴儿的；（3）系生活不能自理的人的唯一扶养人。"二是因为犯罪嫌疑人、被告人违反刑事强制

措施所规定的义务而导致变更为较严厉的刑事强制措施。如最高人民检察院、公安部《关于适用刑事强制措施有关问题的规定》第 6 条规定："人民检察院决定对犯罪嫌疑人取保候审的案件，被取保候审人、保证人违反应当遵守的规定的，由县级以上公安机关决定没收保证金、对保证人罚款，并在执行后三日以内将执行情况通知人民检察院。人民检察院应当在接到通知后五日以内，区别情形，责令犯罪嫌疑人具结悔过、重新交纳保证金、提出保证人或者监视居住、予以逮捕。"三是由于犯罪嫌疑人、被告人人身危险性降低而变更为较轻的刑事强制措施。例如，对于有证据证明有犯罪事实，可能判处徒刑以上的刑罚，且有逃跑、自杀、串供、毁灭、伪造证据等倾向，采取取保候审、监视居住不足以防止发生社会危险性的犯罪嫌疑人、被告人应当依法逮捕，但是如若在羁押过程中，犯罪嫌疑人、被告人出于种种动机，积极主动地配合公安司法机关，且有证据表明其不会再实施妨碍侦查、起诉、审判的工作的行为，从理论上说可以变更甚至解除原刑事强制措施。当然，从我国的司法实践来看，上述情形并不常见，而犯罪嫌疑人、被告人被逮捕后长期处于羁押状态则是常态。

2. 证据的收集情况发生变化

认定事实是适用法律的基础，因此须通过证据来认定案件事实。随着刑事诉讼活动向纵深发展，若证据的收集情况发生变化，则对案件事实的认识也将相应发生变化。而案件事实的变化大致呈现两种趋势：一是以证据为基础对案件性质的认定由轻到重。这时我们应当结合犯罪嫌疑人、被告人的人身危险性综合考虑是否应当变更为较严厉的刑事强制措施，以防止被告人逃避和妨碍诉讼活动。二是对案件性质的认定由重到轻，由有到无，这时也应及时地变更、撤销或解除刑事强制措施。如最高检《规则》第 115 条规定："监视居住期限届满或者发现不应当追究犯罪嫌疑人刑事责任的，应当解除或者撤销监视居住。"

3. 担保人的情况发生变化或保证金交纳不足的

取保候审由保证人予以担保，当担保人因工作调动或健康原因不能继续担任担保人又难以找到合适的担保人时，就应当及时变更刑事强制措施。如最高检《规则》第 97 条规定："采取保证金担保方式的，被取保候审人拒绝交纳保证金或者交纳保证金不足决定数额时，人民检察院应当作出变更取保候审措施、变更保证方式或者变更保证金数额的决定，并将变更情况通知公安机关。"

4. 期限届满

如最高人民检察院、公安部《关于适用刑事强制措施有关问题的规定》第 16 条规定："人民检察院决定对犯罪嫌疑人监视居住的案件，监视居住期限届满十五日前，负责执行的县级公安机关应当通知决定监视居住的人民检察院。人民检察院应当在监视居住期限届满前，作出解除监视居住或者变更强制措施的决定，并通知公安机关执行。"公安部《规定》第 127 条规定："对被拘留的犯罪嫌疑人审查后，根据案件情况报经县级以上公安机关负责人批准，分别作出如下处理：……拘留期限届满，案件尚未办结，需要继续侦查的，依法办理取保候审或者监视居住手续；……"最高法《解释》第 170 条规定："被逮捕的被告人具有下列情形之一的，人民法院应当变更强制措施或者予以释放：……（4）案件不能在法律规定的期限内审结的。"

5. 其他原因。如最高法《解释》第 170 条规定："第一审人民法院判决被告人无罪、不负刑事责任或者免除刑事处罚，被告人在押的，应当在宣判后立即释放。被逮捕的被告人具有下列情形之一的，人民法院应当变更强制措施或者予以释放：（1）第一审人民法院判处管制、宣告缓刑、单独适用附加刑，判决尚未发生法律效力的；（2）被告人被羁押的时间已到第一审人民法院对其判处的刑期期限的……"

（三）几种刑事强制措施的具体变更

1. 拘传

拘传是我国刑事强制措施体系中最轻的一种。根据案件的具体情况，在符合法律规定的情况下，公安司法机关可将拘传变更为刑事强制措施中的其他四种，即变更为取保候审、监视居住、拘留或逮捕。

当然，在这里探讨的几种刑事强制措施之间可否相互变更问题是就整个刑事诉讼程序宏观而言，即只要在整个刑事诉讼程序中可能出现刑事强制措施A变更为刑事强制措施B，就可以认为刑事强制措施A能够变更为刑事强制措施B。但是，这并非意味着在任何诉讼阶段刑事强制措施A都能变更为刑事强制措施B。例如，我们认为拘传能够变更为拘留，然而在审判阶段，由于人民法院没有刑事拘留权，拘传是不能变更为刑事拘留的。因此，在这里探讨几种刑事强制措施之间可否相互变更这一问题的平台是整个刑事诉讼程序，而不是某个具体的诉讼阶段，假设将探讨的平台置于各个具体的诉讼阶段，显然问题会复杂得多，因为在各个具体的诉讼阶段，证据的收集情况明显不同，而且公、检、法机关适用刑事强制措施的权力也存有差异。

在将拘传变更为其他刑事强制措施时，需注意下列程序问题：根据公安部《规定》第80条的规定："拘传持续的时间不得超过十二小时；案情特别重大、复杂，需要采取拘留、逮捕措施的，经县级以上公安机关负责人批准，拘传持续的时间不得超过二十四小时。不得以连续拘传的形式变相拘禁犯罪嫌疑人。拘传期限届满，未作出采取其他强制措施决定的，应当立即结束拘传。"

最高检《规则》第85条规定："需要对被拘传的犯罪嫌疑人变更强制措施的，应当经检察长或者检察委员会决定，在拘传期限内办理变更手续。在拘传期间内决定不采取其他强制措施的，拘传期限届满，应当结束拘传。"

2. 取保候审

取保候审期间可以适用拘传。拘传适用的对象是未被羁押的犯罪嫌疑人、被告人，而取保候审期间犯罪嫌疑人、被告人的人身自由权并未被剥夺，只是受到限制，因此在取保候审期间若有必要可以对其适用拘传。

取保候审可变更为监视居住。取保候审和监视居住两者适用的对象大致相同，适用的条件也基本一致，只是严厉程度和执行的方法不同。在实践中，当取保候审人保证人因某种原因不愿或不能担保，而一时又难以找到合适的保证人，变更为逮捕的条件尚不具备时，可将取保候审变更为监视居住。当被取保候审的犯罪嫌疑人、被告人的人身危险性增大，但却又未达到逮捕的条件时，也可以考虑将取保候审变更为监视居住。如《刑事诉讼法》第 71 条规定："被取保候审的犯罪嫌疑人、被告人应当遵守以下规定：……被取保候审的犯罪嫌疑人、被告人违反前款规定，已交纳保证金的，没收保证金，并且区别情形，责令犯罪嫌疑人、被告人具结悔过，重新交纳保证金、提出保证人或者监视居住，予以逮捕。"

取保候审可变更为拘留。拘留必须同时具备两个条件，即拘留的对象是现行犯或者是重大嫌疑分子；具有法定的紧急情形之一。被取保候审者完全有可能同时符合这两个条件，因此取保候审可以变更为拘留。对此公安部《规定》第 162 条规定："取保候审变更为监视居住的，取保候审、监视居住变更为拘留、逮捕的，对原强制措施不再办理解除法律手续。"

取保候审可变更为逮捕。在取保候审期间若犯罪嫌疑人、被告人的人身危险性增大，则可视情况变更为性质更严厉的逮捕。最高法《解释》第 135 条规定："被取保候审的被告人具有下列情形之一的，人民法院应当决定逮捕：（1）涉嫌故意实施新的犯罪行为的；（2）有危害国家安全、公共安全或者社会秩序的现实危险的；（3）实施毁灭、伪造证据或者干扰证人作证、串供行为，足以影响侦查工作正常进行的；（4）对被害人、举报人、控告人实施打击报复的；（5）企图自杀、逃跑，逃避侦查的；（6）未经批准，擅自离开所居住的市、县，情节严重，或者两次以上未经批准，擅自离开所居住的市、县的；（7）经传讯无正当理由不到案，情节严重的，或者经两次以上传讯不到案的；（8）违反规定进入特定场所、从事特定活动或与特定人员会见、通信两次以上的；"这意味着，被取保候审人在取保候审期间，如果违反《刑事诉讼法》第 71 条规定，应当变更刑事强制措施决定逮捕。

3. 监视居住

监视居住作为逮捕的替代性措施，其适用的前提一般需要满足逮捕条件。如遇有对人民检察院决定不批准逮捕的犯罪嫌疑人，需要继续侦查；对于符合取保候审条件，但犯罪嫌疑人不能提出保证人，也不交纳保证金的；对于被取保候审人违反本规定第85条、第86条规定的，若符合监视居住条件的，也可以监视居住。在监视居住适用条件发生变化的情形下，根据最高检《规则》第111条规定，犯罪嫌疑人有下列违反监视居住规定的行为，人民检察院应当对犯罪嫌疑人予以逮捕：（1）故意实施新的犯罪行为的；（2）企图自杀、逃跑，逃避侦查、审查起诉的；（3）实施毁灭、伪造证据或者串供、干扰证人作证行为，足以影响侦查、审查起诉工作正常进行的；（4）对被害人、证人、举报人、控告人及其他人员实施打击报复的。犯罪嫌疑人有下列违反监视居住规定的行为，人民检察院可以对犯罪嫌疑人予以逮捕：（1）未经批准，擅自离开执行监视居住的处所，造成严重后果，或者两次未经批准，擅自离开执行监视居住的处所的；（2）未经批准，擅自会见他人或者通信，造成严重后果，或者两次未经批准，擅自会见他人或者通信的；（3）经传讯不到案，造成严重后果，或者经两次传讯不到案的。

4. 拘留

拘留期间没有必要适用拘传。拘传是公安司法机关对于未被羁押的犯罪嫌疑人、被告人，依法强制其到案接受讯问的一种强制方法。由于拘留是暂时剥夺犯罪嫌疑人人身自由权的一种刑事强制措施，所以拘留时犯罪嫌疑人已处于受羁押状态，若要讯问犯罪嫌疑人直接到羁押场所进行即可，没有必要适用拘传。

拘留可变更为取保候审、监视居住或逮捕。拘留是在紧急情形下采用的一种临时性措施，因此拘留的期限较短，随着诉讼的进程，拘留一定要发生变更。《刑事诉讼法》第86条规定："公安机关对于被拘留的人，应当在拘留后的二十四小时以内进行讯问。在发现不应当拘留的时候，必须立即释放，发给释放证明。"《刑事诉讼法》第91条第1款规定："公安机关对被拘留的人，认为需要逮捕的，应当在拘留后的三日以内，提请人民检察院审查批准。在特殊情况下，提请审查批准的时间可以延长一日至四日。"

5. 逮捕

逮捕可变更为取保候审或监视居住。逮捕之后羁押期限届满，逮捕之后经讯问发现不具备逮捕条件的，或符合逮捕条件的犯罪嫌疑人、被告人在羁押期间个人情况发生变化的，以及符合其他法定情形的，可将逮捕变更为取保候审或监视居住。如《刑事诉讼法》第 98 条规定："犯罪嫌疑人、被告人被羁押的案件，不能在本法规定的侦查羁押、审查起诉、一审、二审期限内办结，需要继续查证、审理的，对犯罪嫌疑人、被告人可以取保候审或者监视居住。"最高法《解释》第 168 条规定："人民法院对决定逮捕的被告人，应当在逮捕后二十四小时内讯问。发现不应当逮捕的，应当变更强制措施或者立即释放。"第 169 条规定："被逮捕的被告人具有下列情形之一的，人民法院可以变更强制措施：(1) 患有严重疾病、生活不能自理的；(2) 怀孕或者正在哺乳自己婴儿的；(3) 系生活不能自理的人的唯一扶养人。"

逮捕不可变更为拘留。虽然两者都具有羁押的性质，但逮捕的时间长，拘留的时间短。拘留是一种临时应付紧急情况的措施，期限届满后，如果未采取其他刑事强制措施，必须释放被拘留的人，因此在逮捕之后，发现逮捕不当、期限届满或有其他法定情形的人，应当释放或变更为取保候审或监视居住，而不能变更为拘留。

## 二、刑事强制措施的撤销

刑事强制措施的撤销是指公安司法机关在刑事诉讼中因发生了法定事由，没有必要继续适用刑事强制措施而决定予以取消的诉讼行为。上述"法定事由"主要是指采取刑事强制措施不当。对于不当刑事强制措施，予以撤销的法律依据主要是《刑事诉讼法》第 96 条的规定，即"人民法院、人民检察院和公安机关如果发现对犯罪嫌疑人、被告人采取强制措施不当的，应当及时撤销或者变更。公安机关释放被逮捕的人或者变更逮捕措施的，应当通知原批准的人民检察院"。

根据刑事诉讼法的上述规定，对于刑事强制措施的撤销，我国相关司法解释给予规定，如最高检《规则》第 105 条规定："取保候审期限届满或者发现不应当追究犯罪嫌疑人的刑事责任的，应当及时解除或者撤销取保候审。"第 115 条规定："监视居住期限届满或者发现不应当追究犯罪嫌疑人刑事责任的，应当解除或者撤销监视居住。”第 154 条规定：“取保候审变更为监视居住，或者取保候审、监视居住变更为拘留、逮捕的，在变更的同时原强制措施自动解除，不再办理解除法律手续。”第 141 条规定：“对符合刑事诉讼法第七十四条第一款规定的犯罪嫌疑人，人民检察院经审查认为不需要逮捕的，可以在作出不批准逮捕或者不予逮捕决定的同时，向侦查机关提出监视居住的建议。”第 376 条规定：“被不起诉人在押的，应当立即释放；被采取其他强制措施的，应当通知执行机关解除。”公安部《规定》第 158 条规定：“公安机关发现对犯罪嫌疑人采取强制措施不当的，应当及时撤销或者变更。犯罪嫌疑人在押的，应当及时释放。公安机关释放被逮捕的人或者变更逮捕措施的，应当通知批准逮捕的人民检察院。”最高人民检察院、公安部《关于适用刑事强制措施有关问题的规定》第 29 条规定：“人民检察院直接立案侦查的案件，对已经逮捕的犯罪嫌疑人，发现不应当逮捕的，应当经检察长批准或者检察委员会讨论决定，撤销逮捕决定或者变更为取保候审、监视居住，并通知公安机关执行……”

## 三、刑事强制措施的解除

刑事强制措施的解除是指原合法刑事强制措施在超过法定期限或适用该措施的情形消失后，对其依法取消。具体而言，刑事强制措施解除的原因如下：

其一，期限届满。如《刑事诉讼法》第 99 条规定：“人民法院、人民检察院或者公安机关对被采取强制措施法定期限届满的犯罪嫌疑人、被告人，应当予以释放、解除取保候审、监视居住或者依法变更强制措施。犯罪嫌疑人、被告人及其法定代理人、近亲属或者辩护人对于人民法院、人民检察院或者公安机关采取强制措施法定期限届满的，有权要求解除强制措施。”最高人民法院、最高人民检察院、公安部、国家安全部《关于取保候审若干问题的规定》第 20 条规定：“取保候审即将到期的，执行机关应当在期限届满十五日前书面通知决定机关，由决定机关作出解除取保候审或者变更强制措施的决定，并于期限届满前书面通知执行机关。执行机关收到决定机关的《解除取保候审决定书》或者变更强制措施的通知后，应当立即执行，并将执行情况及时通知决定机关。”

其二，不应当追究刑事责任。《刑事诉讼法》第 79 条规定：“人民法院、人民检察院和公安机关对犯罪嫌疑人、被告人取保候审最长不得超过十二个月，监视居住最长不得超过六个月。在取保候审、监视居住期间，不得中断对案件的侦查、起诉和审理。对于发现不应当追究刑事责任或者取保候审、监视居住期限届满的，应当及时解除取保候审、监视居住。解除取保候审、监视居住，应当及时通知被取保候审、监视居住人和有关单位。”公安部《规定》第 101 条规定：“被取保候审人在取保候审期间，没有违反本规定第 89 条、第 90 条有关规定，也没有重新故意犯罪的，或者具有本规定第 186 条规定的情形之一的，在解除取保候审、变更强制措施的同时，公安机关应当制作退还保证金决定书，通知银行如数退还保证金。”值得注意的是，根据最高检《规则》第 105 条规定的“取保候审期限届满或者发现不应当追究犯罪嫌疑人的刑事责任的，应当及时解除或者撤销取保候审”，可以发现“不应当追究刑事责任”既可能导致刑事强制措施的解除，也可导致刑事强制措施的撤销。继续深入分析“不应当追究刑事责任”的具体情形，如果在适用刑事强制措施的当时就有证据表明不应当追究刑事责任，而基于某种原因，公安司法机关错误地适用刑事强制措施，则其后将导致刑事强制措施的撤销；如果在适用刑事强制措施的当时理由充分，但是后来随着诉讼的进行，有新的证据证明不应当追究刑事责任，对原合法刑事强制措施应当予以解除而不是撤销。

其三，案件进入下一诉讼阶段。公安部《规定》第 163 条规定：“案件在取保候审、监视居住期间移送审查起诉后，人民检察院决定重新取保候审、监视居住或者变更强制措施的，对原强制措施不再办理解除法律手续。”最高人民法院、最高人民检察院、公安部、国家安全部《关于取保候审若干问题的规定》第 23 条规定：“原决定机关收到受案机关作出的变更强制措施决定后，应当立即解除原取保候审，并将《解除取保候审决定书》《解除取保候审通知书》送达执行机关，执行机关应当及时书面通知被取保候审人、保证人；受案机关作出继续取保候审或者变更保证方式决定的，原取保候审自动解除，不再办理解除手续。”

其四，其他特殊原因。公安部《规定》第 161 条规定：“公安机关对现行犯拘留的时候，发现其是县级以上人民代表大会代表的，应当立即向其所属的人民代表大会主席团或者常务委员会报告。公安机关在依法执行拘传、取保候审、监视居住、拘留或者逮捕中，发现被执行人是县级以上人民代表大会代表的，应当暂缓执行，并报告决定或者批准机关。如果在执行后发现被执行人是县级以上人民代表大会代表的，应当立即解除，并报告决定或者批准机关。”最高法《解释》第 273 条规定：“人民法院裁定准许自诉人撤诉或者当事人自行和解的案件，被告人被采取强制措施的，应当立即予以解除。”

## 四、刑事强制措施的变更、撤销与解除的区别

### （一）刑事强制措施撤销与变更的区别

1. 两者的法律后果不同

如果某一刑事强制措施不是因变更为其他强制措施而撤销，刑事强制措施的撤销就使被追诉人获得人身自由权。刑事强制措施的变更则不然，变更刑事强制措施后，被追诉的人仍处于被限制或被剥夺人身自由权的状态下。

2. 两者的原因不尽相同

不当的刑事强制措施将导致该强制措施的变更或撤销，就此而言，两者的原因是非常相似的，但是两者的原因并不是完全重叠的，如期限届满可能导致刑事强制措施的变更或解除，但不会导致刑事强制措施的撤销；再如，若是刑事诉讼活动终止，也就不需要变更刑事强制措施，只是视情况撤销或解除的问题了。

### （二）刑事强制措施撤销与解除的区别

刑事强制措施的撤销与解除的区别主要在于发生原因的不同。前者的发生原因在于原刑事强制措施适用不当，而解除则是原合法刑事强制

措施在超过法定期限或适用该措施的情形消失后，对其依法取消。

刑事强制措施的撤销与解除都与变更存在密切联系，变更与撤销及解除往往相伴而生。若变更刑事强制措施，先前的刑事强制措施既可能被撤销也可能被解除，若是被撤销是因为原刑事强制措施适用不当，若是被解除则意味着原刑事强制措施在适用的当时是合法的，但因情况变化，如期限届满等原因而对其依法取消。

刑事强制措施的撤销与解除都意味着原刑事强制措施的不再适用，两者的法律后果从这个意义上说是相同的，但由于前述两者发生原因的不同，刑事强制措施的撤销可能意味着相关主体的法律责任，而解除则不存在此问题。

## 第四节　刑事强制措施适用的法律监督

### 一、对刑事强制措施适用进行法律监督的必要性

适用刑事强制措施是行使国家司法权力的活动，其目的在于保障刑事诉讼活动的顺利进行，因此在客观上会不同程度地限制甚至剥夺犯罪嫌疑人、被告人的人身自由权，如果适用不当势必造成对公民合法权利的侵犯，因此在适用刑事强制措施时，必须进行法律监督。

在我国，刑事强制措施与侦查有着紧密联系，侦查阶段的人权保障尤其值得关注，在探讨刑事强制措施法律监督的必要性这一问题时，不妨选择侦查阶段作为分析问题的平台。当前，侦查程序中的人权问题备受关注，大致有以下原因：一是侦查程序是在常态社会条件下最深刻地影响公民权利的国家权力运作程序。刑事诉讼不是单纯寻求个体权益的救济，而是为了公正的惩罚和有效的矫治，从而维护社会的正常秩序，所以国家权力的运用具有主动性、普遍性和深刻性的特点。

大陆法系国家一般将侦查作为审判程序的奠基性活动，并在安全至上价值观导向之下，为确保侦查机关及时有效地查明案件真实情况，惩

罚犯罪，其侦查模式多为审问式，这种审问式侦查模式的特征有三：一是侦查机关被赋予较大的权力，并且行使权力时有较大的自由。而犯罪嫌疑人的诉讼权利受到诸多限制。二是实行单轨式侦查。侦查权基本上被侦查机关垄断。虽然从理论上而言，侦查机关应同时全面收集可能证明被告人有罪或无罪的证据，其调查结果应公正地服务于辩诉双方，但在司法实践中，侦查机关囿于思维定式及其他原因，往往倾向于收集对犯罪嫌疑人不利的证据。三是侦查多呈双方组合格局。也就是说，在侦查阶段，诉讼活动的主体只有侦查方和犯罪嫌疑人，不存在居中裁断的第三人，即侦查活动的主导者为侦查机关。

我国的刑事侦查模式总体上趋近于大陆法系国家的审问式侦查。中国素有重权力轻权利、重义务轻权利的传统，在建设社会主义法治国家的进程中，这种传统的影响仍然顽固异常。如在司法实践中，不少侦查人员在观念上认为侦查活动必然具有强制性，人为地赋予侦查活动更多、更浓重的公权力色彩，认为侦查与刑事强制措施应是天然结合，并且认为在国家侦查权（力）范围，公民的权利尤其是犯罪嫌疑人的所谓权利理应避让忍受。目前仍有不少侦查人员并未将犯罪嫌疑人看作是侦查阶段与之平等对抗的诉讼主体、是一个享有独立人格之人，从而尊重其独立人格并善待其权利，而是将之视为侦查之客体，视为纯粹的权力行使指向对象。况且，刑事侦查行为不具有可诉性，公民不能因侦查活动中对其财产权与人身权的损害提起诉讼，更多地只能向上一级或同级人民检察院提起申诉。或者通过非讼性国家赔偿程序来解决这一问题，救济的实现途径较难。总之，侦查机关与犯罪嫌疑人之间的关系实际上是国家机关与个人之间法律上与现实中的关系在刑事程序中的延伸与具体表现。对于强制侦查权力的适当行使，决不能寄希望于一个个具体侦查员的“善意”或道德操守，而必须依法限权，实行法律监督。

## 二、刑事强制措施适用法律监督的方式

### （一）内外结合的方式

就内部监督而言，它是指本机关和本系统内部在适用刑事强制措施

时所进行的监督。就本机关的内部监督而言有多种监督形式，如当某个部门依法适用刑事强制措施时，应当经过部门负责人审批同意后报本机关的主管负责人审批，这种审批的过程即是一种监督，当然这是就一般的刑事强制措施的适用而言。如果是逮捕，侦查机关还要提请检察院批准。检察机关内部也应实行侦查和审查批捕分离。本机关内部的自我监督是刑事强制措施适用中法律监督的第一道“门槛”，我国的公安司法机关对此非常重视。公安机关收取保证金的程序中明确规定，作出决定的是公安机关，但是收取保证金的是公安机关指定的银行设立取保候审保证金专门账户，委托银行代为收取和保管保证金。而不是由公安机关自行收取。这是为了避免保证金被截留、坐支、挪用、侵吞，切实保护公民合法权益。如果犯罪嫌疑人严重违反规定，妨碍刑事诉讼活动顺利进行的，可以将保证金全部没收。各级公安机关要严格执行没收保证金的审核批准程序，切实保障犯罪嫌疑人要求复议的权利，防止随意没收保证金。公安机关决定没收保证金后，应当通知银行将没收的保证金上交国库，公安机关及其人民警察不得截留、坐支、挪用或者以其他任何方式侵吞保证金。

除了对本机关内部在适用刑事强制措施时所进行的监督外，内部监督还包括对本系统内部的监督，主要是指上下监督。上级机关对下级机关的监督也具有不可忽视的作用，上级机关通过备案审查、统计报表、工作检查和受理群众控告、申诉等，发现和纠正适用刑事强制措施中的错误。就侦查机关和检察机关而言，上级机关与下级机关是领导与被领导、命令与服从的关系，审判机关上下级之间的关系是监督与被监督的关系。上述这些关系说明上级机关有权监督下级机关适用刑事强制措施的正确与否，以维护法律的正确实施。如最高检《规则》第10条第1款规定：“在刑事诉讼中，上级人民检察院对下级人民检察院作出的决定，有权予以撤销或者变更；发现下级人民检察院办理的案件有错误的，有权指令下级人民检察院予以纠正。”公安部《规定》第95条第2款规定：“被取保候审人或者其法定代理人对复议决定不服的，可以在收到复议决定书后五日以内向上一级公安机关申请复核一次。上一级公安机关应当在收到复核申请后七日以内作出决定。对上级公安机关撤销或者变更没收保证金决定的，下级公安机关应当执行。”公安部《规定》第 7 条规定：“公安机关进行刑事诉讼，应当建立、完善和严格执行办案责任制度、执法过错责任追究制度等内部执法监督制度。在刑事诉讼中，上级公安机关发现下级公安机关作出的决定或者办理的案件有错误的，有权予以撤销或者变更，也可以指令下级公安机关予以纠正。下级公安机关对上级公安机关的决定必须执行，如果认为有错误，可以在执行的同时向上级公安机关报告。”

外部监督是指来自本机关或本系统以外的其他机关、团体和人民群众的监督，如权力机关的监督，检察机关的监督，党团组织、工会等社团的监督，社会舆论的监督，人民群众的监督，等等。其中，权力机关和检察机关的监督是有权监督，其他监督虽然不具有强制力，但也会督促相关机关改进工作。同时，这种监督也会成为检察机关、权力机关进行监督的信息来源并以此发挥作用。如公安部《规定》第 6 条规定：“公安机关进行刑事诉讼，接受人民检察院的法律监督。”《刑事诉讼法》第 8 条规定：“人民检察院依法对刑事诉讼实行法律监督。”最高人民检察院、公安部《关于适用刑事强制措施有关问题的规定》第 37 条规定：“人民检察院应当加强对公安机关、人民检察院办案部门适用刑事强制措施工作的监督，对于超期羁押、超期限办案、不依法执行的，应当及时提出纠正意见，督促公安机关或者人民检察院办案部门依法执行。公安机关、人民检察院的工作人员违反刑事诉讼法和本规定，玩忽职守、滥用职权、徇私舞弊，导致超期羁押、超期限办案或者实施其他违法行为的，应当依照有关法律和规定追究法律责任；构成犯罪的，依法追究刑事责任。”

（二）事前、事中、事后相结合的方式

事前监督是指适用刑事强制措施之前，通过履行相应的法律手续、审批程序进行的监督。如侦查机关在适用逮捕措施时须提请检察机关批准，这本身就是一种监督，而且是适用逮捕前的监督，目的是防止和纠正违法行为。其他刑事强制措施在适用之前也都有审批程序，可见，履行一定的法律手续其本身就是一种监督。

事中监督是指在适用刑事强制措施过程中所进行的监督。当批准或决定适用刑事强制措施后发现有错误或适用不当应当及时进行监督，予以纠正，以便及时地进行变更、撤销或解除，这样既可保障刑事诉讼顺利进行，又有利于保障人权。

事后监督是指对错误适用刑事强制措施造成损害进行的监督。这种监督不仅包括纠正错误，而且还包括查明原因、分清责任、赔偿损失，是一种事后补救措施。这种监督对以后适用刑事强制措施也有指导和警戒作用。

事前监督、事中监督、事后监督是一个“三位一体”的刑事强制措施监督的统一体，既能相互制约，又可以相互促进。首先通过事前监督，可以及时控制强制措施在采取时可能发生的错误行为，预防决定过程中出现失误，对可能产生事中事后环节的侵权问题起到一定的抑制作用，减轻诉讼后续活动的压力。其次，通过事中监督工作，既可以及时有效地分析、研究公安司法机关采取强制措施是否存在偏差，又可以通过对问题的纠正有效预防问题的延续，为后续诉讼活动的正当性奠定良好的基础。再次，通过事后监督工作，一方面可以有效监督强制措施采取过程中的不合法的行为，另一方面能通过对个案强制措施采取的分析研究，为事前事中监督提出合理化建议，是其更加条理化。总之，我们要发挥好这三种监督形式的作用，维系三种监督形式的关系，形成优势互补，为强制措施的正当适用提供良好支撑。

# 第六章　刑事强制措施的救济

## 第一节　刑事强制措施救济程序概述

### 一、刑事强制措施救济程序的内涵

刑事强制措施的救济程序有广义和狭义之分。广义上的刑事强制措施救济程序，是指国家机关对刑事强制措施的决定、裁定等，依法进行复议、复核、裁判以及国家赔偿所遵循的各种程序的总称。它包括强制措施的复议程序、复核程序、诉讼程序以及国家赔偿程序等。狭义上的刑事强制措施救济程序，是指刑事强制措施的司法救济程序，即审判机关对不服刑事强制措施上诉或抗诉案件，依法进行审判的诉讼程序。

刑事强制措施的救济程序具有如下特点：

（1）程序目标的明确性。刑事强制措施救济程序设计和运用的目的，在于防止和纠正公安司法机关滥用刑事强制措施，从而保证公民、法人或其他组织宪法性基本权利不受非法侵害。

（2）程序提起主体的广泛性。刑事强制措施救济程序提起的主体是被采用刑事强制措施的当事人，即犯罪嫌疑人、被告人、当事人的近亲属、法定代理人、辩护人以及相关追诉机关等。

（3）程序救济范围的特定性。刑事强制措施的救济程序所要救济的权利主体是犯罪嫌疑人、被告人；所要救济的权利是嫌疑人、被告人所享有的宪法性基本权利，包括：生命健康权、人身自由权、财产权以及隐私权等。

(4) 程序模式的差异性。刑事强制措施的救济程序，主要有行政救济和司法救济等两种模式，行政救济模式包括：复议、复核以及行政协商等；司法救济模式主要是司法审判，总体上看，传统上的救济模式，主要采用行政方式，现代的救济模式较为重视诉讼方式，两种程序模式各有特点，差距较大。①

刑事强制措施救济程序的设计及应用，是无罪推定原则、法治国家原则、比例原则以及司法审查原则的具体体现，对实现惩罚犯罪和保障人权相统一的刑事诉讼立法目的，有着极其重大的理论和实践意义。目前，我国还缺乏系统科学的刑事强制措施救济制度，这与法治国家建设目标不相适应，为遏制国家权力过度扩张的危险，加强公民宪法性基本权利的保障，我国应尽快确立有中国特色的刑事强制措施救济程序。

## 二、刑事强制措施救济程序的应然功能

### (一) 权力制约功能

刑事强制措施救济程序设计的本质要求是，通过救济程序规制约束刑事强制措施权，以保证刑事强制措施适用的正当性、合法性、比例性。其具体方式是通过行政和司法两种模式，对国家机关适用刑事强制措施的目的、法律依据、事实依据、程序规则以及诉讼期限等实体和程序问题，实行全面审查，以保证刑事强制措施的正确适用，防止公民宪法性基本权利受到侵犯。

### (二) 权利救济功能

权利救济功能，是指刑事强制措施救济程序防止和纠正错误的属性。刑事强制措施是干预公民宪法性基本权利的诉讼行为，依法适用才能发挥其应有的作用，如果违法适用则可能造成损害公民基本权利的严重后果。司法实践反复证明，因为司法工作人员的人性弱点、司法观念

① 陈卫东主编：《刑事诉讼法学研究》，中国人民大学出版社 2008 年版，第 579 页。

的滞后以及司法制度本身的缺陷等原因，刑事强制措施常常被滥用，这种现象对公民而言是百分之百的灾难，只有通过救济程序彻底否定各种滥用强制措施的行为，才能防止和纠正各种错误拘留、错误逮捕等现象的发生，才能促使公安司法人员，恪尽职守，严格执法。

（三）情绪疏导功能

这是指刑事强制措施的救济程序，在发挥消减情绪、说服当事人自觉配合接受刑事强制措施决定作用的属性。刑事诉讼当事人对公正的需求，不仅包括案件实体公正处理的公正性，也包括程序适用的公正性。在我国传统的司法文化中，实体公正比程序公正更受重视，这导致刑事立法和司法实践中，过于强调犯罪的惩治和控制，以致程序公正长期受到不公正对待。刑事强制措施适用程序公正性要求之一，就是让不服刑事强制措施决定、裁定的当事人，有权要求国家机关依法进行复议、复核和诉讼，有获得救济的途径和机会，让其通过各种救济方式，表达对强制措施不满并提出救济的请求，这样，即使各种救济程序仍然不能满足其实体性司法要求，也能在一定程度上满足当事人的程序性需求，疏解了当事人对强制措施不满的情绪，从而增强了强制措施的可接受性。①

（四）法制统一功能

社会秩序的形成，依赖人们行为标准的统一，否则人们相互之间的侵害事件，就会不断发生，社会的所谓秩序，也就无从形成。刑事强制措施是干预公民宪法性基本权利的行为，对涉讼公民行为的评价是否恰当，既关乎公众的生活预期，也是被评价公民生命和自由所系。如果司法实践中，适用刑事强制措施的法律不统一，会造成公民之间严重不平等现象，从而危及社会秩序的根基。大凡作出刑事强制措施决定、裁定的公安司法机关，都会努力考究立法原意，以求对法律的正确把握和运用。但是，由于案件承办人个人素质、修养、偏好、思维方式、法律产生的背景、案件情况的错综复杂等主客观方面的原因，承办案件的个人

① 陈卫东主编：《刑事诉讼法学》（第二版），高等教育出版社 2018 年版，第 297 页。

在适用法律上的尺度无疑会存在或大或小的差异。救济程序的设置，在更多的情况下起到了促使案件承办人努力把握法律精神的作用，也在少数情况下起到了纠正法律适用出现过大差异的作用。

## 三、域外刑事强制措施的司法救济

受自然法理论以及法治国家理念影响，域外各主要国家的刑事诉讼立法，普遍确立了司法审查原则，更多的国家已将司法审查原则提升至宪法层面加以保障。

例如，美国联邦宪法修正案第 4 条规定："人民保护自己的人身、房屋、文件及财产不受任何无理的搜查和扣押的权利，不容侵犯；除非是由于某种正当理由，并且要有宣誓或誓言的支持并明确描述要搜查的地点和要扣留的人或物，否则均不得签发搜查证。"①《美国联邦刑事诉讼规则》第 4 条规定："如果控告表明。或者根据提出控告的宣誓书获悉，有合理根据相信有犯罪行为发生并且由被告人所为，应签发逮捕被告人令状给法律授权的官员执行。""逮捕令需由治安法官签发。"获得搜查令、逮捕令必须有正式的申请。对令状的申请必须以宣誓或者正式作证的方式来进行，申请必须有"合理的根据"（Probable Cause）。在有证搜查、有证逮捕之外，也规定了无证搜查、无证逮捕作为例外。进行无证搜查的情形主要有：紧急状态；对正在行驶的汽车的搜查；对危险嫌疑犯的"趁执追击"；对官方扣留物的搜查；"一览无遗"原则；对进入美国边境的人、行李以及车辆进行的边境搜查。②

在英国，一般情况下警察对犯罪嫌疑人进行搜查时，必须事先向治安法官提出书面申请，由治安法官批准后签发搜查证，由警察负责执行。如果是有证逮捕，则可以在逮捕后进入犯罪嫌疑人的房间进行搜查而不必另用搜查证。但如果是无证逮捕，则不允许在逮捕后直接进入犯

---

① ［美］乔恩·华尔兹：《刑事证据大全》，何家弘等译，中国人民公安大学出版社 1993 年版，第 196 页。

② ［美］乔恩·华尔兹：《刑事证据大全》，何家弘等译，中国人民公安大学出版社 1993 年版，第 217 页。

罪嫌疑人的房屋进行搜查。事先未取得逮捕令而进行的逮捕是一种紧急情况的例外，而且 24 小时内移送治安法院。对被怀疑从事恐怖活动者，羁押期限可延长至 48 小时，在特殊情况下，司法大臣可以下令延长 5 日。

《德国基本法》第 19 条第 4 款规定：“其权利受到公共权力侵犯的任何人，都可以要求法院对侵犯进行审查。”

法国《刑事诉讼法》规定，任何案件，以及在案件侦查的任何阶段，拟对受审查人实行先行拘押的预审法官都要通知当事人有权得到由其本人选定或依职权指定的诉讼辅佐人的协助。预审法官还通知受审查人有权享有一定的期限，以准备辩护。当事人可以对预审法官作出的实行拘押的裁定向上诉法院提出上诉，这为当事人提供了事后审查的救济机制。

在意大利，司法警察或检察官采取所有强制侦查措施，如搜查、扣押、窃听等，也必须首先取得预审法官的许可或授权。法国的预审法官作为侦查活动的领导者，有权直接采取强制措施。由此可见，西方各国普遍建立了针对侦查行为的司法授权和审查机制。

《日本国宪法》第 31 条也规定：“任何人，未经法律规定的程序，不得剥夺其生命、自由或者科处其他刑罚。”同法第 33 条及第 35 条规定，没有法官签发的令状，原则上任何人均不得被逮捕，也不得侵入、搜查以及扣押任何人的住所、文件以及所有物品。

从刑事诉讼制度发展的世界性趋势来看，司法审查原则已经成为一项刑事诉讼国际准则，联合国《两权公约》第 6 条规定：“未经合格法庭最后判决，不得执行死刑刑罚。”第 9 条规定：“对任何人不得加以逮捕或拘禁，除非依照法律所规定的根据和程序，任何人不得被剥夺自由。任何因刑事指控被逮捕或拘禁被剥夺自由的人，有资格向法院提起诉讼，以便法庭能不拖延地决定拘禁他是否合法以及拘禁不合法时命令予以释放。”《联合国人权委员会关于公正审判和补救权利的宣言》（草案）第 34 条规定：“任何人只能基于合理的理由和按照由合格当局签发的令状才能加以羁押。”第 38 条规定：“任何国家应当确保建立人身保护令程序或近似的程序、制度。”①

综上所述，尽管世界各主要国家的司法体制，刑事诉讼模式不尽一致，但对强制性措施的司法审查已经成为各国刑事诉讼规则的一部分，并为国际公约和相关法律文件所确认。②

## 第二节　刑事强制措施救济程序的构建

### 一、刑事强制措施救济程序的建构原则

（一）程序法定原则

程序法定原则，是现代法治国家立法和指导性原则之一，理应成为刑事强制措施司法救济程序构建的重要原则。按照程序法定原则的要求，刑事强制措施的救济程序，必须有法律的明确规定，法律没有明确赋予职权的，国家机关也不得违背明确设定的程序规则，而恣意妄为，这主要表现在两个方面：一是在立法方面，为适用刑事强制措施，国家应立法明确规定和设置相应的救济程序；二是在实践方面，即要求国家机关，犯罪嫌疑人、被告人都必须遵守法定的救济程序，目前我国缺乏系统详实的刑事强制措施救济制度，这不利于司法权力的监督，以及公民宪法性基本权利的保障。

（二）有错必纠原则

有错必纠原则是指刑事强制措施救济程序设计和运用，应以实现司法公正为根本目标，即凡是经由国家机关作出的错误刑事强制措施决定、裁定，均应通过不同的救济程序得到防止或者纠正，以保障公民宪法性基本权利不受侵犯。

---

① 樊崇义主编：《刑事诉讼法学》，法律出版社 2016 年版，第 6 页。

② 孙连钟著：《刑事强制措施研究》，知识产权出版社 2007 年版，第 101～104 页。

### （三）权力节制原则

权力节制原则是指刑事强制措施救济程序设计和运用，要对刑事强制措施权力的运行起到监督和制约作用。它要求国家机关在适用刑事强制措施时，应掌握“度”。既不能不尽职守，惰于对犯罪的追究；也不能毫无节制地行使刑事强制措施。从刑事强制措施权力的属性角度讲，它的行使如果没有一定的时间和条件方面的限制，则可能从诉讼保障预防手段堕落为侵害公民权益的手段。从公民角度看，作为世俗的凡人，任何人都不能保证一生中不触犯刑事法律。若公民一旦触犯刑事法律就永世不得翻身，这对公民而言是否过于残忍。在彰显人文关怀精神的今天，放纵司法追诉权的过度行使，也缺乏法律应有的时代精神。因而在刑事强制措施救济程序建构时，应贯彻司法权谦抑原则。

### （四）禁止不利变更原则

禁止不利变更原则是指在刑事强制措施救济程序中，凡是诉讼程序的展开是为了嫌疑人、被告人利益而发动的，审判机关不得作出比原决定、裁定更为不利于嫌疑人、被告人的判决。“禁止不利变更原则的目的在于，使得被告消除其可能在下一审级中被处以更严厉的刑罚的恐惧。”① 该原则的理论根据是为了保障嫌疑人、被告人的人权。其理由在于，嫌疑人、被告人一方在刑事诉讼中趋于弱势地位，仅仅依靠立法为其所设定的积极性防御措施，仍然难以抵抗强大的追诉机关的进攻，这种局面容易导致嫌疑人、被告人一方因现代化诉讼活动的竞技化而获罪，为防止这种不公正事件的发生，我国刑事强制措施救济程序的构建，应确立本原则，以保障嫌疑人、被告人的合法权益。

## 二、我国刑事强制措施救济程序的立法现状

“救济性权利即对国家追诉机构、裁判机构所作的行为、决定或裁判，要求另一机构予以审查并作出改变或撤销的程序性权利。”② 尽管

① ［德］克劳思·罗克信：《德国刑事诉讼法》，吴丽琪译，法律出版社2003年版，第567页。

② 陈瑞华：《修正后的中国刑事诉讼法典》，载《现代法学》1996年第5期。

我国《刑事诉讼法》赋予了犯罪嫌疑人、被告人及其近亲属和辩护人，申请解除或变更强制措施的权利，但由于制度设计的不足，犯罪嫌疑人、被告人的申请权很大程度上，只停留于申请，我国《刑事诉讼法》还没有设置完善的刑事强制措施救济制度。

依据我国《刑事诉讼法》的规定，犯罪嫌疑人、被告人享有辩护权；被羁押的犯罪嫌疑人、被告人及其法定代理人、近亲属和辩护人享有申请取保候审、变更强制措施、解除强制措施的权利；公安机关对检察机关不批准逮捕的决定，享有申请复议、复核的权利。被错误拘留、逮捕、错判的被害人及其法定代理人、近亲属享有国家赔偿的权利（《国家赔偿法》第15条）。至于刑事诉讼中对物权的强制、对隐私权的强制，如搜查、扣押、人身检查等，没有设置专门的救济程序。

综上，由此可见，我国现行立法并未赋予被追诉人一方有效的程序性救济权利，这在一定程度上不能不归结于我国关于强制措施救济机制的立法存在着疏漏与不合理，这与当今保障人权的国际刑事司法准则严重不符，如联合国《人权宣言》第8条规定："任何人当宪法或法律所赋予他的基本权利遭受侵害时，有权由合格的国家法庭对这种侵害行为作有效的补救。"联合国《两权公约》第9条第4款也规定："任何因逮捕或拘禁被剥夺自由的人，有资格向法庭提起诉讼，以便法庭能不迟延地决定拘禁他是否合法以及如果不合法时命令予以释放。"我国强制措施救济程序的缺失，不仅不利于保护犯罪嫌疑人、被告人的基本权利，而且使采取强制措施的机关及其工作人员在法律上几乎处于失控状态，从而最终损害《刑事诉讼法》所具有的独立价值和我国刑事诉讼活动的法治品质。根据"十八"届四中全会《决定》，关于"要加强人权司法保障，完善对限制人身自由强制措施和侦查手段的司法监督"要求，我国应尽快建立健全中国特色的刑事强制措施救济制度。

### 三、我国刑事强制措施司法救济程序的构建

刑事诉讼的顺利进行，需要刑事强制措施的保障，这不得不干预公民的基本权利，但公权力与私权利在多数时刻处于针锋相对的状态。由

于所处立场、利益诉求不同，难免出现权力与权利的交锋、碰撞情形。显而易见，由于双方实力的巨大悬殊，受到伤害的总是处于弱势地位的诉讼参与人。在他们的合法权益受到公权力的侵犯之后，客观上需求建立一个可以救济的渠道，即刑事强制措施司法救济程序。英国著名法谚“无救济即无权利”说的就是这个道理。①

所谓刑事强制措施的司法救济程序，是指在诉讼过程中，犯罪嫌疑人、被告人及其近亲属和辩护人，如果对有关刑事强制措施不服，可以向一个中立的司法机构或司法官员提起诉讼，并加以解决的诉讼程序。在诉讼中，作出刑事强制措施决定、裁定的公安司法人员要承担举证责任，以证明刑事强制措施具有合法性和正当性。

“侦查中心主义”的观念，长期影响我国的刑事诉讼活动，实践中，侦查机关错误采取强制措施侵犯公民基本权利的情况时常发生，对此，目前还缺乏一种可以有效救济上述权利的制度机制，因此，笔者建议我国应尽快建立司法救济制度。

具体而言，犯罪嫌疑人、被告人及其法定代理人、近亲属和辩护律师，如果对公安司法机关采取刑事强制措施决定、裁定不服的，应有权向法院申诉，有关法院受理后，应当及时通过开庭审理的方式作出裁定。经法院审查，认为适用刑事强制措施违法的，法院应当裁定撤销刑事强制措施，命令释放犯罪嫌疑人、被告人；认为适用刑事强制措施不必要的，也可以撤销刑事强制措施，命令释放犯罪嫌疑人、被告人或者变更为取保候审或监视居住。

如果申诉人或检察机关对法院的裁定仍然不服的，他们还有权向上级法院提起上诉或抗诉，上级法院应当就刑事强制措施的适用，是否合法与正当作出最终的裁判。法院在接到法定主体的上诉或抗诉后，法院要及时受理并进行审查。审查的内容主要有：是否属于法院受案范围，受理法院是否有管辖权，提起诉讼的公民或单位是否具有原告资格，起诉的程序与形式是否符合法律的规定或要求等。法院立案后，应将上诉

① 汤啸天：《刑事诉讼研究的新视角》，上海人民出版社 2008 年版，第 78 页。

或抗诉状副本送达相对方，并通知相对方提交答辩状。法院在审查双方提交的上诉状（抗诉状）和答辩状后，认为事实清楚、争议不大的，可直接进行书面审理；对于事实不清、争议较大的，应开庭审理。法院司法审查的方式和程序可参照实体审理的方式和程序进行。诚如梅利曼教授所言，“诉讼权利的不平等以及书面程序的秘密性，往往容易形成专制暴虐制度的危险”。争议双方应有权出庭并发表意见，在征得法庭许可后，还可传唤证人出庭作证。但从提高诉讼效率和降低诉讼成本的角度出发，对判决以外行为的审查一般可采用独任制。①

① 孙连钟著：《刑事强制措施研究》，知识产权出版社2007年版，第233页。

# 第七章　拘　　传

## 第一节　拘 传 概 述

### 一、拘传的概念

（一）拘传的概念

“拘传”在我国秦朝时期被称为“执”，在唐代被称为“追摄”，宋代被称为“勾追”，明、清两代则被称为“勾取”“勾问”，日本则称为“拘提”。

目前，我国学者一般将拘传定义为：公安机关、人民检察院和人民法院对未被羁押的犯罪嫌疑人、被告人，依法强制其到案接受讯问的一种强制方法，它是找国刑事诉讼强制措施体系中强度最轻的一种。① 这一定义揭示了拘传的主体、对象、方法、性质和目的。我国《刑事诉讼法》第 66 条，第 117 条，最高法《解释》第 147~149 条、第 337 条，最高检《规则》第 81~85 条、以及公安部《规定）第 78~80 条，第 346~350 条，对拘传作了全面规定，但在司法实践中，由于法律规定比较简单，仍然存在混淆羁押防范措施与强制到案措施之间关系，拘传适用的法定条件和活用后的转化变更权限与程序不统一、拘传适用过程中

① 陈光中：《刑事诉讼法》（第六版），北京大学出版社/高等教育出版社 2016 年版。

的强制力限度以及戒具的使用不规范、拘传讯问期限和连续拘传间隔时限混乱等问题。①

（二）拘传的特征

1. 适用主体的广泛性

根据我国刑事诉讼法的有关规定，我国的公安机关、人民检察院、国家安全机关、军队保卫部门和监狱等单位在刑事案件的侦查过程中，都有权对犯罪嫌疑人依法实施拘传。但是，由于监狱只对在监狱内发生的犯罪进行侦查，而罪犯本身处于羁押之中，故一般不需采取拘传措施。人民检察院在审查起诉过程中、人民法院在审理案件的过程中认为需要拘传的，也可以实施拘传。

2. 适用对象的特定性

拘传的适用对象为未被采取其他刑事强制措施的犯罪嫌疑人、被告人。已经被刑事拘留或者逮捕即已被羁押的犯罪嫌疑人、被告人，可以随时提审，不需要拘传；已经被取保候审或者监视居住的犯罪嫌疑人、被告人，随传随到是其在取保候审或者监视居住期间应当遵守的规定，所以也不需要拘传。

3. 适用方法上的强制性

拘传虽然是刑事强制措施中限制人生自由最轻的一种，但也是具有强制性的。其强制性主要表现在执行人员可强制被拘传人到案接受讯问。如遇到被拘传人抗拒的，执行人员有权依法使用戒具制止。但是，被拘传人到案后只能将其控制在审讯室内，不能羁押在看守所里。

## 二、拘传的对象

（一）我国刑事诉讼法的规定

拘传的对象是指被公安司法机关依法拘传的人。我国《刑事诉讼法》第66条规定："人民法院、人民检察院和公安机关根据案件情况，对犯罪嫌疑人、被告人可以拘传、取保候审或者监视居住。"据此，对

① 卞建林、陈卫东等著：《新刑事诉讼法实施问题研究》，中国法制出版社2017年版，第89~90页。

拘传对象可以作如下理解：

1. 拘传的对象是犯罪嫌疑人、被告人

也就是说，拘传的对象不仅包括刑事案件的被告人，而且包括犯罪嫌疑人。犯罪嫌疑人是指涉嫌犯罪，从而在侦查阶段和审查起诉阶段受到公安机关、人民检察院追诉的一方当事人。被告人是指被认为犯有某种罪行而受人民检察院正式起诉或者被自诉人起诉到人民法院，由人民法院决定其罪行之有无的人。而可能被拘传的刑事案件的被告人则主要是指刑事自诉案件的被告人和刑事附带民事诉讼案件的被告人，因为公诉的刑事案件被告人一般处于羁押状态或者是取保候审、监视居住状态。

2. 拘传的对象是未被羁押的犯罪嫌疑人、被告人

应该说，我国现行的刑事诉讼法及相关法规并没有对被拘传的犯罪嫌疑人和被告人有“未被羁押”的要求。但从实际情况来看，如果犯罪嫌疑人和被告人已被羁押则可以随时提审而不需要采取拘传，对已经被取保候审或者监视居住的犯罪嫌疑人、被告人而言，随传随到是其在取保候审或者监视居住期间应当遵守的规定，所以也不需要拘传。

3. 拘传的对象应是案件性质轻微、犯罪事实比较清楚或社会危险性较小的犯罪嫌疑人、被告人

我国《刑事诉讼法》及其司法解释对此并没有具体标准，只是要求公安司法机关“根据案件情况需要”来决定是否对犯罪嫌疑人和被告人进行拘传。那么，如何理解“根据案件情况需要”呢？《刑事诉讼法》第66条是将拘传、取保候审和监视居住并列的。根据我国《刑事诉讼法》及相关司法解释的规定，采取取保候审的对象是：（1）可能判处管制、拘役或者独立适用附加刑的。（2）可能判处有期徒刑以上刑罚，采取取保候审不致发生社会危险性的。（3）患有严重疾病、生活不能自理，怀孕或者正在哺乳自己婴儿的妇女，采取取保候审不致发生社会危险性的。（4）羁押期限届满，案件尚未办结，需要采取取保候审的。（5）对刑事拘留的犯罪嫌疑人，证据不符合逮捕条件，且符合取保候审条件的；（6）提请逮捕后，检察机关不批准逮捕，但需要

继续侦查，且符合取保候审条件的；（7）犯罪嫌疑人、被告人被羁押的案件，不能在规定的侦查羁押、审查起诉、一审、二审期限内办结的，需要继续查证、审理的。可见，取保候审作为刑事强制措施是针对案件性质轻微、犯罪事实比较清楚或社会危险性较小的犯罪嫌疑人和被告人的。所以，拘传的对象也应是案件性质较轻、案件证据不足或社会危险性较小的犯罪嫌疑人和被告人。如果是现行犯、案件性质重大或者社会危险性较大的犯罪嫌疑人、被告人，则应采取刑事拘留或逮捕的刑事强制措施。

（二）对证人的拘传问题

我国现行的刑事诉讼法没有将证人列为拘传的对象。这主要是考虑证人是了解案情的案外人，本身与案件处理结果无直接利害关系，证人出庭费用的给付难以落实，证人的权益保护措施相对来说比较薄弱等原因。因此，对证人履行到场作证义务的硬性要求力度不够。从完善法制和促进诉讼民主的发展要求来看，强调证人到场作证实属必要。

证人到场作证有两种情况：一是在法律规定的场所提供证言，二是到法庭上提供证言。从国外的有关刑事诉讼法的规定来看，有的将证人到场的地点限于法庭，而有的则不限于法庭。如法国刑事诉讼法第 109 条第 3 款规定："如证人不到庭，预审法官得依共和国检察官之要求，以公共力量强制其到庭并对其科处第五级未经最当处之罚金。"而在德国，"警察人员对证人之拘提权，一如对被告之拘提权，只有在极少的情形下，方得为之，如前述所叙。对证人之拘留亦得依刑诉法第 163b 第 2 项之规范为之。相反地，法官及检察官对合法传唤，而无正当理由不到庭之证人，即得拘提之"。①

对证人的拘传不限于法庭虽有助于查明案情，但也容易助长司法人员的官僚主义作风，不深入实际调查研究，动辄拘传证人到场接受询问，给证人的人权带来不应有的损害。所以，借鉴其他国家的立法例并结合我国的实际情况，对证人的拘传应当仅限于法庭审判阶段，在其他

① ［德］克劳思·罗科信著，吴丽琪译：《刑事诉讼法》，法律出版社 2003 年版，第 311 页。

诉讼阶段，司法人员可以到证人所在地调查，不受法庭这个场所的限制。当然，拘传证人的目的是让其如实提供证言。如果证人拒绝提供证言，可以依法处罚。如法国刑事诉讼法第 109 条第 4 款规定：“对虽然到庭，但拒绝宣誓与作证的证人，依共和国检察官之要求，得宣告相同之刑罚。”若无处罚，则使证人出庭流于形式。

“对经合法传唤而无正当理由，拒不到案接受讯问、调查，或者拒不到庭接受审判的犯罪嫌疑人、被告人，可以直接申请获得拘传证后，对其实施拘传。对于必须到案或者出庭作证的证人，在传唤后无正当理由而拒绝作证的，法院可直接决定适用拘传；对于检察机关认为必须有证人到案说明情况的，必须向提请批准机关证明其作证的内容、必要性等情况，而其批准机关可以设在人民法院，亦可以设在上一级人民检察院。”① 对经传票传唤无正当理由拒不到庭的证人予以拘传主要是基于强化庭审功能的考虑。现代意义上的诉讼强调以审判为中心，增强诉讼双方的抗辩能力，克服法官重庭下轻庭上、审判流于形式的弊端。在法庭审理阶段证人出庭是十分必要的，一方面经过当庭质证可以进一步查明案情、使法院作出正确的判决，另一方面也有利于保护被告人的合法权益。我国《刑事诉讼法》第 61 条规定，证人证言必须在法庭上经过公诉人、被害人和被告人、辩护人双方讯问、质证，听取各方证人的证言并且经过查实以后，才能作为定案的根据。证人不出庭，被告人一方的质证权就很难得到切实的保护。实践中，被告人一方对法庭宣读的证人证言提出意见时，证人不在无人对答，矛盾无法排除。所以，要强化庭审功能，必须重视证人出庭这一环节，对无正当理由拒绝出庭作证的证人应当强制其出庭，对于出庭后拒绝作证的，也要给予罚款等相应的处罚。

## 三、拘传与传唤

传唤是指公安司法机关为通知当事人或其他特定的人按照指定的时

① 卞建林、陈卫东等著：《新刑事诉讼法实施问题研究》，中国法制出版社 2017 年版，第 90 页。

间到指定地点接受询问或讯问所采取的一种措施。当然，这里所指的传唤是一种广义的传唤。广义的传唤可分为诉讼传唤、刑事侦查传唤以及治安传唤。诉讼传唤是指在审判阶段，人民法院要求诉讼当事人到庭接受询问或讯问、参加庭审的一种措施。诉讼传唤又可进一步分为民事诉讼传唤、行政诉讼传唤以及刑事诉讼传唤。刑事诉讼传唤（仅限于审判阶段）是指人民法院在审理刑事案件的过程中对自诉人、被告人、附带民事诉讼原告人、附带民事诉讼被告人的传唤。治安传唤是指公安机关命令违反治安管理法律法规的人，在指定的时间到达指定的地点，接受讯问、查证处理的一种公安行政措施。治安传唤的目的在于调查处理违反治安管理的行为。刑事侦查传唤是指侦查机关命令不需要逮捕、拘留的犯罪嫌疑人在指定的时间到指定的地点或者到他的住处，接受讯问的刑事侦查措施。本章节所讲的传唤主要是指刑事诉讼传唤（仅限于审判阶段）和刑事侦查传唤，不涉及民事诉讼、行政诉讼中的传唤以及治安传唤。

（一）拘传与传唤的区别

1. 两者的性质不同

拘传是一种刑事强制措施，是以实际存在的强制力为前提的，对于对抗拘传的人可以使用戒具，强制其到案；而传唤不具有强制性，这是两者之间最本质的区别。

2. 两者适用的对象不同

拘传适用的对象仅限于未被羁押的犯罪嫌疑人、被告人；而传唤的对象则适用于刑事案件的所有当事人，包括未被羁押的犯罪嫌疑人、被告人，刑事自诉案件的自诉人以及刑事附带民事诉讼案件的原告人和被告人。

3. 两者的法律后果不同

被拘传人若抗拒拘传，则会被使用戒具；而被传唤人若拒绝传唤则有可能被拘传，对于刑事自诉案件的自诉人以及刑事附带民事诉讼案件的原告人而言，其案件则按撤诉处理。

（二）拘传与传唤的联系

拘传与传唤有着紧密的联系，其中最重要的一个问题是拘传是否以传唤为前提条件。从我国的刑事诉讼法及其司法解释来看，对犯罪嫌疑人、被告人可以径行拘传（即不经传唤而拘传），也可以先传唤再拘传（也称一般拘传），并没有一定的标准，主要是由公安司法机关根据实际情况来决定。故在实践中多以拘传代替传唤，或本该拘传而采用传唤。

笔者认为，应在刑事强制措施中贯彻“平衡原则”，在拘传时应以一般拘传为原则，而以径行拘传为例外。所谓平衡原则，在宪法和行政法领域通称“比例原则”，其基本含义是要求国家立法、行政、司法机关在实现其法定职能过程中，为了公共利益需要不得不限制公民权利时，应尽可能选择对公民个人权利损害最小的手段，且其行为造成的损害不得大于其可能保护的公共利益。

## 四、拘传与人民警察法规定的留置盘问的区别

留置盘问是指公安机关的人民警察为维护社会治安，在紧急情况下采取的一种临时处置方法。其目的是为了核查有关人员的身份，初步查明是否存在违法犯罪事实。① 尽管留置与拘传在适用条件、适用效果甚至审批程序上存在一定的重合，但二者毕竟属于两种性质不同的强制措施，混同使用必然存在危害，可能导致侵害公民个人权利，甚至放纵犯罪等严重不良后果。② 因此有必要对其进行区分。

其一，两者性质不同。留置盘问是人民警察法赋予公安机关的一项重要行政权力，属于一种行政措施。而拘传是刑事诉讼法规定的一种最轻微的刑事强制措施。

其二，两者适用的对象不同。根据我国《人民警察法》第 9 条的规定，留置盘问适用对象是有违法犯罪嫌疑的人员，经当场盘问、检查，并有下列情形之一的：被指控有犯罪行为的；有现场作案嫌疑的；

---

① 陈光中：《刑事诉讼法》（第六版），北京大学出版社/高等教育出版社 2016 年版，第 229 页。

② 郭烁：《中国刑事拘传存在的问题及其变革》，载《比较法研究》2013 年第 4 期，第 124 页。

有作案嫌疑身份不明的；携带的物品有可能是赃物的。拘传的适用对象具有特定性，只能是刑事案件中未被羁押的犯罪嫌疑人、被告人。

其三，期限不同。留置盘问的期限是从被盘问人被带至公安机关之时起，一般为12小时；对在12小时以内确实难以证实或者排除其违法犯罪嫌疑的，可以延长至24小时；对不讲真实姓名、住址、身份，且在24小时以内仍不能证实或者排除其违法犯罪嫌疑的，可以延长至48小时。拘传期限最长不得超过12小时，特殊情况下，不超过24小时，并且不得以连续拘传的方式变相拘禁犯罪嫌疑人、被告人。

其四，有权适用的主体不同。留置盘问只能由公安机关适用。而拘传则可以由公安机关、人民检察院或者人民法院适用。

其五，时间不同。拘传只能在刑事诉讼过程中即刑事立案之后采用；留置盘问则在刑事诉讼程序以外采用。

虽然拘传与留置盘问存在上述区别，但在实践中还是存在将拘传与留置盘问混淆适用的问题，主要表现为：

第一，存在留置盘问适用扩大化的现象。由于使用留置盘问能争取到最多48小时的办案时间，在实践中，少数公安机关对案件中犯罪嫌疑人身份明确的、案情轻微不需要适用留置盘问或是刑事案件中应当使用刑事强制措施的也都一概适用留置盘问。

第二，将留置盘问与拘传交替使用。少数民警在办案过程中总是觉得时间不够用，希望犯罪嫌疑人的滞留时间越长越好，以有利于调查取证，因此将留置盘问与拘传交替使用、循环使用，甚至将留置盘问作为拘传的必然前置程序，造成当事人的人身自由权长期受到限制。

## 第二节 拘传的程序

### 一、拘传权的发动

拘传权是指申请、批准和执行拘传的权力。一般来说，拘传由案件承办人提出申请，经本部门的主管负责人批准后，报本机关的负责人批准后执行。根据我国《刑事诉讼法》第69条的规定，公安机关、人民法院和人民检察院均有权采取拘传措施，同时，拘传的对象既有犯罪嫌疑人也有被告人。因此，拘传的主体和对象不同，拘传权的发动也不同。

公安机关拘传的对象主要是犯罪嫌疑人，公安机关发动拘传权的法律依据主要是《刑事诉讼法》和公安部《规定》。根据公安部《规定》第78条的规定，公安机关根据案件情况对需要拘传的犯罪嫌疑人，或者经过传唤没有正当理由不到案的犯罪嫌疑人，可以拘传到其所在市、县公安机关执法办案场所进行讯问。需要拘传的，应当填写呈请拘传报告书，并附有关材料，报县级以上公安机关负责人批准。

根据最高检《规则》第81条的规定，人民检察院根据案件情况，需要对犯罪嫌疑人发动拘传的，应当经检察长批准，签发拘传证。虽然最高检《规则》没有对被告人拘传的规定，但人民检察院还是有可能对被告人发动拘传的，因为人民检察院正式向人民法院提起公诉时，犯罪嫌疑人就成为被告人，而这时被告人可能还处于未被羁押状态。另外，刑事自诉案件转化为公诉案件时也有这种可能发生。因此，对被告人发动拘传时，应当经检察长或检察委员会批准，签发拘传证。

最高法《解释》第147条规定："人民法院审判案件，根据情况，对被告人可以决定拘传、取保候审、监视居住或者逮捕。对被告人采取、撤销或者变更强制措施的，由院长决定；决定继续取保候审、监视居住的，可以由合议庭或者独任审判员决定。"这说明人民法院在采取拘传时应由院长批准。

从上述公安司法机关拘传权的发动来看，对犯罪嫌疑人和被告人的拘传都应由县级以上公安司法机关的正职负责人批准，这是因为拘传涉及公民的人身自由权和人格名誉等基本人权，所以应给予足够的重视。

## 二、拘传的方式

拘传的方式可以分为径行拘传和一般拘传。

（一）径行拘传

径行拘传是指公安司法机关对未被羁押犯罪嫌疑人、被告人不经传唤程序而予以直接拘传。径行拘传时应做到：

（1）执行人员应当向被拘传人出示拘传证或拘传票。公安机关和人民检察院在拘传犯罪嫌疑人、被告人应出示拘传证，人民法院在拘传被告人时应出示拘传票。拘传证和拘传票应载明被拘传人的姓名、性别、年龄、籍贯、住址和工作单位，案由，拘传的理由，应当解送的处所等项内容。

（2）执行人员应在向被拘传人出示拘传证或拘传票的同时，向被拘传人履行告知程序。为了规范人民法院司法警察依法执行公务、提高文明执法的能力，最高人民法院于2002年5月29日发布《关于人民法院司法警察执行公务时使用告知词的通知》并对此进行了规范。该通知要求司法警察履行告知程序时，应举止端庄、严肃、谨慎，先敬礼，根据执行公务的不同内容，首先告知："我是×××人民法院司法警察。"然后，向被拘传人宣布："现在依法执行公务，依据《中华人民共和国刑事诉讼法》的有关规定，现对你依法进行拘传，请你配合。你如不服本决定，可依法提出申请，但不影响本决定的执行。"这一规定对人民检察院的司法警察和公安机关民警执行拘传时也有参考作用。

（3）执行人员应当两倍于被拘传人。我们认为，为了有效地执行拘传，制服被拘传人可能发动的抵抗，拘传人应两倍于被拘传人，如果只笼统说不得少于二人，没有说明与被拘传人的比例，遇有同时拘传多人的时候，仅两名警察显然力量不够。更重要的是拘传有时不仅会遇到被拘传人的抵抗，而且还会有他人围攻，所以警力应当充足。

（4）拘传后应当立即通知被拘传人的近亲属或其所在单位。目前，我国司法实践中只以一纸拘传证进行拘传，没有进行上述通知的凭证和手续，这给被拘传人近亲属的生活或单位的工作带来诸多不便。因此，除有碍侦查的情形以外，有必要采用拘传通知书或拘传证副联交给被拘传人的近亲属或单位的办法，这样可以免除被拘传人的近亲属因不知其去向的牵挂，对单位来说，也可以根据情况安排其他人替换被拘传人的工作。

（5）戒具的使用。我国现行刑事诉讼法及其司法解释规定，被拘传人对抗拘传的，执行人员可以使用戒具。戒具主要是指手铐、脚镣、警绳等约束性警械。对被告人、犯罪嫌疑人拘传，应当根据具体情况决定戒具的使用，如果他们抗拒拘传就应当使用戒具，但仅仅是一般的不愿意则不能使用。另外，如果被拘传的人是未成年人、孕妇则不得使用警械，除非有脱逃、行凶、自杀、自伤或者其他危险行为的现实危险。

（二）一般拘传

一般拘传是指公安司法机关对未被羁押犯罪嫌疑人、被告人先经过传唤程序，在犯罪嫌疑人、被告人无正当理由不到案的情况下再予以拘传。

一般而言，若是犯罪嫌疑人、被告人的主观恶性较小，对自己的行为造成的危害后果也有一定的认识，应采取传唤的方式进行讯问，不直接拘传。对犯罪嫌疑人、被告人，经合法传唤仍不到案的再采取拘传措施。关于拘传与传唤的关系前面已有详细论述，在此不再赘述。

（三）无证拘传

拘传证是进行拘传的法律凭证。从令状主义的要求来看，无证拘传应受到极严格的限制，这是司法工作正规化和保障人权的需要。同时，也应当看到，绝对禁止无证拘传也会束缚司法人员的手脚，贻误战机，不利于保障刑事诉讼活动的顺利进行。权衡利弊，笔者认为有必要作出允许无证拘传这种价值选择。具体理由如下：

（1）这是保障刑事诉讼活动顺利进行的必要。根据我国《刑事诉讼法》第82条的规定，公安机关对于现行犯或者重大嫌疑分子，有法定情形之一的可以先行拘留。对那些罪行未达到拘留程度又确有传讯必要但拒绝到场的人，无证拘传就显得十分重要了。因为在发现犯罪嫌疑人的当时、当地，公安司法人员不能持有过多的空白拘传证，随时填写，这既不合法也不严肃。刑事拘留是一种比拘传更为严厉的刑事强制措施，刑事拘留是与羁押相联系的，而拘传则不然。所以说，笔者认为不应搞无证拘传，但在情况紧急时，也可以把它作为刑事拘留的过渡措施。

（2）刑事诉讼法赋予了人民群众扭送犯罪嫌疑人的权利，所以，如果公安司法人员无证拘传是职责的必然要求，也同刑事诉讼法的上述立法精神相一致。

当然，拘传涉及公民的权利和自由，应当慎重行事，无证拘传更应受到严格限制，防止滥用。其中事后审查、补发拘传证不失为一种限制措施。对于是否有必要补发拘传证，学术界有不同的观点。但笔者认为，无证拘传后补发拘传证是必要的。它是国家对公安司法人员的执法行为合法性的审查和确认，可以以此来监督公安司法人员的行为。如果不需要拘传或对象错误，则可以通过补发拘传证的监督来发现和纠正这些问题。总之，补签拘传证可以增强司法人员的责任感，体现国家对公民权利的尊重和保障。

## 三、拘传的时间与地点

### （一）拘传的时间

关于拘传的时间问题，我国《刑事诉讼法》仅在第119条规定了拘传持续的时间最长不得超过12小时，案情特别重大、复杂，需要采取拘留、逮捕措施的，传唤、拘传持续的时间不得超过24小时，不得以连续拘传的形式变相拘禁犯罪嫌疑人。但关于拘传的时间还存在以下几个问题：

1. 执行拘传的时间限制

一些国家在立法中规定，拘传不得在夜间进行，如俄罗斯①。但无论是从立法规定还是从司法实践来看，这种观点都是值得商榷的。首

① 俄罗斯《联邦刑事诉讼法》第113条规定："1. 如果犯罪嫌疑人或刑事被告人无正当理由传唤不到案，可以进行拘传。2. 拘传就是将犯罪嫌疑人或刑事被告人强制押解到调查人员、侦查员、检察长处或法院。3. 如果存在妨碍在规定期限内到案的原因，则本条第1款所列人员应立即将情况通知传唤他的机关。4. 调查人员、侦查员、检察长、法官或法院关于拘传的决定或裁定在执行前应向被拘传的人宣布，对此被拘传人应在决定或裁定上签字证明。5. 拘传不得在夜间进行。6. 对不满14岁的未成年人、孕妇以及因健康状况不能离开所在地的病人不得进行拘传，后者应有医生证明。7. 拘传由调查机关根据调查人员、侦查员、检察长的委托进行，也可以由保障法院活动秩序的法警根据法院的委托进行。"参见《俄罗斯联邦刑事诉讼法典》，黄道秀译，中国政法大学出版社2003年版，第87~88页。

先，从立法来看，我国刑事诉讼法及相关的司法解释中并没有规定拘传应限制在白天进行，《刑事诉讼法》第 66 条规定，公安司法机关“根据案件情况，对犯罪嫌疑人、被告人可以拘传”。可见，应根据案件本身的情况和侦查情况的需要来决定是否拘传。其次，容易束缚公安司法机关的手脚，不利于办案人员根据案件的具体情况作出恰当的选择。在实际办案中，发现一个重要线索或犯罪嫌疑人，侦查机关视案件情况必须立即加以讯问，特别是在夜间遇到犯罪嫌疑人有可能逃跑或自杀的，以及可能串供、毁证等紧急情况时，如果一味强调非要等到白天才可以拘传，则很可能贻误战机，这对于准确、及时地查明犯罪事实和惩罚犯罪是极为不利的。所以，“拘传应在白天进行”的观点既不符合立法精神，也不符合司法实践中的实际要求。

2. 两次拘传之间的时间间隔的确认

尽管我国《刑事诉讼法》第 119 条规定了，不得以连续拘传的形式变相拘禁犯罪嫌疑人。但《刑事诉讼法》中并没有明确规定两次拘传的间隔时间。最高检《规则》，两次拘传间隔的时间一般不得少于 12 小时，不得以连续拘传的方式变相拘禁犯罪嫌疑人。此规定旨在保护被拘传人的合法权益，使被拘传人有充分的时间休息、调整。

案件的具体情况不同，每次拘传的持续时间也会不同，如果简单规定两次拘传之间的时间间隔不得少于 12 小时，反而不利于发挥拘传的作用。例如，第一次拘传犯罪嫌疑人结束后，侦查机关发现其要逃跑而需要再次拘传，是否必须待 12 小时以后再执行拘传呢？对这个问题需要从拘传的目的、意义、对人身自由权拘束的程度，以及具体案件的实际情况等，进行具体分析和判定。首先，公安司法机关必须严格依法办案，不得变相拘禁犯罪嫌疑人，因为拘传是针对那些不需要逮捕、拘留的犯罪嫌疑人适用的，而拘传的目的在于使其接受讯问。如果一直对其连续拘传，没有间隔或仅有短暂的间隔，使其根本不可能有人身自由权，实质上拘传成了变相拘禁。其次，要切实保护犯罪嫌疑人的合法利益，必须保障犯罪嫌疑人为维持生存所必需的饮食及睡眠时间，不搞疲劳讯问。所以，考虑到司法实践中办案的具体实际情况，从既要有利于惩罚犯罪、又要有利于保护公民的合法利益的角度出发，不宜作简单机械的规定。

3. 确定拘传开始时间的起算标准

我国《刑事诉讼法》规定，拘传持续的时间不得超过 12 小时，正确确定拘传开始时间，有利于严格执行刑事诉讼法关于拘传的规定。在实践中，应如何确定拘传开始的时间呢？学术界有以下几种观点：

第一种观点认为，应从向被拘传人宣布时开始计算时间。刑事诉讼法虽然规定拘传应在被拘传人所在的市、县内进行，但由于我国地域辽阔，不少地区交通不发达，公安司法机关工作人员办案路途遥远，在少数边远地区更是如此。另外，随着社会主义市场经济体系的不断完善，外出经商务工的人会更多，人员流动也将更加频繁，造成从向被拘传人宣布拘传时，到被拘传人到案还会有较长的路途时间，少则几个小时，多则二三天甚至更长，所以，如果从向被拘传人宣布时开始计算拘传时间，会影响到拘传讯问的有效时间。同时，拘传到案的时间过长必然侵害被拘传人的合法权益和自由，有悖于立法精神。

第二种观点认为，应从讯问被拘传人时开始计算拘传时间。其理由是可以不受路途耽搁的时间影响。但在司法实践中，可能会出现被拘传人到案后不立即讯问，从而变相延长拘传时间，侵犯被拘传人的合法权益的现象。

第三种观点认为，应当以被拘传人到案时开始计算拘传时间。所谓“到案”，是指被拘传人按照指定的时间到达指定的地点。其理由是：首先，由于不包括路途耽搁的时间，因此不会影响到讯问的有效时间。其次，可以使被拘传人到案后被立即讯问，从而防止发生由于不及时讯问而造成变相拘禁，也有利于维护被拘传人的合法权益。再次，可以促使公安司法人员抓紧时间办案，查明案情，惩罚犯罪，杜绝拖沓的工作作风。

最高检《规则》第 80 条规定：“拘传持续的时间从犯罪嫌疑人到案时开始计算。犯罪嫌疑人到案后，应当责令其在拘传证上填写到案时间，并在拘传证上签名、捺指印或者盖章，然后立即讯问。”可见，这一司法解释采用的是第三种观点，同时也考虑到了第二种观点。

4. 拘传证的有效期

拘传证的有效期是指拘传证从生效到失效的期间。一般来说，拘传证自签发起就具有法律效力，执行拘传后也就失去效力。然而在实践中，可能会出现签发了拘传证而不及时执行拘传的情况，而这又是违背拘传目的的，因为拘传的目的就是及时讯问被拘传人、查明案情、防止案件久拖不决。对此，我国的刑事诉讼法及相关的司法解释并没有作明确的规定。笔者认为，借鉴同类立法规定，拘传证的有效期应规定为7天，根据案件的实际情况，确实需要延长的，应当报原签证机关批准，但最长不得超过15天。拘传证失效后，再拘传应当重新签发拘传证。

（二）拘传的地点

关于拘传地点，我国《刑事诉讼法》第119条规定，“对不需要逮捕、拘留的犯罪嫌疑人，可以传唤到犯罪嫌疑人所在市、县内的指定地点或者到他的住处进行讯问，但是应当出示人民检察院或者公安机关的证明文件。”最高检《规则》第84条和公安部《规定》第78条均规定了可以拘传犯罪嫌疑人、被告人到本市、县公安机关执法办案场所进行讯问。同时最高检《规则》第84条规定，“人民检察院拘传犯罪嫌疑人，应当在犯罪嫌疑人所在市、县内的地点进行。犯罪嫌疑人的工作单位与居住地不在同一市、县的，拘传应当在犯罪嫌疑人的工作单位所在的市、县进行；特殊情况下，也可以在犯罪嫌疑人居住地所在的市、县内进行”，进一步明确了拘传的地点。

## 四、委托拘传和协助拘传

一般情况下，公安司法机关都在自己的辖区内进行拘传，但也不排除需要到外地进行拘传的情况。因此，在理论上研究、在立法上确立委托拘传十分必要。我国《刑事诉讼法》对委托拘传、异地拘传未作专门规定。但根据公安部《规定》，作了一些补充。委托拘传是指签发拘传证的公安司法机关以书面方式委托被告人或犯罪嫌疑人住所地或经常活动地的公安司法机关拘传被告人或犯罪嫌疑人的诉讼行为。委托拘传应当由签发拘传证的公安司法机关将拘传证以及被拘传人的主要犯罪材料用信函寄给被拘传人所在地的公安司法机关。一般来说，应当按系统进行委托拘传，即公、检、法各自在本系统内部相互进行委托。① 协助拘传是指司法人员到外地执行拘传时，请求当地的公安司法机关派员协助配合拘传被告人或嫌疑人。对此，公安部《规定》第 347～350 条规定："需要异地公安机关协助的，办案地公安机关应当制作办案协作函件，连同有关法律文书和人民警察证复印件一并提供给协作地公安机关。必要时，可以将前述法律手续传真或者通过公安机关有关信息系统传输至协作地公安机关。请求协助执行传唤、拘传、拘留、逮捕的，应当提供传唤证、拘传证、拘留证、逮捕证；请求协助开展搜查、查封、扣押、查询、冻结等侦查活动的，应当提供搜查证、查封决定书、扣押决定书、协助查询财产通知书、协助冻结财产通知书；请求协助开展勘验、检查、讯问、询问等侦查活动的，应当提供立案决定书。协作地公安机关应当协助将犯罪嫌疑人传唤、拘传到本市、县公安机关执法办案场所或者到他的住处进行讯问。"从公安部的这个通知来看，对于拘传来说，只有协助拘传这种规定，并且讯问是在被告人、犯罪嫌疑人所在地进行，不涉及被告人、犯罪嫌疑人的解送问题。

从我国目前的司法实践来看，协助拘传、协助调查、协助逮捕等诉讼活动广泛地进行，委托拘传正在探索之中。在理论上研究该问题可以为刑事诉讼立法提供参考意见。刑事诉讼法应在不断总结经验的基础上，确立切实可行的委托拘传和协助拘传的制度。

## 五、拘传后的处理

### （一）拘传后的讯问

被告人、犯罪嫌疑人到案后，应当责令其在《拘传证》上填写到案时间，并在《拘传证》上签名或者盖章，然后立即讯问，并且应当

① 李忠诚：《刑事强制措施制度研究》，中国人民公安大学出版社 1995 年版，第 176 页。

在拘传后的12小时以内讯问完毕。因为对被告人的讯问主要是由人民法院进行，所以在此不作过多的论述。参照羁押期间一次讯问持续的时间最长不能超过24小时，其间至少应休息6小时，而且两次讯问 之间的时间间隔也不得少于24小时。对于老弱病残的犯罪嫌疑人，应根据入所体检报告或者犯罪嫌疑人的要求，确定更短的一次最长讯问时间、更长的休息时间和更长的两次讯问时间间隔。① 拘传后的询问过程中应当注意保障犯罪嫌疑人的正常饮食和休息的权利。

对被拘传的犯罪嫌疑人进行讯问时，必须由人民检察院或者公安机关的侦查人员负责，讯问的时候，侦查人员不得少于二人。侦查人员在讯问犯罪嫌疑人的时候，应当首先讯问犯罪嫌疑人是否有犯罪行为，并告知犯罪嫌疑人如实供述自己罪行可以从轻或者减轻处罚的法律规定，让他陈述有罪的情节或者无罪的辩解，然后向他提出问题。讯问聋、哑的犯罪嫌疑人，应当有通晓聋、哑手势的人参加，并且将这种情况记明笔录。讯问笔录应当交犯罪嫌疑人核对，对于没有阅读能力的应当向他宣读。如果记载有遗漏或者差错，犯罪嫌疑人可以提出补充或者改正。犯罪嫌疑人承认笔录没有错误后，应当签名或者盖章。侦查人员也应当在笔录上签名。犯罪嫌疑人请求自行书写供述的应当准许，必要的时候，侦查人员也可以要犯罪嫌疑人亲笔书写供词。

讯问结束后，应当由犯罪嫌疑人在《拘传证》上填写讯问结束时间。拒绝填写的，侦查人员应当在《拘传证》上注明。

需要研究的是，我国刑事诉讼法并未明确规定拘传犯罪嫌疑人后却不立即进行讯问该如何处理？有学者认为，“拘传的目的在于强制犯罪嫌疑人到案接受讯问，如果不立即进行讯问，显然侵犯到犯罪嫌疑人的人身自由，对此，《法国刑事诉讼法》第126条规定：‘如果依据拘传通知书抓捕的人，被扣留的时间超过24小时而未受到讯问，视其受到专断拘禁。’因此，我国也可以在刑事诉讼法再修改时明确规定，拘传

① 陈光中、郭志媛：《非法证据排除规则实施若干问题研究——以实证调查为视角》，载《法学杂志》2014年第9期。

后24小时内不讯问，可以认定为非法拘禁”。①

（二）拘传讯问期间辩护律师的介入

依据刑事诉讼法的规定，犯罪嫌疑人自被侦查机关第一次讯问或者采取强制措施之日起，有权委托辩护人。因为拘传是一种刑事强制措施，所以被拘传的犯罪嫌疑人在拘传期间有权委托辩护人，但在侦查期间只能委托律师作为辩护人。拘传期间辩护律师的介入是非常重要的，因为犯罪嫌疑人被拘传后，可能会遇到诱供、刑讯逼供、超期拘传等违法行为，辩护律师的介入则能较好地防止这些违法行为的发生。另外，犯罪嫌疑人被拘传时，公安司法机关的执行人员应当立即告知被拘传人的这一权利。对此，陈光中教授提出要创建讯问犯罪嫌疑人、被告人时的直接见证监督制度，即除了全面推行讯问必须进行录音录像的制度外，还应当探索创建讯问时第三人监督见证制度和律师在场制度。②

（三）拘传讯问结束后的处理

讯问结束后的处理，应视具体情况而定。经过讯问被告人或犯罪嫌疑人后，如果需要变更刑事强制措施，应当采取相应的刑事强制措施；如不需采取拘留、逮捕等措施，应当立即结束拘传。对此，公安部《规定》第80条规定，拘传期限届满，未作出采取其他强制措施决定的，应当立即结束拘传。最高检《规则》第85条规定，需要对被拘传的犯罪嫌疑人变更刑事强制措施的，在拘传期限内办理变更手续。在拘传期间内决定不采取其他刑事强制措施的，拘传期限届满应当结束拘传。

（四）拘传后的再拘传

在实践中，可能存在一次拘传结束后，根据案件的实际情况，需要对犯罪嫌疑人、被告人再次拘传的问题。对此，我国刑事诉讼法及相关司法解释并没有禁止对同一犯罪嫌疑人或被告人进行两次以上的拘传，只是禁止以连续拘传的形式变相拘禁犯罪嫌疑人、被告人，所以，我国

① 卞建林、陈卫东等著：《新刑事诉讼法实施问题研究》，中国法制出版社2017年版，第92页。

② 陈光中：《在司法过程中保障人权的五大举措》，载《中国党政干部论坛》2015年第4期。

刑事诉讼法限制的是两次拘传之间的间隔时间，而不是拘传的次数。另外，从实际情况来看，有的案件也是确有再次拘传犯罪嫌疑人、被告人的必要的。当然，为了维护法律的严肃性、当事人的合法权利以及提高办案效率，公安司法机关应尽量减少拘传的次数，并且在再次拘传时，应签发新的拘传证。

（五）错误拘传的处理

这主要涉及被错误拘传人的名誉恢复和国家赔偿问题。对于错误拘传，《国家赔偿法》并未将其列入国家赔偿的范围。笔者认为，今后在对《国家赔偿法》作修改时，应考虑这一问题，因为错误拘传毕竟侵犯了被拘传人的合法权益并对其造成了一定损害。

# 第八章 取保候审

## 第一节 取保候审概述

### 一、取保候审的概念

取保候审作为一种刑事强制措施由来已久，其名称也因不同国家和地区的历史文化传统、法律制度不同而有所区别。在我国古代，取保候审被称为“保候”，国民党统治时期称为“具保”，而有的国家则称之为“保释”。

在我国，“取保候审是指在刑事诉讼过程中，公安机关、人民检察院、人民法院责令犯罪嫌疑人、被告人提出保证人或者交纳保证金，以保证其不逃避和妨碍诉讼并随传随到的一种强制措施”。① 尽管各国学者对取保候审有不同的界定，但其基本的内涵都是被羁押待审查、待审判的人提供担保并履行必要的手续之后予以释放的一种制度，其目的一方面在于尽量减少因羁押而带来的人身权利的不可挽回的损失，另一方面在于保证诉讼程序顺利进行，以维护社会公共利益。

我国《刑事诉讼法》第 66 条，第 67～73 条，第 79 条，六部门《规定》第 13～14 条，最高法《解释》第 150～159 条，最高检《规则》

① 陈卫东主编：《刑事诉讼法学》（第二版），高等教育出版社 2018 年版，第 166 页。

第86~106条，以及公安部《规定》第81~108条，对取保候审进行了全面的规定，司法实践表明，新刑诉法实施以来，我国取保候审的使用情况并不理想，应进一步改革完善取保候审制度设计思路、程序规定、期限要求，“逃保”的惩戒以及取保候审风险责任免责制度等内容。①

## 二、取保候审与保释之比较

对于制度性质的界定，直接影响着对其功能的预期。在我国，取保候审一直被界定为刑事诉讼强制措施的一种，是对犯罪嫌疑人、被告人的人身自由进行限制的一种强制性方法。虽然取保候审作为一种非羁押性措施，其强制性和严厉性要比拘留、逮捕等羁押性措施轻缓得多，但也始终无法摆脱强制措施所具有的两个基本属性：（1）取保候审是办案机关根据法律所赋予他们的权力来决定是否适用，属于国家权力的履盖范围，在适用时具有强烈的职权属性；（2）取保候审制度的价值取向首先是保证诉讼的顺利进行，虽然同时也有尽量不限制被追诉者人身自由的作用，但毫无疑问，前者更为重要。②

在域外的刑事诉讼中，与取保候审相似的概念是保释。保释制度起源于英国，普通法系刑事司法程序中的保释制度比较发达而完善，被检控者被释放是常态，而不准予释放却有着严格的程序和条件，如美国、加拿大和我国的香港等。传统大陆法系的刑事诉讼程序中没有设立保释制度，因此与保释相关的制度相对落后，并且将相似的制度视同为强制措施，如俄罗斯和我国的澳门。第二次世界大战后，在受到普通法影响较大但具有大陆法传统和特征的刑事司法制度中，保释制度得到借鉴，比较倾向于普通法系，在价值取向上，保释或类似制度已经不被视为强制措施，而是针对羁押而设置的保障人权的制度，如日本。目前在大陆法系国家，除意大利以外都普遍实行了保释制度。保释与取保候审都是

---

① 卞建林、陈卫东等著：《新刑事诉讼法实施问题研究》，中国法制出版社2017年版，第95~100页。

② 宋英辉、何挺：《我国取保候审制度之完善——以加拿大的保释制度为借鉴》，载《法学评论》2007年第5期。

刑事诉讼中为使审前被羁押的犯罪嫌疑人暂时被释放、并保证在今后的某一时日出庭接受审判而设立的一项制度，但取保候审与保释的差异也是非常明显的。

保释与取保候审的本质区别是：前者以保障被检控者的人身自由权和安全为价值趋向，以无罪推定为理论依据，以确保司法秩序和维护社会公正为准则，体现了当事人主义的控辩地位平等的诉讼模式。因此，保释是刑事司法程序中保障人权的重要制度。而取保候审的价值趋向是保障刑事诉讼顺利进行，理论依据是惩罚犯罪和有罪推定，以确保司法秩序为前提，体现了职权主义的诉讼模式特征。因此，取保候审被界定为一种比拘留和逮捕等羁押措施较为缓和的限制人身自由权的强制措施。除此之外，两者还存在如下差异：

其一，关于不准予的主体。保释的准予主体与不准予的主体是分离的，而取保候审的准予主体与不准予的主体是合一的。在不同诉讼阶段，准予保释的主体可以是警察、检察官或法官。但无论在任何诉讼阶段，不准予保释的主体都是法院，即如果不准予保释，被检控者有权要求由公正与独立的法庭及时进行审查，而作为控诉主体的检察官或者警方则负有举证责任，必须向法庭陈述不同意保释的法定理由并提出证据。但就取保候审而言，不准予主体是决定采取强制措施者自己，即不准予主体视不同诉讼阶段而定：侦查阶段由侦查机关决定，审查起诉阶段由检察机关决定，审判阶段由法院决定。可见，不准予保释必须经过严格的司法程序判定，必须交由一个独立、中立的裁判者审查决定；而取保候审不准予与准予没有什么不同，甚至可以说准予取保候审的条件和程序还更加严格一些，是由强制措施的决定机关自行决定不准予取保候审。

其二，关于准予与不准予的条件。保释制度中不准予的条件与准予的条件是两个不同的概念。不准予保释的条件是法定的，并且必须经过司法程序加以证明法庭才能作出不准予保释的决定；而准予保释是无条件的，只要是不属于不准予保释的情形，都必须准予保释。附条件保释是审前释放的一种例外。取保候审的情况则相反，准予或不准予的条件都是一样的，是同一个标准，即符合条件的准予取保候审，不符合条件的不准予。

其三，关于不准予的救济措施。由于保释是一项权利，依照有权利必有救济的原则，对于不准予保释的决定，各国都设立有一定的救济措施，虽然并不完全一致但通常有两类：一类是向更高一级法庭直接申请保释或上诉；另一类是可以依照普通法传统申请人身保护令。而对于不准予取保候审的决定，我国法律没有规定救济措施。

其四，关于期限。由于及时审判原则的作用，保释通常没有规定具体期限，但是其效力通常只限于所准予的诉讼阶段。在进入另一个诉讼阶段时，检控官可以对已经保释的被检控者提出不予保释、还押收监的申请，法庭通常重新审查决定是否准予继续保释或者取消保释还押收监。另外，在一审第一次开庭后，等候判决时或等候第二次开庭时，以及一审判决后提起上诉期间，在程序上法庭都有权作出继续予以保释、或者取消保释还押收监的决定。我国刑事诉讼法规定取保候审的期限最长不超过 12 个月，但是没有规定进入不同诉讼阶段必须重新审查决定的程序，只规定了变更强制措施的条件和程序。最高人民法院、最高人民检察院都在自行颁布的刑事诉讼规则中规定了在受理案件时，对已经取保存候审的应当重新办理取保候审的程序，因此期限也应重新计算，而一审被判处有期徒刑而没有宣告缓刑的，即使判决尚未生效，被准予取保候审的被告人也应当被收监羁押，除非有法定应当准予取保候审的特殊情形。

其五，关于辩护人的作用。辩护人在保释制度中起着重要作用，可以在任何诉讼阶段帮助犯罪嫌疑人、被告人申请保释。对控方向法庭提出要求羁押的申请，辩护人可以在法庭平等地与检察官进行辩论，向法庭提出应当准予保释的意见和理由。法律规定律师作为辩护人可以在犯罪嫌疑人被拘留后申请取保候审，但是由于请求的对象是强制措施的决定者，即公安机关、检察机关和法院三家是谁决定采取的强制措施，辩护人就只能向谁申请，而且法律没有规定申请人可以在提出申请后的审查决定程序中表达专业意见，在得知不批准取保候审的理由时，辩护人也没有提出不同意见的程序可循，因此，在现行刑事司法制度下，辩护人在申请取保候审中发挥的作用十分有限。①

其六，关于救济。由于保释是一项权利，依照“有权利必有救济”的原则对于不准予保释的决定，各国都设立了一定的救济措施。“虽然并不完全一致，但通常有两类：一是向更高一级的法庭直接申请保释或上诉；另一类是可以依照普通法传统申请人身保护令，美国保释法也明确规定检察官、被告人有权对释放或羁押裁定申请复议与上诉。在我国，没有规定对不取保候审人任何程序上的救济措施，犯罪嫌疑人、被告人无权对取保候审决定表示不服。”②

## 三、保释制度对我国之借鉴意义

笔者认为，借鉴保释制度或许能够成为改革我国刑事强制措施体系进而解决高羁押率问题的一个切入点。这是因为，保释制度符合国际人权公约的精神。从目前的趋势来看，其正逐步成为一种世界性的实践，而且我国现有的条件为借鉴保释制度提供了一定的容纳性，如刑事诉讼制度的总体改革方向借鉴了英美法系国家的当事人主义的一些因素，因此借鉴带有英美特色的保释制度在逻辑上具有相容性。市场经济使金钱在社会生活各个领域的影响力加重，使用物质手段来制约犯罪嫌疑人、被告人的做法具有一定的可行性，而且现行法律关于保证金的规定已为保释制度的扩大适用奠定了基础。③

在普通法系国家，保释是刑事司法中的一个重要的制度和环节，不仅体现着保障人权的价值，而且支撑着对抗制的诉讼模式，使辩护功能在每一个阶段和环节都有所为。当然，其保释制度并非完美无缺。如英国，据近期统计，12%的被保释的被告人未按时出庭，将近 1/4 的被告

① 周伟：《保释解读与我国取保候审制度改革》，载《法学》2004 年第 12 期。

② 孙连钟著：《刑事强制措施研究》，知识产权出版社 2007 年版，第 132 页。

③ 熊秋红：《借鉴保释制度与减少审前羁押》，载陈卫东主编《保释制度与取保候审》，中国检察出版社 2003 年版，第 177～178 页。

人在保释期间再次犯罪。2002年7月，由英国大法官、总检察长和内政大臣共同签署的政府白皮书《所有人的公正》中明确指出保释制度存在的问题是“太多的被告人违反保释规定”。① 然而，任何制度都不可能完美无缺。尽管保释制度存在一些问题，也并非是解决我国高羁押率问题的灵丹妙药，但确也有不少做法值得我国在完善取保候审制度时予以借鉴，具体如下：

### （一）改变观念，实现从权力本位向权利本位、从有罪推定到无罪推定的转变

以英国为例，其保释制度赖以产生和发展有两个深厚的理论基础：一是任何公民都享有人身自由权。他们认为，人身自由权是公民的一项基本权利，即便存在着犯罪嫌疑，仍然应当尽量保证公民作为社会生活中的一员的自由。二是无罪推定原则。基于无罪推定原则，任何人在依法被判处有罪以前都是无罪的，因此在等待法庭审理时，应享有自由的权利。比较之下，我国的刑事诉讼法制，主要体现了立法者的“权力本位”思想，许多制度的设计理念都是从如何保障国家刑事司法权力的有效行使出发，而当事人尤其是犯罪嫌疑人、被告人的诉讼权利往往在程序设计中居于次要的地位。把取保候审定位为强制措施，可见我们设立取保候审制度的目的并不是为了保障犯罪嫌疑人、被告人在一定条件下获得人身自由权的权利，而是为了保障公安司法机关有效地行使刑事司法权力，保障刑事诉讼活动的顺利进行。长期以来，我国的刑事立法和司法人员在诉讼观念上一直奉行犯罪控制观，由此导致在刑事诉讼立法和司法实践中，是从社会的安全利益出发来设计和实际运作刑事司法程序，凡是有利于追究犯罪的方法都可采用。当控制犯罪的需要与公民权利的保障之间发生冲突时，一般会认为控制犯罪、维护社会秩序和社会安全是刑事司法最根本的利益，自由利益的保护不应妨碍打击犯罪并主要通过对犯罪的处罚来实现。因此，在这种诉讼观念影响下所建构的刑

① 陈光中、郑旭：《追求刑事诉讼价值的平衡——英俄近年刑事司法改革评述》，载《2002年全国诉讼法学年会论文》。

事诉讼制度必然要通过从立法上限制犯罪嫌疑人、被告人的诉讼权利来维护追诉方的优势地位。另外，我国的高羁押率以及超期羁押多的现状与公安司法人员根深蒂固的有罪推定思想影响是分不开的。尽管我国早在1996年修正《刑事诉讼法》时增加了“未经人民法院依法判决，对任何人都不得确定有罪”的规定，但这仅仅停留在书面上，真正成为公安司法人员的执法理念，因此我们应从立法到司法全面贯彻无罪推定原则，转变陈旧观念。

（二）将取保候审的性质从强制措施改变为权利

取保候审在我国刑事诉讼法中是一种强制措施，它是立法者为保障刑事诉讼活动的顺利进行而设置的以限制犯罪嫌疑人、被告人人身自由权为手段，要求犯罪嫌疑人在一定时期内出现在侦查、检察或司法人员面前的一种强制方法。而与我国形成强烈反差的是，国外的保释制度多将之确认为一项犯罪嫌疑人、被告人在刑事诉讼中享有的权利。它与“人生来是自由的”这一天然权利是联系在一起的，既然是公民的权利，就不是司法机关恩赐的，而是依法享有的，基于这样一种司法理念，在国外保释的适用范围非常广泛。

在“权利主导型”模式下，适用羁押替代性措施是被追诉人的一项诉讼权利，除法律明确规定必须适用羁押措施外，应当首先考虑对被追诉人适用羁押替代性措施。① 笔者认为，将取保候审确立为一项犯罪嫌疑人、被告人享有的权利，在当今保护人权的诉讼潮流中是非常必要的，理由如下：一是如此改革与世界大多数国家的通行做法相一致，符合刑事司法发展的趋势和潮流。二是符合无罪推定原则。根据无罪推定原则，在审前阶段，犯罪嫌疑人、被告人并非是有罪的罪犯，只是有犯罪的嫌疑，而且他自身又无须承担证明自己无罪的义务，因此不被羁押，或者说获得跟正常的社会人一样的待遇应当无可置疑。而将取保候审定位为强制措施，事实上是将犯罪嫌疑人、被告人自身作为证明自己有罪的工具，这显然与现代诉讼将犯罪嫌疑人、被告人作为诉讼主体对

---

① 张忠柱：《论我国羁押替代性措施的重构》，载《中国人民公安大学学报》2018年第4期。

待的原则相违背。三是与我国签署的联合国《两权公约》所确立的“羁押不应当是一种常态”的要求相吻合，是我国目前研究批准该公约时应当进行的一项立法上的改革。四是我国刑事诉讼法将取保候审定位为强制措施，一定程度上也产生了立法不合逻辑的后果。《刑事诉讼法》第 67 条规定了“人民法院、人民检察院和公安机关对有下列情形之一的犯罪嫌疑人、被告人，可以取保候审：1. 可能判处管制、拘役或者独立适用附加刑的；2. 可能判处有期徒刑以上刑罚，采取取保候审不致发生社会危险性的；3. 患有严重疾病、生活不能自理，怀孕或者正在哺乳自己婴儿的妇女，采取取保候审不致发生社会危险性的；4. 羁押期限届满，案件尚未办结，需要采取取保候审的”。如果取保候审是一种强制措施，那么此项规定就可以被替换成“被羁押的犯罪嫌疑人、被告人及其法定代理人、近亲属有权申请强制措施”，这显然是不符合逻辑的，因此，现行法中“有权申请”本身隐含着取保候审具有某种权利的性质。

取保候审虽然也可以在强制措施中加以规定，但不是作为一种强制措施，而是作为对拘留和逮捕进行抗辩的一种权利和手段。

（三）取保候审的若干基本制度需要改革

我国现行刑事诉讼法在具体制度构设上还存在诸多问题，如对适用的对象限制过多；审查程序存在缺陷；取保候审后的监管措施不力；保证种类过于单一；取保候审的期限具有模糊性等，需要借鉴保释制度进行优化调整。取保候审制度具体的改革将主要包括三个方面：一是进一步细化取保候审适用和不适用的范围；明确取保候审的条件、期限及其计算；规范担保财产的收取、保管、没收；明确违反取保候审条件法律义务的责任等。二是进一步完善与取保候审的申请和决定相关的制度，规范取保候审申请和决定的程序。应当明确犯罪嫌疑人、被告人及其法定代理人或其他近亲属、犯罪嫌疑人、被告人的辩护人有权申请取保候审，刑事诉讼中的办案机关也可依职权主动决定采取取保候审。三是切实保障公民取保候审的权利。这要求办案机关履行对犯罪嫌疑人享有这一权利的告知义务，并且建立取保候审申请被驳回的异议审查程序。犯罪嫌疑人、被告人提出的取保候审申请被驳回以后，他应当有权申请复议，并最终有权申请法院对驳回决定进行公开审查，并由法院作出相应的裁定，这与德国刑事诉讼法上的羁押异议制度具有类似的目的和功用。① 鉴于此，部分学者主张，“法律有必要首先明确取保候审为犯罪嫌疑人、被告人的一项基本权利，使得取保候审由一项义务性的强制措施变成为权利性的诉讼原则。这样一来，就出现两个问题需要解决：一是取保候审的法律地位问题。取保候审既然作为一项权利性质的诉讼制度，那么就不宜将其规定于强制措施中，而应作为一项诉讼原则加以规定。二是取保候审的称谓问题。取保候审，顾名思义，就是通过担保方式保证刑事诉讼在顺利进行，这就难以突出其权利性。因此，如果改取保候审为保释就更能凸现这一诉讼制度的本质”②。对于上述第一种观点，笔者认为，取保候审仍然可以在强制措施中加以规定，但不是作为一种强制措施，而是作为对拘留和逮捕进行抗辩的一种权利和手段。至于将“取保候审”改名为“保释”，笔者认为语言本身即具有一定的模糊性，只要我们赋予“取保候审”新的内涵，并借鉴保释制度予以必要的制度更新和优化即可，没有必要将其名称变更为“保释”，况且“取保候审”也是已为大众接受的约定俗成的一种称谓，基于充分利用本土司法资源的考虑，也大可不必对此称谓作出更改。

## 第二节　取保候审的适用对象与种类

### 一、取保候审的适用对象

#### （一）我国现行法中取保候审的适用对象

刑事羁押措施虽为保障诉讼顺利进行最有力的工具，但对公民基本权利的侵害也最为严重，故实践中应严格遵守必要性原则与羁押例外原

① 李建明：《取保候审法律性质的错位》，载陈卫东主编《保释制度与取保候审》，中国检察出版社 2003 年版，第 399~400 页。

② 李佑标、安永勇：《取保候审与保释之比较研究》，载陈卫东主编《保释制度与取保候审》，中国检察出版社 2003 年版，第 422 页。

则，严格控制羁押性强制措施的适用。而我国的现实情况却恰好相反，检察机关审查批准逮捕的案件一直维持着很高的比率。① 2012 年，刑事诉讼法修改，从修法目的来看，本次修改试图从条件与程序两个方面强化对羁押适用的规则，以防范不应当或不必要的羁押，在大方向上体现了非羁押为原则、羁押为例外的基本理念，也能在一定程度上起到防止羁押泛滥适用的效果。② 因此作为羁押替代性手段的取保候审制度，在适用中对其适用对象应予进一步明确。根据我国《刑事诉讼法》第 67 条和相关司法解释的规定，公安司法机关对有下列情形之一的犯罪嫌疑人、被告人均可以决定取保候审：

（1）可能判处管制、拘役或者独立适用附加刑的。采用强制措施的种类应该与犯罪行为的严重程度相适应，如果罪行较轻则应该适用较轻种类的强制措施。管制、拘役或者独立适用附加刑这几种刑罚的执行不需进行人身监禁或者时间较短，因此，对可能判处这几种刑罚的犯罪嫌疑人、被告人适用取保候审作为一种非羁押的强制措施是比较合适的。

（2）可能判处有期徒刑以上刑罚，采取取保候审不致发生社会危险性的。虽然可能判处有期徒刑以上刑罚，但是由于犯罪嫌疑人、被告人的人身危险性较小，对其适用取保候审比用羁押的方式更好，一方面可以贯彻国家的“少捕”方针，减轻看守场所的压力，节约国家开支；另一方面也有利于犯罪嫌疑人、被告人更好地为辩护做准备。

（3）患有严重疾病、生活不能自理，怀孕或者正在哺乳自己婴儿的妇女，采取取保候审不致发生社会危险性的。这四种犯罪嫌疑人、被告人由于身体方面的原因，其人身危险性已经相对减弱，况且从人道主义出发也不应该对其予以关押。

（4）对拘留的犯罪嫌疑人，证明不符合逮捕条件的。《刑事诉讼法》第 86 条规定：“公安机关对被拘留的人，应当在拘留后的二十四

---

① 卞建林：《刑事强制措施的完善与实施》，载《安徽大学学报（哲学社会科学版）》2013 年第 1 期。

② 卞建林：《我国的审前羁押制度仍需完善》，载《法学家》2012 年第 8 期。

小时以内进行讯问。在发现不应当拘留的时候，必须立即释放，发给释放证明。”

（5）提请逮捕后，检察机关不批准逮捕，需要继续侦查，并且符合取保候审条件的。《刑事诉讼法》第91条第3款规定：“人民检察院应当自接到公安机关提请批准逮捕书后的七日以内，作出批准逮捕或者不批准逮捕的决定。人民检察院不批准逮捕的，公安机关应当在接到通知后立即释放，并且将执行情况及时通知人民检察院。对于需要继续侦查，并且符合取保候审、监视居住条件的，依法取保候审或者监视居住。”

（6）犯罪嫌疑人被羁押的案件，羁押期限届满，案件尚未办结，需要继续侦查的。《刑事诉讼法》第98条规定：“犯罪嫌疑人、被告人被羁押的案件，不能在本法规定的侦查羁押、审查起诉、一审、二审期限内办结的，对犯罪嫌疑人、被告人应当予以释放；需要继续查证、审理的，对犯罪嫌疑人、被告人可以取保候审或者监视居住。”法定期限对当事人和司法机关同样具有拘束力，司法机关必须严格按照办案期限来办理刑事案件，如果法定的羁押期限届满仍不能结案的，可以对犯罪嫌疑人、被告人适用取保候审。

上述规定表明，取保候审不仅适用于罪轻的犯罪嫌疑人、被告人，也适用于罪重的犯罪嫌疑人、被告人；既适用于未被羁押的人，也适用于被羁押、需要变更强制措施的人。

另外，根据公安部《规定》第82条的规定，对累犯、犯罪集团的主犯，以自伤、自残办法逃避侦查的犯罪嫌疑人，严重暴力犯罪以及其他严重犯罪的犯罪嫌疑人不得取保候审，但犯罪嫌疑人具有本规定第81条第1款第3项、第4项规定情形的除外。

对县级以上各级人民代表大会代表采用取保候审应具备特殊的条件。《中华人民共和国全国人民代表大会和地方各级人民代表大会代表法》第32条第2款规定：“对县级以上的各级人民代表大会代表，如果采取法律规定的其他限制人身自由的措施，应当经该级人民代表大会主席团或者人民代表大会常务委员会许可。”这里所讲的“其他限制人身自由权的措施”是指本条第1款规定的逮捕、拘留以外的法定的限制人身自由权的措施，其中包括取保候审这种强制措施。据此，对县级以上的各级人民代表大会代表采用取保候审，应当事先得到上述组织的许可。该法第32条第3款还规定：“乡、民族乡、镇的人民代表大会代表，如果被逮捕、受刑事审判或者被采取法律规定的其他限制人身自由的措施，执行机关应当立即报告乡、民族乡、镇的人民代表大会。”据此，公、检、法等机关对后一种代表采用取保候审，虽不用事先取得该级人民代表大会许可，但应在执行后立即报告。

对于根据现行法的规定，符合取保候审、监视居住条件的犯罪嫌疑人或被告人，原则上应当适用取保候审，不适用监视居住，对其中危险性稍大的犯罪嫌疑人，可借鉴德国等国家的实践经验，采取电子监控的附加措施，对犯罪嫌疑人加强监控。只有当犯罪嫌疑人、被告人在办案机关所在地没有固定住处（包括户籍所在地或在外地有较为固定的住处）、确有流窜作案可能的，才可以适用监视居住。① 这也意味着对取保候审强制措施适用对象的扩大。

目前在取保候审的适用中，还存在适用对象不平衡的现象，包括外地犯罪嫌疑人、被告人适用取保候审率较低以及因社会地位、财产状况等不同取保候审的适用存在差异等②，这都需要在通过立法进一步进行规范。

（二）取保候审适用范围的扩大问题

有数据显示，我国近10年来的羁押率保持在85%左右，有大量达到适用取保候审的条件犯罪嫌疑人、被告人被羁押，甚至被超期羁押。③ 同国外的保释制度相比，我国的取保候审适用范围过窄。我们可以对比一下英国1976年《保释法》及其相关法规，英国法律上的保释

---

① 陈光中、张小玲：《中国刑事强制措施制度的改革与完善》，载《政法论坛》2003年第5期。

② 宋英辉：《关于取保候审适用具体问题的调研分析》，载《法学》2008年第6期。

③ 李忠诚、王建林：《新刑事诉讼法实施中的人权保障机制建设》，中国检察出版社2013年版。

制度应用广泛且灵活，其保释对象不仅仅包括犯罪嫌疑人、被告人，还包括一定条件下的被定罪人。而美国在部分州废除死刑后，理论界对严重犯罪是否适用保释虽存在争议，但在司法实践中，除比例极小的案件外，绝大多数案件的犯罪嫌疑人、被告人都有权要求保释。

随着我国民主、法制建设的不断发展，刑事诉讼中的人权保障观念、诉讼效率观念等现代司法理念日益深入人心。在这种情况下，我们应当深刻反思我国取保候审制度存在的问题，变革取保候审的适用范围。我国刑事诉讼法规定适用取保候审采用了刑罚与社会危险性两重标准，而相关司法解释又硬性追加了罪名标准，这无疑剥夺了某些人通过取保候审获得自由的权利，我国的上述规定从某种意义上说是有罪推定思想的产物。除非有公安部《规定》、最高检《规则》规定的情形，即对被拘留的人，需要逮捕而证据尚不符合逮捕条件的；提请逮捕后，检察机关不批准逮捕，需要继续侦查，并且符合取保候审条件的；患有严重疾病、生活不能自理，怀孕或者正在哺乳自己婴儿的妇女，采取取保候审不致发生社会危险性的；犯罪嫌疑人被羁押的案件，羁押期限届满，案件尚未办结，需要继续侦查的才同意取保候审。当前，有的办案机关尤其是公安机关关于强制措施工作的出发点是能捕的尽量捕，拘留、逮捕后的羁押是常态，取保候审似乎成了公安司法机关无奈的选择，只不过是为了解决那些不能被羁押、但仍然需要控制的人问题的不得已的措施而已。

目前，公安司法机关侦控犯罪的手段捉襟见肘，人员跨区域流动的趋势日益强劲，保障未被羁押的犯罪嫌疑人、被告人遵纪守法的社会环境、经济环境尚不成熟。因此，对于取保候审的适用范围问题，在强调保障人权的同时也不能忽视刑事诉讼惩治、控制犯罪的功能；在看到取保候审在一些方面节约司法资源的同时，对大量适用取保候审在其他方面可能造成司法资源的浪费也不能掉以轻心。基于前一节对取保候审的重新定位，应逐步扩大取保候审的适用范围，建议改变以往的立法模式，在立法上首先明确对任何犯罪嫌疑人、被告人都可以适用取保候审，然后再列举几种不能适用取保候审的具体情况，如黑社会性质犯罪案件的主犯等，这样既明确又容易操作，还昭示了立法上对适用取保候审的鼓励态度。与此同时，明确规定对犯罪嫌疑人、被告人应当尽量采用取保候审的具体情形，即对于符合下列情形的犯罪嫌疑人、被告人，如果没有特殊情况应当采用取保候审措施，不予羁押：犯罪嫌疑人、被告人患有严重疾病的；犯罪嫌疑人、被告人是正在怀孕、哺乳自己婴儿的妇女；未成年人犯罪的案件；60岁以上的人的犯罪案件；过失犯罪、偶犯等主观恶性较小的犯罪案件；盲、聋、哑等身体有残疾的人的犯罪案件；利用职务实施的一般犯罪案件。①

对于上述的"严重疾病"，刑事诉讼法并无明确规定。《中华人民共和国看守所条例》中对"严重疾病"的解释是"患有精神病或急性传染病的；患有其他严重疾病，在羁押中可能发生生命危险或者生活不能自理的"。刑事诉讼法中关于羁押期间患有严重疾病变更为取保候审的规定，保障了犯罪嫌疑人、被告人的合法权益，体现了法律的人道主义精神。为了更好地落实这一条款，建议有关部门在司法解释中，将"严重疾病"比照《看守所条例》的有关规定，作出具体的规定。②

## 二、取保候审的种类

### （一）现行法中取保候审的种类

如前所述，取保候审是责令犯罪嫌疑人、被告人提出保证人或者交纳保证金，以保证其不逃避或者妨碍侦查、起诉和审判并随传随到的一种强制方法。因此，取保候审的方式有两种：人保（提出保证人）和财产保（交纳保证金）。在诉讼理论中，基于保证人与犯罪嫌疑人、被告人的某种特殊关系，依据保证人的身份和信誉来担保的，称为人保；由犯罪嫌疑人、被告人一方提供金钱或其他财物来担保的，称为财产保。

① 陈国庆、王守安：《论取保候审适用范围的调整》，载陈卫东主编《保释制度与取保候审》，中国检察出版社2003年版，第332页。

② 林兆波、王砚图：《取保候审制度存在的缺陷和出路》，载陈卫东主编《保释制度与取保候审》，中国检察出版社2003年版，第349页。

1. 人保

人保是指保证人向公安司法机关出具担保书，保证犯罪嫌疑人、被告人随传随到，不逃避和妨碍侦查、起诉和审判活动，经公安司法机关批准对犯罪嫌疑人、被告人不予羁押或者解除羁押的一种取保候审的执行方式。

人保的主要特点是：以保证人的人格、名誉、信誉作担保。法律对保证人的条件和责任作了具体规定。《刑事诉讼法》第 69 条明确规定了保证人的条件：与本案无牵连；有能力履行保证义务；享有政治权利，人身自由未受到限制；有固定的住所和收入。由于保证人只是凭其人格信誉保证，保证人、被保证人与司法机关相互之间的信任是建立这项制度的基础。因此，为确保找到信用良好的保证人而规定其必须符合一定的条件是完全必要的。如上述第 1 项条件，保证人应与本案无牵连，即无直接利害关系，这样才能使保证人从中立的立场去约束被保证人，第 2 项、第 3 项是作为保证人应具备的基本条件，第 4 项则保证如果保证人未尽担保义务，可以有效地对其追究责任。

《刑事诉讼法》第 70 条对保证人应当履行的义务作了明确的规定："保证人应当履行以下义务：（1）监督被保证人遵守本法第 71 条的规定；（2）发现被保证人可能发生或者已经发生违反本法第 71 条规定的行为的，应当及时向执行机关报告。被保证人有违反本法第 71 条规定的行为，保证人未履行保证义务的，对保证人处以罚款，构成犯罪的，依法追究刑事责任。"所谓构成犯罪，一般指保证人明知被保证人有违反《刑事诉讼法》第 71 条规定的行为，仍纵容其逃匿、串供、毁灭或伪造证据等，或为其进行上述行为提供便利条件而构成窝藏罪、包庇罪或其他犯罪的，这时应依刑法的有关规定追究其刑事责任，对不构成犯罪的，则以罚款的方式追究其责任。

关于保证人及其法律责任笔者将在本章第三节中予以专门研究。

2. 财产保

确立财产保是 1996 年刑事诉讼法修订的重大成果之一，是吸收人类先进立法经验的体现。所谓财产保，是指由犯罪嫌疑人、被告人一方向公安司法机关交纳一定数额的保证金作担保，保证犯罪嫌疑人、被告人随传随到，候审不误，不逃避和妨碍侦查、起诉和审判活动，而由公安司法机关批准对犯罪嫌疑人、被告人不予羁押或者解除羁押的一种取保候审的执行方式。

确定财产保是社会主义经济制度与刑事诉讼制度共同发展的产物，具有很大的优越性：一是随着社会主义市场经济的发展，重利观念在人们的思想意识中逐渐加强，将保证候审不误的义务与一定的经济利益联系起来，可以约束被保证人自觉地履行义务。二是近年来人们的收入逐渐增加，交纳一定数额的保证金对许多犯罪嫌疑人、被告人来说是可能的。三是提交的保证金只是作为被保证人履行取保义务的担保，如其未违背有关义务，取保结束时则返还保证金，不存在“以钱赎罪”的问题。四是如果被保证人逃匿，可以没收保证金，用于补充追捕的费用，节省国家开支。五是保证金还可以为附带民事诉讼判决的执行及罚金、没收财产等刑罚的执行提供保障。

《刑事诉讼法》中对保证金的内容只作了原则规定，执行中还需参考相关司法解释的规定。保证金的收取数额应当以保证被取保候审人不逃避、不妨碍刑事诉讼活动为原则，综合考虑犯罪嫌疑人、被告人的社会危险性，案件的情节、性质，可能判处刑罚的轻重，犯罪嫌疑人、被告人经济状况，当地的经济发展水平等情况。具体地说，应当考虑以下几个因素：一是当地的经济发展水平和犯罪嫌疑人的经济状况。犯罪嫌疑人、被告人的实际经济状况和当地物质生活水平是公安司法机关决定保证金具体数额的重要依据，经济状况和生活水平较好的可以适当多收取，经济状况和生活水平较差的可以适当少收取。二是案件的性质、情节及其社会危害性。涉嫌犯罪的性质严重、情节恶劣、社会危害性较大，决定适用的保证金数额就应该较大。反之，确定的保证金数额就应该少一些。三是可能判处刑罚的轻重。犯罪嫌疑人、被告人可能判处的刑罚较轻，应当少收保证金；可能判处的刑罚较重，应当适当多收保证金。对于以上的因素，决定收取保证金时应当综合考虑确定。

1999年8月4日最高人民法院、最高人民检察院、公安部、国家安全部联合发布的《关于取保候审若干问题的规定》规定，采取保证金形式取保候审的，保证金的起点数额为1000元。最高检《规则》第92条亦补充规定，对于未成年犯罪嫌疑人可以责令交纳500元以上的保证金。保证金由犯罪嫌疑人或其亲友、法定代理人、所在单位向公安机关指定的银行专户交纳，保证金应当以人民币交纳。目前，司法实践中关于保证金存在的主要问题有：

其一，保证金数额的确定任意性太大。这主要是由立法缺陷导致的。我国刑事诉讼法没有规定保证金的数额，而公、检、法三机关的解释也比较原则，且多没有规定保证金的上限，导致保证金的收取没有统一的标准，执行起来缺乏可操作性。对此笔者认为，确定保证金的额度应以“足以保证被取保候审人不妨碍诉讼进程”为标准。可以根据被取保候审人的财产，确定合理的比例，据以交纳。基于我国各地经济发展不均衡的现实，可以借鉴美国保释金的确定方式。美国各州有明确的保释金数目表供司法官参考，还可对被指定担保财产的来源进行调查，若认为不能有效地担保被保证人按要求到庭的，应当拒绝将其作为担保财产，即建议依被取保候审人所涉罪行的轻重及其财产拥有情况，由各地因地制宜地拟列保证金价目表按表索取。① 另外，由于收取保证金涉及公民的财产权和当事人家属的生活保障等问题，所以立法上至少应规定保证金的上限，以限制执法机关随意收取高额保证金。禁止收取过高的保证金是英国法律中一个重要的原则，而在中国这样一个经济尚不发达的国家，收取过高的保证金将使得很多犯罪嫌疑人、被告人由于不能支付高额保证金而无法获得取保候审，受到不恰当的羁押，因此立法上应当对收取保证金的上限作出明确规定。

其二，保证金收取、保管、没收以及返还不规范。

一是保证金的收取、保管和没收。保证金保证方式适用之初，决定取保候审的机关和执行取保候审的机关在保证金的收取和保管上认识不

① 林兆波、王砚图：《取保候审制度存在的缺陷和出路》，载陈卫东主编《保释制度与取保候审》，中国检察出版社2003年版，第355页。

一致，决定机关和执行机关都认为应当由自己收取、保管，双方意见不一又难达成共识，影响了取保候审功能的有效发挥。为此，公安部《规定》第 88 条规定“……保证金应当由办案部门以外的部门管理。严禁截留、坐支、挪用或者以其他任何形式侵吞保证金”。最高检《规则》第 94 条规定“……以保证金方式担保的，应当同时告知犯罪嫌疑人一次性将保证金存入公安机关指定银行的专门账户”。至此，取保候审保证金数额由决定机关确定、但收取和保管则由执行机关负责的问题有了明确的规定。当公安机关既是决定机关又是执行机关的时候，则由其作出决定并收取、保管保证金。虽然取保候审保证金的决定权和收取、保管权明确了，但保证金收取和保管中的问题并没有完全解决。公安机关在收取保管保证金的过程中，也出现了执法不严、管理不善等问题。为解决这一问题，最高人民法院、最高人民检察院、公安部、国家安全部联合发布的《关于取保候审若干问题的规定》第 7 条规定：“县级以上执行机关应当在其指定的银行设立取保候审保证金专户，委托银行代为收取和保管保证金，并将指定银行的名称通知人民检察院、人民法院。保证金应当以人民币交纳。”第 8 条规定：“决定机关作出取保候审收取保证金的决定后，应当及时将《取保候审决定书》送达被取保候审人和为其提供保证金的单位或者个人，责令其向执行机关指定的银行一次性交纳保证金。决定机关核实保证金已经交纳到执行机关指定银行的凭证后，应当将《取保候审决定书》《取保候审执行通知书》和银行出具的收款凭证及其他有关材料一并送交执行机关执行。”将执行机关直接收取和保管保证金改为由银行代为收取和保管，有效地防止了保证金在执行机关控制下可能出现的问题。但这些规定在实际执行中仍然存在问题：一则有的公安机关为了没收保证金而多次没有实质内容地传讯犯罪嫌疑人，目的是只要人不按时到场就没收其交纳的保证金。另外，执行机关应根据被取保候审人违反法定义务的不同情况，决定是没收保证金的部分还是全部，但在实际执行中，往往不考虑具体情况而全部没收，没有体现处罚与违法行为之间的相应性。二则不按规定将保证金交由银行收取和保管，在执行机关与决定机关合二为一时，这个问题就凸显出来。①

二是关于保证金的返还。这方面的问题主要表现在：返还不及时，即收取保证金的执行机关不及时将保证金返还给交纳保证金的人；交纳保证金的人不及时领取保证金也无时效规定；一些案例中，交纳了取保候审保证金的被取保候审人，由于自己在取保候审期间未违反规定，在取保候审期限结束后，依法向执行机关要求退还取保候审保证金，而执行机关既不作出没收保证金的决定，也不退还取保候审保证金，这实际上是强奸了被取保候审人的意志，以权力强制他们非自愿进行捐赠。②

对于执行中出现的上述问题应加强执行中监督，并在立法中规定相关的救济途径，如规定相关当事人有权申请复议。

其三，应当允许非货币担保。在我国的财产保中，只允许现金担保，这种方式固然容易操作，但是在犯罪嫌疑人、被告人不能提供现金而有其他财产的情况下，不准予其获得取保候审则显失公平，容易导致犯罪嫌疑人、被告人受到不必要的羁押，因此立法上应当允许犯罪嫌疑人、被告人提供有价证券或其他实物担保。

其四，建立保证金在一定条件下直接转化为赔偿金的制度。《关于取保候审若干问题的规定》第25条规定："对被取保候审人判处罚金或者没收财产的判决生效后，依法应当解除取保候审，退还保证金的，如果保证金属于其个人财产，人民法院可以书面通知执行机关将保证金移交人民法院执行刑罚，但剩余部分应当退还被取保候审人。"可见，保证金转化为刑罚是以审判终结作为前提的。另外，现行各法律规定及司法解释对于被取保人弃保导致不能审结的，均只规定没收保证金、收缴国库，如果存在直接被侵害人（包括自然人、法人等组织），受害人的权益会因案件不能审结而长期得不到实际的保护，只有待案件审结后才能得到补偿。鉴于此，建议规定对于有直接被侵害人的案件，在采取

① 李忠诚：《浅议取保候审制度的完善》，载陈卫东主编《保释制度与取保候审》，中国检察出版社2003年版，第335~336页。

② 曾友祥：《对我国取保候审保证金制度的反思及重构》，载《广东社会科学》2006年第2期。

财产保的形式时，保证金的数额应高于被侵害人所遭受的直接损失。如果被取保人经传讯不到案，持续3个月仍拒不到案时，在未进行刑事审判的情况下，直接由法院裁定从保证金中取出被害人主张的损失数额，作为民事赔偿金交付受害人，其余部分收缴国库。除了不可抗力外，被取保人事后不得对该裁判提出复议、诉讼。赔付后并不妨碍继续追究被取保人相应的刑事责任。①

(二) 增加取保候审的种类问题

目前，我国取保候审只有两种形式，即人保和财产保。国外相关实践采用了 保证方式多样化的问题解决进路，集中体现了实质诉讼机会平等理念的精神。被追诉人可以选择的保证方式越多，其因经济条件等不相关因素妨碍而客观不能适用未决羁押替代措施的概率越小。② 有学者建议考虑引进国外具结释放的保证方式。这种由犯罪嫌疑人、被告人自我担保的方式可以在犯罪嫌疑人、被告人愿意履行法律义务而又不能提供保证人或者交纳保证金的情况下适用。尽管这种担保方式存在一定的风险，但如果应用得当，应当能够取得良好的社会效果。例如，20世纪60年代，美国在纽约曼哈顿就此种保释方式进行过被称为"曼哈顿方案"的实验，结果表明，只要运用得当，具结保释是很可靠的。"曼哈顿方案"取得成功后，具结保释扩展到美国其他州，并被1996年《美国联邦保释改革法》所采纳，在1984新《联邦保释改革法》中仍被保留。③ 而英国法也主要规定了三种保证形式：具结释放、保证人担保和财产保。针对目前我国取保候审种类较少的现状，可以通过增加一些种类，如具结释放等来增加适用的选择性，以弥补一些犯罪嫌疑人、被告人提不出保证人或交不起保证金而不能被取保候审的缺陷。

---

① 陈国庆、郑颐：《取保候审改革方向初探》，载陈卫东主编《保释制度与取保候审》，中国检察出版社2003年版，第408页。

② 初殿清：《论取保候审保证方式的性质异化及其修正——兼论涉罪外来人员管护基地的功能》，载《河南大学学报》2015年第3期，第53页。

③ 徐静村、潘金贵：《论英国保释制度及其借鉴意义》，载陈卫东主编《保释制度与取保候审》，中国检察出版社2003年版，第151页。

# 第三节 保证人及其法律责任

## 一、保证人的条件

由于保证人承担着保证犯罪嫌疑人、被告人不逃避侦查、起诉和审判，随传随到的责任，因此，他必须具有与承担这种责任相当的能力。人保是一种纯粹的人格担保，所以在采用人保时，对保证人的能力和资格进行审查，确认合格的保证人，是一个非常重要、十分关键的环节。一旦保证人不合格，该项取保候审将会流于形式，难以起到应有的作用，甚至出现保证人协助被保证人逃匿或者毁灭、伪造证据等严重后果。

从人保的特点来看，对保证人的保证能力的审查，关键是审查保证人的社会信誉。人的信誉是社会对一个人的品行、才干等各种因素的综合评价，属于精神范畴，缺乏物质的直观性，但也并非不可捉摸，可以通过他在现实生活中的具体表现来加以分析和判断。我国刑事诉讼法关于保证人条件的规定也反映了这一特点。下面将对保证人的条件进行逐一分析：

其一，与案件无牵连，即保证人应当与犯罪嫌疑人、被告人所涉嫌的案件无牵连。首先，保证人不能是案件中的同案犯。同案犯与案件处理结果有着直接的利害关系，相互之间也有利害冲突。他们之间互为保证人就极易出现串供、伪造、隐匿证据等不法行为，难以起到保证人的作用。因此，同案犯之间不能互为保证人。其次，办案的公安司法人员、被害人、证人、翻译人员和鉴定人等不宜担任保证人。这是因为他们所担负的职责或所处的诉讼地位与保证人的诉讼地位和责任不相一致，甚至是相互冲突。但是，犯罪嫌疑人、被告人的法定代理人或者其近亲属、辩护人等，虽然他们是案件的诉讼参与人，与案件有一定的“牵连”，但他们的诉讼地位与保证人的诉讼地位并不冲突，同时，更由于他们与犯罪嫌疑人、被告人之间存在着特殊的关系，使其更适宜担任保证人，发挥保证人的监督作用。在司法实践中，担任保证人的也大多是上述人员。

其二，有能力履行保证义务。保证人是否符合此项条件，一般应考虑以下几个因素：一是年龄。保证人应该对其所要实施的担保行为具有正确的判断和认识能力，要能够独立承担法律责任。我国宪法、刑法、民法等均将18周岁作为确定行为人是否具有完全行为能力的年龄界限。因此，保证人必须是年满18周岁的自然人。二是精神状况。精神病患者或者严重痴呆病患者等因缺乏正确判断是非的能力，也是无行为能力人或者限制行为能力人，不能担任保证人。三是身体健康状况。保证人的身体不应有妨碍其履行保证义务的残疾存在。一般情况下，盲、聋人不宜作为保证人。四是平时表现。在审查保证人时，应向有关基层组织或群众进行必要的调查，了解保证人的政治面貌、职业、社会背景、有无前科以及性格、待人接物的态度等。五是保证人与被保证人的关系如何，是否是犯罪嫌疑人、被告人信任并对其有一定拘束作用的人。

其三，享有政治权利，人身自由权未受限制。根据我国宪法的规定，公民享有政治权利必须符合三个条件，即具有中国国籍，是中华人民共和国公民；年满18周岁；未被依法剥夺政治权利。因此，外国人、无国籍人以及未满18周岁的中国公民和依法被剥夺政治权利的中国公民均不能担任保证人。同时，为保证保证人能够履行保证义务，保证人的人身自由必须未受到依法限制，即未受到任何剥夺或限制人身自由权的刑事处罚；未被依法采取剥夺或者限制人身自由权的刑事、行政强制措施以及未受到剥夺、限制人身自由权的行政处罚。

其四，有固定的住处和收入。保证人在被保证人居所地应当有自己常住的居所和稳定的收入，这是保证人信誉高低、保证能力高低的物质基础。“有固定的住处”既便于保证人督促被保证人，也便于公安司法机关了解取保候审的执行情况和进行管理。“有固定的收入”使保证人承担保证责任更具有可能性。

只有同时具备上述四个条件的人才有资格担任保证人。对于犯罪嫌疑人、被告人提供的拟担任保证人的公民，公安司法机关必须依法进行审查，作出客观的分析和判断。①

此外，我国目前在保证人的资格上，仅允许自然人作为保证人，这种规定极大限制了被追诉人对保证人的选择。因此有学者提出，可以将保证人的范围扩展至法人或其他社会团体②，从而亦可以解决被追诉人因为无法提供保证人而丧失取保候审的适用资格问题。

## 二、保证人的诉讼地位及其诉讼权利和义务

保证人因向犯罪嫌疑人、被告人提供担保而参与了刑事诉讼，但是在刑事诉讼中，对保证人处于何种诉讼地位，刑事诉讼法没有明确规定，这无疑是立法上的一个缺陷。为了在司法实践中更好地处理公安司法机关与保证人之间的诉讼法律关系，充分发挥保证人的保证作用，需要明确保证人的诉讼地位。

很显然，在刑事诉讼中，保证人是除公安司法人员以外的诉讼参与人。依据诉讼参与人同案件的处理结果有无利害关系，诉讼参与人可分为当事人和其他诉讼参与人。保证人虽然为犯罪嫌疑人、被告人提供担保，但其自身与案件的处理结果并无直接的利害关系，刑事诉讼法也规定保证人必须与案件无牵连。因此，保证人不是案件的当事人，应当是其他诉讼参与人。取保候审在侦查、起诉和审判等阶段都可以适用，这就意味着保证人从侦查、起诉到审判等各个阶段都有可能参与刑事诉讼、提供担保。为了规范保证人的保证行为，刑事诉讼法在明确保证人诉讼地位的同时，应当对其诉讼权利和义务作出具体规定。我国刑事诉讼法规定了保证人的条件、义务和法律责任，但对保证人的诉讼权利则几乎没有规定，仅在相关司法解释中有所涉及。这种立法上的疏漏，首先使保证人的诉讼地位模糊不清，其次在公安司法实践中也不利于保护

① 从书涵：《浅析取保候审中的人保》，载《四川省公安管理干部学院学报》2000年第1期，第45~46页。

② 张忠柱：《论我国羁押替代性措施的重构》，载《中国人民公安大学学报》2018年第4期。

保证人的合法权益，进而影响人保这一保证方式功能的发挥。根据刑事诉讼法的立法精神，保证人在刑事诉讼中应享有如下诉讼权利，承担如下诉讼义务：

（一）诉讼权利

1. 知情权

保证人有权了解被担保的犯罪嫌疑人、被告人涉嫌犯罪的基本情况。

2. 申请撤保权

公安部《规定》第106条规定，“对于犯罪嫌疑人采取保证人保证的，如果保证人在取保候审期间情况发生变化，不愿继续担保或者丧失担保条件，公安机关应当责令被取保候审人重新提出保证人或者交纳保证金，或者作出变更强制措施的决定”。在被保证人不愿接受保证人的规劝和教育，拒绝接受保证人的监督，或者与保证人之间发生纠纷矛盾以及保证人因健康情况、工作调动等原因难以履行保证义务时，保证人有权向公安司法机关申请撤保。但在公安司法机关同意撤保以前，保证人仍应履行保证义务。

3. 对罚款决定不服申请复议的权利

公安部《规定》第104条规定，“决定对保证人罚款的，应当报经县级以上公安机关负责人批准，制作对保证人罚款决定书，在三日以内送达保证人，告知其如果对罚款决定不服，可以在收到决定书之日起五日以内向作出决定的公安机关申请复议。公安机关应当在收到复议申请后七日以内作出决定。保证人对复议决定不服的，可以在收到复议决定书后五日以内向上一级公安机关申请复核一次。上一级公安机关应当在收到复核申请后七日以内作出决定。对上级公安机关撤销或者变更罚款决定的，下级公安机关应当执行”。

4. 其他诉讼权利

如保证人有权使用本民族语言、文字参与诉讼活动。

（二）诉讼义务

（1）出具书面的《保证书》。

(2) 监督被保证人的行为，促使被保证人遵守《刑事诉讼法》第71条的规定。

(3) 保证人发现被保证人可能发生或者已经发生违反《刑事诉讼法》第71条规定的行为的，应当及时向执行机关报告。

## 三、保证人的法律责任

从司法实践来看，造成取保候审保证人担保失败的情况比较复杂，归纳起来有以下四种类型，因具体情况不同保证人分别承担的法律责任也不同：

(一) 保证人故意不履行担保义务

保证人故意不履行保证义务导致担保失败主要表现为两种情况：一是保证人主动与被保证人合谋、串通欺骗司法机关，并积极支持、协助被保证人逃匿或者妨碍取证；二是保证人明知被保证人有可能逃匿或妨碍取证而故意采取放任态度，不履行管束、限制的义务，导致被保证人逃匿或影响司法机关取证的。无论上述何种情况均应追究其相应责任。具体而言，如果公安司法机关查明保证人为被保证人提供了隐藏处所、财物，帮助其逃匿或作虚假证明包庇的，应根据我国《刑法》第310条的规定，以窝藏、包庇罪追究保证人的刑事责任；如果是帮助被保证人以暴力、威胁、贿买等方法阻止证人作证或者指使他人作伪证的，应根据我国《刑法》第307条的规定，认定保证人为妨害作证罪；如果是帮助被保证人毁灭、伪造证据，情节严重的，应根据我国《刑法》第3307条之一的规定，认定保证人为帮助毁灭、伪造证据罪；而如果保证人与被保证人在其犯罪前已共同预谋、策划，一旦案发由保证人为其担保并帮助逃匿，或妨碍公安司法机关取证的，应当以共同犯罪处理。

(二) 被保证人抗拒保证人的管束

在实际生活中，经常存在被保证人不服从或自行脱离保证人的管束而导致担保失败的情况，对此，一种意见认为此种担保失败不是保证人的意愿，不应当追究保证人的责任；而另一种意见则认为由于保证人承担了担保的法律义务，因此无论何种原因造成担保失败，保证人都应当承担法律责任。对上述情形不应一概而论，而应具体分析。从司法实践来看，被保证人抗拒保证人的管束、限制的行为有程度轻重之分。

1. 被保证人有严重的抗拒行为

如果保证人尽心尽力地履行了自己应尽的法律义务，在发现被保证人有脱逃或妨害司法的行为意向后，能够采取各种相应的防范对策，例如多次对被保证人进行教育，准备或已经向公安司法机关报告过有关情况，建议撤销取保候审改为逮捕的等，但由于被保证人的严重抗拒行为，如强行甚至打伤保证人后潜逃，在这种情况下就不宜追究保证人的任何责任。这是因为，保证人要实现其担保目的，除了要认真履行管束、限制被保证人的义务外，还需要被保证人自愿、自觉地接受管束。毕竟担保义务的履行不仅是保证人的单方行为，而是保证人与被保证人的双方行为，在保证人已尽责尽力地履行了自己的义务、担保失败完全是因为被保证人的严重抗拒行为所致的情况下，如果再追究保证人的法律责任就有些不近情理了。

2. 被保证人有轻微的抗拒行为

在保证人尽职的前提下，被保证人存在轻微的抗拒行为，如与保证人发生语言上的冲撞，拒绝与保证人联系等，对于这类行为，保证人一般都应该有效采取相应的措施，如加强思想教育，及时向公安司法机关汇报。存在监护关系的保证人甚至可以采取一些强制措施，限制被保证人的部分人身自由权以防止担保失败。所以，对于被保证人的这些轻微抗拒行为，如果保证人没有以及时、有效的措施来补救而造成了担保失败，那么，就应当追究保证人的责任。当然，由于保证人主观上不存在故意，所以这种责任不是刑事责任，而应该是追究其行政责任或经济责任，也就是说在这种情况下，如果经公安司法机关审查，保证人确实采取了一定防范措施，担保失败确系被保证人的抗拒行为所致，那么，对保证人就不应追究其刑事责任，而可以行政处分或罚款的形式追究其责任。

（三）保证人在履行管束义务时疏忽大意

这种情况实质上是一种过失行为。它不同于保证人故意不履行义务的行为。因为，从保证人的主观上讲，保证人主观上并不希望也不是放任担保失败这一结果的发生，他只是由于疏忽大意而没有预见到这种结果的发生，或是轻信自己能够避免这种结果的发生，但最终还是发生了被保证人逃匿或妨碍取证的结果。根据法律规定，保证人的这种行为并不能构成犯罪并导致追究其刑事责任，但对于保证人的这种过失行为不能听之任之，仍应当追究其相应的行政责任或经济责任。而且笔者认为，这种责任应当重于前面所提到的保证人因被保证人的轻微抗拒行为而造成担保失败所应承担的责任。这是因为：虽然两者所表现的形式有一定的类似之处，但是因保证人疏忽大意造成担保失败的，可以说是保证人的责任，正是由于保证人的过失行为为被保证人提供了逃匿或者妨碍司法工作的机会。而对于因被保证人的轻微抗拒行为造成的担保失败，保证人不应承担全部责任，只应该对那些没有采取有效对策来消除被保证人的抗拒或防止被保证人逃匿的行为负责任。所以，追究保证人因疏忽大意而造成担保失败的行政责任时，除可以给予相应的行政处分外，必要时还可以对保证人采取行政拘留的处罚，罚款的数额也应当适当高于因被保证人轻微抗拒而造成担保失败时的罚款数额。

（四）公安司法机关批准同意不具备担保条件的人作保

司法机关要适用取保候审，首先要依法审查犯罪嫌疑人或被告人是否符合取保候审的条件，其次还应审查保证人是否具备了担保的法定条件，两者缺一不可。但是在实际操作过程中，具体承办人往往仅仅注重审查犯罪嫌疑人或被告人能否被取保候审，而容易忽视对保证人资格的审查，结果，一些不合格的保证人出于自身的利害关系或是缺乏对被保证人的制约力而不能对被保证人采取有力的管束，最终必然导致担保失败。因此，无论出于何种原因，只要是司法机关批准同意不符合条件的人作保，担保失败的责任就不应当由保证人承担，这并不是转嫁责任，而是出于对保证人负责。作为比民众更熟悉法律的公安司法机关，应当有意识、也有责任严格把好关，保证取保候审的顺利进行。当然，如果是保证人故意欺骗公安司法机关，伪造保证人条件，使司法机关误认为保证人符合条件而批准同意，那就应按保证人故意不履行担保义务来追究担保失败的法律责任。①

## 第四节 取保候审的程序

### 一、我国现行法规定的取保候审程序

根据刑事诉讼法的规定，公安司法机关均有权决定对犯罪嫌疑人、被告人实施取保候审，决定后都应该交给公安机关执行。

（一）取保候审的程序

1. 取保候审的提出

公安机关具体承办案件人员认为需要对犯罪嫌疑人取保候审的，应当制作《呈请取保候审报告书》，说明取保候审的理由及采取的保证方式——提出保证人或者交纳保证金，经县级以上公安机关负责人批准，并签发《取保候审决定书》，向犯罪嫌疑人宣读《取保候审决定书》，由犯罪嫌疑人签名（盖章）、捺指印。对同一犯罪嫌疑人，不得同时责令其提出保证人和交纳保证金。符合取保候审条件的犯罪嫌疑人既不交纳保证金，又无保证人担保的，可以监视居住。

需要对外国人取保候审的，应当在四十八小时以内层报省级公安机关，同时通报同级人民政府外事办公室。重大涉外案件应当在四十八小时以内层报公安部，同时通报同级人民政府外事办公室。依法对外国人作出取保候审决定后，由省级公安机关根据有关规定，将其姓名、性别、入境时间、护照或者证件号码、案件发生的时间、地点，涉嫌犯罪的主要事实，已采取的强制措施及其法律依据等，通知该外国人所属国家的驻华使馆、领事馆，同时报告公安部。

2. 提出保证人或交纳保证金

（1）提出保证人。采取保证人保证的，保证人必须符合相应的条

① 赵俊：《明确取保候审保证人责任的几点思考》，载《华东政法学院学报》2002 年第 3 期，第 69~71 页。

件，并经公安机关审查同意。保证人审查通过后，应当履行相关法定义务。保证人应当填写《保证书》，并在《保证书》上签名、捺手印。如果保证人在取保候审期间情况发生变化，不愿继续担任或者丧失担保条件，应当责令犯罪嫌疑人重新提出保证人或者交纳保证金。

（2）交纳保证金。采取保证金形式取保候审的，应当责令犯罪嫌疑人交纳保证金，经过严格审核后，报县级以上公安机关负责人批准。犯罪嫌疑人为聋、哑、盲或者未成年人的，公安机关可以责令其法定代理人交纳保证金。犯罪嫌疑人为单位的，公安机关对其直接责任人或直接负责的主管人员决定取保候审，可以责令该单位交纳保证金。

保证金必须在公安机关执行取保候审时一次性交纳。公安机关通知犯罪嫌疑人交纳保证金时，应当告知其必须遵守我国《刑事诉讼法》第 71 条的规定以及违反该规定应承担的后果，并在《取保候审决定书》上注明。严禁任何单位或个人截留、坐支、挪用或者以其他任何形式侵吞保证金。对符合取保候审条件的犯罪嫌疑人，如不愿、不能或者提出的保证不符合法定条件又无力交纳保证金的，应采取监视居住措施。

取保候审期间，犯罪嫌疑人违反应当遵守的规定时，公安机关应当根据其违法行为的情节，决定没收部分或全部保证金，并区别情形，责令其具结悔过、重新交纳保证金、提出保证人，变更强制措施或者给予治安管理处罚；需要予以逮捕的，可以对其先行拘留。决定没收保证金的，应当经过严格审核后，报县级以上公安机关负责人批准，制作《没收保证金决定书》。决定没收五万元以上保证金的，应当经设区的市一级以上公安机关负责人批准。没收保证金的决定，公安机关应当在 3 日以内向犯罪嫌疑人宣读，并责令其在《没收保证金决定书》上签名、捺指印；被取保候审人在逃或者具有其他情形不能到场的，应当向其成年家属、法定代理人、辩护人或者单位、居住地的居民委员会、村民委员会宣布，由其成年家属、法定代理人、辩护人或者单位、居住地的居民委员会或者村民委员会的负责人在没收保证金决定书上签名。被取保候审人或者其成年家属、法定代理人、辩护人、单位、居民委员会、村民委员会负责人拒绝签名的，公安机关应当在没收保证金决定书上注明。

公安机关向犯罪嫌疑人宣读《没收保证金决定书》的同时，应当告知其对没收保证金的决定不服的，可以在 5 日以内向上一级公安机关申请复核一次。上一级公安机关应当在收到复核申请书之日起的 7 日以内作出决定。对上级公安机关撤销或变更没收保证金决定的，下级公安机关应当执行。没收取保候审保证金和对保证人罚款均系刑事司法行为，不能提起行政诉讼。当事人如不服复核决定，可以依法向有关机关提出申诉。没收犯罪嫌疑人保证金的决定已过复核期限或经复核维持原决定的，公安机关应当及时通知指定的银行将没收的保证金，按照国家的有关规定上缴国库，并在三日以内通知决定取保候审的机关。

犯罪嫌疑人在取保候审期间，没有违反《刑事诉讼法》第 71 条规定情形的，也没有重新故意犯罪的，在解除取保候审的同时，公安机关应当将保证金如数退还犯罪嫌疑人。

被取保候审人没有违反《刑事诉讼法》第 71 条的规定，但在取保候审期间涉嫌重新犯罪被司法机关立案侦查的，执行机关应当暂扣其交纳的保证金，待人民法院判决生效后，根据有关判决作出处理。对故意重新犯罪的，应当没收保证金；对过失重新犯罪或者不构成犯罪的，应当退还保证金。

3. 取保候审的执行

公安机关决定取保候审的，应当及时通知被取保候审人居住地的派出所执行。必要时，办案部门可以协助执行。这里的居住地既包括被取保候审人的常住地，也包括其暂住地。公安机关依法对人民代表大会代表或政治协商委员会委员采取取保候审的，应当经该代表或者委员所属的人大主席团或常委会许可或报告。

执行取保候审的派出所应当履行以下职责：执行取保候审的派出所应当履行下列职责：告知被取保候审人必须遵守的规定，及其违反规定或者在取保候审期间重新犯罪应当承担的法律后果；监督、考察被取保候审人遵守有关规定，及时掌握其活动、住址、工作单位、联系方式及变动情况；监督保证人履行保证义务；被取保候审人违反应当遵守的规定以及保证人未履行保证义务的，应当及时制止、采取紧急措施，同时告知决定机关。除此之外，执行取保候审的派出所还应当责令被取保候审的犯罪嫌疑人、被告人定期报告有关情况并制作笔录。根据《刑事诉讼法》第 71 条的规定，被取保候审的犯罪嫌疑人、被告人在取保候审期间应当遵守以下规定：

（1）未经执行机关批准不得离开所居住的市、县。这是从活动区域上对犯罪嫌疑人、被告人进行一定程度的限制，以防止其逃避刑事追究。如果犯罪嫌疑人、被告人有正当理由需要离开所居住的市、县的，执行机关根据案情可决定是否批准。如果取保候审的决定机关是人民法院或者人民检察院，执行机关还得征求原决定机关的意见。

（2）住址、工作单位和联系方式发生变动的，在二十四小时以内向执行机关报告。

（3）在传讯的时候及时到案。取保候审的目的是保证刑事诉讼活动的顺利进行，如果被取保候审对象不与公安司法机关配合，在接到传讯时不及时到案接受讯问，就不能对其适用取保候审。

（4）不得以任何形式干扰证人作证。这里的任何形式包括暴力、引诱、威胁或无理纠缠等方式，既可以是被取保候审人本人实施，也可以是被取保候审人指使他人实施。

（5）不得毁灭、伪造证据或者串供。毁灭、伪造证据或者串供都是严重妨碍刑事诉讼活动顺利进行的行为，必须严厉禁止。

人民法院、人民检察院和公安机关可以根据案件情况，责令被取保候审的犯罪嫌疑人、被告人遵守以下一项或者多项规定：①不得进入特定的场所；②不得与特定的人员会见或者通信；③不得从事特定的活动；④将护照等出入境证件、驾驶证件交执行机关保存。

执行机关发现被取保候审人有违反《刑事诉讼法》第 71 条上述两款规定的情形之一的，已交纳保证金的，没收部分或者全部保证金，并且区别情形，责令犯罪嫌疑人、被告人具结悔过，重新交纳保证金、提出保证人，或者监视居住、予以逮捕。对违反取保候审规定，需要予以逮捕的，可以对犯罪嫌疑人、被告人先行拘留。发现被保证人有违反《刑事诉讼法》第 71 条规定的情形之一，保证人未履行保证义务的，经查证属实后，由县级以上公安机关负责人批准，对保证人可处以 1000 元以上 20000 元以下罚款，并将有关情况及时通知决定机关。构成犯罪的，依法追究刑事责任。公安机关应当向保证人宣布罚款决定，并告知其如不服本决定，可以在收到《对保证人罚款决定书》后的 5 日以内，向作出决定的公安机关申请复议。公安机关应当在收到复议申请后 7 日内作出决定。保证人对复议决定不服的，可以在收到复议决定书后五日以内向上一级公安机关申请复核一次。上一级公安机关应当在收到复核申请后 7 日以内作出决定。对上级公安机关撤销或者变更罚款决定的，下级公安机关应当执行。

4. 人民法院、人民检察院决定取保候审的，负责执行的县级公安机关应当在收到法律文书和有关材料后二十四小时以内，指定被取保候审人居住地派出所核实情况后执行

被取保候审人无正当理由不得离开所居住的市、县。有正当理由需要离开所居住的市、县的，应当经负责执行的派出所负责人批准。人民法院、人民检察院决定取保候审的，负责执行的派出所在批准被取保候审人离开所居住的市、县前，应当征得决定机关同意。

人民法院、人民检察院决定取保候审的，被取保候审人违反应当遵守的规定，执行取保候审的县级公安机关应当及时告知决定机关。

（二）取保候审的变更与解除

对被取保候审的犯罪嫌疑人、被告人，根据案情的变化，应当及时变更强制措施或者解除强制措施。如果被保证人被人民法院判处刑罚（主要是指取保候审适用过程中的）；被保证人犯罪证据补充完毕需要羁押或直接起诉；被保证人在取保候审期间再犯新罪；长期悬案未决；案件撤销；对犯罪嫌疑人、被告人作其他处理；保证人撤回担保等原因需要变更或者解除取保候审的，原决定机关应当作出变更或者解除取保候审的决定，并且送达执行机关执行。

取保候审即将到期的，执行机关应当在期限届满 15 日前书面通知

决定机关，由决定机关作出解除取保候审或者变更强制措施的决定，并于期限届满前书面通知执行机关。执行机关收到决定机关的《解除取保候审决定书》或者变更强制措施的通知后，应当立即执行，并将执行情况及时通知决定机关。

在侦查或者审查起诉阶段已经采取取保候审的，案件移送至审查起诉或者审判阶段时，如果需要继续取保候审，或者需要变更保证方式或强制措施的，受案机关应当在7日内作出决定，并通知执行机关和移送案件的机关。受案机关决定继续取保候审的，应当重新作出取保候审决定。对继续采取保证金方式取保候审的，原则上不变更保证金数额，不再重新收取保证金。取保候审期限即将届满，受案机关仍未作出继续取保候审、变更保证方式或者变更强制措施决定的，执行机关应当在期限届满15日前书面通知受案机关。受案机关应当在原取保候审期限届满前作出决定，并通知执行机关和移送案件的机关。

原决定机关收到受案机关作出的变更强制措施决定后，应当立即解除原取保候审，并将《解除取保候审决定书》《解除取保候审通知书》送达执行机关。执行机关应当及时书面通知被取保候审人、保证人。受案机关作出继续取保候审或者变更保证方式决定的，原取保候审自动解除，不再办理解除手续。

（三）取保候审的期限

取保候审的期限最长不得超过12个月，严禁对犯罪嫌疑人、被告人无限期采取取保候审的措施。公安司法机关在取保候审期间不得中断对案件的侦查、起诉和审理。对发现不应当追究刑事责任或者取保候审期限届满的，原决定取保候审的机关应当及时解除取保候审的决定。需要解除取保候审的，由决定取保候审的机关制作解除取保候审决定书、通知书，送达负责执行的公安机关。执行机关应当及时通知被取保候审人、保证人和有关单位。

人民检察院、公安机关已对犯罪嫌疑人采取取保候审、监视居住，案件起诉到人民法院后，人民法院对于符合取保候审、监视居住条件的，应当依法对被告人重新办理取保候审、监视居住手续，取保候审、监视居住的期限重新计算。人民法院不得对同一被告人重复采取取保候审、监视居住措施。被取保候审人违反《刑事诉讼法》第 71 条规定，被依法没收保证金后，人民法院仍决定对其取保候审的，取保候审的期限应当连续计算。

## 二、取保候审程序的重构

观察我国现行的强制措施体系，可以发现一个特点，就是羁押替代措施过于薄弱。① 虽然 1996 年修改《刑事诉讼法》时对取保候审制度进行了完善，但近十年的实践表明，取保候审的适用率依然很低，其所应当承担的降低审前羁押率的预期功能并未得到充分发挥。②我国刑事诉讼法及其司法解释虽然对取保候审的审批程序、适用的法律文书、应当履行的手续、执行程序、期限以及变更撤销程序作了详尽的规定，但这一系列规定仍未摆脱传统的职权主义、行政裁判模式，具体表现在以下三个方面：首先，我国取保候审的决定过程缺乏司法审查机制。我国刑事诉讼将取保候审的决定权依诉讼阶段赋予公、检、法三机关。作为与案件有直接利益关系的诉讼主体，公安司法机关自身追诉利益的需要往往会影响到取保候审决定的作出，这种决定机制本身无疑违背了自然正义原则和正当程序理念。可以说，犯罪嫌疑人、被告人的所谓取保候审权利获得与否完全取决于公安司法机关自身的利益取向，缺乏一定的确定性和可预期性。其次，申请取保候审方无法参与取保候审决定作出的过程。我国目前围绕取保候审这一程序性问题，依然采用封闭化的行政性决定模式，公安司法机关作出是否取保候审的决定，一般是在单方、秘密的情况下进行，犯罪嫌疑人、被告人及其聘请的律师不能在场，不能进行理性的说服和争辩，所以难以施加影响。再次，我国取保候审制度中没有为取保候审申请方设置有效的法律救济程序。公安司法机关的取保候审决定往往是终局性的，不受任何复审程序审查，即使申

① 卞建林：《论我国审前羁押制度的完善》，载《法学家》2012 年第 3 期。

② 宋英辉、何挺：《我国取保候审制度之完善——以加拿大的保释制度为借鉴》，载《法学评论》2007 年第 5 期。

请方对公安司法机关不同意取保候审的决定持有异议，也无法获得程序救济，从而使被羁押的犯罪嫌疑人、被告人的取保候审权利大多流于虚置。① 因此，必须对我国取保候审程序进行重构。

（一）取保候审申请的法律救济程序

“没有权利就没有救济”，对权利的侵犯需要承担责任，没有责任，权利则得不到保障。我国在强制措施制度设计上缺乏有效的诉权制约机制，更没有确立有效的权利救济机制。犯罪嫌疑人、被告人即使提出变更强制措施的申请，侦查机关、检察机关、法院也都可以完全不予理会，因为，这种申请无法引发任何形式的司法听证程序。② 取保候审制度亦是如此。虽然法律赋予了犯罪嫌疑人申请取保候审的权利，但没有规定申请方若对公安司法机关不同意取保候审的决定持有异议，如何获得程序救济，从而使被羁押的犯罪嫌疑人、被告人取保候审的权利丧失了必要的程序保障，对公安司法机关缺乏有力的制约，造成了对权利的漠视和践踏。同时，被羁押人请求复查羁押必要性或者申请取保候审的具体途径与程序仍然缺失，羁押救济难的问题难以从根本上得到缓解。③ 取保候审申请权陷入了一种虚化的司法困境中。调研显示，在一些犯罪嫌疑人及其法定代理人、近亲属和委托的律师看来，取保候审异化为一种“特别的权力”，因为“放不放人办案机关说了算，不放人也没有办法”。④ 因此，可以参照回避制度中的申请复议程序，在取保候审制度中增设复议申请程序，赋予申请人申请复议权。但这种复议申请程序仅为最低层次的程序救济，因为可能受到部门利益等多种因素的影响，这种决定机关自身的复议、复核有时很难保证其公正性。所以在条

① 汪建成、杨雄：《从英美保释制度看我国取保候审制度存在的问题及出路》，载陈卫东主编《保释制度与取保候审》，中国检察出版社 2003 年版，第 323 页。

② 陈瑞华：《刑事强制措施改革的新动向与新思考》，载《人民检察》2008 年第 24 期。

③ 卞建林：《我国的审前羁押制度仍需完善》，载《法学家》2012 年第 8 期。

④ 宋英辉：《关于取保候审适用具体问题的调研分析》，载《法学》2008 年第 6 期。

件成熟时，可以再考虑为取保候审申请设置一个法律救济程序，参照西方国家保释制度的相关规定，赋予申请人在取保候审程序中救济权。不服决定机关不准予取保候审的决定或者对没收保证金、保证人罚款等有异议的，可以向决定机关提出复核或申诉，也可以向其上一级机关申请复议。①

（二）取保候审的决定

关于取保候审的决定，理论界有两种分类：核准主义与严格准则主义。核准主义，也称许可主义或审批主义，指在申请取保候审时，具备了法定的条件之后，还必须经过有权机关的审查核准。实行这种模式，即便是犯罪嫌疑人、被告人符合了申请取保候审的条件也不一定就可以取保候审，因为最终的决定权属于有权的机关（在我国是公安司法机关），还得经过审查机关的实质审查。这样，审查机关拥有是否决定核准的自由裁量权，而不论被取保候审人是不是符合法定的条件。严格准则主义，又称登记主义，是指在决定取保候审时，只要申请人的申请在形式和内容上符合了法定的条件，有权机关就应当批准。这种模式下，审批机关对取保候审的申请只作形式审查，只要符合法定条件就必须同意取保。

我国现阶段关于取保候审的决定实行的是核准主义，公安机关、司法机关在法定的取保候审的情形之外，又人为制定了另外的审批标准。审批因人而异，而这种自由裁量的过程又是在缺乏监督的情况下完成的，具有暗箱操作的条件，形成了权力滥用以谋取私利的温床，极易导致腐败。因此，对于取保候审，无论是在理论上还是在实践中，都应该采取严格准则主义，这与无罪推定原则也是相适应的。被告人在审判前本来就应该是自由的，只不过被告人因涉嫌犯罪被讯问、被传讯而可能采取非法对抗手段，如逃匿、毁灭证据或继续犯罪等，为了保证诉讼的顺利进行和防止危害结果的发生，暂时剥夺被告人的自由权利，这种价值取向是基于诉讼功利主义而并非诉讼正义主义。在取保候审上，从保

① 郭烁：《取保候审适用的影响性因素实证研究》，载《政法论坛》2017年第5期。

护人权的角度采取严格准则主义，不加任何形式的自由裁量，只要符合条件就允许取保候审，从而归还本应属于被告人的权利——人身自由权，才是符合诉讼正义的。①

对于取保候审的决定权的行使主体，有许多学者从学理角度，根据司法权的性质以及公安、检察权力的定位，认为应当由不承担侦查、起诉等刑事追诉责任的司法机关来行使，但笔者认为，由于取保候审在诉讼的每一阶段都可能适用，考虑到中国的实际情况及诉讼效率和效益，并且前文所主张的决定标准的严格准则主义能在很大程度上保障犯罪嫌疑人、被告人的权利，因此仍然主张由公、检、法三机关对各自处理的案件决定取保候审（包括准予的决定和不准予的决定）。

（三）取保候审的执行

2012年，刑事诉讼法修改的一个突出表现是完善了强制措施体系。从当前我国刑事犯罪高发期和社会矛盾凸显期这一基本国情出发，对刑事犯罪的控制提出了更高的要求，其中针对取保候审制度，增加多项禁止性规定，改变取保候审执行不力的状况；特别规定对取保候审、监视居住的犯罪嫌疑人，将其护照等出入境证件、驾驶证件、身份证件（仅限于监视居住措施）交执行机关保存。② 笔者认为在此基础上，对取保候审的执行还应从以下几个方面予以加强：

（1）有必要建立专门的社区执行机构，负责取保候审等的监督考察，使这一工作专业化、正规化。同时可以研究执行上述对象的监督考察工作的特点和规律，不断改进执行工作。这个机构不应当列为公安派出所的建制，而应当隶属于地方政府的司法行政机关。这样可使公安机关专司同刑事犯罪作斗争之责，发挥其应有的功能。建立专门的执行机构有利于工作管理，还有利于实行相应的执行责任制，保证执行工作到位，增强执行效果。

---

① 赵旭光：《取保候审若干问题研究》，载陈卫东主编《保释制度与取保候审》，中国检察出版社2003年版，第523~524页。

② 樊崇义：《强制措施：控制犯罪与保障人权并重》，载《检察日报》2012年4月17日，第003版。

（2）取保候审的执行监督工作应当由人民检察院承担。这既是法律规定也是人民检察院的监督职责使然，但具体到人民检察院哪个业务部门来承担则需要研究解决，否则法律规定就难以落实。最高检《规则》第567条规定："人民检察院依法对公安机关的侦查活动是否合法实行监督。"事实上，审查逮捕部门、审查起诉部门无法对取保候审的执行情况进行监督。因为执行取保候审的单位是公安派出所而不是办案的公安机关，执行情况难以通过办案单位反映出来；即使反映出来，一是迟到的违法信息，二是提出纠正只能针对办案单位，而办案单位又没有违法。因此，此项工作应当由监所检察部门来承担，这是从构筑大执行框架的角度出发提出的设想。由监所检察部门负责监督可以做到监督及时，对执行单位实行全过程监督，保证取保候审的执行依法有序地进行，发挥取保候审的重要作用。

此外，要强化社会监督的效果。可以充分借助律师等法律工作者、社会团体和公民个人的监督作用，包括正确借助新闻媒体的舆论监督，进一步促进司法机关取保候审工作的透明度。随着自媒体的广泛普及，社会监督模式甚至拥有更大的优势。①

（四）取保候审的期限

《刑事诉讼法》第79条规定了人民法院、人民检察院和公安机关对犯罪嫌疑人、被告人取保候审最长不得超过12个月，三机关在各自的解释中也都规定，且本机关采取取保候审的最长期限为12个月，对先前机关已采用取保候审的应当重新办理手续，期限另行计算。如以三机关解释的方式进行计算，在理论上被取保候审人将有可能受到长达3年的嫌疑人待遇与生活限制。上述解释不仅有可能严重侵害当事人的民主权利和人身自由，也违反了对法律条文不得作不利于犯罪嫌疑人、被告人的解释的这一基本原理。

此外，取保候审期限过长也成为导致嫌疑人或被告人违反取保候审期间应遵守规定的一个客观原因。主要体现在三个方面：一是由于取保

① 郭烁：《取保候审适用的影响性因素实证研究》，载《政法论坛》2017年第5期。

候审期限太长，执行机关没有做到及时对嫌疑人或被告人遵守取保候审条件的情况进行审查，使得嫌疑人误认为条件并未实施而在其自认为的“正常生活”中违反了保释条件。二是公安司法人员审查工作的简单化增加了被告人违反条件的可能性。由于期限过长，公安司法人员对嫌疑人或被告人遵守取保候审情况的审查逐渐趋于简单化。比如在每一次对嫌疑人或被告人遵守条件情况进行审查的时候，审查人员不是对应遵守的条件逐项加以重新审查，而只是简单地宣布嫌疑人或被告人必须遵守与先前附加条件一致的条件，这势必给嫌疑人或被告人造成这样一种错误看法，即接受审查只是走形式而已。这便模糊了嫌疑人或被告人对于取保候审条件具体内容的认识，降低了他们对取保候审条件的重视，增大了他们违反取保候审条件的可能性。三是由于期限过长，嫌疑人或被告人忘记了遵守的条件，造成了另一种非故意的违反。①

因此，为贯彻保障人权的立法宗旨，应明确规定公安司法机关对犯罪嫌疑人、被告人的取保候审期间累计不得超过12个月。

（五）其他方面

一是强化对“逃保”的惩戒。我国应当在刑事立法中增设“逃保”罪，即将“逃保”行为作为一种独立的罪行，并且与原犯罪行为数罪并罚，以有效防止“逃保”行为。二是建立取保候审风险责任免责制度。以消除办案人员采用取保候审的顾虑，提高取保候审的使用率。三是加强外来人口取保候审的保障，建立异地保证人制度和外来人口，取保候审救助基地。②

① 陈飞：《英国附条件保释适用问题浅析》，载陈卫东主编《保释制度与取保候审》，中国检察出版社2003年版，第251页。

② 卞建林、陈卫东等著：《新刑事诉讼法实施问题研究》，中国法制出版社2017年版，第98~100页。

# 第九章 监视居住

## 第一节 监视居住概述

### 一、监视居住的概念

监视居住，是指人民法院、人民检察院、公安机关在刑事诉讼过程中对犯罪嫌疑人、被告人采用的，命令其不得擅自离开住处，无固定住处不得擅自离开指定的居所，并对其活动予以监视和控制的一种强制方法。①

我国《刑事诉讼法》第66条、第74~79条，六部门《规定》第13条、第15条、第40条，最高法《解释》第113条，第160~162条，最高检《规则》第107~120条，以及公安部《规定》第109~123条、第385条，对监视居住进行了全面规定。经过2012年的修改，监视居住已成为逮捕的替代性措施。在司法实践中，公安司法机关适用监视居住具有很强的现实意义：它可以在不予关押的情况下，对犯罪嫌疑人、被告人予以应有的控制，使其不得逃避或妨碍侦查、起诉和审判，有利于保障刑事诉讼活动的顺利进行；它可以防止错捕、滥捕，以免给公安司法机关的工作带来被动，同时也可以少捕少关，使犯罪嫌疑人、被告

① 陈光中主编：《刑事诉讼法》（第六版），北京大学出版社/高等教育出版社2016年版，第235页。

人能够正常地工作和生活，有利于维护社会稳定；它还可以体现诉讼经济原则，公安司法机关可以用同样的经费办理更多的刑事案件。

新刑事诉讼法实施以来，监视居住的适用率仍然较低，目前关于“监视居住的范围”“固定住处”“指定居所”“执行主体”“通知家属”“国家赔偿”等，法律规定模糊，学界争议较大，需要进一步修改完善。①

监视居住是我国在刑事强制措施领域中的独创。在我国古代的诉讼中，从先秦开始，刑事强制措施中有“羁押”“逮捕”和“囚禁”还有与现行刑事诉讼中的“拘传”相类似的“追摄”“勾问”，以及“保候”（即取保候审的雏形）②，而没有关于监视居住的任何记载。清末进行的所谓司法变革以及国民党政权时期的刑事诉讼法也都没有“监视居住”之规定。但在我国新民主主义革命时期，由于革命根据地不具备大量关押犯罪嫌疑人、被告人的现实基础和物质条件，中华苏维埃共和国中央政府便根据当时的情况创设了监视居住措施。在抗日战争和解放战争时期，边区和解放区政府继承和发扬了该种刑事强制措施。中华人民共和国成立后，国家将该种刑事强制措施与其他刑事强制措施一起写进了1979年刑事诉讼法，但由于该法中并未明确规定监视居住的期限、条件及执行机关等内容，故使该刑事强制措施缺乏现实的可操作性。③于是，在1996年和2012年修订的《刑事诉讼法》中又补充规定了关于监视居住措施的有关内容。此后，公安部、最高人民检察院和最高人民法院对监视居住措施又作了大量的补充规定，从而使监视居住具有了一定的现实可操作性。④

域外国家，很少有国家规定或类似规定监视居住措施。国外两大法

① 汪海燕等著：《刑事诉讼法解释研究》，中国政法大学出版社2017年版，第182~197页。

② 徐朝阳：《中国诉讼法溯源》，商务印书馆1930年版，第115页。

③ 樊崇义：《刑事诉讼法学研究综述与评价》，中国政法大学出版社，第128页。

④ 陈光中：《刑事诉讼法实施问题研究》，中国法制出版社2000年版，第90页。

系中，英美法系刑事诉讼中基本没有监视居住的法律规定。大陆法系国家中，绝大多数国家也没有监视居住的法律规定，仅有极少数国家的刑事诉讼法中有相关规定。如前罗马尼亚社会主义共和国曾在其刑事诉讼法典中对监视居住作了规定，其刑事诉讼法典第 145 条规定："监视居住不得离开指定区域，如违反，可改采其他较严厉的强制措施。"① 意大利刑事诉讼法典第 284 条的规定被国内学者视作与我国刑事诉讼监视居住强制措施相类似的立法例。② 该条规定："住地逮捕，（一）在实行住地逮捕的决定中，法官规定被告人不得离开自己的住宅、其他私人居住地、公共治疗场所或扶助场所；（二）在必要时，法官限制或禁止被告人与其他非共同单位人或非扶助人员进行联系；（三）如果被告人不能以其他方式满足基本的生活需要或陷于特别困难的境地，法官可以批准他在白天离开逮捕地，在严格的时间限度内设法满足上述需要或者进行有关工作；（四）公诉人或者司法警察可以随时检查被告人执行有关规定的情况；（五）处于住地逮捕状态的被告人视为处于预防性羁押状态。"

我国香港地区刑事诉讼法律制度中没有"监视居住"之规定。我国澳门地区刑事诉讼法中的刑事强制措施有"禁止离境及接触"，它是一种限制嫌疑犯离开澳门和限制其行动自由的刑事强制措施。其适用对象为有强烈迹象显示其故意实施可判处最高刑超过一年徒刑的嫌疑人。其限制的范围包括：不得离开澳门，或未经许可时不得离开澳门；不得与某些人接触或不得常去某些地方或某些场合。法官可命令嫌疑犯履行上述全部或部分义务。如某一嫌疑犯离开澳门，须将离境所必要的文件交由法官保管，并告知有关机关不予签证或延期以及进行边境控制。我国台湾地区刑事诉讼法的刑事强制措施中有"限制居住"之规定，即将被告限制居住于一定的住所而停止羁押的一种方法。该限制居住分为

---

① 陈光中：《外国刑事诉讼法程序比较研究》，法律出版社 1988 年版，第 156 页。

② 陈光中：《中华人民共和国刑事诉讼法修改建议稿与论证》，中国方正出版社 1995 年版，第 201 页。

单纯限制居住和附加限制居住，前者为单一地采用限制住所的方法而不命具保，后者则在采用具保时一并采用限制住所。① 我国台湾地区的“限制居住”和澳门地区的“禁止离境及接触”，与大陆的“监视居住”也有相似之处，它们都是在“住所”的选择上，对嫌疑犯加以限制。但是，它们又有本质的不同，我国刑事诉讼中监视居住强调有两点：一个是对“居住”的限制，另一个是“监视”；而台湾地区的“限制居住”和澳门地区的“禁止离境及接触”都不包括“监视”的内容。

## 二、监视居住的适用对象

根据我国《刑事诉讼法》第 74 条、第 91 条、第 98 条和相关司法解释的规定，公安司法机关对符合逮捕条件，有下列情形之一的犯罪嫌疑人、被告人均可以决定监视居住：（1）患有严重疾病、生活不能自理的；（2）怀孕或者正在哺乳自己婴儿的妇女；（3）系生活不能自理的人的唯一扶养人；（4）因为案件的特殊情况或者办理案件的需要，采取监视居住措施更为适宜的；（5）羁押期限届满，案件尚未办结，需要采取监视居住措施的；（6）对于符合取保候审条件，但犯罪嫌疑人不能提出保证人，也不交纳保证金的，可以监视居住；（7）公安机关提请逮捕后，检察机关不批准逮捕的，对于需要继续侦查的，并且符合监视居住条件的；（8）被羁押的犯罪嫌疑人、被告人不能在法定的侦查羁押、审查起诉、审判期限内办结，需要继续查证审理的。

另外，根据公安部《规定》第 82 条的规定，对累犯，犯罪集团的主犯，以自伤、自残办法逃避侦查的犯罪嫌疑人，严重暴力犯罪以及其他严重犯罪的犯罪嫌疑人不得取保候审，如果以上 8 类犯罪嫌疑人符合取保候审的条件而不够逮捕的条件时，可以监视居住。公安机关在依法执行监视居住中，发现被执行人是县级以上人民代表大会代表的，应当暂缓执行，并报告决定或者批准机关。如果在执行后发现被执行人是县级以上人民代表大会代表的，应当立即解除，并报告决定或者批准机

① 柯葛状：《刑事诉讼法比较》，福建人民出版社 1999 年版，第 101～103 页。

关。公安机关依法对乡、民族乡、镇的人民代表大会代表监视居住的，应当在执行后立即报告其所属的人民代表大会。

可以看出，监视居住的适用对象与取保候审的适用对象基本相同，只是对于公安部规定的累犯、犯罪集团的主犯等8类犯罪嫌疑人只能适用监视居住，不得取保候审。监视居住与取保候审都属于独立的刑事强制措施，只能择其一适用，不能同时并用。实际工作中究竟采取哪种刑事强制措施，应根据案件的性质、犯罪嫌疑人的社会危害程度、职业、文化程度、身体、家庭状况等来决定。监视居住的强制程度介于取保候审与逮捕之间。由于取保候审和监视居住是两种力度不同的刑事强制措施，所以如果取保候审人违反取保候审期间应当遵守的规定，情节轻微，尚不够逮捕条件的，也可适用监视居住。实际上，监视居住在实践中的运用相对取保候审要少得多。监视居住在实践中被冷落，究其原因，一是因为难以落实能切实监视犯罪嫌疑人活动的具体措施，二是犯罪嫌疑人在指定范围内的活动的监视、控制和管束的难度很大。

## 三、监视居住地点的界定

### （一）“住处”和“居所”的含义

把被适用监视居住的犯罪嫌疑人、被告人放在什么地方、什么样的场所进行监视，这是立法上必须明确的基本问题。为了维护犯罪嫌疑人、被告人的合法权益，也为了便于办案机关的执行，《刑事诉讼法》第75条规定，监视居住应当在犯罪嫌疑人、被告人的住处执行；无固定住处的，可以在指定的居所执行。对于涉嫌危害国家安全犯罪、恐怖活动犯罪，在住处执行可能有碍侦查的，经上一级公安机关批准，也可以在指定的居所执行。但是，不得在羁押场所、专门的办案场所执行。法律规定监视居住的地点，是“住处”和“居所”。但对于什么是“住处”和“居所”，新刑事诉讼法仍未明确规定。对此，学界有不同理解：第一种观点借用了民事诉讼法上关于“住所”和“居所”的概念来解释“住处”和“居所”。所谓“住处”，是指犯罪嫌疑人、被告人户口所在地的县、市；所谓“居所”，是指犯罪嫌疑人、被告人不在住处时连续居住满一年的地方。第二种观点认为，“住处”是指犯罪嫌疑人、被告人工作、学习和生活的地方；“居所”是指决定机关为犯罪嫌疑人、被告人指定的居住地方。① 第三种观点认为，“住处”是指犯罪嫌疑人、被告人经常的、连续的、固定的居住地方；“居所”是指决定机关为犯罪嫌疑人、被告人指定的居住地方。②

笔者认为，第一种观点借用民事诉讼法上的概念来解释监视居住中“住处”和“居所”的含义值得商榷。民事诉讼法确定住处和居所的含义是为了解决审判时的地域管辖问题，只有确定了当事人的住处或居所，才能确定由哪一个地方的人民法院管辖。而刑事诉讼法确定的住处和居所的含义，是为了解决监视居住的具体区域。显然，上述两者所要解决的问题是不同的，故此处不宜用民事诉讼法上的概念来解决刑事诉讼中的问题，否则将会失去明确监视居住区域范围的意义。

第二种观点认为“住处”是指犯罪嫌疑人、被告人工作、学习和生活的地方，虽有利于被监视居住人的生活、工作和学习，但相对扩大了监视居住的区域，有悖于《刑事诉讼法》确立监视居住刑事强制措施的立法目的，实践中也不易办案机关具体掌握。

第三种观点对“住处”的理解，克服了上述两种观点的缺陷，是基本正确的。因为，按照刑事诉讼法规定，这里的住处应为固定住处，固定的表现在于其经常性、连续性的居住。按照公安部规定，固定住处是指犯罪嫌疑人在办案机关所在的市、县内生活的合法住处。据此，合法性成为确定住处的一个标准，如果不是合法住处，就不能确定为这里的“住处”。笔者认为，所谓合法住处，是指不违背法律而得到的住处，既包括拥有产权的房屋，也包括拥有使用权的公房、出租房，借住房等。对于被监视人仅有使用权而没有产权的公房、出租房、借用房应当认定为合法住处。

关于“居所”的含义，笔者认为前述第二、三种观点符合立法精

---

① 张穹：《人民检察院刑事诉讼与实务》，法律出版社 1997 年版，第 101 页。

② 杨旺年：《关于监视居住几个问题的探讨》，载《法律科学》2001 年第 6 期，第 120 页。

神。即“居所”是指办案机关根据案件情况，在办案机关所在地的市、县内为犯罪嫌疑人、被告人指定的生活居所。按照刑事诉讼法的规定，指定“居所”只能在被适用人没有固定住处的情况下进行指定，但在实践中，被适用人具有合法的固定住处而为其指定居所的情况屡见不鲜。①由于公安部明确规定不得建立专门的监视居住场所，不得对犯罪嫌疑人变相羁押，不得在看守所、行政拘留所、留置室或者其他工作场所执行监视居住。少数办案机关为了规避这些规定，在犯罪嫌疑人、被告有固定住处的情况下，将监视居住的地点选择在宾馆、招待所等场所，并且派人看守，这实质上形成变相拘禁。

（二）关于“居所”的指定问题

1. 关于指定居所监视居住的条件

一直以来，监视居住的执行场所都是一个饱受诟病的问题。① 依据《刑事诉讼法》第 75 条规定，监视居住应当在犯罪嫌疑人、被告人的住处进行，但在以下情况，可以指定居所监视居住：（1）无固定住处的。这里的所谓“固定住处”是指被监视居住人在办案机关所在的市、县内生活的合法住处。所谓“指定居所”是指公安机关根据案件情况，在办案机关所在的市、县内为被监视居住人指定的生活居所。指定的居所应当符合下列条件：具备正常的生活、休息条件；便于监视、管理；保证安全。公安机关不得在羁押场所、专门的办案场所或者办公场所执行监视居住。②（2）对于涉嫌危害国家安全犯罪、恐怖活动犯罪，在住处执行可能有碍侦查的，经上一级公安机关批准。所谓“有碍侦查”，按照公安部《规定》第 111 条的解释，具体指下列情形：可能毁灭、伪造证据，干扰证人作证或者串供的；可能引起犯罪嫌疑人自残、自杀或者逃跑的；可能引起同案犯逃避、妨碍侦查的；犯罪嫌疑人、被告人在住处执行监视居住有人身危险的；犯罪嫌疑人、被告人的家属或者所在

---

① 朗胜主编：《〈中华人民共和国刑事诉讼法〉修改与适用》，新华出版社 2012 年版，第 158 页。

② 陈卫东主编：《刑事诉讼法》（第二版），高等教育出版社 2018 年版，第 172 页。

单位人员与犯罪有牵连的。

2. 关于由何种机关指定居所的问题

我国《刑事诉讼法》规定，犯罪嫌疑人、被告人无固定住处的，未经批准不得离开指定的居所。但究竟不得离开哪个机关指定的居所，却未作明确规定。对此，理论界与实际部门有两种不同看法：第一种观点认为，居所应由决定适用监视居住的机关指定。公安机关仅是该刑事强制措施的执行机关，故无权指定居所，如果由执行机关指定居所则是越权。第二种观点认为，居所应由执行机关指定。决定机关虽是适用监视居住措施的决定者，但不是实际的执行者，其执行者是公安机关，如果由决定机关指定居所将可能给执行机关带来许多不便，更有可能造成扯皮现象，故由执行机关指定居所更为合适。

笔者同意上述第一种观点，即居所应由决定机关来指定。因为指定居所是决定机关在采取监视居住时所必须考虑的一个方面。决定机关在采取监视居住时，不仅要考察犯罪嫌疑人、被告人是否符合监视居住的条件，同时要考察其是否有固定住处，这就意味着在犯罪嫌疑人、被告人无固定住处时，决定机关必须为其指定居所，也只有为其指定居所才能体现和保证监视居住的效果，同时也便于诉讼中随传随到。至于实践中出现的扯皮问题，那是协调问题而不是决定机关指定的问题。

3. 关于能否异地指定居所的问题

决定机关在采用监视居住时，能否异地指定居所？对此学者也有不同观点。有学者认为可以异地指定，即决定机关在指定居所时，为方便诉讼进行，不一定以犯罪嫌疑人、被告人户口或工作单位所在的市、县范围为准，在其户口或工作单位所在的市、县范围外也可以指定居所。也有学者认为异地指定居所不能达到监视居住的目的，同时也不能保障被监视居住人的合法权益，故不能异地指定。决定机关在指定时，应以犯罪嫌疑人、被告人户口或工作单位所在的市、县范围为准，在其所在市、县以外地方不能指定居住。

笔者认为，决定机关在采用监视居住时不能异地指定居所。因为，监视居住是为保证刑事诉讼顺利进行而采取的一种限制人身自由权的刑事强制措施，决定机关指定居所时，既要保证刑事诉讼顺利进行，又要方便被监视居住人的工作、学习和生活，如果异地指定，既不能保证随传随到，导致妨碍诉讼的后果，又不便于被监视居住人工作、学习和生活，从而无法达到适用监视居住应有的效果。

4. 关于错误指定监视居住的赔偿问题

“如果办案机关违反法律规定，错误的对嫌疑人、被告人指定监视居所，《刑事诉讼法》没有明确规定，应当将之纳入国家赔偿范围。”①

## 四、被监视居住人的活动范围及其程度

### （一）被监视居住人的活动范围

既然监视居住的地点是被监视人的固定住处或指定居所，那么，住处和居所的空间范围，即被监视居住人的活动范围应如何界定呢？恰当地界定被监视居住人的活动范围是监视居住这种刑事强制措施得以发挥其应有作用的一个重要条件。司法实践中囿于适用监视居住的对象、条件不明确，监视居住的区域范围难以掌握：范围大了，无法监视等于放任自流；范围小了，则成了变相羁押。② 笔者认为，在确定被监视居住人的活动范围时应正确处理好两方面的问题：一方面，被监视居住人的活动范围不宜过大，不能大到现阶段执行机关难以监视的程度。否则，就达不到监视居住的适用目的。另一方面，被监视居住人的活动范围也不宜太小，否则，就变成了变相拘禁，失去了监视居住刑事强制措施的适用目的。

对于《刑事诉讼法》第 75 条第 1 款的规定，从字面上理解，被监视居住人的活动范围仅限于犯罪嫌疑人、被告人的住处或居所。实践中一般都将住处和居所理解为被监视人所居住的房屋之内的空间，如果超出了这一空间，就不属于住处或居所的范围。根据立法上的文字表述，

---

① 汪海燕等著：《刑事诉讼法解释研究》，中国政法大学出版社 2017 年版，第 197 页。

② 卞建林、陈卫东等著：《新刑事诉讼法实施问题研究》，中国法制出版社 2017 年版，第 104 页。

这一解释是无可非议的。因为立法条文不但要求被监视居住人未经执行机关批准不得离开住处或指定的居所，还规定未经执行机关的批准不得会见他人。这里的“他人”是指与被监视居住人共同居住人及其聘请的律师以外的人。从这些方面看，将住处、居所的范围划定为被监视居住人所居住的房屋内的空间是合理的。但事实上，被监视居住人不可能整天在其住处或居所足不出户。试想，如果被监视居住人所居住的房屋内没有必要的生活设施，如厕所、水管、厨房等，那么，他将如何生活下去？此外，监视居住的最长期限是6个月，如果在这么长的期限内被监视居住人不能出房门，其严厉程度不亚于拘留和逮捕，甚至比其更为严厉。所以，被监视居住人应当有一个活动的空间和范围，故不宜将监视居住的范围仅理解为住处或居所所在房屋之内的空间，否则就无异于对嫌疑人、被告人人身自由权的完全剥夺。

笔者认为，被监视居住人的住所和居所不能单纯地解释为被监视人居住的房子以内的空间，而应当是被监视居住人必要的、能进行基本生活的空间范围，诸如在居住地附近采购生活用品的区域，换句话说，被监视居住人的活动范围应当是以居住的房屋为核心的生活区域。监视居住的立法本意是部分限制嫌疑人、被告人的人身自由权，而不同于完全限制人身自由权的拘留、逮捕，无论如何也不能将监视居住变成比拘留、逮捕更为严厉的刑事强制措施。因此，应当避免对被监视人的活动范围产生狭隘理解，应当明确被监视居住人的活动范围不限于其居住的房子以内的空间。执行机关应当以被监视居住人所居住的房屋为中心，为被监视居住的犯罪嫌疑人、被告人指定一定的活动区域。至于活动区域的范围到底有多大，可由执行机关根据被监视人居住的生活、学习需要，执行机关的监视能力，案件的情况等具体指定。

(二) 被监视居住人在活动范围内的自由程度

被监视居住的犯罪嫌疑人、被告人在指定的活动范围内到底有多大自由？哪些事情可以做，哪些事情不可以做？人们存在不同的观点和意见。[①]笔者认为，被监视居住人除必须遵守《刑事诉讼法》第75条所作的禁止性规定外，在指定的活动区域内不应再受其他的约束。犯罪嫌疑人、被告人可以自由地在指定区域内进行看书、读报、看电视、休息、进行体育锻炼、通信等活动。因为，法律规定监视居住只是在一定程度上部分限制被监视居住人的人身自由权，而并非同拘留、逮捕一样完全限制其自由。被监视居住人的行为只要不违反刑事诉讼法对监视居住的禁止性规定，就应受法律保护。此外，根据刑事诉讼法的规定，被监视居住的犯罪嫌疑人、被告人未经执行机关的批准不得会见他人。这里的“他人”是指与被监视居住人共同居住人及其聘请的律师以外的人。因此，被监视居住人可以与其共同居住的亲属自由会见和谈话而不需经执行机关批准；被监视居住人会见其聘请的律师或辩护人也不需经执行机关批准。

（三）被监视居住人在监视居住期间应遵守的规定及违反规定所产生的法律后果

根据《刑事诉讼法》第 77 条的规定，被监视居住的犯罪嫌疑人、被告人在被监视居住期间，应当遵守以下规定：一是未经执行机关批准不得离开住处；无固定住处的，未经批准不得离开指定的居所。依照上文的分析，这里的“固定住处”是指犯罪嫌疑人、被告人在办案机关所在地的市、县内生活的合法住处。“指定的居所”是指办案机关根据案件情况，在办案机关所在地的市、县内为犯罪嫌疑人、被告人指定的生活居所。为了防止将监视居住变成变相羁押，公安部有关的规范性文件规定了公安机关不得建立专门的监视居住场所，对犯罪嫌疑人、被告人不得在看守所、行政拘留所、留置室或者公安机关其他的工作场所执行监视居住。二是未经执行机关批准不得会见他人或者通信。三是在传讯的时候及时到案。监视居住的目的是为了保证刑事诉讼活动的顺利进行，如果被监视居住对象不与公安司法机关配合，在接到传讯时不及时到案接受讯问，就不能对其适用监视居住。四是不得以任何形式干扰证人作证。与取保候审一样，这里的任何形式也包括以暴力、引诱、威胁或无理纠缠等方式，既可以是被监视居住人本人亲自实施，也可以是被监视居住人指使他人实施。五是不得毁灭、伪造证据或者串供。六是将护照等出入境证件、身份证件、驾驶证件交执行机关保存。

从以上规定可以看出，由于监视居住是比取保候审更为严厉的限制人身自由权的刑事强制措施，被监视居住对象除了应该遵守与取保候审人应当遵守的规定以外，其人身自由权还被进一步限制。

根据《刑事诉讼法》的规定，被监视居住的犯罪嫌疑人、被告人违反相应规定，情节严重的，应予以逮捕。根据公安部《规定》第121条的规定，被监视居住人违反应当遵守的规定，公安机关应当区分情形责令被监视居住人具结悔过或者给予治安管理处罚。情节严重的，可以予以逮捕；需要予以逮捕的，可以对其先行拘留。

最高检《规则》第111条规定，犯罪嫌疑人有下列违反监视居住规定的行为，人民检察院应当对犯罪嫌疑人予以逮捕：故意实施新的犯罪行为；企图自杀、逃跑；实施毁灭、伪造证据或者串供、干扰证人作证行为，足以影响侦查、审查起诉工作正常进行；对被害人、证人、鉴定人、举报人、控告人及其他人员实施打击报复。犯罪嫌疑人有下列违反监视居住规定的行为，人民检察院可以对犯罪嫌疑人予以逮捕：未经批准，擅自离开执行监视居住的处所，造成严重后果，或者两次未经批准，擅自离开执行监视居住的处所；未经批准，擅自会见他人或者通信，造成严重后果，或者两次未经批准，擅自会见他人或者通信；经传讯不到案，造成严重后果，或者经两次传讯不到案。有前两款情形，需要对犯罪嫌疑人予以逮捕的，可以先行拘留。

关于被监视居住人在监视居住期间应遵守的规定及违反规定所产生的法律后果，在司法实践中有以下两个问题值得研究：

第一，“未经批准不得会见他人”中的“他人”，如何理解？《刑事诉讼法》第57条规定，犯罪嫌疑人、被告人在监视居住期间，未经执行机关批准不得会见他人。那么“他人”究竟包括哪些人，刑事诉讼法并未作明确规定，对此学术界有以下几种不同的看法：第一种观点认为“他人”是指犯罪嫌疑人、被告人以外的所有人；第二种观点认为“他人”是指犯罪嫌疑人、被告人的近亲属以外的人；第三种观点认为“他人”是指与犯罪嫌疑人、被告人共同居住的家庭成员以外的人；第四种观点认为“他人”是指与犯罪嫌疑人、被告人共同居住的家庭成员和聘请的律师、辩护人以外的人。①

笔者认为，第一种观点认为“他人”是指被监视居住人以外的所有人，从字面上讲是正确的，但不够明确，应当对“他人”作限制性解释。如果认为“他人”为被监视居住人以外的所有人，其范围太大，与法律设置监视居住措施的本来意图明显不一致。第二种观点认为“他人”是被监视居住人近亲属以外的所有人，也不恰当。实践中，近亲属包括配偶、父母、子女、同胞兄弟姐妹、祖父母、外祖父母等，而且在大多数情况下，被监视居住人与其近亲属是不居住在一起的，有的还相距甚远，如果允许被监视居住人与他们自由相见，明显不妥，也增加了执行机关的难度。第三种观点认为“他人”不包括与被监视居住人共同居住的家庭成员是合理的。因为既然法律规定监视居住的地点一般为被监视居住人的住处，就意味着允许被监视居住人与其家庭成员共同生活，团聚在一起。如果被监视居住人有共同生活的家庭成员而让其单独隔离开来，那就不是监视居住，而是事实上的监禁。对一个在处于被监视居住的人来说，会见与其共同居住的家庭成员也要经过执行机关批准是不现实的，同时在实践中也是难以执行的。那么，被监视居住人与其家庭成员有妨碍刑事诉讼进行的活动怎么办？如果有这种情况，就属于不符合适用监视居住的条件，应当立即变更刑事强制措施。此外，对于犯罪嫌疑人、被告人聘请的律师、辩护人是否包括在“他人”之内，刑事诉讼法规定，律师在侦查、起诉阶段可以介入。由此看来，“他人”也不应包括犯罪嫌疑人、被告人聘请的律师、辩护人，而应将其排除在外。因此，第四种观点认为“他人”指与被监视居住人共同居住的家庭成员和聘请的律师、辩护人以外的人是适当的，它既能发挥监视居住的效果，也能保障被监视居住人的合法权益。

第二，如何理解不遵守监视居住的规定事项“情节严重”的行为？笔者认为，这里的“情节严重”，是指犯罪嫌疑人、被告人不遵守监视居住的规定事项达到了妨碍刑事诉讼顺利进行的程度，即具有社会危险

① 陈光中：《刑事诉讼法实施问题研究》，中国法制出版社 2000 年版，第 175 页。

性，而不能理解为一般的不遵守规定事项的情形，如犯罪嫌疑人、被告人被传讯到案时有个别次数迟到，经批准会见他人时时间稍有拖延的情况，显然就不能视为“情节严重”。

## 第二节　监视居住与相关措施之比较

### 一、监视居住与限制居住之比较

（一）限制居住的立法概况

与我国刑事诉讼法确立监视居住的刑事强制措施不同，世界上有些国家或地区的刑事诉讼法中确立了限制居住制度。所谓限制居住，是指法定机关依法限制犯罪嫌疑人、被告人居住于一定场所，从而停止羁押的一项刑事强制措施。关于限制居住的立法例大致分为两种：一是将限制居住作为一种独立的强制措施；二是将限制居住作为保释的附加条件之一，即在具保的同时采取限制居住的强制措施。①

1. 作为独立刑事强制措施的限制居住

例如，奥地利刑事诉讼法第 180 条第 5 款第 3 项把“命令居住于一固定地点，固定家庭，不得住在某处，某地或有某种往来，节制饮酒或服用其他麻醉品，从事正当工作”作为“较温和方式”的刑事强制措施。又如，德国刑事诉讼法第 116 条把“被告人未得到法官或检察官的许可，不能离开居住地或者一定的区域，除在一个指定的人的监督下，不能离开住所”作为停止执行羁押命令的独立刑事强制措施。再如，我国台湾地区“刑事诉讼法”第 116 条规定：“羁押之被告，得不命具保而限制其居住，停止羁押”。该法第 109 条规定：“案件经上诉者，被告羁押期间如已逾原审判决之刑期者，应即撤销羁押，将被告释放。但检察官为被告之不利益而上诉者，得命具保，责付或限制居住。”此外，

① 李忠诚：《刑事强制措施制度研究》，中国人民公安大学出版社 1995 年版，第 221 页。

该法第108条第4项的但书、第295条第1项但书、第316条但书等都规定了限制居住。限制居住与责付、具保都是台湾地区“刑事诉讼法”确立的刑事强制措施，它们通常是作为羁押停止执行的配套措施而适用的，尽管如此，仍不失为一种独立的刑事强制措施，因为它是独立被适用的，并不是作为其他刑事强制措施的附带条件。

2. 作为其他刑事强制措施附带条件的限制居住

这种限制居住并不独立适用，只作为其他刑事强制措施如保释的附带条件。例如，日本刑事诉讼法第93条第3项规定：“在允许保释时，可以限制被告人的住所或附以其他认为适当的条件。”该法第96条把“被告人违反住所的限制或法院所规定的其他条件”作为撤销保释和没收保证金的理由之一。另外，我国台湾地区“刑事诉讼法”第111条规定，被告一方申请保释，除应交纳保证金或提交保证书外，司法机关还可限制被告的居住。这就是说，限制居住还可以作为保释的附带条件。由此可见，我国台湾地区“刑事诉讼法”中的限制居住具有两重性，既可单独适用，也可以附带适用。①

（二）监视居住与限制居住之比较

我国刑事诉讼法中的监视居住与其他国家和地区刑事诉讼法中的限制居住措施在立法目的上基本相同。我国刑事诉讼法确立监视居住的刑事强制措施体现了控制犯罪与保障人权的辩证统一。在我国司法实践中，监视居住被独立地适用，既可以通过监视来防止被监视人发生社会危险性，又可以使被监视人免受羁押之苦。尤其是对患有严重疾病的犯罪嫌疑人、被告人，以及怀孕的或者哺乳自己婴儿的女性犯罪嫌疑人、被告人适用监视居住体现了革命的人道主义精神和尊重、保障人权的基本原则。而在刑事诉讼法中确立限制居住的国家或地区，无论是将它作为保释的附带条件，还是作为独立的刑事强制措施，其立法目的在于有效地控制被告人，进而达到控制犯罪的目的。同时，限制居住作为停止羁押的配套措施，防止长期羁押被告人，也体现了人权保障的思想。因

① 李忠诚：《刑事强制措施制度研究》，中国人民公安大学出版社1995年版，第222页。

此，我国刑事诉讼法确立监视居住措施与其他国家和地区的限制居住制度在立法目的上殊途同归。

监视居住与限制居住虽然在立法目的上基本相同，但它们毕竟是两种不同的刑事强制措施，它们的区别主要表现在两个方面：

首先，两者在司法实践中的实际功能不同。限制居住在多数情况下是为了停止对被告人的羁押而采用的，而且这种停止羁押的方法一般也只适用于有一定身份、地位或没有逃匿危险的犯罪嫌疑人、被告人。在作为保释的附带条件的情况下，刑事强制措施的重心在保释而非限制其居住。而监视居住不仅要限制被告人的居住，而且在此基础上要进一步进行监视。所以，从控制犯罪角度来看，监视居住既可以作为停止羁押的方法，与逮捕相变更，也可以在适用拘留、逮捕以前独立适用。

其次，就立法技术而言，两者也存在着区别。限制居住在刑事诉讼立法中是作为羁押的配套措施或保释的附带条件出现的，这在立法技术上采取的是一项措施两种用法，体现了灵活性，从某种意义上可以增强保释的效果。而我国刑事诉讼法中的监视居住虽然可以与其他刑事强制措施相互变更使用，但并不是作为取保候审的附带条件，一般认为两者是不能重叠适用的，立法上没有让监视居住身兼二任，体现了立法的明确性和严肃性。①

## 二、监视居住与取保候审之比较

我国《刑事诉讼法》第91条、第98条、第167条等条款，在规定采取刑事强制措施时采用的是“取保候审或者监视居住”表述，可见取保候审和监视居住的适用在很多情况下是通用的。但取保候审和监视居住是我国刑事诉讼法规定的两种不同的刑事强制措施，两者存在着较大的区别：

第一，两者适用的条件不同。依据《刑事诉讼法》第74条的规定，人民法院、人民检察院和公安机关对符合逮捕条件，有下列情形之

① 李忠诚：《刑事强制措施制度研究》，中国人民公安大学出版社1995年版，第223页。

一的犯罪嫌疑人、被告人，可以监视居住：（1）患有严重疾病、生活不能自理的；（2）怀孕或者正在哺乳自己婴儿的妇女；（3）系生活不能自理的人的唯一扶养人；（4）因为案件的特殊情况或者办理案件的需要，采取监视居住措施更为适宜的；（5）羁押期限届满，案件尚未办结，需要采取监视居住措施的。对符合取保候审条件，但犯罪嫌疑人、被告人不能提出保证人，也不交纳保证金的，可以监视居住。对照《刑事诉讼法》第67条规定的取保候审的条件“人民法院、人民检察院和公安机关对有下列情形之一的犯罪嫌疑人、被告人，可以取保候审……”，可发现，监视居住的适用条件明显严格于取保候审的条件，监视居住只能适用于符合逮捕条件并具备特定情形的犯罪嫌疑人和被告人，而取保候审并无符合逮捕条件之限制。而且，对于符合取保候审条件的犯罪嫌疑人、被告人，如果其不能提出保证人或交纳保证金的，可以适用更严厉的强制措施——监视居住。因此，从上述条文可以发现，此次新刑事诉讼法明确了监视居住的独立地位。监视居住是一种介乎取保候审和逮捕之间的强制措施，是羁押的一项替代性措施。①

第二，限制人身自由权的程度不同。根据我国《刑事诉讼法》的有关规定，被取保候审的人未经执行机关批准，不得离开居住的市、县。而被监视居住的嫌疑人、被告人未经执行机关批准不得离开住处，无固定住所的，未经批准不得离开指定居所。另外，被取保候审的人会见他人不需经执行机关批准，而被监视居住人会见他人则必须经执行机关批准。两者相比较，取保候审允许嫌疑人、被告人自由活动的区域较之监视居住要大得多。法律对被取保候审人的人身自由权限制较小，几乎不影响其正常的生活、工作和学习，但被监视居住人的人身自由权将会受到较大的限制。可以说，监视居住是最为严厉的限制人身自由权的刑事强制措施。

第三，违反法定要求的后果不同。根据我国《刑事诉讼法》第71条的规定，被取保候审的犯罪嫌疑人、被告人违反法定要求，“已交纳

① 陈卫东、高通，《从六个方面重塑监视居住制度》，载《检察日报》2012年4月4日，第003版。

保证金的，没收保证金，并且区别情形，责令犯罪嫌疑人、被告人具结悔过，重新交纳保证金，提出保证人或者监视居住，予以逮捕”。而被监视居住的犯罪嫌疑人、被告人违反法定要求，“情节严重的，予以逮捕”。两相比较，违反监视居住法定要求的处罚种类较少，处罚程度也更重。

第四，两者的期限不同。根据我国《刑事诉讼法》第 79 条的规定，人民法院、人民检察院和公安机关对犯罪嫌疑人、被告人取保候审最长不得超过 12 个月，监视居住最长不得超过 6 个月。通过以上比较可以看出，取保候审和监视居住是两种严厉程度相差很大的刑事强制措施，与取保候审相比监视居住更加严厉。

## 第三节　监视居住的程序

### 一、监视居住的决定

根据我国刑事诉讼法的规定，公安机关、人民检察院、人民法院等机关均有权决定对犯罪嫌疑人、被告人实施监视居住，决定后都应该交由公安机关执行。公安机关具体承办案人员根据案件情况决定对犯罪嫌疑人采取监视居住时，应当先制作《呈请监视居住报告书》，说明监视居住的理由和法律依据，并提出执行监视居住的单位，报经县级以上公安机关负责人批准。批准后，立即签发《监视居住决定书》，并向犯罪嫌疑人宣读，由犯罪嫌疑人签名（盖章）、捺指印、填写日期，通知负责执行的派出所。人民法院、人民检察院决定对犯罪嫌疑人、被告人采取监视居住时，应当将《监视居住决定书》和《监视居住通知书》送达公安机关执行。

对外国人采取监视居住的，应当经省级公安机关负责人批准后，在采取监视居住措施 48 小时内，将有关案情、处理情况等上报公安部，并通报同级人民政府外事办公室。对外国人依法作出监视居住后，有关省、直辖市、自治区公安厅、局应当在规定的期限内，将外国人的姓名、性别、入境时间、护照或证件号码、案件发生的时间、地点及主要案情，已采取的刑事强制措施及法律依据，通知该外国人所属国驻华使、领馆，同时报告公安部。

## 二、监视居住的执行

### （一）监视居住的执行主体

《刑事诉讼法》第 74 条第 3 款规定："监视居住由公安机关执行。"公安机关决定监视居住的，由犯罪嫌疑人住处或者指定的居所所在地的派出所执行。人民法院、人民检察院决定监视居住的，负责执行的县级公安机关应当在收到《监视居住决定书》《监视居住通知书》和有关材料并核实被监视居住人后，及时指定被监视居住人住处或者居所所在地派出所执行。由此可见，公安机关是监视居住的唯一执行机关。"执法实践有意或无意偏离立法精神的动因多与执法的功力机关。"① 在司法实践中，公安机关执行监视居住存在两个问题：一是公安机关警力严重不足。检察机关和法院作出的监视居住决定一律由公安机关执行，而公安机关人员非常有限，并担负着艰巨的侦查、预审及治安保卫等任务。二是公安机关难以积极配合。有些公安机关不情愿执行检察院和法院的监视居住决定，即使勉强接受，也是敷衍塞责，不认真监管。究其原因，实与执行监视居住耗时费力、公安机关经费紧张、警力不足有关。

针对实践中存在的上述问题，笔者认为，可将《刑事诉讼法》第 74 条关于监视居住的执行机关之规定修改为："公、检、法三机关作出的监视居住决定，由各自负责执行。检察院、法院在必要时可要求公安机关协助的，公安机关必须执行。"这样规定显然能够减轻公安机关的压力，避免推诿和扯皮，使监视居住决定真正得到切实执行，发挥其应有的作用。况且，检察机关和法院也完全有能力执行各自的监视居住决定，执行起来也更为方便，故没有必要一律由公安关执行。

---

① 程雷：《指定居所监视居住实施问题的解释论分析》，载《中国法学》2016 年第 3 期。

此外，执行机关能否委托犯罪嫌疑人、被告人所在单位或者基层治保组织执行监视居住，法律对此问题未作明确规定。笔者认为，“监视居住由公安机关执行”的规定，应当包含了由公安机关委托犯罪嫌疑人、被告人所在单位或者基层治保组织执行的内容。由公安机关自身的警力执行监视居住，固然是“由公安机关执行”，由公安机关委托被监视居住人的所在单位或者基层治保组织执行，要求公安机关必须办理委托执行手续，交代委托执行事项，受委托的单位或者组织也必须执行规定和遵守执行纪律，这实质上也是由公安机关执行。目前，公安机关特别是基层公安派出所的工作任务繁重而警力相对偏少，单纯依靠自身的力量执行监视居住显然是有一定困难的，而委托执行条件较好的单位或者组织执行监视居住，不但可以缓解公安机关任务与警力的矛盾，而且还能发挥基层组织参与国家管理活动的积极作用。这也是符合修改后的《刑事诉讼法》第 6 条规定的“人民法院、人民检察院和公安机关进行刑事诉讼，必须依靠群众”的原则。当然，具体接受委托承担执行监视居住的人员，应当具备一定的条件，例如政治思想好，有很强的责任心，有执行监视的能力，与本案无牵连，等等。此外，还应当明确受委托承担执行监视居住的单位和基层组织的权力和职责：有权对被监视的对象进行批评教育，及时向委托的公安司法机关汇报被监视对象的有关情况，确保被监视对象不逃离住处或者指定的居所，在公安司法机关传讯的时候保证被监视居住人及时到案，等等。这样，才有利于监视居住这一刑事强制措施在实践中的真正落实，同时也能得到较好的执行效果。

（二）监视居住的执行方式

执行机关对被监视居住者采取何种方式进行监视，已成为实践中适用监视居住措施的一大难题。《刑事诉讼法》第 78 条规定，执行机关对被监视居住的犯罪嫌疑人、被告人，可以采取电子监控、不定期检查等监视方法对其遵守监视居住规定的情况进行监督；在侦查期间，可以对被监视居住的犯罪嫌疑人的通信进行监控。公安部《规定》第 116 条规定，公安机关对被监视居住人，可以采取电子监控、不定期检查等监视方法对其遵守监视居住规定的情况进行监督；在侦查期间，可以对被监视居住的犯罪嫌疑人的电话、传真、信函、邮件、网络等通信进行监控。

关于监视居住的监视方式，学界有人已进行了有益的探讨。① 借鉴这些研究成果，笔者认为，监视居住的监视方式可以用下列形式进行：

1. 直接监视与间接监视

直接监视是指设置专人进行监视，监视人对犯罪嫌疑人、被告人的行动自由进行直接的监控。执行机关采用直接监视的方式，既可以在既定的空间跟踪监视，也可以直接采取电子监控、通信监控，还可以在被监视人居住的建筑物外的适当地方设置监视点等方式监视。直接监视的优点在于，如果被监视居住人违反应当遵守的规定，如未经批准离开住处或指定的居所，未经批准会见不应会见的人，进行毁灭、伪造证据或者串供，监视人员就可以立即进行干预、制止，其效果当然理想。直接监视的不足之处在于，直接进行监视难度较大，执行机关警力不足等。需要指出的是，直接监视不能干预被监视人实施被禁止的活动。间接监视的方式是指被动的、定期的或随机的进行监视，监视人员不主动去监视犯罪嫌疑人和被告人，而是通过其他方式、渠道掌握被监视人的活动情况，如让其在指定的时间到指定地点报到，以此来监视其是否脱离指定区域及其行为是否适当；或者向被监视人的邻居了解其活动，从而达到进行监视的目的。这种方式一般适用于危险性相对较小的犯罪嫌疑人和被告人。在我国司法实践中惯用的是间接监视，这种监视方式的主要缺陷是，一般很难保证监视居住的效果。

2. 持续性监视与间断性监视

持续性监视是指监视人员对被监视人进行全天候的、不间断性的监视，使被监视居住人一直处于被监控之中。持续性监视的效果一般较好，但也存在难度和警力不足等问题。间断性监视是指监视人员不进行持续性的监视，而是间断性地对犯罪嫌疑人、被告人进行抽查、检查监

① 徐静村：《刑事诉讼法学》（上），法律出版社 1997 年版，第 209 页。

视。间断性监视可以定期进行，也可不定期进行，由执行机关根据案件具体情况而定。

3. 主动监视与被动监视

主动监视是指监视人员积极、主动地对被监视人实施监视。监视人员主动进行监视，既可以亲自到被监视人的住处进行，也可以通过其他方式掌握被监视人的情况。被动监视是指监视人员不主动出击，而是要求被监视人定期向监视人员报告其活动情况，从而达到监视的目的。①

上述监视方式从不同的角度体现了监视的形态，它们相互之间可能存在交叉、重合，但并不矛盾，如直接监视与持续性监视及主动性监视就有其一致性。在司法实践中，监视居住的执行机关可以就上述监视方式予以选择适用：如果犯罪嫌疑人、被告人违反应遵守的规定可能性较大的，就应采用直接、持续、主动的监视方式；而对于社会危害性小的犯罪嫌疑人、被告人则可采用间接的、温和的方式进行监视。

监视居住的执行机关应当检查犯罪嫌疑人在被监视居住期间遵守规定的情况，据不同情形分别处理：对未经执行机关批准会见共同居住以外的其他人的，应让其如实交代谈话内容，并责令其具结悔过；在传讯时不到案的，应当强制其到案接受讯问；对有违反相关规定，情节严重的，应当依法提请批准逮捕；犯罪嫌疑人违反应当遵守的规定，尚未构成犯罪的，应依法给予治安管理处罚。被监视居住的犯罪嫌疑人有正当理由需要离开住处或者指定居所的，应当报经县级公安机关批准。侦查中，被监视居住的犯罪嫌疑人会见其聘请的律师不再需要经过特别批准。外国驻华使、领馆官员要求探视被监视居住的本国公民的，立案侦查的公安机关应当及时安排有关的探视事宜。若犯罪嫌疑人拒绝其本国驻华外交、领事官员探视的，公安机关可以不予安排，但应当由其本人提出书面声明。

（三）监视居住的变更与解除

执行机关对被监视居住的犯罪嫌疑人、被告人，应当根据案情变化

① 杨旺年：《关于监视居住几个问题的探讨》，载《法律科学》2001年第6期，第120页。

及时变更或者解除刑事强制措施。对发现不应当追究刑事责任或者监视居住期限届满的，原决定监视居住的机关应作出解除监视居住的决定。人民法院、人民检察院作出变更、解除监视居住决定的，公安机关应当根据原决定机关的决定书变更、解除监视居住。办案部门应先制作《呈请解除监视居住报告书》，说明解除监视居住的理由和法律依据。《呈请解除监视居住报告书》经县级以上公安司法机关负责人批准后，由原决定机关制作《解除监视居住决定书》（人民法院、人民检察院还应制作《解除监视居住通知书》），然后及时通知执行监视居住的机关，由执行机关向被监视居住人宣读和通知有关单位。

## 三、监视居住的期限

《刑事诉讼法》第 79 条规定，对犯罪嫌疑人、被告人采取监视居住最长期限不得超过 6 个月。理论界及司法实践部门对该条规定的理解很不一致。一种观点认为，这一规定是针对同一犯罪嫌疑人、被告人而言的，公安机关、人民检察院和人民法院对犯罪嫌疑人、被告人监视居住，累计期限不得超过 6 个月；另一种观点认为，这一规定是指公安机关、人民检察院和人民法院对犯罪嫌疑人、被告人监视居住的，每一机关各自决定适用监视居住的期限最长不得超过 6 个月，但累计起来可以超过 6 个月，最多可至 18 个月。

笔者同意第一种观点。需要指出的是，公安机关、人民检察院和人民法院三机关在连续适用监视居住的情况下，各机关应当重新办理手续，如重新出具监视居住决定书、监视居住执行通知书，并送达负责执行的公安机关，同时明确告知被监视居住人等。

另外，同一机关能否重复适用监视居住？对于此问题，理论界及司法实践部门也存在分歧。多数人认为，每一机关（包括其上级机关在内的整个系统）只能适用一次监视居住，不能重复适用。笔者对此持相反意见，因为案件情况在不断变化，有时会有重复适用监视居住的必要。例如，公安机关在进行监视居住一个月后取消了监视居住，后来又发现犯罪嫌疑人、被告人有可能逃避或阻碍侦查，必须对其自由加以限制但又不够逮捕条件，此时能否再一次进行监视居住？又如，检察机关先适用监视居住，后转换为逮捕，逮捕后随着侦查的深入，发现不符合法律规定的逮捕条件，但又有限制其人身自由权的必要，这时，该检察机关可否再次适用监视居住？如果不可以，显然于理不通，也不利于保证刑事诉讼的顺利进行。笔者认为，同一机关虽然可以重复适用监视居住，但重复适用的监视居住期限之和不得超过6个月。只有如此才能既不违反法律规定，也不违背法律限制监视居住最长期限的立法精神。

办案机关在监视居住期间不得中断对案件的侦查、起诉和审判。监视居住期间发现有符合《刑事诉讼法》第79条规定不应该追究刑事责任情形，原决定监视居住的机关应当立即解除监视居住，并通知执行机关。公安机关决定对犯罪嫌疑人监视居住，案件移送人民检察院审查起诉后，对于需要继续监视居住的，人民检察院应当依法对犯罪嫌疑人办理监视居住手续。监视居住的期限应当重新计算并告知犯罪嫌疑人。犯罪嫌疑人、被告人及其法定代理人、近亲属或者犯罪嫌疑人、被告人委托的律师及其他辩护人，对监视居住超过法定期限的，有权要求解除监视居住。经审查情况属实的，应当作出解除监视居住的决定，并通知执行机关。

## 四、监视居住的监督

监视居住是一项在较长时间内限制被监视居住人人身自由的强制措施，而且指定居所监视居住虽然不在羁押场所进行，但也是一种严格限制人身自由的强制措施，其在限制人身自由方面与拘留、逮捕差异不大。依据现代刑事诉讼基本理念，采取限制或剥夺人身自由的强制措施时必须对其进行司法审查。在侦查过程中，承担这一司法审查职责的一般是检察机关。① 2012年《刑事诉讼法》修改时，在监视居住中增加了检察机关对指定居所监视居住的决定进行法律监督的规定。人民检察院对指定居所监视居住的决定和执行是否合法实行监督。

① 陈卫东、高通，《从六个方面重塑监视居住制度》，载《检察日报》2012年4月4日，第003版。

（一）监视居住监督的启动

人民检察院对监视居住执行的监督，既可能因为被监视居住的犯罪嫌疑人、被告人的辩护人、诉讼代理人提出，也可能是人民检察院履行法律监督职能的过程中主动进行。根据最高检《规则》规定，辩护人、诉讼代理人认为公安机关、人民检察院、人民法院及其工作人员未转达被监视居住的犯罪嫌疑人、被告人委托辩护人的要求或者未转交其申请法律援助材料的，以及违法限制辩护律师同被监视居住的犯罪嫌疑人、被告人会见和通信的，可以向同级或者上一级人民检察院申诉或者控告。对于公安机关、人民法院决定指定居所监视居住的案件，由同级人民检察院负责监督。

（二）对监视居住监督的内容

一是对监视居住决定的监督。人民检察院作为法律监督机关，要监督指定居所监视居住是否符合法律规定的条件，是否按法定程序履行了批准手续，在决定过程中是否有其他违反刑事诉讼法的行为。人民检察院可以要求有关机关提供指定居所监视居住决定书和相关案卷材料。

二是对监视居住执行的监督。在监视居住执行过程中，人民检察院要监督：（1）执行机关收到指定居所监视居住决定书、执行通知书等法律文书后是否以及是否及时派员执行；（2）在执行指定居所监视居住后二十四小时以内有没有通知被监视居住人的家属的；（3）是否违反规定在羁押场所、专门的办案场所执行监视居住的；（4）是否为被监视居住人通风报信、私自传递信件、物品的；（5）是否违反规定安排辩护人同被监视居住人会见、通信，或者违法限制被监视居住人与辩护人会见、通信的；（6）是否对被监视居住人刑讯逼供、体罚、虐待或者变相体罚、虐待的；（7）是否有其他侵犯被监视居住人合法权利行为或者其他违法行为的。

（三）监视居住的具体监督机构

关于指定居所监视居住决定的监督机构。对于公安机关、人民法院决定指定居所监视居住的案件，由批准或者决定的公安机关、人民法院的同级人民检察院负责捕诉的部门对决定是否合法实行监督。人民检察院决定指定居所监视居住的案件，由负责控告申诉检察的部门对决定是否合法实行监督。

关于指定居所监视居住执行的监督机构。对于公安机关、人民法院决定指定居所监视居住的案件，由人民检察院负责刑事执行检察的部门对指定居所监视居住的执行活动是否合法实行监督。人民检察院决定指定居所监视居住的案件，由负责控告申诉检察的部门对指定居所监视居住的执行活动是否合法实行监督。

# 第十章　刑事拘留

## 第一节　刑事拘留概述

### 一、刑事拘留的概念

刑事拘留，是指公安机关、人民检察院在侦查过程中，在紧急情况下，依法临时剥夺某些现行犯或者重大嫌疑分子的人身自由的一种强制措施。英、美、德、日、法等域外国家的无证逮捕、紧急逮捕，类似于我国的刑事拘留。①

我国《刑事诉讼法》第82~83条，第85~86条，六部门《规定》第16条，最高检《规则》第121~127条，以及公安部《规定》第124~132条，对刑事拘留进行了全面规定。② 刑事拘留作为最严厉的人身强制措施之一，在我国司法实践中，具有极其特殊的地位和作用。实证研究结果显示，刑事拘留是侦查实践中适用率最高的强制措施，其剥夺人身自由强度大、时间长，各地的平均适用率约为93%，较大部分犯

① 中国大百科全书总编辑委员会《法学》编辑委员会：《中国大百科全书·法学》，中国大百科全书出版社1994年版，第664页。

② 陈光中主编：《刑事诉讼法》（第六版），北京大学出版社/高等教育出版社2016年版，第239页。

罪嫌疑人被剥夺人身自由的时间长达 37 日。① 刑事诉讼法实施以来，学界关于“刑事拘留的条件”“期限”“通知程序”以及“法律监督”等问题，争议较多，需要进一步完善和修改。

刑事拘留具有如下特征：②

（一）适用主体具有特定性

拘留，是对犯罪嫌疑人人身自由的一种剥夺，属于比较严厉的强制措施、而，《刑事诉讼法》规定，只有公安机关、人民检察院等对刑事案件拥有侦查权的专门机关才能决定适用拘留，其他任何机关（包括人民法院）、社会团体和个人都无权决定和执行拘留。

（二）适用对象具有特定性

拘留，是一种临时剥夺犯罪嫌疑人人身自由的强制措施，所针对的是现行犯或重大嫌疑分子，或法定的紧急情况，除此之外，其他情形下不得适用拘留。即使犯罪嫌疑人罪该逮捕，但只要不是现行犯或重大嫌疑分子，或法定紧急情况，也无须适用拘留，换言之，拘留并非逮捕的前置程序。

（三）适用期限具有临时性

因为拘留是针对符合法定情形的现行犯或重大嫌疑分子而设，因而其只能临时性、短时间内剥夺犯罪嫌疑人的人身自由，一旦紧急情况消失，就应当解除拘留或变更为其他强制措施。因此，拘留的期限往往较短，只有 3 日。

## 二、刑事拘留与相关概念的区别

我国多部法律都规定了拘留措施，如《刑事诉讼法》《行政处罚法》《治安管理处罚法》《民法通则》《行政诉讼法》《民事诉讼法》

---

① 孙长永、武小琳：《新〈刑事诉讼法〉实施前后刑事拘留适用的基本情况、变化及完善——基于东、中、西部三个基层法院判决样本的实证研究》，载《甘肃社会科学》2015 第 1 期。

② 陈卫东主编：《刑事诉讼法》（第二版），高等教育出版社 2018 年版，第 174 页。

等。这些拘留，在法学理论上又分别被称为刑事拘留、行政拘留（也称为治安拘留）、司法拘留（包括刑事司法拘留、民事司法拘留、行政司法拘留）。为了全面了解这些拘留的特点，以便在实践中更好地准确应用，有必要厘清它们之间的区别。

（一）刑事拘留与行政拘留的区别

刑事拘留与行政拘留（也称为治安拘留）都具有法律上的强制性，都是对被拘留人人身自由权的限制，并且都由公安机关执行。但两者之间的区别也是明显的：

（1）法律依据不同。刑事拘留的法律依据是《刑事诉讼法》第 82 条及其相关规定；行政拘留的法律依据是《行政处罚法》和《治安管理处罚法》。

（2）法律性质不同。刑事拘留是一种刑事强制措施，不是对被拘留人的处罚。如果被拘留人被判处刑罚，刑事拘留的日期可以折抵刑期；行政拘留则是对实施违反治安管理行为的人的一种处罚，属于行政制裁的范畴。

（3）使用目的不同。使用刑事拘留的目的在于及时制止犯罪，防止现行犯或者重大嫌疑分子逃避、妨碍侦查、起诉和审判，或者继续危害社会；使用行政拘留的目的是为了惩罚和教育有轻微违法行为尚不够刑事处罚的人。

（4）适用对象不同。刑事拘留适用于触犯刑法，构成犯罪的现行犯或者重大嫌疑分子；行政拘留适用于违反治安管理处罚法的相对人。

（5）羁押期限不同。刑事拘留的羁押期限，根据刑事诉讼法的规定，除流窜作案、多次作案、结伙作案的重大嫌疑分子外，一般为 10 日，特殊情况下可以延长 1 日至 4 日，即最多不超过 14 日；行政拘留的羁押期限为 1 日以上，15 日以下，由公安机关依照《治安管理处罚法》的有关规定裁决。

（6）决定机关不完全相同。刑事拘留除公安机关有权使用外，人民检察院也有权使用；行政拘留只能由公安机关使用。

由于刑事拘留与行政拘留有上述区别，因而对两者既不能混同使用，也不能同时并用。对符合刑事拘留条件的人，不能为了延长羁押期限先给予行政拘留的处罚，再采用刑事拘留。对于只有违反治安管理行为的人，只应处以行政拘留，不能使用刑事拘留。如果公安机关在行政拘留期间，发现被拘留人还有犯罪行为，并且又符合刑事拘留的条件，当然可以对其改用刑事拘留。

（二）刑事拘留与司法拘留的区别

司法拘留包括刑事司法拘留、民事司法拘留、行政司法拘留。刑事拘留与司法拘留都是在诉讼过程中使用的刑事强制措施，都剥夺了适用对象的人身自由权，并且都具有保障诉讼顺利进行的作用。但是，两者也有以下区别：

（1）法律依据不同。刑事拘留的法律依据是刑事诉讼法及其相关规定。司法拘留根据具体种类的不同其法律依据也不相同：刑事司法拘留的法律依据是《刑事诉讼法》第161条、民事司法拘留的法律依据是《民事诉讼法》第10章《对妨害民事诉讼的强制措施》、行政司法拘留的法律依据是《行政诉讼法》第59条。

（2）决定机关不同。刑事拘留由公安机关、人民检察院在直接受理的案件中决定采用；司法拘留只有对司法案件（包括刑事、民事、行政案件）行使审判权的人民法院有权决定采用。

（3）适用对象不同。刑事拘留适用于现行犯和重大嫌疑分子；司法拘留不仅适用于原告、被告、第三人和其他诉讼参与人，而且还可以适用于没有参与诉讼的人，如以胁迫方法阻止证人作证的、以暴力阻碍司法工作人员执行职务的，范围较广。具体来讲，刑事司法拘留适用严重违反刑事法庭秩序、情节严重而又不构成犯罪的诉讼参与人及案外人和执行中的拒不执行判决、裁定情节严重的人，而对妨害法庭秩序和执行秩序以外的行为如毁灭证据、逃跑、继续犯罪等就不适用该种拘留，而应适用作为五种刑事强制措施之一的刑事拘留；而民事和行政司法拘留适用所有的妨害民事或行政诉讼秩序、情节严重而又构不成犯罪的诉讼参与人及案外人等。①

（4）适用条件不同。刑事拘留是在紧急情况下对现行犯或者重大嫌疑分子使用；司法拘留的适用条件一般是行为人故意实施了妨害司法诉讼（包括刑事审判、民事诉讼、行政诉讼）的某种行为，如哄闹、冲击法庭，侮辱、诽谤、威胁、殴打审判人员，严重扰乱法庭秩序等。

（5）羁押期限不同。刑事拘留的羁押期限，根据刑事诉讼法的规定，除流窜作案、多次作案、结伙作案的重大嫌疑分子外，一般为 10 日，特殊情况下可以延长 1 日至 4 日，即最多不超过 14 日；司法拘留的羁押期限均为 15 日以下。

（6）法律后果不同。刑事拘留的期限，在对被拘留人定罪处刑后，应予折抵刑期；司法拘留是对实施妨害司法诉讼行为的人一种制裁，拘留期限没有折抵的问题，如果被拘留人在拘留期间承认并改正错误，人民法院还可以决定提前解除拘留。

## 三、刑事拘留的对象

### （一）现行犯和重大嫌疑分子

我国《刑事诉讼法》第 82 条规定了“公安机关对于现行犯或者重大嫌疑分子，如果有下列情形之一的，可以先行拘留”，根据该条规定，拘留对象是现行犯或者重大嫌疑分子。所谓现行犯是指正在进行犯罪的人。② 重大嫌疑分子，是指有证据证明具有重大犯罪嫌疑的人。③ 通常是指有部分证据或多种迹象表明实施犯罪可能性较大或者很大的人。

根据公安部《规定》第 129 条的规定，所谓流窜作案，是指跨市、县管辖范围连续作案，或者在居住地作案后逃跑到外市、县继续作案。所谓多次作案，是指三次以上作案。结伙作案，是指二人以上共同

① 石经海，《司法拘留与民事拘留关系新论》，载《法学杂志》2005 年第 2 期。

② 陈卫东主编：《刑事诉讼法》（第二版），高等教育出版社 2018 年版，第 174 页。

③ 陈光中主编：《刑事诉讼法》，北京大学出版社 2016 年版，第 239 页。

作案。

（二）违反其他刑事强制措施的犯罪嫌疑人、被告人

被采取取保候审、监视居住等刑事强制措施的犯罪嫌疑人、被告人如果违反取保候审、监视居住的规定，则可能被逮捕，在被逮捕之前，可以对犯罪嫌疑人、被告人先行拘留。《刑事诉讼法》第 71 条第 4 款规定："对违反取保候审规定，需要予以逮捕的，可以对犯罪嫌疑人、被告人先行拘留。"该法第 77 条第 2 款规定："被监视居住的犯罪嫌疑人、被告人违反前款规定，情节严重的，可以予以逮捕；需要予以逮捕的，可以对犯罪嫌疑人、被告人先行拘留。"

（三）职务犯罪嫌疑人

根据 2018 年通过的《监察法》，职务犯罪案件的调查由监察机关进行，调查结束后，如果监察机关认为构成犯罪，需要提起公诉，则将案件移交检察机关审查起诉。《刑事诉讼法》规定，"对于监察机关移送起诉的已采取留置措施的案件，人民检察院应当对犯罪嫌疑人先行拘留，留置措施自动解除"。此处规定的拘留也是为了保障诉讼顺利进行的刑事强制措施。

本章所论述的刑事拘留主要是针对现行犯和重大嫌疑犯所采取的拘留措施。

## 四、刑事拘留的条件

"刑事拘留的实质条件，在于必须具备'紧急情况'以及法定'列举原因'两个要件。"①

笔者认为，我国的刑事拘留必须同时具备以下两个条件：一是拘留对象是现行犯或者重大嫌疑分子，这是拘留的实质条件。关于什么是现行犯和重大嫌疑分子，前面已有详细论述，在此不再赘述。二是有法定的紧急情形之一，所谓法定的紧急情形，是指《刑事诉讼法》第 82 条规定的紧急情形，主要包括：（1）正在预备犯罪、实行犯罪或者在犯

---

① 卞建林、陈卫东等著：《新刑事诉讼法实施问题研究》，中国法制出版社 2017 年版，第 108 页。

罪后即时被发觉的；(2) 被害人或者在场亲眼看见的人指认他犯罪的；(3) 在身边或者住处发现有犯罪证据的；(4) 犯罪后企图自杀、逃跑或者在逃的；(5) 有毁灭、伪造证据或者串供可能的；(6) 不讲真实姓名、住址，身份不明的；(7) 有流窜作案、多次作案、结伙作案重大嫌疑的。人民检察院在直接受理的案件的侦查过程中，对犯罪后企图自杀、逃跑或者在逃的和有毁灭、伪造证据或者串供可能的犯罪嫌疑人，有权决定拘留。

以上任何一种情形如果不先行拘留就会失去罪证，给抓获犯罪嫌疑人造成困难，不利于侦查、起诉和审判的顺利进行，更不能即时制止犯罪。如果没有法定的某种紧急情形，就不应拘留。即使是对该逮捕的现行犯，在无法定 7 种紧急情形时，也只能依照法定程序采用逮捕措施，而不应先行拘留。所以，拘留并不是逮捕前的必经步骤。

只要符合上述两个条件，无论其罪行轻重，经审查后是否需要逮捕，都可予以拘留。因此，对被拘留的人经审查后予以释放，对某些被释放的人继续追究刑事责任，都是可能的。法律规定拘留必须同时具备上述两个条件，其重要意义就是：既能及时制止犯罪，保障侦查、起诉和审判的顺利进行，又能控制拘留的使用，保障正确行使拘留权，防止“乱拘滥捕”现象的发生。

## 第二节 刑事拘留程序

### 一、刑事拘留的决定

#### (一) 公安机关决定的拘留

根据《刑事诉讼法》，最高检《规则》以及公安部《规定》，公安机关决定拘留时，案件承办人应当填写《呈请拘留报告书》，写明被拘留人的基本情况和犯罪事实，并附有关证据和犯罪嫌疑根据，报县级以上公安机关负责人批准，签发《拘留证》。

对符合拘留条件，因情况紧急来不及办理拘留手续的，或者群众扭送到公安机关的现行犯、犯罪在逃嫌疑人等，应当在将犯罪嫌疑人带至公安机关后立即办理法律手续。目前，公安机关内部通过法制部门及各部门的法制人员对刑事案件及强制措施进行全面审核的工作机制已经建立。刑事拘留审核的基本程序是：（1）办案部门的办案民警填报文书，上传证据材料电子版或扫描件；（2）办案部门的法制人员审核证据材料和文书；（3）办案部门负责人审核证据材料和文书，批准通过；（4）县级以上公安机关法制民警审核证据材料和文书；（5）县级以上公安机关负责人审核证据材料和文书，批准通过；（6）系统生成《拘留证》和相关文书及签章，打印《拘留证》。

（二）人民检察院决定的拘留

人民检察院决定拘留犯罪嫌疑人的，应当由具体办案人员提出意见，经部门负责人审核后由检察长决定。

## 二、刑事拘留的执行

（一）刑事拘留执行的基本程序

1. 公安机关决定的拘留执行的基本程序

公安机关应当指派 2 名以上公安机关人员执行。执行拘留时，必须出示《拘留证》，并责令被拘留人在《拘留证》上签名（盖章）、捺指印，拒绝签名（盖章）、捺指印的，侦查人员应当在《拘留证》中注明。根据公安部《规定》，紧急情况下，符合拘留条件的，应当将犯罪嫌疑人带至公安机关后立即审查，办理法律手续。一般情况下，拘留必须签发拘留证。拘留证可以起到规范公安机关的拘留执行行为，保障被拘留人的人权，有利于普通公民侦查活动合法性的心理建设等作用。在实践中，要求所有案件拘留嫌疑人时都必须先办理手续再执行是行不通的，特别是针对现行犯的拘留。① 所以，现实情况所表现的反而是以无证拘留为主，以有证拘留为辅。

① 张兴国：《刑事拘留制度的合理构建》，载《江苏警官学院学报》2004 年第 4 期，第 75 页。

2. 人民检察院决定的拘留执行的基本程序

人民检察院作出拘留决定后，应当送达县级以上公安机关执行。县级以上公安机关凭人民检察院送达的决定拘留的法律文书签发《拘留证》并立即执行。必要的时候，人民检察院可以协助公安机关执行。拘留后，应当及时通知人民检察院进行讯问，并由人民检察院通知被拘留人的家属或者他的所在单位。

（二）刑事拘留执行的方式

刑事拘留的执行方式，即公安机关在执行刑事拘留时为了控制犯罪嫌疑人、达到成功拘留的目的时而对犯罪嫌疑人所实施的针对其人身的各种措施。尤其是指当犯罪嫌疑人有抗拒拘留的肢体动作时，公安机关应采取的方式。我国的刑事诉讼法并没有对拘留的执行方式做出具体的规定，我国公安机关执行拘留时采取的方式一般依据 1996 年 1 月 16 日国务院令第 191 号发布施行的《人民警察使用 警械和武器条例》和 1995 年通过的《人民警察法》。《人民警察法》第 11 条规定："为制止严重违法犯罪活动的需要，公安机关的人民警察依照国家有关规定可以使用警械。"《人民警察使用警械和武器条例》第 8 条规定，人民警察依法执行逮捕、拘留、看押、押解、审讯、拘传、强制传唤的任务时，遇有违法犯罪分子可能脱逃、行凶、自杀、自伤或者有其他危险行为的，可以使用手铐、脚镣、警绳等约束性警械。

（三）拘留后的羁押和通知

我国现行《刑事诉讼法》对拘留后的通知，缺乏详细明确规定，如"家属的范围""通知的内容方式及法律责任"以及"有碍侦查"不通知的情形等。①

根据公安部《规定》第 126—127 条的规定，拘留后，应当立即将被拘留人送看守所羁押，至迟不得超过 24 小时。异地执行拘留的，应当在到达管辖地后 24 小时以内将犯罪嫌疑人送看守所羁押。拘留犯罪嫌疑人后，除无法通知或者涉嫌危害国家安全犯罪、恐怖活动犯罪通知

① 汪海燕等著：《刑事诉讼法解释研究》，中国政法大学出版社 2017 年版，第 198~209 页。

可能有碍侦查的情形以外，应当在24小时内制作《拘留通知书》，把拘留的原因和羁押的处所通知被拘留人的家属。“无法通知”的情形包括：不讲真实姓名、住址、身份不明的；没有家属的；提供的家属联系方式无法取得联系的；因自然灾害等不可抗力导致无法通知的。“有碍侦查”是指可能毁灭、伪造证据，干扰证人作证或者串供的；可能引起同案犯逃避、妨碍侦查的；犯罪嫌疑人的家属与犯罪有牵连的。上述情形消除后，应当立即通知被拘留人的家属。对没有在24小时内通知的，应当在拘留通知书中注明原因。

（四）拘留特殊对象的法律手续问题

根据我国《全国人民代表大会组织法》和《地方各级人民代表大会合地方各级政府组织法》以及公安部《规定》，公安司法机关依法对县级以上各级人民代表大会代表采取拘留的，应当书面报请该代表所属人民代表大会主席团或常务委员会许可。执行机关依法执行拘留时，发现被执行人是人大代表的，应当立即解除，报告其所属人大主席团或常委会，并通知决定或批准机关；执行机关对现行犯罪的人大代表先行拘留的，应立即向其所属人大主席团或常委会报告；执行机关依法对乡、镇人大代表采取拘留的，应当在执行后立即报告其所属的人民代表大会。

执行机关依法对政协委员采取拘留前，应当向该委员所属的政协组织通报情况；情况紧急的，可同时或事后及时通报。

对不享有外交特权或豁免权的外国人拘留时，要事先征求省、自治区、直辖市外事办公室和外国人主管部门的意见，根据案情报公安部或国家安全部审批，边远地区或其他地区因特殊情况来不及批准的，可以边执行边报告，经省级公安机关负责人批准后，再将有关案情、处理情况等于采取拘留48小时以内报告公安部，同时通报同级人民政府外事办公室。执行拘留后，有关省、自治区、直辖市公安厅、局应当在规定期限内，将其姓名、性别、入境时间、护照或证件号码、案件发的时间、地点及涉嫌犯罪的主要事实、拘留的法律依据等，通知该嫌疑人所属国在华使、领馆，同时上报公安部。经省级公安机关批准，拘留时可以依法扣留其护照，发给扣留护照的证明，并将有关情况及时上报公安部，并通报同级人民政府外事办公室。拘留外国留学生应征求地方外事办公室和高教厅、局的意见后，报公安部或国家安全部审批。执行机关在案件终结前，外国驻华外交人员要求探视被拘留的本国公民的，执行机关应当及时安排有关探视事宜。若犯罪嫌疑人拒绝其所属国驻华外交人员探视的，执行机关可以不予安排，但应当由其提出书面声明。

（五）异地执行拘留

异地执行拘留时，执行人员应当持拘留证、办案协作函件和工作证件，与协作地县级以上公安机关联系，协作地公安机关在接到要求配合的协作函件后，应当对其进行认真审查。对于手续齐备、合法的，应当派侦查人员协助执行地公安机关拘留犯罪嫌疑人。委托异地公安机关代为执行拘留的，应将拘留证、办案协作函件送达协作地公安机关。已被决定拘留的犯罪嫌疑人在逃的，可以通过网上工作平台发布犯罪嫌疑人相关信息、拘留证。各地公安机关发现网上逃犯的，应当立即组织抓捕。协作地公安机关应当积极协作拘留犯罪嫌疑人，协作地公安机关抓获犯罪嫌疑人后，应当立即通知委托地公安机关，委托地公安机关应当立即携带法律文书及时提解，提解的侦查人员不得少于 2 人。

异地委托执行拘留，主要适用于情况紧急，犯罪嫌疑人有逃跑、自杀可能，执行地公安机关派员到异地执行拘留时间上来不及，或犯罪嫌疑人经常在异地生活、工作的。

（六）拘留后的处理

对于被拘留的犯罪嫌疑人，公安机关应当在拘留后的 24 小时内进行讯问。经审查后，根据案件情况，分别作出如下处理：

（1）需要逮捕的，在拘留期限内，依法办理提请批准逮捕手续。被拘留的犯罪嫌疑人，经审查认为需要逮捕的，应当在 3 日内制作《提请批准逮捕书》，经县级以上公安机关负责人审查后，提请同级人民检察院审查批准。在特殊情况下，经县级以上公安机关负责人批准，提请审查批准逮捕的时间，可以延长 1 日至 4 日。

对于流窜作案（指跨市、县管辖连续作案，或者在居住地作案后逃跑到外市、县继续作案）、多次作案（指3次以上作案）、结伙作案（指2人以上共同作案）的重大嫌疑分子，经县级以上公安机关负责人批准，提请审查批捕的时间可以延长至30日。

需要延长拘留期限的，办案单位应当在期限届满前24小时内制作《呈请延长拘留期限报告书》，报县级以上公安机关负责人批准。犯罪嫌疑人不讲真实姓名、住址，身份不明，在30日内不能查清提请批准逮捕的，经县级以上公安机关负责人批准，拘留期限自查清其真实身份之日起计算，但不得停止对其犯罪行为的侦查。对有证据证明有犯罪事实的案件，也可以按其自报的姓名提请批准逮捕。

人民检察院应当在接到公安机关《提请批准逮捕书》后7日以内，作出批准逮捕或不批准逮捕的决定。办案单位认为人民检察院不批准逮捕有错误，可以要求复议，意见不被采纳还可以复核，但复议、复核期间必须变更或者解除拘留措施。

（2）应当追究刑事责任，但不需要逮捕的，依法直接向人民检察院移送审查起诉，或者依法办理取保候审或者监视居住手续后，向人民检察院移送审查起诉。

（3）罪行轻微不需追究刑事责任，或具有《刑事诉讼法》第16条的规定等不应当拘留的情况，经县级以上公安机关负责人批准，签发《释放通知书》，看守所凭《释放通知书》发给被拘留人《释放证明书》，立即释放。需要予以行政处理的，依法处理。

（4）被拘留人没有实施危害社会行为的，办案单位应当立即写出书面报告，报经县级以上公安机关负责人批准，立即释放，发给释放证明。

犯罪嫌疑人及其法定代理人、近亲属或者犯罪嫌疑人委托的律师及其他辩护人认为公安司法机关对拘留的犯罪嫌疑人羁押超过法定期限，向公安司法机关提出释放犯罪嫌疑人或者变更拘留措施要求的，由公安司法机关进行审查。经审查认为超过法定期限的，应当提出释放犯罪嫌疑人或者变更拘留措施的意见，经县级以上公安司法机关负责人批准后，通知执行机关执行；经审查认为未超过法定期限的，书面答复申诉人。

## 三、刑事拘留的期限

期限有两种含义。一种是指限定的一段时间，这是期限的基本含义；另一种是期限的引申含义，指限定时间的最后界限。① 前者是一个时间概念，如延长期限，则表示将期限的时间进行延长；后者强调的是时间上的截止性，如超过规定的期限，指的是时间在规定的某点结束，截至那个时间点。刑事拘留的期限，是指公安机关向人民检察院提请批捕的时间和人民检察院审查批捕时间之和。

（1）刑事拘留后，公安机关提请检察机关批捕的期限，按照我国《刑事诉讼法》第 91 条和公安部《规定》第 129 条的规定，刑事拘留后侦查机关提请人民检察院审查批捕的期限分三种情况：①三日，公安机关对被拘留的人，经过审查认为需要逮捕的，应当在拘留后的 3 日以内，提请人民检察院审查批准。②七日，即在特殊情况下，经县级以上公安机关负责人批准，提请审查批准逮捕的时间，在原有 3 日的基础上延长 1 日至 4 日。在司法实践中，特殊情况一般是指犯罪嫌疑人的行为构成了犯罪的重大嫌疑，但是犯罪事实尚未查明、案情复杂、证据材料的收集尚不足以提请审查批准逮捕的；作为认定案件事实的主要证据的鉴定结论尚未作出，影响确定案件性质的。根据公安部《规定》第 129 条的规定，需要延长拘留期限的，办案单位应当在期限届满前 24 小时内制作《呈请延长拘留期限报告书》，报县级以上公安机关负责人批准。③三十日，即对于流窜作案、多次作案、结伙作案的重大嫌疑分子，经县级以上公安机关负责人批准，提请审查批准逮捕的时间可以延长至 30 日。根据公安部《规定》第 129 条的规定，需要延长拘留期限的，办案单位应当在期限届满前 24 小时内制作《呈请延长拘留期限报告书》，报县级以上公安机关负责人批准。根据公安部《规定》第 129 条的规定，流窜作案，是指跨市、县管辖范围连续作案，或者在居住地

① 袁晖主编：《现代汉语多义词词典》，书海出版社 2001 年版，第 555 页。

作案后逃跑到外市、县继续作案。多次作案，是指三次以上作案。结伙作案，是指二人以上共同作案。同时，《刑事诉讼法》第 90 条规定，人民检察院对于公安机关提请批准逮捕的案件进行审查后，应当根据情况分别作出批准逮捕或者不批准逮捕的决定。对于批准逮捕的决定，公安机关应当立即执行，并且将执行情况及时通知人民检察院。对于不批准逮捕的，人民检察院应当说明理由，需要补充侦查的，应当同时通知公安机关。

（2）刑事拘留的时间。结合提请批准逮捕以及审查批准逮捕的时间规定，我国刑事拘留的期限一般不超过 10 日，特殊情况下不超过 14 日；对流窜作案、多次作案、结伙作案的重大嫌疑分子，拘留后羁押的时间不超过 37 日。

此外，根据公安部《规定》第 124 条的规定，犯罪嫌疑人不讲真实姓名、住址，身份不明，在 30 日内不能查清提请批准逮捕的，经县级以上公安机关负责人批准，拘留期限自查清其身份之日起计算，但不得停止对其犯罪行为的侦查。对有证据证明有犯罪事实的案件，也可以按其自报的姓名提请批准逮捕。笔者认为，这一规定不符合刑事诉讼法关于刑事拘留期限的立法精神，理由如下：

其一，“拘留期限重新计算”与刑事诉讼法有关拘留规定的精神相违背。

首先，刑事诉讼法没有“拘留期限重新计算”的规定。遍查刑事诉讼法有关拘留的规定，并未找到“拘留期限重新计算”的相关条款，只是《刑事诉讼法》第 82 条规定了先行拘留的 7 种情形，其中第 6 种情形就是“不讲真实姓名、住址，身份不明的”。最高人民法院、最高人民检察院、公安部、国家安全部、司法部、全国人大常委会法制工作委员会《关于刑事诉讼法实施中若干问题的规定》中也没有“拘留期限重新计算”的规定。这充分说明，“不讲真实姓名、住址，身份不明的”只是先行拘留的法定情形之一，根本不是“拘留期限重新计算”的法定情形。

其次，“拘留期限重新计算”与刑事诉讼法规定的拘留期限相违背。依据《刑事诉讼法》第 91 条之规定，拘留期限一般情况下是 10 日，特殊情况下为 4 日；对于流窜作案、多次作案、结伙作案的重大嫌疑分子，拘留期限可长达 37 日。而根据公安部《规定》第 124 条的规定，只要犯罪嫌疑人的姓名、住址、身份未被公安机关查清、证据不能证明其有犯罪事实或不足以证明其有犯罪事实，就可突破刑事诉讼法规定的拘留期限的限制，对其无限期羁押。这和已被取消的收容审查相比，有过之而无不及，后者毕竟还有明确的羁押期限。

其二，“拘留期限重新计算”与《刑事诉讼法》第 160 条规定的精神相悖。

《刑事诉讼法》第 160 条规定，犯罪嫌疑人不讲真实姓名、住址，身份不明的，侦查羁押期限自查清其身份之日起计算，但是不得停止对其犯罪行为的侦查取证。对于犯罪事实清楚，证据确实、充分的，确实无法查明其身份的，也可以按其自报的姓名起诉、审判。如果说公安部《规定》第 124 条的规定与《刑事诉讼法》第 156 条规定的精神是一致的，那必须有一个条件，即侦查羁押期限是从拘留之日起计算，或者说侦查羁押期限包括拘留期限。但情况并非如此。《刑事诉讼法》第 156 条明确规定，对犯罪嫌疑人逮捕后的侦查羁押期限不得超过两个月。参与刑事诉讼法立法讨论修改、熟悉立法过程的专家，在侦查羁押期限的释义中指出：“鉴于刑事诉讼法修改后，将同时取消收容审查这种行政性强制措施，相应地缩短了刑事诉讼中事实上的侦查羁押期限。为了解决因侦查羁押期限不足给侦查工作带来的困难，修改后的刑事诉讼法决定侦查的期限以‘对犯罪嫌疑人逮捕后’开始计算。由于侦查期限起算时间的后移，相对地延长了侦查期限。”① 这说明侦查羁押期限是从逮捕之日起计算，而不是从拘留之日起计算。

在此，或许有人会以 1981 年 3 月 18 日最高人民法院、最高人民检察院、公安部《关于侦查羁押期限从何日起算问题的联合通知》为依据来说明侦查羁押期限是从拘留之日起计算，或者说侦查羁押期限包括

① 刘家琛主编：《新刑事诉讼法条文释义》，人民法院出版社 1996 年版，第 314 页。

拘留期限。该联合通知规定，《刑事诉讼法》第 92 条规定的两个月羁押期限，应从刑事拘留之日起计算；未经刑事拘留直接逮捕的，从逮捕之日起计算。但是，既然修改后的刑事诉讼法已明确规定了侦查羁押期限的起算问题，而该联合通知的规定与此相抵触，自然丧失法律效力。因此，该理由是站不住脚的。

至此我们可以得出结论，“拘留期限重新计算”背离了修改后的刑事诉讼法的立法精神。它可能使我国司法实践中久治不愈的以拘代侦、以拘代审、久拘不结现象合法化，侵犯犯罪嫌疑人的人身自由权，甚至可能导致“身份不明的犯罪嫌疑人”被无限期拘留，这实质上是“重犯罪控制、轻人权保障”“有罪推定”观念的反映，其负面影响不容忽视。

（3）人民检察院直接受理案件和监察机关移送案件的拘留期限。对于人民检察院直接受理的案件，对犯罪嫌疑人拘留的期限规定，与公安机关侦查的案件的拘留期限不同。《刑事诉讼法》第 167 条规定，人民检察院对直接受理的案件中被拘留的人，认为需要逮捕的，应当在十四日以内作出决定。在特殊情况下，决定逮捕的时间可以延长一日至三日。也就是说，人民检察院直接受理的案件的拘留期限最长为十七日。2018 年《监察法》出台和《刑事诉讼法》修改，人民检察院直接受理的案件主要是在对诉讼活动实行法律监督中发现的司法工作人员利用职权实施的非法拘禁、刑讯逼供、非法搜查等侵犯公民权利、损害司法公正的犯罪。司法工作人员利用职权侵犯公民权利案件与公安机关办理的案件中的流窜作案、多次作案、结伙作案的案件有很大区别，这也是对人民检察院直接受理案件规定不同拘留期限的原因。

另外，《刑事诉讼法》第 170 条第 2 款规定，对于监察机关移送起诉的已采取留置措施的案件，人民检察院应当对犯罪嫌疑人先行拘留，留置措施自动解除。人民检察院应当在拘留后的 10 日以内作出是否逮捕、取保候审或者监视居住的决定。在特殊情况下，决定的时间可以延长 1 日至 4 日。所以，针对监察机关移送起诉的案件，拘留的期限最长不超过 14 日。

# 第十一章 逮 捕

## 第一节 逮捕概述

### 一、逮捕的概念

逮捕是指公安机关、人民检察院和人民法院，为了防止犯罪嫌疑人或者被告人逃避或妨害侦查、起诉、审判的进行，防止其发生社会危险性，而依法对其予以羁押、暂时剥夺其人身自由的一项强制措施。① 我国《刑事诉讼法》第 80~81 条，第 83~84 条，第 87~95 条，六部门《规定》第 17 条，最高法《解释》第 163~173 条，最高检《规则》第 128~141 条，以及公安部《规定》第 68~69 条，第 133~147 条，第 158~159 条，第 346~351 条，对逮捕进行了全面规定。

作为剥夺被追诉人人身自由的、具有羁押性质的强制措施，逮捕是我国刑事强制措施中最严厉的一种。它不仅关涉犯罪嫌疑人、被告人的基本人权，而且也直接影响国家打击犯罪的公权力体系的有效运行，我国现行《刑事诉讼法》强制措施一章，共计 35 个条款，而规范逮捕的法条即有 17 条，这足以显示逮捕在我国刑事强制措施体系中具有特殊的地位和作用。我国极为重视逮捕的修订与完善：1996 年，修正了逮

① 陈卫东：《刑事诉讼法学》，高等教育出版社 2018 年版，第 177 页。

捕的证据要件，即将“主要犯罪事实已经查清”改为“有证据证明有犯罪事实”；2012年，细化了逮捕的社会危险性要件即必要性要件，确立了准诉讼化审查程序模式，创建了羁押必要性审查制度；2018年，于逮捕条件一条中又增加了一款社会危险性考量因素的内容。①根据现行《刑事诉讼法》实施的情况，逮捕的条件、程序以及羁押必要性审查制度等，仍然需要进一步修改与完善，②

同其他刑事强制措施相比，逮捕具有以下特点：

（一）实施程序上的特定性

根据我国刑事诉讼法的规定，实施逮捕时，公安机关应依照法定程序，经人民检察院批准或者人民法院决定方可执行逮捕，公安机关不能自行决定逮捕。而且只能分别由人民检察院和公安机关共同采用或者人民法院和公安机关共同采用，任何一个机关均无权单独采用。而采取其他的刑事强制措施，公安机关可自行决定。

（二）实施程度上的严厉性

逮捕是以羁押的方式来限制犯罪嫌疑人、被告人的人身自由权，其严厉程度与徒刑程度相当，并且羁押期限较长，除特殊情况下依法予以解除或变更为其他刑事强制措施外，一般都要到人民法院判决生效为止。拘传、取保候审、监视居住三种刑事强制措施均不具有羁押性质。拘留虽具有羁押性，但因时限较短，其严厉程度远不如逮捕。

（三）实施期限上的折抵性

逮捕作为诉讼中最严厉的刑事强制措施，从性质、目的和作用等方面看，虽然同刑事处罚有严格区别，但犯罪嫌疑人、被告人被逮捕后即处于被羁押状态，人身自由权被强行剥夺。就这一客观事实本身而言，它与刑事处罚中的徒刑、拘役和管制没有多大区别。因此，我国刑法规定，被判处徒刑、拘役和管制的罪犯，判决前先行被羁押的，羁押的时

---

① 刘计划：《我国逮捕制度改革检讨》，载《中国法学》2019年第5期，第137~138页。

② 卞建林、陈卫东等著：《新刑事诉讼法实施问题研究》，中国法制出版社2017年版，第115~116页。

间依法可以折抵刑期。

（四）实施方法上的强制性

执行逮捕时，对抗拒逮捕的犯罪嫌疑人可采取适当的强制方法。根据《人民警察法》第10条的规定，遇有拒捕、暴乱、越狱、抢夺枪支或者其他暴力行为的紧急情况，公安机关的人民警察依照国家有关规定可以使用武器。《人民警察使用武器和警械条例》第8条规定，人民警察依法执行逮捕、拘留、看押、押解、审讯、拘传、强制传唤的任务，遇有违法犯罪分子可能脱逃、行凶、自杀、自伤或者有其他危险行为的，可以使用手铐、脚镣、警绳等约束性警械。第9条规定，以暴力方法抗拒或者阻碍人民警察依法履行职责或者暴力袭击人民警察，危及人民警察生命安全的；实施放火、决水、爆炸、凶杀、抢劫或者其他严重暴力犯罪行为后拒捕、逃跑的；犯罪分子携带枪支、爆炸、剧毒等危险物品拒捕、逃跑的，可以使用武器。

逮捕是较长时间剥夺犯罪嫌疑人、被告人的人身自由权，因此准确、及时地使用逮捕措施，可以有效地防止犯罪嫌疑人、被告人逃跑、自杀、毁灭罪证和继续犯罪，有助于公安司法机关收集证据、查明案情，从而保证侦查、起诉和审判活动的顺利进行。所以，逮捕是同犯罪作斗争的有力手段。但同时，由于人身自由权是公民的基本权利，我国《宪法》第37条规定："中华人民共和国公民的人身自由不受侵犯。任何公民，非经人民检察院批准或者决定或者人民法院决定，并由公安机关执行，不受逮捕。"为了保证正确地使用逮捕手段，最大限度地防止错捕错押，切实保障公民的人身自由权不受非法侵犯，刑事诉讼法对逮捕的条件、提请批准逮捕、审查批准逮捕、执行逮捕、逮捕后的讯问和错捕后的纠正等都作了规定，公、检、法机关采用逮捕措施，必须严格依法进行。

## 二、逮捕的条件

我国现行刑事诉讼法规定了三种逮捕：一般逮捕、径行逮捕（绝对逮捕）和转化型逮捕（变更型逮捕）。

(一) 一般逮捕

根据我国《刑事诉讼法》第 81 条的规定，逮捕犯罪嫌疑人必须同时具备证据条件、罪责条件和社会危险性条件三个条件：

1. 逮捕的证据条件

“有证据证明有犯罪事实”是逮捕的证据条件。这也是作出逮捕决定的前提条件。逮捕只适用于有证据证明有犯罪事实的犯罪嫌疑人。那么怎样理解和把握这一条件呢？笔者认为，这里的犯罪事实一般可理解为行为人所实施的危害社会的犯罪行为和与行为相关的各项客观事实，如犯罪的时间、地点、手段、经过、后果等。有证据证明是从法律上要求有“相当的证据”“足够的理由”认定犯罪，而不是仅凭个别的、似是而非的证据予以确认。也就是说，行为人的犯罪嫌疑必须是有合理根据的、客观的怀疑，而不是司法人员的主观猜测。不过这里所说的是只要查明犯罪事实确已发生，且该犯罪事实系犯罪嫌疑人所为即可，不要求查清犯罪所有事实。

具体地说，“有证据证明有犯罪事实”是指同时具备下列情形：一是有证据证明发生了犯罪事实。是否有犯罪事实只能以证据作根据，因此，公安司法机关在提请、批准或决定逮捕以前应当进行调查研究，以便收集到能够证明发生了犯罪行为的证据。二是有证据证明犯罪事实是犯罪嫌疑人实施的。由于逮捕针对的是具体的人，当然要求有证据能证明该犯罪行为是何人实施的，否则就无法采用逮捕措施。三是证明犯罪嫌疑人实施犯罪行为的证据已查证属实。只要收集的证据达到了上述要求，就具备了逮捕的首要条件。

犯罪事实，既可以是单一犯罪行为的事实，又可以是犯罪嫌疑人实施的数个犯罪行为中的任何一个犯罪行为的事实。在司法实践中，对实施多个犯罪行为或者共同犯罪案件的犯罪嫌疑人，具有下列情形之一的，应当提请批准逮捕：有证据证明有数罪中的一罪的；有证据证明有多次犯罪中的一次犯罪的；共同犯罪中，已有证据证明有犯罪行为的。

2. 逮捕的罪责条件

“可能判处徒刑以上刑罚”是逮捕的罪责条件。在有证据证明的基础上，根据已查明的犯罪事实、性质、情节、危害后果等，依照刑法的有关规定，可能对犯罪嫌疑人、被告人适用有期徒刑以上的刑罚。这一条件要求分清罪行的轻重程度，应当逮捕的只是那些需要判处的最低刑为有期徒刑的犯罪嫌疑人、被告人。

对于那些可能判处管制、拘役或者独立适用罚金、剥夺政治权利、没收财产的，就不符合这一条件，不能适用逮捕，因为在这种情况下刑事强制措施对人身自由权的剥夺可能超出被捕人应受的刑罚程度，从而使其得不到应有的救济。如果可能判处有期徒刑需要宣告缓刑的，是否应该逮捕呢？在司法实践中一般是不逮捕，因为这种人一般不会危害社会，而且判处有期徒刑缓刑的判决在发生法律效力以后，无须将被告人收监执行。

3. 逮捕的社会危险性条件

"采取取保候审尚不足以防止发生社会危险性"是逮捕的社会危险性条件。这一条件指出应予逮捕的，除了具备前述两个条件外，还应是确有必要逮捕、非捕不足以防止其发生社会危险性。虽然具备了上述两个条件，如果采取取保候审这种限制人身自由权的方法，足以防止犯罪嫌疑人、被告人逃避或者妨碍侦查、起诉和审判的顺利进行和继续犯罪而没有必要逮捕的，就应当采取取保候审的强制措施，而不能逮捕。也就是说，逮捕适用于那些非捕不可的犯罪嫌疑人、被告人。

具体地说，逮捕条件中的社会危险性是指具有下列情形之一：（1）可能实施新的犯罪的，即犯罪嫌疑人多次作案、连续作案、流窜作案，其主观恶性、犯罪习性表明其可能实施新的犯罪，以及有一定证据证明犯罪嫌疑人已经开始策划、预备实施犯罪的；（2）有危害国家安全、公共安全或者社会秩序的现实危险的，即有一定证据证明或者有迹象表明犯罪嫌疑人在案发前或者案发后正在积极策划、组织或者预备实施危害国家安全、公共安全或者社会秩序的重大违法犯罪行为的；（3）可能毁灭、伪造证据，干扰证人作证或者串供的，即有一定证据证明或者有迹象表明犯罪嫌疑人在归案前或者归案后已经着手实施或者企图实施毁灭、伪造证据，干扰证人作证或者串供行为的；（4）有一定证据证明或者有迹象表明犯罪嫌疑人可能对被害人、举报人、控告人实施打击报复的；（5）企图自杀或者逃跑的，即犯罪嫌疑人归案前或者归案后曾经自杀，或者有一定证据证明或者有迹象表明犯罪嫌疑人试图自杀或者逃跑的。批准或者决定逮捕，应当将犯罪嫌疑人、被告人涉嫌犯罪的性质、情节，认罪认罚等情况，作为是否可能发生社会危险性的考虑因素。

以上三个条件是一个有机的整体，缺一不可，只有同时具备才应依法逮捕。诉讼中不能随意扩大或缩小逮捕范围，以免错捕或漏捕。

针对实践中的高羁押率，2012年修改刑事诉讼时很大程度上将监视居住定位为羁押的替代性措施，将一些本应逮捕、但同时又具备一些特殊情形的人列为监视居住的对象。根据《刑事诉讼法》第74条的规定，对同时具备以上三个条件应当逮捕的犯罪嫌疑人、被告人，若有下列情形之一的犯罪嫌疑人、被告人，可以监视居住：（1）患有严重疾病、生活不能自理的；（2）怀孕或者正在哺乳自己婴儿的妇女；（3）系生活不能自理的人的唯一扶养人；（4）因为案件的特殊情况或者办理案件的需要，采取监视居住措施更为适宜的；（5）羁押期限届满，案件尚未办结，需要采取监视居住措施的。

（二）径行逮捕

这是2012年刑事诉讼法新增加的规定。现行《刑事诉讼法》第81条规定："对有证据证明有犯罪事实，可能判处十年有期徒刑以上刑罚的，或者有证据证明有犯罪事实，可能判处徒刑以上刑罚，曾经故意犯罪或者身份不明的，应当予以逮捕。"据此径行逮捕又可细分为三类：①

（1）有证据证明有犯罪事实，可能判十年有期徒刑以上刑罚的。显然、立法者认为符合这种条件的犯罪嫌疑人、被告人社会危险性大，实施妨碍诉讼、逃避侦查行为的可能性高，因此应当逮捕。

（2）有证据证明有犯罪事实，可能判徒刑以上刑罚，身份不明的。犯罪嫌疑人"身份不明"的多数原因是本人拒绝提供身份信息，这在

① 刘宏武、孟庆：《"径行逮捕"之规范目的与适用》，载《人民检察》2013年第5期，第59页。

很大程度上表明了被追诉人有逃避侦查和刑事处罚的心理，因此正好契合了逮捕保障诉讼顺利进行、保证被追诉人在审判时到场的功能，可以适用“宽松审查强度”的标准。①

（3）有证据证明有犯罪事实，可能判徒刑以上刑罚，曾经故意犯罪的。将这种情况归入径行逮捕范畴是否合适，在学术界还存在一定争议。相当一部分学者认为，“曾经故意犯罪”的情形多样，不分青红皂白一律径行逮捕显然与降低刑事羁押率的初衷相悖，因此建议对“曾经故意犯罪”作限制解释。② 笔者也赞同这种观点，对于有证据证明有犯罪事实，可能判徒刑以上刑罚，曾经故意犯罪的，仍应注意甄别其有无现实的社会危险性。

（三）转化型逮捕

根据我国刑事诉讼法规定，被取保候审、监视居住的犯罪嫌疑人、被告人违反取保候审、监视居住规定，情节严重的，可以予以逮捕。最高检《规则》具体规定如下：

1. 违反取保候审规定

犯罪嫌疑人有下列违反取保候审规定的行为，人民检察院应当对犯罪嫌疑人予以逮捕：（1）故意实施新的犯罪的；（2）企图自杀、逃跑，逃避侦查、审查起诉的；（3）实施毁灭、伪造证据，串供或者干扰证人作证，足以影响侦查、审查起诉工作正常进行的；（4）对被害人、证人、举报人、控告人及其他人员实施打击报复的。

犯罪嫌疑人有下列违反取保候审规定的行为，人民检察院可以对犯罪嫌疑人予以逮捕：（1）未经批准，擅自离开所居住的市、县，造成严重后果，或者两次未经批准，擅自离开所居住的市、县的；（2）经传讯不到案，造成严重后果，或者经两次传讯不到案的；（3）住址、

① 蒋红珍，王茜：《比例原则审查强度的类型化操作——以欧盟法判决为解读文本》，载《政法论坛》2009 年第 1 期，第 118 页。

② 周翔、王升洲：《莫让“有故意犯罪前科者”成为必捕之人——对刑诉法第 79 条第二款的实质解释》，载《黑龙江省政法管理干部学院学报》2016 年第 2 期，第 77 页。

工作单位和联系方式发生变动，未在二十四小时以内向公安机关报告，造成严重后果的；（4）违反规定进入特定场所、与特定人员会见或者通信、从事特定活动，严重妨碍诉讼程序正常进行的。

需要对上述犯罪嫌疑人予以逮捕的，可以先行拘留；已交纳保证金的，同时书面通知公安机关没收保证金。

2. 违反监视居住规定

犯罪嫌疑人有下列违反监视居住规定的行为，人民检察院应当对犯罪嫌疑人予以逮捕：（1）故意实施新的犯罪行为的；（2）企图自杀、逃跑，逃避侦查、审查起诉的；（3）实施毁灭、伪造证据或者串供、干扰证人作证行为，足以影响侦查、审查起诉工作正常进行的；（4）对被害人、证人、举报人、控告人及其他人员实施打击报复的。

犯罪嫌疑人有下列违反监视居住规定的行为，人民检察院可以对犯罪嫌疑人予以逮捕：（1）未经批准，擅自离开执行监视居住的处所，造成严重后果，或者两次未经批准，擅自离开执行监视居住的处所的；（2）未经批准，擅自会见他人或者通信，造成严重后果，或者两次未经批准，擅自会见他人或者通信的；（3）经传讯不到案，造成严重后果，或者经两次传讯不到案的。

需要对上述犯罪嫌疑人予以逮捕的，可以先行拘留。

## 第二节 逮捕的程序

逮捕是在一定时间内完全剥夺犯罪嫌疑人、被告人人身自由权的一种最严厉的刑事强制措施，因此，为了防止错误逮捕和实施不必要的逮捕给公民造成人身自由权的侵害，各国根据本国宪法所规定的保护人身自由权的原则、禁止非法逮捕的原则和“正当程序”原则，在刑事诉讼法中或有关治安法中，对逮捕的程序作了详尽的规定。由于各国规定的逮捕程序不同，使逮捕出现了不同的种类，包括有证逮捕、无证逮捕、普通逮捕、紧急逮捕、住地逮捕、当场逮捕、现行逮捕等。这其中，有的是批准程序，或叫“程序要件”的差别所致；有的是逮捕条件，或叫“实质要件”的不同所致；还有的只是称谓不同或语言翻译原因所致。现代各国以防止“随意逮捕”为出发点，在逮捕的条件和方法上均采取了“令状主义”的制度，即在实施逮捕前，必须先取得法律指定的有权作出逮捕决定的机关所签发的逮捕令状，并把持有或出示逮捕令状视为合法逮捕的先决条件。只有在个别条件下，在法律规定的情形存在时，才准许在没有预先取得逮捕证的情况下实施逮捕。一般以此为分类标准可将逮捕划分为两类，前者称为有证逮捕，后者称为无证逮捕。其他称谓的，原则上可划入这两类。而个别的虽然叫逮捕，如意大利刑事诉讼法规定的“住地逮捕”①，实际上不是通常讲的将被逮捕者予以羁押，而是类似我国刑事诉讼法规定的监视居住。有些国家在关于逮捕的规定中还规定一种情况，即任何人都可以将正在实施犯罪的人予以逮捕，送解到警察机关或司法机关，一般也把此类情况划为无证逮捕。笔者认为，这不是严格意义上的逮捕，不具有逮捕的法律特征。因为即使是无证逮捕，也应当指警察机关在没有预先取得逮捕令状的情况下实施的逮捕行为，只不过需要法官或有权机关对这一行为事后确认。

我国《宪法》第 37 条第 2 款规定：“任何公民，非经人民检察院批准或者决定或者人民法院决定，并由公安机关执行，不受逮捕。”《刑事诉讼法》第 80 条规定：“逮捕犯罪嫌疑人、被告人，必须经过人民检察院批准或者人民法院决定，由公安机关执行。”对比这两个规定，内容基本相同，而宪法的规定更完整、准确，因为人民检察院对自行侦查的案件是有权决定逮捕，而不仅仅是批准逮捕。

上述法律规定表明，逮捕权只能由公、检、法机关行使，其他任何机关、团体和个人都无权行使。公、检、法机关之间有严格的分工，即人民检察院和人民法院有权决定逮捕，有权批准逮捕的机关只是人民检

① “住地逮捕”在意大利亦属刑事强制措施的一种，是由法官决定的，限制被告人离开自己的住宅、其他私人居住地、公共治疗场所，必要时可以限制或禁止被告人与非同居之人的联系，根据需要随时可以予以羁押。

察院，有权执行逮捕的机关则是公安机关。公安机关对自己侦查的案件，认为有需要逮捕犯罪嫌疑人时，依法应当提请人民检察院审查批准，无权自行决定逮捕。人民检察院在自侦案件、人民法院在审理案件过程中，决定对某一个犯罪嫌疑人、被告人逮捕的，应交给公安机关执行。

我国大陆、台湾和澳门三地在逮捕程序上的最大区别在于：在大陆，决定逮捕的主要是检察机关，而在台湾和澳门，只有法官才有权决定逮捕。应当说，台湾、澳门的这一规定更具有科学性。根据刑事诉讼的角色分工，检察机关与被告人分属控辩双方，由于作为控方的检察机关在刑事诉讼中承担证明责任，因而由其决定逮捕易导致检察机关出于控诉及侦查的便利而扩大逮捕的范围，大陆的司法实践中普遍存在的“以捕代侦”现象就是最好的例证。此外，由检察机关决定逮捕也有失公正，相比之下，法官作为中立的裁判者，其超然的地位决定了其更能对是否应当适用逮捕进行理性的判断，由其决定逮捕，能更好地贯彻“慎用逮捕”的立法宗旨。也正因如此，许多国家的刑事诉讼立法都把逮捕（羁押）的决定权赋予法官。

## 一、提请逮捕

公安机关在作出是否提请人民检察院批准逮捕的决定之前，应当对收集、调取的证据材料予以核实。对于符合逮捕条件的犯罪嫌疑人，应当提请人民检察院批准逮捕；对于不符合逮捕条件但需要继续侦查的，公安机关可以依法采取取保候审或者监视居住。

案件侦查中过程，公安机关需要提请批准逮捕犯罪嫌疑人的，制作《提请批准逮捕书》，报县级以上公安机关负责人审批。《提请批准逮捕书》内容包括：简要案情及立案情况，拟提请批准逮捕的犯罪嫌疑人基本情况，对其目前采取的强制措施情况，现有证据证明其涉嫌犯罪以及具有社会危险性的情况，提请批准逮捕的法律依据等。经县级以上公安机关负责人批准，将《提请批准逮捕书》连同案卷材料、证据（包括证明犯罪嫌疑人具有社会危险性的证据），一并移送同级人民检察院审查批准。公安机关认为需要人民检察院派员参加重大案件讨论的，应当及时通知人民检察院，人民检察院接到通知后，应当及时派员参加。参加的检察人员在充分了解案情的基础上，应当对侦查活动提出意见和建议。

对人民检察院不批准逮捕并通知补充侦查的，公安机关应当按照人民检察院的补充侦查提纲补充侦查。对人民检察院补充侦查提纲中所列的事项，公安机关应当及时进行侦查、核实，并逐一作出说明。不得未经侦查和说明，以相同材料再次提请批准逮捕。公安机关补充侦查完毕，认为符合逮捕条件的，应当重新提请批准逮捕。对人民检察院不批准逮捕而未说明理由的，公安机关可以要求人民检察院说明理由。

对于人民检察院决定不批准逮捕的，公安机关在收到不批准逮捕决定书后，如果犯罪嫌疑人已被拘留的，应当立即释放，发给释放证明书，并将执行回执送达作出不批准逮捕决定的人民检察院。

## 二、逮捕的批准和决定

### （一）逮捕的批准

1. 审查批捕的方法

人民检察院对公安机关提请批准逮捕的案件应当认真进行审查。审查的内容是看其是否具备逮捕的法定条件，特别要着重查明犯罪事实是否有证据证明，证明犯罪事实的证据是否确实，因为这是决定是否逮捕的客观基础和首要条件。在审查中，对已被拘留的人，还可以提审核查其供述和辩解。

人民检察院审查批准或者决定逮捕犯罪嫌疑人，由侦查监督部门办理。侦查监督部门办理审查逮捕案件，应当指定办案人员进行审查。办案人员应当审阅案卷材料和证据，依法讯问犯罪嫌疑人、询问证人等诉讼参与人、听取辩护律师意见，制作审查逮捕意见书，提出批准或者决定逮捕、不批准或者不予逮捕的意见，经部门负责人审核后，报请检察长批准或者决定；重大案件应当经检察委员会讨论决定。侦查监督部门办理审查逮捕案件，不另行侦查，不得直接提出采取取保候审措施的意见。

2012 年《刑事诉讼法》中对审查批捕程序作了准诉讼化的改造，变以往的行政审批式的二元组合模式为准诉讼化的三角结构，即人民检察院在审查批捕的过程中要同时听取侦查机关和犯罪嫌疑人一方的意见，检察机关作为居中裁判者既要审阅案卷材料和证据，同时要讯问犯罪嫌疑人、询问证人、听取辩护律师的意见等：

（1）讯问犯罪嫌疑人。侦查监督部门办理审查逮捕案件，可以讯问犯罪嫌疑人；有下列情形之一的，应当讯问犯罪嫌疑人：①对是否符合逮捕条件有疑问的；②犯罪嫌疑人要求向检察人员当面陈述的；③侦查活动可能有重大违法行为的；④案情重大疑难复杂的；⑤犯罪嫌疑人系未成年人的；⑥犯罪嫌疑人是盲、聋、哑人或者是尚未完全丧失辨认或者控制自己行为能力的精神病人的。

（2）询问证人等诉讼参与人。侦查监督部门办理审查逮捕案件，必要时还可以询问证人、被害人、鉴定人等诉讼参与人，并制作笔录附卷。

（3）听取律师意见。在审查逮捕过程中，犯罪嫌疑人已经委托辩护律师的，侦查监督部门可以听取辩护律师的意见。辩护律师提出要求的，应当听取辩护律师的意见。对辩护律师的意见应当制作笔录附卷。辩护律师提出不构成犯罪、无社会危险性、不适宜羁押、侦查活动有违法犯罪情形等书面意见的，办案人员应当审查，并在审查逮捕意见书中说明是否采纳的情况和理由。

（4）调取录音、录像。对于公安机关立案侦查的案件，侦查监督部门审查逮捕时发现存在违法侦查行为的，可以调取公安机关讯问犯罪嫌疑人的录音、录像并审查相关的录音、录像，对于重大、疑难、复杂的案件，必要时可以审查全部录音、录像。

2. 审查后的决定

《刑事诉讼法》第 90 条规定，人民检察院对于公安机关提请批准逮捕的案件进行审查后，应当根据情况分别作出批准逮捕或者不批准逮捕的决定。本条中所说的“根据情况”，是指根据查明的是否符合逮捕条件的不同情况，情况不同，作出的决定当然不同。

对公安机关提请批准逮捕的犯罪嫌疑人，人民检察院经审查认为符合前述逮捕条件的，应当作出批准逮捕的决定，连同案卷材料送达公安机关执行，并可以对收集证据、适用法律提出意见。

对公安机关提请批准逮捕的犯罪嫌疑人，不符合前述逮捕条件，人民检察院作出不批准逮捕决定的，应当说明理由，连同案卷材料送达公安机关执行。需要补充侦查的，应当同时通知公安机关。对于人民检察院批准逮捕的决定，公安机关应当立即执行，并将执行回执及时送达作出批准决定的人民检察院；如果未能执行，也应当将回执送达人民检察院，并写明未能执行的原因。对于人民检察院决定不批准逮捕的，公安机关在收到不批准逮捕决定书后，应当立即释放在押的犯罪嫌疑人或者变更强制措施，并将执行回执在收到不批准逮捕决定书后的 3 日以内送达作出不批准逮捕决定的人民检察院。

人民检察院审批公安机关提请批准逮捕的人已被拘留的，根据《刑事诉讼法》第 91 条第 3 款的规定，人民检察院应当自接到公安机关提请批准逮捕书后的 7 日以内，作出批准逮捕或者不批准逮捕的决定。根据最高检《规则》的规定，犯罪嫌疑人未被拘留的，上一级人民检察院应当在收到报请逮捕书后 15 日以内作出是否逮捕决定，重大、复杂的案件，不得超过 20 日。

在实践中，人民检察院办理审查逮捕案件，发现应当逮捕而公安机关未提请批准逮捕的犯罪嫌疑人的，应当建议公安机关提请批准逮捕。如果公安机关仍不提请批准逮捕或者不提请批准逮捕的理由不能成立的，人民检察院也可以直接作出逮捕决定，送达公安机关执行。

对已作出的批准逮捕决定发现确有错误的，人民检察院应当撤销原批准逮捕决定，送达公安机关执行。对已作出的不批准逮捕决定发现确有错误，需要批准逮捕的，人民检察院应当撤销原不批准逮捕决定，并重新作出批准逮捕决定，送达公安机关执行。对因撤销原批准逮捕决定而被释放的犯罪嫌疑人或者逮捕后公安机关变更为取保候审、监视居住的犯罪嫌疑人，又发现需要逮捕的，人民检察院应当重新作出逮捕决定。

3. 复议与复核

公安机关对人民检察院不批准逮捕的决定可以要求复议和提请复核。《刑事诉讼法》第92条规定："公安机关对人民检察院不批准逮捕的决定，认为有错误的时候，可以要求复议，但是必须将被拘留的人立即释放。如果意见不被接受，可以向上一级人民检察院提请复核。上级人民检察院应当立即复核，作出是否变更的决定，通知下级人民检察院和公安机关执行。"法律要求公安机关在要求复议时，必须立即释放被拘留的人，是切实保障公民的人身自由权不受非法侵犯的需要。

为了及时解决对不批准逮捕决定的意见分歧，公安部《规定》还规定，对人民检察院不批准逮捕的决定，认为有错误需要复议的，应当在收到不批准逮捕决定书后五日以内制作要求复议意见书，报经县级以上公安机关负责人批准后，送交同级人民检察院复议。如果意见不被接受，认为需要复核的，应当在收到人民检察院的复议决定书后五日以内制作提请复核意见书，报经县级以上公安机关负责人批准后，连同人民检察院的复议决定书，一并提请上一级人民检察院复核。最高检《规则》也规定，对公安机关要求复议的不批准逮捕的案件，人民检察院侦查监督部门应当另行指派办案人员复议，并在收到提请复议书和案卷材料后的七日以内作出是否变更的决定，通知公安机关。对公安机关提请上一级人民检察院复核的不批准逮捕的案件，上一级人民检察院侦查监督部门应当在收到提请复核意见书和案卷材料后的十五日以内由检察长或者检察委员会作出是否变更的决定，通知下级人民检察院和公安机关执行。如果需要改变原决定，应当通知作出不批准逮捕决定的人民检察院撤销原不批准逮捕决定，另行制作批准逮捕决定书。必要时，上级人民检察院也可以直接作出批准逮捕决定，通知下级人民检察院送达公安机关执行。

4. 侦查监督

人民检察院在审查批准逮捕工作中对公安机关的侦查活动实行合法监督。《刑事诉讼法》第100条规定："人民检察院在审查批准逮捕工作中，如果发现公安机关的侦查活动有违法情况，应当通知公安机关予以纠正，公安机关应当将纠正情况通知人民检察院。”人民检察院通过审阅案卷材料、核查证据等方式，如果发现公安机关在侦查活动中有违法情况时应当提出纠正意见，这种纠正意见可以口头通知，也可以制作纠正违法通知书送交。如果发现违法情节严重，需要对侦查人员追究刑事责任的，应直接立案查处。

### （二）逮捕的决定

人民检察院和人民法院都有权自行决定逮捕。

人民检察院决定逮捕的犯罪嫌疑人，主要是自行立案侦查案件中符合逮捕条件的犯罪嫌疑人。为了保证正确行使逮捕权，省级以下（不含省级）人民检察院直接受理立案侦查的案件，需要逮捕犯罪嫌疑人的，应当报请上一级人民检察院审查决定。监所、林业等派出人民检察院立案侦查的案件，需要逮捕犯罪嫌疑人的，应当报请上一级人民检察院审查决定。下级人民检察院报请审查逮捕的案件，由侦查部门制作报请逮捕书，报检察长或者检察委员会审批后，连同案卷材料、讯问犯罪嫌疑人录音、录像一并报上一级人民检察院审查，报请逮捕时应当说明犯罪嫌疑人的社会危险性并附相关证据材料。侦查部门报请审查逮捕时，应当同时将报请情况告知犯罪嫌疑人及其辩护律师。

人民法院在办案过程中，无论是对自诉案件的被告人，还是对公诉案件的被告人，只要符合逮捕条件，认为有必要逮捕时，都有权作出逮捕的决定。人民法院决定逮捕的，在经法院院长批准后，应当制作《逮捕决定书》并送交公安机关执行逮捕。

### （三）对几种特殊案件的特别要求

#### 1. 对人大代表的逮捕

人民检察院对担任本级人民代表大会代表的犯罪嫌疑人批准或者决定逮捕，应当报请本级人民代表大会主席团或者常务委员会许可。报请许可手续的办理由侦查机关负责。

对担任上级人民代表大会代表的犯罪嫌疑人批准或者决定逮捕，应当层报该代表所属的人民代表大会同级的人民检察院报请许可。

对担任下级人民代表大会代表的犯罪嫌疑人批准或者决定逮捕，可以直接报请该代表所属的人民代表大会主席团或者常务委员会许可，也可以委托该代表所属的人民代表大会同级的人民检察院报请许可；对担任乡、民族乡、镇的人民代表大会代表的犯罪嫌疑人批准或者决定逮捕，由县级人民检察院报告乡、民族乡、镇的人民代表大会。

对担任两级以上的人民代表大会代表的犯罪嫌疑人批准或者决定逮捕，分别依照前述规定报请许可。

对担任办案单位所在省、市、县（区）以外的其他地区人民代表大会代表的犯罪嫌疑人批准或者决定逮捕，应当委托该代表所属的人民代表大会同级的人民检察院报请许可；担任两级以上人民代表大会代表的，应当分别委托该代表所属的人民代表大会同级的人民检察院报请许可。

2. 对外国人、无国籍人的逮捕

外国人、无国籍人涉嫌危害国家安全犯罪的案件或者涉及国与国之间政治、外交关系的案件以及在适用法律上确有疑难的案件，认为需要逮捕犯罪嫌疑人的，分别由基层人民检察院或者分、州、市人民检察院审查并提出意见，层报最高人民检察院审查。最高人民检察院经审查认为需要逮捕的，经征求外交部的意见后，作出批准逮捕的批复，经审查认为不需要逮捕的，作出不批准逮捕的批复。基层人民检察院或者分、州、市人民检察院根据最高人民检察院的批复，依法作出批准或者不批准逮捕的决定。层报过程中，上级人民检察院经审查认为不需要逮捕的，应当作出不批准逮捕的批复，报送的人民检察院根据批复依法作出不批准逮捕的决定。

基层人民检察院或者分、州、市人民检察院经审查认为不需要逮捕的，可以直接依法作出不批准逮捕的决定。

外国人、无国籍人涉嫌其他犯罪案件，决定批准逮捕的人民检察院应当在作出批准逮捕决定后四十八小时以内报上一级人民检察院备案，同时向同级人民政府外事部门通报。上一级人民检察院对备案材料经审查发现错误的，应当依法及时纠正。

## 三、执行逮捕

### （一）执行逮捕的准备

为了保证逮捕工作顺利进行，逮捕前应当做好以下几个方面的准备工作：

1. 详细了解被捕人的情况，制定周密的逮捕计划

执行逮捕前，执行人员应当核实和熟悉被捕人的姓名（包括曾用名、别名和绰号等）、性别、年龄、体貌特征、详细地址（包括固定地址、临时地址或其他落脚点）、职业及工作单位、家庭情况、主要社会关系、活动范围、执行处所周围环境（包括房屋结构、邻里情况、周围建筑、交通情况、可以控制的点线等情况）等。

在此基础上，还要重点研究被捕人的心理状态，结合其犯罪后的心理状态、逮捕时间、地点和方式方法对其心理影响等因素，制订周密的逮捕计划。逮捕计划的内容包括：被捕对象的具体情况、案件的性质和特点；执行逮捕的时间、地点、方式、方法、警力、警械和交通工具的配备；逮捕时是否需要搜查，并做好准备；保密措施；预测可能发生的意外情况及相应对策与措施等。

逮捕一般犯罪嫌疑人时，不一定必须要形成文字材料，只经刑侦部门领导口头汇报获准后即可执行。但在逮捕重要的或有危险性的犯罪嫌疑人时，如逮捕犯罪集团首要人物、黑社会分子、在逃犯、劫持犯，以及习武或可能持有武器、爆炸装置、现代化交通工具和通讯工具的犯罪嫌疑人，必须制定书面的执行计划，报经领导批准后执行。

2. 做好必要的物质准备

一般情况下，执行逮捕与搜查同时进行。因此，执行逮捕前，应当将逮捕证等法律文书准备好。需要公开搜查时，应事先物色好见证人，并对其做好安全和保密教育。对那些可能藏匿于地下室、地洞等隐蔽部位的犯罪嫌疑人，或到山区、矿区、水上、空旷地带搜捕犯罪嫌疑人时，应准备好警犬、指南针、登山、泅渡等工具以便搜寻。总之，根据不同的案情、不同的被捕对象，执行人员应配备必需的武器、器械、交

通工具、通讯器具等装备及可能使用的照相器材、录音机、放大镜、卷尺、地图、照明工具、开锁工具等，且事先要检查是否适用、有效。此外，用于识别被捕人的相片要经过核实，保证准确无误。

3. 事先与有关单位或部门取得联系

到犯罪嫌疑人住所或工作单位公开执行逮捕时，应事先与被捕对象住所地的公安派出所或工作单位联系好，取得他们的配合、协助。如果执行逮捕的人员是由不同部门人员组成的（如除公安部门外，还有检察人员、审判人员、武警，甚至当地驻军等），应事先确定人数，明确任务，解决好统一指挥、联络暗号等事项，防止临场混乱。对人民检察院、人民法院自办案件的犯罪嫌疑人执行逮捕时，应邀请办案单位熟悉情况的人员参加，以便逮捕能顺利进行。

4. 做好保密工作

不论是公开逮捕还是秘密逮捕，都应当在确保准确、安全的前提下进行。因此，执行前应尽量缩小知情范围，减少惊动面，并要对参加逮捕行动的人员和知情人员进行保密教育，防止走漏风声。尤其在被逮捕对象较多和出动人员、车辆较多的情况下更要尽量减少惊动面，以防被捕人及其亲友、同伙通风报信，发生阻挠和破坏逮捕的意外事故。对违法违纪泄露逮捕秘密的人员，一定要按纪律和法律追究其责任。

（二）执行逮捕的程序

（1）公安机关在接到人民检察院《批准逮捕决定书》或者人民检察院、人民法院移交的《逮捕决定书》后，应当由县级以上公安机关负责人签发逮捕证，立即执行，并将执行回执送达作出批准逮捕决定的人民检察院。如果未能执行，也应当将回执送达人民检察院，并写明未能执行的原因。

公安机关在依法执行逮捕的过程中，发现被执行人是县级以上人民代表大会代表的，应当暂缓执行，并报告决定或者批准机关。如果在执行后发现被执行人是县级以上人民代表大会代表的，应当立即解除，并报告决定或者批准机关。公安机关依法对乡、民族乡、镇的人民代表大会代表执行逮捕的，应当在执行后立即报告其所属的人民代表大会。公安机关依法对政治协商委员会委员执行逮捕前，应当向该委员所属的政协组织通报情况；情况紧急的，可在执行的同时或者执行以后及时通报。

对外国籍犯罪嫌疑人依法执行逮捕后，应当在四十八小时以内层报省级公安机关，同时通报同级人民政府外事办公室。重大涉外案件应当在四十八小时以内层报公安部，同时通报同级人民政府外事办公室。对外国籍犯罪嫌疑人依法逮捕后，由省级公安机关根据有关规定，将其姓名、性别、入境时间、护照或者证件号码、案件发生的时间、地点，涉嫌犯罪的主要事实，已采取的强制措施及其法律依据等，通知该外国人所属国家的驻华使馆、领事馆，同时报告公安部。经省级公安机关批准，领事通报任务较重的副省级城市公安局可以直接行使领事通报职能。

（2）执行逮捕时，必须出示逮捕证，并责令被逮捕人在逮捕证上签名、捺指印，拒绝签名、捺指印的，侦查人员应当注明。逮捕后，应当立即将被逮捕人送看守所羁押。执行逮捕的侦查人员不得少于二人。

（3）对被逮捕的人，必须在逮捕后的二十四小时以内进行讯问。发现不应当逮捕的，经县级以上公安机关负责人批准，制作释放通知书，送看守所和原批准逮捕的人民检察院。看守所凭释放通知书立即释放被逮捕人，并发给释放证明书。

（4）对犯罪嫌疑人执行逮捕后，除无法通知的情形以外，应当在逮捕后二十四小时以内，制作逮捕通知书，通知被逮捕人的家属。逮捕通知书应当写明逮捕原因和羁押处所。无法通知的情形消除后，应当立即通知被逮捕人的家属。对于没有在二十四小时以内通知家属的，应当在逮捕通知书中注明原因。

（5）异地执行拘留、逮捕的，执行人员应当持拘留证、逮捕证、办案协作函件和工作证件，与协作地县级以上公安机关联系，协作地公安机关应当派员协助执行。委托异地公安机关代为执行拘留、逮捕的，应当将拘留证、逮捕证、办案协作函件送达协作地公安机关。

### （三）执行逮捕的方式

执行逮捕是侦查机关同犯罪嫌疑人进行面对面斗争的一个十分尖

锐、复杂的阶段，对罪行严重、穷凶极恶、手持武器或凶器、犯罪后潜逃的亡命之徒执行逮捕时，不仅需要周密的计划，还需要执行人员沉着、机智、勇敢的作风和过硬的擒敌技术，才能捕获犯罪嫌疑人。因此，准确、迅速、合法、安全是执行逮捕的总体要求。要根据侦查的需要和不同案件的特点，以及被捕对象的具体情况，选择不同的场所、地点，采取不同的逮捕方式。执行逮捕的常见场合及执行方式如下：

1. 在犯罪嫌疑人住宅实施逮捕

这是公开逮捕中最常用的方式之一。一般是犯罪嫌疑人有固定或临时住所，并确知其正在居所内时采用。实施逮捕时应先与犯罪嫌疑人居住地派出所取得联系，了解其基本情况、居所情况及周围环境特点，在此基础上布置防止犯罪嫌疑人脱逃的人员及堵截位置。对房前屋后、门、窗和其他通道等要严密控制，防止无关人员进入逮捕现场和犯罪嫌疑人逃跑。进入住宅时要选择适当的方法和时机，不要惊动被逮捕的犯罪嫌疑人。既要充分地分析逮捕过程中可能出现的各种情况，又要注意见机行事。对有危险的犯罪嫌疑人要先强制其人身，而后宣布逮捕，如果有必要对住宅进行搜查，应请见证人在场实施搜查。

2. 在犯罪嫌疑人所在单位实施逮捕

这也是公开逮捕中最常用的逮捕方式之一，一般在犯罪嫌疑人有固定的职业，且其所在单位有保卫组织的情况下采用。这种逮捕方式有较大的安全性，一般先与犯罪嫌疑人所在单位的负责人、保卫部门取得联系，要求他们在约定时间内以犯罪嫌疑人不致怀疑的借口将其控制在适当地点，然后由执行人员对犯罪嫌疑人实施逮捕。

3. 在交通工具上实施逮捕

在紧急和必要情况下，需要在汽车、轮船、火车等交通工具上执行逮捕。这种逮捕方式危险性较大，需要的人员多，物质准备较复杂，一般情况下不宜采用。只有在犯罪嫌疑人已经离开了单位、住宅，不在交通工具上逮捕对案件的侦查极为不利时方可采用。一般先取得车船等交通工具上服务人员和乘警的协助，保证正常的行驶秩序，尽量避免惊动其他旅客。必要时可进行局部控制，禁止无关人员进入现场。经辨认准确无误后，可以以验票或查票的名义接近犯罪嫌疑人，然后突然宣布逮捕，并迅速将其押至安全、僻静部位，严加看管。当车到站或船进港口时，应迅速将犯罪嫌疑人押离车船，迅速送往关押场所。在飞机上逮捕犯罪嫌疑人，最好在起飞前进行。如果已经起飞，应与前方机场取得联系，请予拦截。

4. 在其他公共场所实施逮捕

此种逮捕方式只有在时间紧迫或不在公共场所逮捕将失去捕获犯罪嫌疑人机会的情况下采取。执行时，不管是室内还是室外，都要事先掌握犯罪嫌疑人的活动规律，选择适当的地点和时机，采取突然袭击的方式将犯罪嫌疑人抓获。在任何公共场所实施逮捕，都要尽量避免在人多的场所进行，尽量不要惊动群众，并注意保护群众的安全。

此外，为了案件继续侦查的需要，实践中还存在在一定时间内对逮捕行动保守秘密的逮捕方式。根据执行方式的不同，可分为如下几种：

（1）诱捕，是指借故将犯罪嫌疑人诱离住所、工作单位或逗留场所，进入事先布置好的地点后实施逮捕。借故方法可以有多种，但理由要恰当，要符合犯罪嫌疑人手的身份、职业、生活习惯和爱好等，不要引起其怀疑。

（2）守候逮捕，是指在犯罪嫌疑人的处所或其必经路途或其经常出没地方守候，待其经过时，出其不意地执行逮捕。守候的地点一定要便于隐蔽和掩护，以不被任何人察觉为条件。同时，要确切掌握犯罪嫌疑人的活动规律，算准犯罪嫌疑人到达守候地点的时间，力争逮捕顺利进行。

（3）跟踪逮捕，是指利用犯罪嫌疑人外出时，尾随其后不被其察觉，选择有利的地点和合适的时机将其逮捕。这种逮捕方法难度较大，要求侦查人员既不能暴露自己，又不能让犯罪嫌疑人脱梢。跟踪过程中，一有机会就应迅速执行。

（四）逮捕的变更、撤销和解除

《刑事诉讼法》第 96 条规定，人民法院、人民检察院和公安机关如果发现对犯罪嫌疑人、被告人采取强制措施不当的，应当及时撤销或者变更。公安部《规定》规定，公安机关发现对犯罪嫌疑人采取强制措施不当的，应当及时撤销或者变更。犯罪嫌疑人在押的，应当及时释放。公安机关释放被逮捕的人或者变更逮捕措施的，应当通知批准逮捕的人民检察院。而最高检《规则》也规定，对被逮捕的犯罪嫌疑人，作出逮捕决定的人民检察院发现不应当逮捕的，应当撤销逮捕决定，并通知下级人民检察院送达同级公安机关执行，同时向下级人民检察院说明撤销逮捕的理由。

对于人民检察院正在侦查或者审查起诉的案件，被逮捕的犯罪嫌疑人及其法定代理人、近亲属或者辩护人认为羁押期限届满，向人民检察院提出释放犯罪嫌疑人或者变更逮捕措施要求的，人民检察院应当在三日以内审查决定。经审查，认为法定期限届满的，应当决定释放或者依法变更逮捕措施，并通知公安机关执行；认为未满法定期限的，书面答复申请人。

人民法院、人民检察院或者公安机关对被采取强制措施法定期限届满的犯罪嫌疑人、被告人，应当予以释放、解除取保候审、监视居住或者依法变更强制措施。犯罪嫌疑人、被告人及其法定代理人、近亲属或者辩护人对于人民法院、人民检察院或者公安机关采取强制措施法定期限届满的，有权要求解除强制措施。

### （五）撤销、变更逮捕决定存在的问题及其对策

法律赋予人民检察院和人民法院逮捕的批准决定权。同时，《刑事诉讼法》第 94 条规定：“……公安机关对于经人民检察院批准逮捕的人……在发现不应当逮捕的时候，必须立即释放，发给释放证明。”第 96 条规定：“人民法院、人民检察院和公安机关如果发现对犯罪嫌疑人、被告人采取强制措施不当的，应当及时撤销或者变更。公安机关释放被逮捕的人或者变更逮捕措施的，应当通知原批准的人民检察院。”根据法律规定，公安机关要逮捕犯罪嫌疑人、被告人必须提请检察机关批准，而公安机关撤销、变更逮捕决定则不需检察机关同意或者参与决策，而只要事后“通知原批准的人民检察院”就可以了。由此，笔者认为这有多种弊端，主要表现为：

其一，客观上部分否定了检察机关的批捕决定权。公安机关要逮捕犯罪嫌疑人、被告人，必须向检察机关报送《提请批准逮捕书》，经人民检察院审查、核实后，认为事实清楚，证据确实，符合逮捕条件并有逮捕必要的，下达《批准逮捕决定书》，交予公安机关执行逮捕。而公安机关在执行中如果“发现不应当逮捕的时候”或认为“强制措施不当”的时候，就可以单方面擅自做主撤销或变更检察机关下达的逮捕决定。

其二，造成了事实上的执法监督难。对于公安机关单方面撤销、变更逮捕决定，检察机关一般事前不得知。即使获悉了认为不妥、甚至错误时，人民检察院也不能采取措施予以制止、纠正，只能通过其他途径，依照法律实行事后监督。在司法实践中往往难以奏效，收获甚微。

其三，降低了检察机关作为监督机关的法律地位。逮捕的批准决定权在检察机关，而撤销变更逮捕的批准决定权在公安机关。检察机关有逮捕的决定权，而公安机关可以随时撤销、变更逮捕决定，这无形中降低了检察机关作为法律监督机关的法律地位。

其四，使办案工作被动，也给舞弊者以可乘之机。由于公安机关撤销、变更逮捕决定的刑事强制措施不受检察机关制约，所以撤销、变更此项刑事强制措施就带有很大的片面性、随意性和不规范性。因而，易被不法分子用来舞弊。

笔者认为，公安机关在执行逮捕决定时或执行逮捕决定后出现下列情况时，只有经请示上一级人民检察院同意，才可以或应当撤销、变更检察机关的逮捕决定：一是经查证属实，犯罪嫌疑人或被告人确实无罪错捕或罪轻可以免除刑事责任而无逮捕必要的。二是经查证属实，犯罪嫌疑人或被告人正患有严重疾病，或者是正在怀孕、哺乳自己婴儿的妇女，可以撤销、变更逮捕措施，采取取保候审、监视居住的。三是发现有重大立功表现，可以从宽处理，应当作为从宽典型对象处理的。四是虽然可能判处徒刑以上刑罚，但根据案情需要，改变逮捕措施有利于突破其他案件，尚不致发生社会危险性的。五是具有其他没有逮捕必要情节的。六是经查证人民检察院确属逮捕决定错误的。公安机关撤销、变更人民检察院的逮捕决定时，应当写出书面请示报告，呈请作出逮捕决定的上级人民检察院批准。此项措施需以立法的形式予以规定，同时亦可通过立法或司法解释的形式对撤销、变更逮捕决定的条件进行限定，以便执法中做到有法可依，有章可循。

## 四、逮捕后羁押必要性审查

为遏制过高的刑事羁押率、解决“一捕就羁”“一押到底”“久押不决”的司法痼疾，2012 年《刑事诉讼法》特别增设了逮捕后羁押必要性审查制度。《刑事诉讼法》第 95 条规定：犯罪嫌疑人、被告人被逮捕后，人民检察院仍应当对羁押的必要性进行审查。对不需要继续羁押的，应当建议予以释放或者变更强制措施。有关机关应当在十日以内将处理情况通知人民检察院。由此建立了我国逮捕后羁押必要性审查制度。最高检《人民检察院办理羁押必要性审查案件规定（试行）》，对羁押必要性审查程序作了具体规定，主要内容如下：①

### （一）立案

犯罪嫌疑人、被告人及其法定代理人、近亲属、辩护人申请进行羁押必要性审查的，应当说明不需要继续羁押的理由。有相关证明材料的，应当一并提供。羁押必要性审查的申请由办案机关对应的同级人民检察院刑事执行检察部门统一受理。

### （二）审查

人民检察院进行羁押必要性审查，可以采取以下方式：（1）审查犯罪嫌疑人、被告人不需要继续羁押的理由和证明材料；（2）听取犯罪嫌疑人、被告人及其法定代理人、辩护人的意见；（3）听取被害人及其法定代理人、诉讼代理人的意见，了解是否达成和解协议；（4）听取现阶段办案机关的意见；（5）听取侦查监督部门或者公诉部门的意见；（6）调查核实犯罪嫌疑人、被告人的身体状况；（7）其他方式。

人民检察院可以对羁押必要性审查案件进行公开审查。但是，涉及

① 陈卫东主编：《刑事诉讼法》（第二版），高等教育出版社 2018 年版，第 182~184 页。

国家秘密、商业秘密、个人隐私的案件除外。人民检察院应当根据犯罪嫌疑人、被告人涉嫌犯罪事实、主观恶性、悔罪表现、身体状况、案件进展情况、可能判处的刑罚和有无再危害社会的危险等因素，综合评估有无必要继续羁押犯罪嫌疑人、被告人。

（三）结案

办理羁押必要性审查案件，应当在立案后十个工作日以内决定是否提出释放或者变更强制措施的建议。案件复杂的，可以延长五个工作日。经审查认为无继续羁押必要的，检察官应当报经检察长或者分管副检察长批准，以本院名义向办案机关发出释放或者变更强制措施建议书，并要求办案机关在十日以内回复处理情况。释放或者变更强制措施建议书应当说明不需要继续羁押犯罪嫌疑人、被告人的理由和法律依据。经审查认为有继续羁押必要的，由检察官决定结案，并通知办案机关。对于依申请立案审查的案件，人民检察院办结后，应当将提出建议和办案机关处理情况，或者有继续羁押必要的审查意见和理由及时书面告知申请人。

## 第三节 逮捕后的侦查羁押期限

### 一、逮捕后的侦查羁押期限

侦查中的羁押期限，是指犯罪嫌疑人被逮捕以后到侦查终结的期限。

根据《刑事诉讼法》第 156 条至第 160 条的规定和六部门《规定》，侦查中的羁押期限可以分为一般羁押期限、特殊羁押期限、重新计算的羁押期限和不计入羁押期限四种。

（一）一般羁押期限

《刑事诉讼法》第 156 条规定，对犯罪嫌疑人逮捕后的侦查羁押期限不得超过 2 个月。如果犯罪嫌疑人在逮捕以前已被拘留的，拘留的期限不包括在侦查羁押期限之内。一般情况下，侦查机关应当在法律规定的侦查羁押期限内侦查终结案件。

（二）特殊羁押期限

特殊羁押期限，意指侦查羁押期限的延长，但必须符合法定条件并履行相应的审批手续和程序。主要情况有：

根据《刑事诉讼法》第156条的规定，案情复杂、期限届满不能终结的案件，可以经上一级人民检察院批准延长1个月。

根据《刑事诉讼法》第157条的规定，因为特殊原因，在较长时间内不宜交付审判的特别重大复杂的案件，由最高人民检察院报请全国人民代表大会常务委员会批准延期审理。

根据《刑事诉讼法》第158条的规定，下列案件在《刑事诉讼法》第156条规定的期限届满仍不能侦查终结的，经省、自治区、直辖市人民检察院批准或者决定，可以延长2个月：（1）交通十分不便的边远地区的重大复杂案件；（2）重大的犯罪集团案件；（3）流窜作案的重大复杂案件；（4）犯罪涉及面广，取证困难的重大复杂案件。

根据《刑事诉讼法》第159条的规定，对犯罪嫌疑人可能判处10年有期徒刑以上刑罚，依照《刑事诉讼法》第158条规定延长期限届满，仍不能侦查终结的，经省、自治区、直辖市人民检察院批准或者决定，可以再延长2个月。

根据六部门《规定》第21条的规定，公安机关对案件提请延长羁押期限的，应当在羁押期限届满七日前提出，并书面呈报延长羁押期限案件的主要案情和延长羁押期限的具体理由，人民检察院应当在羁押期限届满前作出决定。

（三）重新计算羁押期限

下列情形应重新计算羁押期限：在侦查期间，发现犯罪嫌疑人另有重要罪行的，自发现之日起依照《刑事诉讼法》第156条的规定重新计算侦查羁押期限。公安机关依照上述规定重新计算侦查羁押期限的，不需要经人民检察院批准，但应当报人民检察院备案，人民检察院可以进行监督。

（四）不计入羁押期限

犯罪嫌疑人不讲真实姓名、住址，身份不明的，侦查羁押期限自查清其身份之日起计算，但不得停止对其犯罪行为的侦查取证。对于犯罪事实清楚，证据确实、充分的，也可以按其自报的姓名移送人民检察院审查起诉。

对被羁押的犯罪嫌疑人作精神病鉴定的时间不计入侦查羁押期限。其他鉴定时间则应当计入羁押期限。

## 二、隐性超期羁押问题

超期羁押是指公安司法机关在刑事诉讼过程中羁押犯罪嫌疑人、被告人超过法定羁押期限的违法行为。超期羁押可分为显性超期羁押和隐性超期羁押，前者是指公安司法机关办案超过了该诉讼阶段羁押犯罪嫌疑人、被告人的最长限制期限的违法行为；而所谓“隐性超期羁押”则是指在刑事诉讼过程中，侦查、检察和审判机关基于法律的模糊性规定或者立法疏漏，随意决定延长、重新计算、不计入羁押期限，以羁押“形式上的合法性”掩盖“实质上的严重侵权”的各种违法羁押行为的总称。① 经过多年执法规范化建设，当前我国显性超期羁押已经显著减少，② 但隐性超期羁押仍旧突出。

笔者认为，导致隐性超期羁押的原因比较多，司法实践中主要包括以下四个方面：办案人员法治观念滞后；案情复杂、取证困难；办案人员责任担当精神不够；监督制约机制不完善。治理隐性超期羁押，应综合施策，采取转变执法观念；创新监督制度；强化职业训练；改进物质装备；加大科技投入；提高办案人员素质等多种措施。

① 杨晓静、周晓武：《论“审判中心主义”下的审前程序控制——以“隐性超期羁押”为切入点》，载《政法论丛》2018 年第 6 期，第 130 页。

② 新华社：《我国已基本解决超期羁押问题》，https：//www.chinacourt.org/article/detail/2005/10/id/183535.shtml，浏览于 2019 年 12 月 19 日。

# 第十二章　刑事赔偿

## 第一节　刑事赔偿概述

### 一、刑事赔偿的概念

刑事司法权力的行使，不可避免会在某些时候对一部分公民、法人和组织的合法权益造成损害，当国家司法公权力的运行给国民的合法权益造成损害时，司法机关就应当对所造成的损害给予赔偿，这不仅是对错误司法行为的补救，也是承担国家责任的体现。所谓刑事赔偿，是指在刑事诉讼活动中行使刑事司法公权力的机关及其工作人员因职务行为损害其他社会成员的正当权益时，国家所给予的赔偿。① 刑事赔偿具有如下特点：

（一）刑事赔偿是对司法行为的补救

司法权力是国家权利不可或缺的构成要素，刑事司法机关代表国家行使惩治犯罪的职权，所面对的是被指控涉嫌犯罪的被追诉者。对于被追诉者而言，面对的是作为国家机器之一的司法机关，为了维护刑事诉讼的公平和体现诉讼机制的平衡，各国的刑事诉讼法对追诉程序都做出了严格的规定，赋予被追诉者自我保护的权利。即便如此，诉讼两造的

① 刘志远主编：《中国刑事损害赔偿原理与实务》，中国人民公安大学出版社 2011 年版，第 6 页。

在力量上的对比仍然是悬殊的，一方是代表国家行使司法权的国家机关，另一方是人身自由受限或身陷囹圄或无辜蒙冤的公民个人。在倡导人权保护的现代法治社会，对本不应该受到刑事追究之人错误地进行追究，使其合法权益受损，国家应当予以赔偿。这既是体现对错误实施国家司法行为的补救和在法律上的否定评价，也是维护社会正义的起码要求。

（二）刑事赔偿是承担国家责任的体现

在刑事诉讼活动中，享有侦查、检察、审判、监管职权的机关为了实现国家控制和减少犯罪的目标在行使国家公权力，在一般情况下，诉讼过程中他们是并没有任何个人利益可言的，国家才是这个过程中的最大获益者。作为普通的社会成员在带有强制性的国家司法公权力行为面前，某种程度上只有服从的义务而缺乏自卫的权利，有时甚至会因为自卫而带来更为不利的后果。依据“谁获益谁承担风险”的风险分配原则，由此带来的风险后果理应由国家来承担，而且上述机关的行为能够严重破坏公民合法权利是因为行为的背后有国家作为后盾支持。① 由国家行为给公民造成的伤害，理应由国家来承担自身行为产生的责任。

（三）刑事赔偿的程序相对特殊

任何法律中实体问题的解决都有赖于一定的操作规程，这既是实现实体法律中权利义务关系的重要依托，也为相关工作人员制定了操作的技术规范，指引他们对特定的案件进行准确的处理。然而，与普通技术工程不同的是，刑事司法作为一项复杂的社会工程，在程序的设计选择上有着深层的社会原因，同时受到诸如历史传统、社会文化和设计者价值取向等因素的影响。对于刑事诉讼过程中错误司法行为致人损害的情况，要通过何种机关和程序来进行赔偿更是一个复杂的问题，要考虑到的影响因素和产生后果也是多重的，因此相较其他制度而言刑事赔偿的程序更具复杂性和特殊性。也因为这样，由于每个国家的历史文化差异和社会发展程度不同，在刑事赔偿程序的设计上也存在一定的差异。

① 张红：《国家责任的变迁：刑事赔偿与刑事补偿之区分》，载《学习与探索》2015 年第 5 期。

## 二、刑事赔偿与相关概念之比较

刑事赔偿除又称刑事司法赔偿外，学术界还有不同的称谓，如刑事损害赔偿、司法赔偿、冤狱赔偿，等等。上述种种提法有的内涵相同，只是名称不同；有的不仅名称不同，实质内涵也有所区别。相比较而言，笔者认为还是称刑事赔偿较为妥当。

刑事赔偿是刑事司法赔偿的简称，这一概念不仅言简意赅，足以反映其是刑事司法活动中产生的一种国家赔偿，而且更主要的是因为它具有明确的法律依据。我国《国家赔偿法》第2章规定为“行政赔偿”，第3章规定为“刑事赔偿”，因而刑事赔偿同行政赔偿一样，都是已为立法所确认的专有名称，有其特定的法律内涵和意义。这一法律术语在司法实务中也已获得确认和普遍适用。

为准确地理解刑事赔偿概念，有必要将“刑事赔偿”和其他种种称法作一分析比较：

（一）刑事赔偿和刑事损害赔偿

有些著述将刑事赔偿称为刑事损害赔偿，如《论刑事损害赔偿权》① 等。但刑事损害赔偿这一概念在司法实践中又往往被人们用来称为犯罪分子对被害人的经济赔偿责任 ②。这样就容易把刑事赔偿同犯罪造成的损害赔偿相混淆，也就是容易把刑事赔偿同刑事附带民事诉讼相混淆。

刑事损害赔偿是与民事损害赔偿相对称的一个概念。民事损害赔偿是民事违法行为造成他人合法权益损失而产生的赔偿责任，刑事损害赔偿则是刑事犯罪行为造成他人合法权益损失而产生的赔偿责任。我国《刑法》第36条第1款规定：“由于犯罪行为而使被害人遭受经济损失的，对犯罪分子除依法给予刑事处罚外，并应根据情况判处赔偿

① 朱广华、张清鸿：《简论刑事损害赔偿权》，载《中央检察官管理学院学报》1994年第4期。

② 姜晓贞：《刑事赔偿制度之我见》，载《河南广播电视大学学报》2004年第3期，第39~41页。

经济损失。”因而把刑事犯罪分子所承担的赔偿责任称为刑事损害赔偿是较为合适的，便于反映其与民事损害赔偿之间既相联系又相区别的关系。

刑事赔偿与上述意义的刑事损害赔偿显然有着重大区别：

其一，赔偿责任的直接承担者不同。刑事赔偿责任的义务主体是相应的刑事司法机关；而刑事损害赔偿责任的承担者是犯罪人。其二，求偿者的主体不同。刑事赔偿的求偿权主体是在刑事诉讼过程中本身合法权益受到职权行为侵害的受害人；而刑事损害赔偿的求偿权主体是在刑事诉讼发生之前遭受犯罪行为侵害的被害人及其他公民或组织。

其三，承担赔偿的事实根据不同。刑事赔偿责任的承担是基于侦查、检察、审判、监狱管理等专门机关及其工作人员职务侵权的事实和国家赔偿法的有关规定，而刑事损害赔偿责任的承担是基于犯罪的事实和刑法的有关规定。

（二）刑事赔偿和冤狱赔偿

有人将刑事赔偿称为冤狱赔偿，有的还认为称冤狱赔偿比刑事赔偿更好。“定名为冤狱赔偿，无论从内涵和外延看都较准确，也符合我国的传统习惯。”① “冤狱赔偿这一概念更能反映事物的本质特征。”“这一称谓符合我国的传统习惯。东汉哲学家王充曰：‘无辜受过谓之冤’，‘狱’字的本意是囚禁罪犯的场所，但几经引申，成了刑事诉讼的代名词。在我国古代的法律典籍中‘冤狱’的称谓是较为普遍的。新中国成立后，在我国的一些法律文献上，亦将错案称之为‘冤狱’。”② 那么冤狱赔偿这一概念是否等同于刑事赔偿？能否取代刑事赔偿呢？

回答应该是否定的。严格而言，冤狱赔偿和刑事赔偿并不完全相同，冤狱赔偿是刑事赔偿的一部分，而不是全部。正如他们自己所说：

---

① 陈光中主编：《中国刑事诉讼程序研究》，法律出版社 1993 年版，第 612~613 页。

② 林广华：《论我国冤狱赔偿制度及其立法形式》，载《湘潭大学学报（哲学社会科学版）》1995 年第 5 期。

“所谓冤狱赔偿，是指国家司法机关在行使刑罚权的过程中，由于错羁、错判，致使公民的合法权益受到损害，国家对其给予经济上的赔偿。”可见，冤狱赔偿是指错羁、错判引起的赔偿，而并不包括错羁、错判以外的赔偿。我国台湾地区 1959 年制定有“冤狱赔偿法”，但其所称冤狱赔偿也是限于刑事

司法机关的错羁、错判的赔偿。而我国《国家赔偿法》所规定的刑事赔偿的范围则要大于冤狱赔偿，除错羁、错判外，还包括刑讯逼供或者以殴打等暴力行为造成公民身体伤害或者死亡的；违法使用武器、警械造成公民身体伤害或者死亡的；违法对财产采取查封、扣押、冻结、追缴措施的，等等。因而冤狱赔偿中的求偿人通常是无罪却错误遭受羁押或判刑的人，俗称“吃冤枉官司”的人；而刑事赔偿中的求偿人并不一定是无罪的人，即使是真正的犯罪人，如受到刑讯逼供等人身伤害，也可成为求偿人。因此，对不是“吃冤枉官司”的人给予赔偿也称为冤狱赔偿就显得很不贴切。根据我国《国家赔偿法》规定的刑事赔偿范围，不宜将刑事赔偿统称为冤狱赔偿。

（三）刑事赔偿和司法赔偿

对刑事赔偿另一种较为流行的称法是司法赔偿。特别是在国外，刑事赔偿和司法赔偿互相替代的情况更为突出。“对于司法赔偿，各国一般规定以司法机关在刑事诉讼中的侵权行为为限，所以不少国家也将司法赔偿称为刑事赔偿或冤狱赔偿。”① 但根据我国国家赔偿法的规定，我国的司法赔偿包含了两类：一类是刑事司法赔偿，简称为刑事赔偿；另一类是非刑事司法赔偿。司法赔偿主要是指刑事赔偿，但不等同于刑事赔偿。因此，将司法赔偿替代刑事赔偿也是不尽科学的。

## 三、我国的刑事赔偿制度

（一）刑事赔偿范围

刑事赔偿范围是指因刑事司法机关及其工作人员的职务行为损害其

① 皮纯协、冯军主编：《国家赔偿法释论》，中国法制出版社 1998 年版，第 16 页。

他社会成员的正当权益时，国家决定赔偿与否的法律边界。①

我国现行《国家赔偿法》第三章“刑事赔偿”中对刑事赔偿范围有所规定，见于第 17 条的人身权利赔偿、第 18 条的财产权利赔偿和第 19 条国家不承担赔偿责任的情形。对于刑事赔偿范围的描述，我国《国家赔偿法》采用的是否定式概括与肯定式列举相结合的立法形式。在第 19 条关于国家不承担赔偿责任的情形中，除了该条前五款具体列明的不赔偿情形外，还包括最后一款“法律规定的其他情形”的兜底性条款，对刑事赔偿范围进行反向界定。第 17 条、第 18 条关于赔偿请求人可获赔偿的人身权益、财产权益等事项，是通过对赔偿情形的逐一列举来划定赔偿的正向范围。在第 17 条的人身权益赔偿情形中包括以下几类：（1）违法刑事拘留的以及刑事拘留超期限，其后终止追究刑事责任的；（2）逮捕后终止追究刑事责任的；（3）再审改判无罪的；（4）违法审讯、监管不作为致人伤亡的；（5）违法使用器械致人伤亡的。在第 18 条的财产权益赔偿中包括两种情形：（1）违法查封、扣押、冻结、追缴财产的；（2）再审改判无罪的。

从上述两条规定中可以很明显地看出，我国刑事赔偿的范围是采取列举的封闭式规定，只有在该规定范围之内的事项才属于刑事赔偿的对象，超出该范围以外的部分则国家不承担赔偿的责任。纵观世界多数国家的立法情况，对赔偿范围的划定一般通过两种方式，概括式立法和列举式立法。②

第一，采用概括式规定刑事赔偿范围，其主要特征是以一个概括性的条款对刑事赔偿范围进行规定，不对国家应当赔偿的具体情形予以详细列举，西方国家的立法大多采取该类型。③ 由于采用概括式规定，对于何种行为应包含在刑事赔偿范围之内，何种行为应排除在刑事赔偿范

① 刘志远主编：《中国刑事损害赔偿原理与实务》，中国人民公安大学出版社 2011 年版，第 74 页。

② 杨小军：《我国刑事赔偿范围辨析》，载《人民检察》2007 年第 9 期。

③ 汤鸿沛、张玉娟：《德国、法国与中国国家赔偿制度之比较》，载《人民司法》2005 年第 2 期。

围之外并没有做出详尽的说明，因此在司法实务中，对于赔偿责任构成要件的判断，往往得凭借法官从概括式的法律条文中去提炼。

第二，采用列举式规定刑事赔偿范围，即通过具体且明确的法律条款对刑事赔偿范围进行列举，只有在列举范围以内的赔偿请求事项才可能获得赔偿，在列举范围以外的赔偿请求事项则得不到法律的支持。我国《国家赔偿法》自 1994 年颁布以来并先后经历 2010 年和 2012 年两次修正，但对刑事赔偿范围的规定一以贯之采取的是封闭的列举式规定，具体体现在《国家赔偿法》第 17 条规定的不法侵害他人人身权益的五种情形和第 18 条规定的不法侵害他人财产权益的两种情形。受害人的赔偿申请内容只有在该两条规定之内，才有机会获得赔偿，反之则权利无从救济。这样的简单列举对保护受害人权益而言，显然是片面的和有疏漏的。

（二）刑事赔偿标准

刑事赔偿标准，是指根据刑事赔偿法律规范确立的损害程度、影响范围、过错大小等参考因素来确定赔偿数额的准则，① 也是国家对具体刑事侵权损害案件给予相应赔偿时所参照的尺度。

我国《国家赔偿法》有关刑事赔偿标准的规定依据赔偿对象的不同，将适用标准分为人身权利的赔偿标准和财产权利的赔偿标准两类，其中人身权利方面又分为人身自由、生命健康和精神损害三个部分。尽管精神损害抚慰金属于法定的刑事赔偿范围并在《国家赔偿法》第 35 条中明确规定，② 但该法条中并没有规定具体的实施标准。2014 年 7 月，最高人民法院出台的《关于人民法院赔偿委员会审理国家赔偿案件适用精神损害赔偿若干问题的意见》规定，人民法院赔偿委员会适用精神损害赔偿条款，决定采用“支付相应的精神损害抚慰金”方式的，

① 刘志远主编：《中国刑事损害赔偿原理与实务》，中国人民公安大学出版社 2011 年版，第 166 页。

② 《国家赔偿法》第 35 条规定：“有本法第三条或者第十七条规定情形之一，致人精神损害的，应当在侵权行为影响的范围内，为受害人消除影响，恢复名誉，赔礼道歉；造成严重后果的，应当支付相应的精神损害抚慰金。”

应当综合考虑以下因素确定精神损害抚慰金的具体数额：（1）精神损害事实和严重后果的具体情况；（2）侵权机关及其工作人员的违法、过错程度；（3）侵权的手段、方式等具体情节；（4）罪名、刑罚的轻重；（5）纠错的环节及过程；（6）赔偿请求人住所地或者经常居住地平均生活水平等。精神损害抚慰金的具体数额，原则上不超过依照国家赔偿法第33条、第34条所确定的人身自由赔偿金、生命健康赔偿金总额的35%，最低不少于1000元。

考察世界大多数国家的刑事赔偿标准立法情况，刑事赔偿的标准大致上可分为抚慰性、补偿性和惩罚性三种赔偿标准。① 简述如下：

第一，对于抚慰性赔偿标准，国家适用该标准进行刑事赔偿时，意味着赔偿请求人所获得的赔偿数额大部分情况下是不足以弥补实际遭受的损失，国家只对赔偿请求人作出适当的、象征性的赔偿。该标准的适用主要体现的是国家对于自身不恰当的刑事司法行为的认错态度，进而对受害人作出的抚慰性赔偿，但是不会对受害人的实际损失做完整的考察和全额的赔偿。因此，在抚慰性赔偿标准的指引下通过刑事赔偿得到的救济，对于遭受错误司法行为侵害的人而言可谓是微乎其微。

第二，对于补偿性赔偿标准，在该标准的指引下进行刑事赔偿，表明国家给予受害人的赔偿数额与受害人的实际遭受的损失大体相当，换言之，国家支付的赔偿数额基本上可以弥补不恰当的刑事司法行为给受害人带来的损失。该赔偿标准的适用目标主要是为了使受害人获得刑事赔偿后能够恢复到遭受损害之前的状态或者至少不会使得处境变得更糟。目前，补偿性赔偿标准是一种比较被世界各国和地区广泛接受的用来确定刑事赔偿数额的标准。

第三，对于惩罚性赔偿标准，顾名思义对国家司法机关而言带有惩罚的色彩，该标准是在足额弥补受害人损失的基础之上，额外加处赔偿。适用该标准进行刑事赔偿，遭受不恰当刑事司法行为侵害的受害人获得的刑事赔偿数额会多于其实际上所遭受的损失。惩罚性赔偿标准，

① 瓮怡洁：《刑事赔偿制度研究》，中国人民公安大学出版社2008年版，第78页。

一方面有助于鼓励受害者向国家积极索取赔偿，从而进一步发挥刑事赔偿制度中规制公权力的功能，在另一方面同时也会增加国家财政负担和在一定程度降低司法机关工作的积极性。在如今的世界范围内，单纯适用抚慰性赔偿标准进行国家赔偿的国家和地区已经成为少数，采纳民事领域的全额赔偿标准才是当前世界的主流趋势。①

（三）刑事赔偿程序

刑事赔偿程序，是指公民、法人或者其他组织遭受刑事司法权力侵害时，向有关的侦查、检察、审判、监管机关行使赔偿请求权并要求承担赔偿责任的程序。② 我国《国家赔偿法》在第 22 条至第 31 条对该部分的内容做出了规定。此外，对刑事赔偿程序的理解又有广义与狭义之分，前者的包含内容比后者多一个追偿程序。狭义的刑事赔偿程序，是指受害人基于司法机关的侵权行为带来的侵害向国家申请赔偿款的程序。而追偿程序是指国家履行完赔偿责任后，由赔偿义务机关代表国家要求因故意或重大过失导致侵害发生的机关工作人员承担相应责任的制度。③ 下文展开讨论的内容仅限于狭义的刑事赔偿程序。

将刑事赔偿程序进行展开可知，在整个程序中由发生时间上具有先后顺序的几部分环节构成。受害人因刑事司法行为遭受损害向国家申请刑事赔偿时，第一步需要在先行处理程序中向赔偿义务机关提交国家赔偿申请，该机关对申请内容作出先行处理结果。如果申请人对处理结果满意，则赔偿程序完结；如果赔偿义务机关逾期不作决定或决定不进行赔偿或申请人不认可赔偿数额的，申请人有权申请向赔偿义务机关的上一级机关提出复议，则进入复议程序。除了人民法院以外，由其他的机关作为赔偿义务主体时，申请人向法院赔委会申请刑事赔偿的，复议都是必经程序。若赔偿申请人对复议结果满意，则赔偿程序完结；若复议

① 许安标、武增主编：《中华人民共和国国家赔偿法解读》，中国法制出版社 2010 年版，第 65 页。

② 刘志远主编：《中国刑事损害赔偿原理与实务》，中国人民公安大学出版社 2011 年版，第 189 页。

③ 沈岿：《国家赔偿法原理与案例》，北京大学出版社 2017 年版，第 384 页。

机关在规定期限内未作出具体答复或申请人对复议结果不认可的，则进入赔偿委员会决定程序，申请人可向复议机关所在地的同级法院赔委会申请作出赔偿决定。同时，法院赔偿委员会对司法赔偿案件的审理属于“一审终审”，为了尽可能地减少错误决定的消极影响，刑事赔偿程序还设置了申诉和重新审查程序。

## 第二节　刑事拘留、逮捕赔偿的认定标准

### 一、违法刑事拘留的认定标准

在 1994 年《国家赔偿法》修改过程中，刑事拘留赔偿的修改争议较大，曾引起了广泛的关注。刑事拘留赔偿内容从 1994 年《国家赔偿法》第 15 条第 1 项“对没有犯罪事实或者没有事实证明有犯罪重大嫌疑的人错误拘留的”修改为 2010 年《国家赔偿法》第 17 条第 1 项“违反刑事诉讼法的规定对公民采取拘留措施的，或者依照刑事诉讼法规定的条件和程序对公民采取拘留措施，但是拘留时间超过刑事诉讼法规定的时限，其后决定撤销案件、不起诉或者判决宣告无罪终止追究刑事责任的”。据此，无论是在刑事拘留赔偿的理论研究还是司法实践中，焦点问题都集中于对“违法”的认定。

#### （一）刑事拘留赔偿归责原则

归责原则被定位为国家赔偿制度的基石，国家赔偿法确定归责原则所要解决的问题是，国家机关及其工作人员行使公权力的行为侵犯了公民、法人和其他组织的合法权益并造成损害，国家依据何种根据，采用何种原则为其侵权行为承担责任。①

我国刑事拘留赔偿的归责原则，尽管根据 1994 年《国家赔偿法》规定，确定为过错归责原则，然而，由于过错归责原则的概括性和不易

① 钟佳萍、禹龙国：《论我国刑事赔偿归责原则的完善》，载《政治与法律》2007 年第 1 期。

操作性，在司法实践中，刑事拘留赔偿归责原则更多的倾向于结果归责原则。① 最高人民法院赔偿委员会曾在《最高人民法院赔偿委员会关于检察机关撤销案件承担错误拘留国家赔偿责任的批复》(2001 年 7 月 23 日)、《最高人民法院赔偿委员会关于公安机关以证据不足予以释放当事人申请国家赔偿人民法院赔偿委员会应当受理的复函》(1999 年 3 月 10 日) 中将“错误拘留”界定为“因证据不足被释放或撤销案件的属于错误拘留”。② 并且，在对 1994 年《国家赔偿法》修改过程中，全国人大法律委员会在 2009 年 6 月第十一届全国人大常委会第九次会议，对《国家赔偿法修正案》进行第二次审议时，曾提出方案：将刑事拘留与逮捕一并规定，即“对公民采取拘留、逮捕措施后，决定撤销案件、不起诉或者判决宣告无罪终止追究刑事责任的”，受害人有取得国家赔偿的权利（修正案草案二次审议稿第 8 条），即该修正案草案对拘留赔偿也采取了结果归责原则。但在审议过程中，有的常委会委员提出，刑事案件情况复杂，公安机关对刑事拘留的犯罪嫌疑人，特别是流窜作案、多次作案、结伙作案的重大犯罪嫌疑人，需要一定时间进行侦查甄别，因此，对犯罪嫌疑人依法采取刑事拘留后予以释放的，是否应予以国家赔偿，建议慎重考虑。③ 会后，对这一问题经过反复研究，最终 2010 年修改后的《国家赔偿法》规定刑事拘留采取违法归责原则。

---

① 倪慧芳、高洁峰：《刑事赔偿归责原则探析——以刑事赔偿判例为视角》，载《云南大学学报（第三期）》2010 年第 3 期。

② 根据上述批复、答复的精神，错误拘留实际采取的是结果归责原则，人民法院赔偿委员会审查的重点并非有关机关作出拘留决定是否违法，而是采取了一种以无罪的结果推定错误拘留成立的模式，换句话说人民法院的立场是实体错误（因最终不能证明犯罪嫌疑人或被告人有罪，按照刑事诉讼法无罪推定原则即可认定其无罪）而不是形式错误（不具备拘留的法定条件或不遵守拘留的法定程序），关注的是无罪的结果而不是违法的外在形式和过程，无罪的表现形式包括发放释放证明、撤销案件、不起诉和判决宣告无罪。参见白雅丽、徐超：《刑事拘留赔偿案件的审查问题》，载江必新主编：《国家赔偿办案指南》第 2 期，中国法制出版社 2011 年版，第 190 页。

③ 许安标、武增主编：《中华人民共和国国家赔偿法解读》，中国法制出版社 2010 年版，第 84 页。

刑事拘留赔偿归责原则的演变，经历了（立法上）过错归责原则到（实践中）结果归责原则，再到（立法上）违法归责原则的历程，不同的归责原则代表了不同的价值追求和利益考量。① 过错归责原则以过错为依据，其所追求的价值目标是端正、培养国家机关及其工作人员的责任心和义务感。结果归责原则以损害结果为依据，只要损害结果是由国家机关及其工作人员造成的，国家就承担赔偿责任，该原则更加注重对公民、法人和其他组织合法权益的保护，追求的价值目标是保护合法权益。而违法归责原则以违法作为责任是否成立的依据，国家仅对国家机关及其工作人员在行使公权力过程中违反法律规定的行为造成的损害承担赔偿责任，体现了国家对侦查机关依照刑事诉讼法侦查刑事案件的侦查权给予充分保障。归责原则直接决定了国家赔偿责任的构成要件、国家赔偿范围、免责事项等，刑事拘留赔偿归责原则的转变必然会引起司法实践中法律适用的相应调整，而调整中首先需要明确的是界定违法归责原则中的“违法”内涵。

（二）刑事拘留赔偿中“违法”的认定标准

标准是衡量事物的准则、尺度。标准的确立，可以为某一现象或事物的界定提供客观的依据，从而能够准确把握它。具体到刑事拘留赔偿，确定刑事拘留赔偿“违法”的认定标准，不仅可以理性地分析认定侦查机关的拘留违法，更好地发挥国家赔偿监督侦查机关依法行使拘留权力，而且可以避免出现违法拘留标准的多元化，确保拘留违法的认定的规范化，为刑事拘留赔偿的裁判统一奠定基础。

1. 违法拘留中“法”的范畴

根据我国《国家赔偿法》第 17 条的规定，侦查机关违法而实施的刑事拘留行为，需要承担刑事拘留赔偿责任。从逻辑上而言，要正确界定刑事拘留违法，前提是要准确把握“法”的范畴。人类社会自从“法”产生以来，对于法的概念及其本质，一直是法学史上研究的核心。从自然法学派到实证法学派以至自由法学、批判法学等都对法律提

① 陈校、章志图：《国家赔偿归责原则与实践适用探析》，载《政治与法律》2009 年第 5 期。

出了不同的见解。可以说，正是不同法学流派有关法律为何的争论，推动了法学研究和法律实践的发展。因为关于何为法律的争论并不只是知识论上的游戏，而是有着深远的现实意义。① 德国学者考夫曼认为："法绝非与制定法等同，因为法所具有的具体的、内容上的丰富，并无法被捕捉到制定法的概念中。因此，也没有任何封闭的、'公理式的'法律体系，而只是一种开放的'集合论点式'的体系。法律是由法的理念（或一般原则或基本规范），经由法律规范（或制定法、习惯），而达到具体的法律（或法律判决）。"② 尽管法律的开放性、阶层性决定了违法不仅是对国家制定法的违反，而且包括了违反制定法背后的法律原则、法律精神和社会生活规范，但就违法刑事拘留赔偿而言，我国《国家赔偿法》对违法的界定是明确的，即其违反的只局限于刑事诉讼法。立法机关认为，刑事拘留赔偿的情形包括：一是对于违反《刑事诉讼法》的规定采取刑事拘留措施的；二是对依法采取刑事拘留措施的，但超过了法律规定的拘留期限，并且其后决定撤销案件、不起诉或者判决宣告无罪终止追究刑事责任的。③ 司法实践中，法官如果对刑事拘留中"法"的范畴进行广义的理解，既会造成与立法的相悖，不利于国家赔偿法立法目的的实现，而且在现有情况下，也将造成司法裁判标准的不统一。此外，由于刑事诉讼法的实施尚需以司法解释等作进一步规范，刑事拘留中的"法"也包括《最高人民法院关于适用〈中华人民共和国刑事诉讼法〉的解释》《人民检察院刑事诉讼规则（试行）》《公安机关办理刑事案件程序规定》等法律规范。

2. 违法是"行为违法"而非"结果违法"

侵权行为违法判断标准的探讨始于 19 世纪中叶，耶林对侵权责任进行了划分并提出了结果违法与行为违法理论。④ 结果违法中的违法因

---

① ［德］卡尔·拉伦茨：《法学方法论》，陈爱娥译，商务印书馆 2003 年版，第 84 页。

② ［德］考夫曼：《法律哲学》，刘幸义等译，法律出版社 2004 年版，第 219 页。

③ 许安标、武增主编：《中华人民共和国国家赔偿法解读》，中国法制出版社 2010 年版，第 84 页。

④ ［德］耶林：《罗马私法中的过错要素》，柯伟才译，中国法制出版社 2009 年版，第 20 页。

侵害行为符合构成要件的要求而得到满足，即只要是导致该条款所规定之权利遭受侵害结果之加害行为，原则上即推定其具有违法性。加害行为之所以被法律非难而具有违法性，乃因其肇致对权利侵害的“结果”。① 我国台湾地区的刑事羁押赔偿中的法律义务说则主张结果违法标准，该观点认为对于无罪的人，国家本来无权对其施行刑罚，如检察官或法官不知道其为无罪而予以羁押，这种羁押属于“客观违法”，即实质上不当而形式上合法。由于公民被无辜羁押是由于国家法律授权的公务员的职务行为造成的，因此，对公民所受的损害，国家有义务承担赔偿责任。② 结果违法倾向于基本权利的绝对保护，而未将行为作为首要考虑因素，并将扩大行为人的责任范围。③ 行为违法则是公权力的行使必须依据法律的规定而作出，否则即属于违法，不以损害结果的发生为要件；反之，如果依照法律规定行为时即使发生损害，该行为仍然可被认为是合法的。申言之，行为是否违法的判断不以行为本身所生之结果是否违法为必要，而是着重其行为有无价值；只要行为本身已经符合了法律的规定，无论是否发生适法之结果，除法律另有规定者外，都可以被认为是合法。④

在刑事拘留赔偿的违法判断上，行为违法仅指违反法律明文规定所实施的拘留行为，而结果违法则侧重于对拘留结果的合法性进行评判，即以受害人为本位，只要损害结果的造成缺乏法律依据，国家就应当承

① 王泽鉴：《侵权行为法》（第1册），中国政法大学出版社2001年版，第232页。

② 许安标、武增主编：《中华人民共和国国家赔偿法解读》，中国法制出版社2010年版，第81页。

③ 结果违法的认定并非等于结果归责原则。结果归责原则实行“事实裁判个人”规则，其从根源上回避将主观方面作为考察要素，只要有损害结果存在，无论行为人是否尽到合理的注意，就应当对其所引起的损失负责。但是在结果违法的认定中，结果违法只涉及违法与否这一客观要素，至于是否承担责任还要结合主观要素（如注意义务的违反）等共同决定。参见杜仪方：《“行政赔偿中的‘违法’概念辨析”》，载《当代法学》2012年第3期。

④ 王和雄：《行政不作为之权利保护》，台湾三民书局1993年版，第233页。

担赔偿责任。由此可见，以结果违法为判断标准的赔偿范围要宽于以行为违法为判断标准的赔偿范围。我国法律对于国家机关及其工作人员侵犯公民权益承担赔偿责任进行了规定，《宪法》第 41 条规定："由于国家机关和国家机关工作人员侵犯公民权利而受到损失的人，有依照法律规定取得赔偿的权利"；《民法通则》第 121 条规定："国家机关或者国家机关工作人员在执行职务中，侵犯公民、法人的合法权益造成损害的，应当承担民事责任。"《宪法》与《民法通则》的规定是以受害人为本位，采取结果违法判定标准。由于《国家赔偿法》相对而言是特别法，故对刑事拘留赔偿的违法判断标准应当以《国家赔偿法》第 17 条为依据。

从法律文本而言，"违反刑事诉讼法"也可以从不同角度进行解读，其一是从违反《刑事诉讼法》总则第 2 条"尊重和保障人权，保护公民的人身权利、财产权利、民主权利和其他权利"① 的角度进行解读，只要受害人的人身权被侵犯了，应当认为违反了刑事诉讼法，即违反了保障人权的基本原则，这样的理解就将违法刑事拘留赔偿的判断标准定位于结果违法；其二是从《刑事诉讼法》分则的角度出发，只有侦查机关的刑事拘留行为违反了具体的规定，才能认定刑事拘留违法。这样的理解就将拘留赔偿的判断标准定位于行为违法。尽管从权利保障和司法实践适用标准延续性出发，刑事拘留赔偿采取结果违法判断标准有其相对的合理性，但从《国家赔偿法》修改过程和背景等因素分析，② 对公安机关（侦查机关）依照《刑事诉讼法》侦查刑事案件要

① 2012 年《刑事诉讼法》修改，其最大亮点之一就是增加了"尊重和保障人权"内容。

② 如全国人大法律委员会经研究认为，对于违反《刑事诉讼法》的规定采取刑事拘留措施的，应当明确规定受害人有取得国家赔偿的权利。对于公安机关依法采取的刑事拘留措施，应当在上述法定期间内进行侦查取证，予以甄别。采取拘留措施的时间超过规定时限，其后决定撤销案件的，应当规定受害人有取得赔偿的权利。参见《全国人大法律委员会关于〈全国人民代表大会常务委员会关于修改〈中华人民共和国国家赔偿法〉的决定（草案）〉修改情况的汇报》。

给予充分保障。① 因此，在实践中，刑事拘留赔偿应当采取行为违法判断标准，从而与立法修改的原义相一致。

3. 违法既包括实体违法也包括程序违法

刑事拘留赔偿的违法采取行为违法标准，即从侦查机关行为的角度出发，对刑事拘留是否违法进行判断。从违法的内容上而言，刑事拘留违法包括实体违法和程序违法。刑事拘留实体违法主要是指刑事拘留违反刑事诉讼法规定的拘留条件，即违反《刑事诉讼法》分则有关条文规定的实施刑事拘留的条件采取刑事拘留措施的。刑事拘留程序违法是指刑事拘留不符合《刑事诉讼法》规定的程序要件。具体表现为：一是方式违法，是指侦查机关在作出刑事拘留决定时，未采用法律规定的方式或者采用了法律禁止的方式，如公安机关在刑事拘留时应当作出《刑事出拘留决定书》，但仅以口头的方式作出；二是步骤、顺序违法，是指侦查机关未按照法定步骤、顺序作出拘留行为 如公安机关刑事拘留犯罪嫌疑人的时候，没有出示《拘留证》，而在嗣后出示《拘留证》；三是时效违法，是指侦查机关未按照法定的时间作出或完成某一行政行为。如公安机关对被拘留的人，超过拘留后的 24 小时进行讯问。从法律文本而言，刑事拘留程序违法主要是指违反《刑事诉讼法》分则有关条文规定的刑事拘留实施程序采取刑事拘留措施的。

## 二、“错误逮捕”之衡量标准

逮捕是一柄“双刃剑”，如何正确、合法地运用逮捕这一刑事强制措施，避免错误逮捕情况的发生，特别是错误逮捕发生后，如何依法保障刑事诉讼中公民的人身权利，成为公安司法机关必须面对和解决的问题。错误逮捕是相对于正确、合法逮捕而言的。而错捕的认定标准，实质上是指哪些情形属于错捕的范畴，即错捕的类型。在目前的理论研究中，大多数学者基本持“实体错捕”的态度，即与《国家赔偿法》的

① 许安标、武增主编：《中华人民共和国国家赔偿法解读》，中国法制出版社 2010 年版，第 85 页。

观点基本上是一致的，认为在批准逮捕后，在侦查阶段撤销案件、在审查起诉阶段检察院作出不起诉决定、审判阶段人民法院作出无罪裁判的，才属于错误逮捕。① 长期以来，我国学界对于“错误逮捕”，并没有明确地区分刑事诉讼意义上的错误逮捕与国家赔偿意义上的错误逮捕，认为二者意义相同或者近乎相同。② 近些年，也有学者提出：“刑事诉讼之中有关于错误逮捕的认定应以《刑事诉讼法》第 81 条为根据和标准，而国家赔偿意义上的错误逮捕则是以最终的判决结果来认定。”③ 笔者认同此观点，下文将从刑事诉讼意义与国家赔偿意义这两个方面对错误逮捕的衡量标准进行分析。

（一）刑事诉讼中的错误逮捕及衡量标准

在我国，学界关于刑事诉讼中的错误逮捕及衡量标准，主要有以下三种观点：第一种观点：“当时说”，也可以称为“逮捕”条件说，即指通过判断案发时的条件是否符合法律规定的逮捕条件来决定，如果符合标准，即使是在后来案件产生其他的变化，甚至案件最终做出无罪判决或者被不起诉或者撤销，那仍然不能算作错误逮捕。④ 第二种观点：“诉讼结果说”，即该案件最终的诉讼结果无论是无罪判决还是案件不起诉或者撤销案件（批准逮捕后做无罪处理）的，都是错误逮捕。该种观点是以法院做出的最终裁判结果为标准的。⑤ 第三种观点：“赔偿标准说”，即以最终是否获得国家赔偿为标准，如果受害者最终没有获得国家赔偿，那就不应当认定为错误逮捕，“应当将《国家赔偿法》作

① 汤流：《论刑事赔偿中的错误逮捕——兼谈国家免责条款实用的审查》，载《人民司法》1998 年第 1 期。

② 王晶然：《错误逮捕与国家赔偿问题探讨》，载《哈尔滨师范大学社会科学学报》2018 年第 2 期。

③ 孙谦：《逮捕论》，法律出版社 2001 年版，第 127 页。

④ 林楠：《捕后存疑不诉赔偿与附条件逮捕制度的完善》，载《人民检察》2011 年第 10 期。

⑤ 向泽选：《我国刑事赔偿制度的困境与出路》，载《政法论坛》2007 年第 4 期。

为认定错误逮捕的唯一标准”。①

笔者认为，刑事诉讼中错误逮捕的衡量标准，应当以第一种观点“逮捕条件说”为标准。之所以选择支持“逮捕条件说”，其理由主要有：首先，对于在案发时逮捕的人相对来讲是确定的，但是对于最终的结果却无法预见，是否无罪、犯罪种类、是否符合不追究刑事责任的条件等都无法预见，这些都由法院最终的裁判来确定。其次，逮捕是具有强制性的，它涉及公民人身自由权的问题，因此其适用应当是十分严格的，这体现在两个方面：一是逮捕适用应当受到法律的严格监督；二是其由国家的强制力保障实施。逮捕应当有独特的一套具体程序，过程中所有的行为必须符合法律规定。最后，从根本目的上来讲，逮捕所限制的公民人身自由是与刑罚所限制的公民人身自由的意义完全不同，逮捕的限制只是为了刑事司法程序的顺利开展，而刑罚的限制则是一种对罪犯人身性的惩罚。我们决不能以最终的结果来判断当初的逮捕行为是否属于错误逮捕。因此，笔者认为，判断和分析错误逮捕，使用“逮捕条件说”是最为适当的，这主要是因为“逮捕条件说”具有与其他观点所不同的独特优势：一是时间优势，逮捕的这一时刻最具有真实性，是执法人员在做了充分证明准备的前提下所实施的行为；二是可影响的因素较少，在逮捕之后的阶段中容易出现这样或者那样的情况来影响司法人员的判断能力，在实践中能够最有利于刑事司法程序的顺利进行，也最有利于对遭受错误逮捕的公民利益的保障。

（二）国家赔偿中错误逮捕及衡量标准

我国《国家赔偿法》第 17 条第 2 款规定：“对公民采取逮捕措施后，决定撤销案件、不起诉或者判决宣告无罪终止追究刑事责任的，受害人有取得赔偿的权利。”立法上明确了公民取得国家赔偿的条件是逮捕后被做无罪处理、终止追究刑事责任，这是一种典型的“推导倒置”的做法，即以法院判决结果作为认定是否错误逮捕的标准。

我国《国家赔偿法》在 1994 年的制定出台和 2010 年的修改，是在

① 苏宏伟：《错捕的认定标准》，载《中国刑事法杂志》2008 年第 4 期。

充分考虑当时的实际状况、发展水平和社会需要基础上进行的，很多具体规定从今天来看则在某些方面存在缺陷和不足。① 依据我国《国家赔偿法》第 17 条之规定，可以得出一个结论，即国家赔偿法中的错误逮捕及衡量标准是“诉讼结果说”，易言之，犯罪嫌疑人、被告人被逮捕后，如果最终被终止追究刑事责任、做无罪处理的，都应当予以国家赔偿（符合国家免责条件的除外）。

（三）两种错误逮捕及衡量标准之界分

在刑事司法实践中，犯罪嫌疑人被依法逮捕后，确实有可能因为新的事实证据的出现而被做无罪处理的可能，这在司法实践中是无法避免的。被逮捕人如果最终被做无罪处理，办案人员往往要被追究错案责任。② 这样一来，在司法实践中，判断错误逮捕的标准就成为“诉讼结果说”，而并不是依照“逮捕条件说”。在这样的压力下，检察机关具体负责批捕的工作人员往往提高审查批准逮捕的标准，这在一定程度上会造成对于确有犯罪活动的人“漏捕”情况的发生。而审查批捕证据标准的提高，不但会使审查批捕环节受到很大影响，而且最终会导致刑事案件后续的其他程序阶段不能正常进行，最后造成案件不能依照程序顺利结案。具体而言，二者的不同之处主要表现在：

首先，二者的衡量标准不同。刑事诉讼中的错误逮捕及衡量标准的依据是我国《刑事诉讼法》第 81 条，只要是逮捕条件不符合该条规定，都是错误逮捕。但国家赔偿中的错误逮捕及衡量标准是“诉讼结果说”，如果被逮捕后犯罪嫌疑人、被告人被做无罪处理，对先前的错误逮捕行为均应赔偿（符合国家免责条件的除外）。

其次，二者的衡量目的不同。刑事诉讼中错误逮捕的衡量标准是防止错捕情况的发生，保障刑事诉讼审查批捕程序与实质工作的质量。而国家赔偿中错误逮捕的衡量标准则是为了使其成为错误逮捕后国家赔偿

① 张兆松：《关于错捕与刑事赔偿关系的理性思考》，载《人民检察》2003 年第 9 期。

② 蒋成旭：《国家赔偿的制度逻辑与本土构造》，载《法制与社会发展》2019 年第 1 期。

的根据，使得被错误逮捕人的合法权益得以保障。

通过以上分析，可以得出这样一个结论："错误逮捕"在我国《国家赔偿法》中与《刑事诉讼法》中的意义差别很大。首先，对于犯罪嫌疑人被逮捕时符合我国《刑事诉讼法》第 81 条规定，但逮捕后因为新的事实证据的出现，最终嫌疑人被做无罪处理的案件，不是刑事诉讼意义上的错误逮捕，但对此类案件，国家要对先前的错误逮捕行为承担赔偿责任。而对于审查批捕时并无证据证明犯罪嫌疑人有犯罪事实，但在逮捕后发现新的有罪证据，最终犯罪嫌疑人被判决有罪的案件，则属于刑事诉讼中的错误逮捕。

## 第三节　刑事赔偿制度的完善

### 一、现行刑事赔偿制度存在的主要问题

#### （一）狭窄的赔偿范围

我国《国家赔偿法》在刑事赔偿范围的划定上采用了肯定式立法模式，① 换言之，仅仅只从正面规定应给予赔偿的权利范围，并且详细列明国家应对受害人承担赔偿责任的情形，并未设置有关的弹性条款对其他无法一一列举的情形进行兜底性概括描述。此种条文规定显然不利于受害人的权利救济甚至对于受害人是二次伤害。这将导致国家行为致使受害人的正当权利遭受侵犯时，如若该受损权利不在《国家赔偿法》第 17 条和第 18 条的范围之内，尽管受害人的赔偿申请符合刑事赔偿责任的构成要件，受害人的权利仍然可能无法获得救济。② 这部分无从救济的权利具体表现为以下几种情形：

---

① 龙建明：《刑事赔偿制度现状反思与完善进路》，载《广西社会科学》2016 年第 12 期。

② 印习平：《刑事赔偿的归责原则、赔偿范围和国家免责规定的完善》，载《河北法学》2010 年第 5 期。

第一，符合刑事诉讼法规定的条件、程序及期限所采取的刑事拘留，其后决定撤销案件、不起诉或者判决宣告无罪的情形，不属于国家赔偿的范围。对此，笔者认为，尽管实施拘留措施的国家机关通过符合《刑事诉讼法》的条件、程序及期限对受害人采取了拘留的强制措施，但是在结果上看，被采取强制措施的受害人并没有因其自身的不当行为而受到法律的否定评价。而事实上，受害人因国家出于维护公共利益的需求，而被限制了部分的权益，这部分为实现国家公共利益而让渡的权益，应当获得补偿。该情形的刑事拘留客观上也是对受害人人身自由权的一种侵犯，一个公民的人身自由被国家机器强制剥夺时，受害人对自己所遭受的损失寻求救济完全符合常理，应当为受害人设置救济的渠道。

第二，被采取取保候审、监视居住等刑事强制措施的无罪者所受损失，不属于国家赔偿的范围。取保候审、监视居住虽然在《刑事诉讼法》中属于对人身自由限制程度较轻的刑事强制措施，但在执法实践中存在名为对被追诉者采取取保候审或监视居住等非羁押措施，实为变相羁押的情况。① 笔者认为，针对此种现象如若该被追诉者被撤销案件、不起诉或者判决无罪等终止追究刑事责任时，在客观实际上无罪的被追诉者也受了变相的羁押，国家应当对被追诉者遭受的损失承担赔偿责任。

第三，轻罪被判处较重刑罚的情形，不属于国家赔偿的范围。目前刑事赔偿中只有再审改判无罪且原判刑罚已执行的才属于刑事错判赔偿范围，并不包含轻罪被处以较重刑罚的情形。由于受到案件事实认定、判断等因素的影响，会出现轻罪重判的情况。例如，犯罪嫌疑人盗窃 5000 元的财物，但被法院认定为盗窃 2 万元的财物，判处 5 年有期徒刑；后再审认定盗窃 5000 元财物，改判有期徒刑 2 年。笔者认为，轻罪重判与“罪刑相适应”的基本刑法原则相违背，是对被告人合法权利的侵害，判决体现了刑事法律的评价作用，如果对轻罪处以了错误的

---

① 秦祖伟：《论国家赔偿范围狭窄性与拓展的可行性》，载《人民论坛》2013 年第 12 期。

重罚而且没有救济的方式，会导致受害人的损失无法获得补偿进而使得社会成员对法律失去信仰。

第四，被判处管制、缓刑或剥夺政治权利等非羁押刑罚的无罪者所受损失，不属于国家赔偿的范围。对被判处管制、缓刑或剥夺政治权利的人，被依法改判无罪，判决前未被羁押的，国家不承担刑事赔偿责任。笔者认为，对被判处这些刑罚的当事人而言，虽说其人身自由尚未被剥夺，但在一定程度上也有所限制，其个人形象和社会地位等方面也难免受到负面的评价，甚至使其个人前途丧失、家庭破裂等。在这个层面上而言，国家尽管不给予物质的赔偿，但至少应该在侵权行为能够产生影响的范围之内，消除外界对受害人的负面评价。

（二）单一化赔偿标准

2016 年 1 月 1 日起施行的《最高人民法院、最高人民检察院关于办理刑事赔偿案件适用法律若干问题的解释》，呼应了刑事赔偿标准从适当赔偿原则向全部赔偿原则转变的需求，该司法解释的出台也使得刑事赔偿标准在一定程度上呈现出向民事领域全额赔偿发展的趋势，从而提高了赔偿标准的操作性，有助于受害人顺利获得国家赔偿。但不可否认的是，在司法实践中刑事赔偿标准的规定仍然存在一些不容忽视的问题，对受害人的索赔造成了一定障碍，具体表现为：

第一，适用抚慰性赔偿标准，对受害人的补偿程度较低。一方面，建立刑事赔偿在很大程度上是为了让其发挥权益救济的功能，当刑事司法机关或司法人员履行职务的行为损害了部分社会成员的合法权益，受害人可以通过刑事赔偿制度使损害得以恢复或弥补，并做到最大限度地消除受害者对国家的怨恨和不满情绪。然而，抚慰性赔偿标准的适用就决定了受害人获得的赔偿数额通常不足以填补受害人真实遭受的损失，所谓的赔偿更大程度上可能只是一种象征性的补偿，对于受害人的损失而言只是杯水车薪。故此，受害人的合法权利被国家公权力侵害后，又并未得到有效的救济，那么将导致受害人乃至整个社会对国家以及法律失去信心，不利于社会稳定、人民团结。另一方面，刑事赔偿制度同时也发挥着损害预防、权力规制的功能。按照抚慰性赔偿标准的要求，国家对受害人遭受的损害只在一定程度上做出适当赔偿，支付的赔偿金数额相对较少，因此造成国家赔偿的违法行为的成本较低，这也表明对滥用国家公权力的行为惩罚力度不强，那么遏制该行为再次发生的损害预防效果也会相应削弱。同时，较低的赔偿标准也意味着对有关责任人的追偿也不会太高，这对规制刑事诉讼活动中各环节的参与机关和人员的职务行为而言，发挥不出太大的作用。

第二，人身权益的赔偿采取客观计算方法，未考虑特别要素所致的个体差异。损害人身权益的构成要素包括普通要素和特别要素两种。普通要素指的是侵害事件里不会因为受害人的不同而对赔偿结果产生影响的因素，特别因素指的是侵害事件里会因为受害人的不同而对赔偿结果产生影响的因素。① 从残疾赔偿金这项中看，按照《国家赔偿法》有关此项的立法内容，② 对受害人残疾赔偿金的计算是以全国平均的工资标准作为计算基数。而在民事领域同样是对残疾赔偿金适用标准的相关司法解释规定，③ 对受害人的残疾赔偿金可以根据经常居住地的人均收入或是受诉法院所在地的人均收入为标准来计算。由于我国疆土面积广阔，不同省份和地区的经济处于不同发展水平，来自不同地区的受害人

① 沈岿：《国家赔偿法原理与案例》，北京大学出版社 2017 年版，第 409 页。

② 《国家赔偿法》第 34 条第 1 款第 2 项规定："侵犯公民生命健康权的，赔偿金按照下列规定计算：造成部分或者全部丧失劳动能力的，应当支付医疗费、护理费、残疾生活辅助具费、康复费等因残疾而增加的必要支出和继续治疗所必需的费用，以及残疾赔偿金。残疾赔偿金根据丧失劳动能力的程度，按照国家规定的伤残等级确定，最高不超过国家上年度职工年平均工资的二十倍。造成全部丧失劳动能力的，对其扶养的无劳动能力的人，还应当支付生活费。"

③ 《最高人民法院关于审理人身损害赔偿案件适用法律若干问题的解释》第 30 条规定："赔偿权利人举证证明其住所地或者经常居住地城镇居民人均可支配收入或者农村居民人均纯收入高于受诉法院所在地标准的，残疾赔偿金或者死亡赔偿金可以按照其住所地或者经常居住地的相关标准计算。"第 25 条规定：残疾赔偿金根据受害人丧失劳动能力程度或者伤残等级，按照受诉法院所在地上一年度城镇居民人均可支配收入或者农村居民人均纯收入标准，自定残之日起按二十年计算。但六十周岁以上的，年龄每增加一岁减少一年；七十五周岁以上的，按五年计算。受害人因伤致残但实际收入没有减少，或者伤残等级较轻但造成职业妨害严重影响其劳动就业的，可以对残疾赔偿金作相应调整。"

的经济收入也有着高低不等的差异，对于居住在经济发达地区的受害人而言，残疾赔偿金的计算方式，如果按照刑事赔偿法的客观计算方法来确定，不考虑不同地区的经济水平差异，受害人按照全国职工年平均工资为计算基数确定的刑事赔偿数额一定会少于按照民事领域的赔偿标准所获的赔偿。对于居住地经济水平高于全国平均水平的受害人而言，其所获得的赔偿金额很可能不足以弥补实际的损害。

（三）不合理赔偿程序

刑事赔偿程序设立的初衷是为了让受害人在遭受刑事司法行为的侵害后，能够通过。合法程序获得相应的救济，从而弥补受害人遭受的损失以及最大程度地减小该不当的刑事司法行为对国家整体司法体系、司法形象的负面影响。① 然而，不得不说该程序中一些设置不合理的弊端，在一程度上会对受害人申请国家赔偿形成阻碍，不利于其损失的弥补和权利的实现，具体之处表现为：第一，先行处理程序规定过于简单，协商作用并未发挥。在赔偿程序的规定中，先行处理环节由赔偿义务机关以不公开的书面审查形式对申请人的赔偿申请进行审查，尽管在规定里有提及双方可就赔偿事项展开协商的内容，但对于协商环节的具体实施并没有更为详细的方案。此种模式下的先行处理程序实际上更近似于赔偿机关的先行决定，请求人对于处理结果更多时候只能够被动地接受，并没有真正地参与到这场关乎自身权利能否实现的纠纷处理过程中，事实上请求方与赔偿方之间尚未建立平等对话、友好协商的渠道。如此一来，赔偿方自身的请求没有得到充分说明的机会，赔偿方关着门作出的处理结果自然也难以得到认可，这也使得先行处理程序为了高效快捷处理刑事赔偿纠纷、疏减讼源的设计初衷没能获得有效的实现。

第二，必经的复议程序收效不明显，且增加赔偿请求人时间成本。进入复议程序的案件有几种不同的类型，以对赔偿义务机关作出的赔偿决定不服的案件为例，在该类型的案件中请求人通常在赔偿的项目、数

① 孔繁华：《国家赔偿程序修正之评析》，载《河南省政法管理干部学院学报》2011 年第 1 期。

额等方面存在不同意见，但是能够通过复议程序使原决定产生改变的却只为少数。① 这一现象的存在是多因素作用的结果，一方面复议程序属于机关内部上下级之间行政化的自我监督和审查机制，复议机关与赔偿义务机关之间往往存在着密切联系，在业务往来的过程中复议机关可能对案件已经有所了解，基于系统内部整体利益的考虑，在主观上容易形成带有倾向性的意见。另一方面，即便是在普通的行政程序中，除了几种特殊情形之外，复议程序只是一个作为可供选择的救济渠道并非必经程序，而我国的刑事赔偿程序中将复议程序设置为必经环节，在一定程度一上使得赔偿请求人获得赔偿金的期限有所延长，进而增加了赔偿请求人的时间成本。

第三，决定程序的诉讼化程度较低，未给予赔偿申请人充分的救济权利。根据现代法治的基本原理，当公民的合法合法权益受到外界非法地限制或剥夺时，受害人有权请求作为审判机关的法院通过审判的方式来保护自身的合法权利。但令人遗憾的是，我国当前的刑事赔偿程序中赔偿申请人对赔偿义务机关的处理结果不服时，只可采取复议或向法院赔偿委员会提出申请的两种非诉讼救济方式。对于处理刑事赔偿过程中产生的纠纷，赔偿申请人希望由一个中立的法院通过诉讼的方式解决矛盾的想法，在目前的制度体系中尚得不到现行法律的认可，这也意味着赔偿申请人赔偿权利的救济无法通过诉讼化的方式进行，只能诉诸于赔偿义务机关体系内部上下监督的复议程序以及非诉讼方式的赔偿委员会审查。由于复议机关与赔偿义务机关之间是上下级的直属领导关系，出于对机关整体形象的考虑其决定的公允性或有待探讨，同时赔偿委员会审查案件采取不开庭、不公开的方式，且赔偿委员会对赔偿纠纷的处理属于一裁终局，赔偿申请人即使对结果不服也不具有上诉或申请再审的权利，凡此种种行政色彩浓厚的举措都非常不利于赔偿申请人合法权益的维护。②

---

① 郝建臻：《国家赔偿程序修正之评析》，载《行政法学研究》2007 年第 2 期。

② 徐静村：《简论刑事赔偿程序的完善》，载《人民检察》2007 年第 9 期。

## 二、刑事赔偿制度的完善

### （一）拓宽刑事赔偿范围

刑事赔偿范围直接关系到赔偿请求人的赔偿请求是否有法可依、是否应获赔偿，这不仅体现了刑事赔偿制度的立法理念与原则，还表明了国家对于遭受司法公权力侵害后寻求救济的受害人所抱有的态度以及一国的法治文明程度。有学者指出："上升到宪政的高度，一国的民主法治和人权保障程度可以从国家赔偿的范围中进行透视。"① 对于我国刑事赔偿范围目前所存在的问题，可以从如下几个方面予以完善：

第一，将符合刑事诉讼法采取的刑事拘留其后终止追究刑事责任之人所受损失纳入刑事赔偿范围。刑事诉讼法赋予行使侦查、检察、审判职权的司法机关在对犯罪嫌疑人、被告人作出有罪判决之前，有权对被追诉对象采取部分限制自由的措施。司法机关对于这种权力的行使，是基于犯罪嫌疑人、被告人有极大的可能性被确定为犯罪的真正实施者，并且存在实施妨害正常刑事诉讼活动的可能性，为了保证刑事诉讼活动的正常进行，法律允许司法机关对犯罪嫌疑人、被告人的部分权利作出预先的限制或剥夺。既然是对被追诉者预先的权利限制，那么被追诉者因此产生的损失应当获得补偿。这种补偿方式表现为世界上大多数国家的刑事诉讼法有规定，经过法院生效判决确认被追诉者有罪的，先前被羁押的期限能够折抵被判处的刑期。② 对于有罪之人而言，尚且可以通过以羁押期限折抵所判处刑期的方式来补偿对犯罪嫌疑人、被告人权利的预先限制。然而，被追诉者一旦经过查明证实不存在犯罪可能时，则为无罪之人。对于无罪之人而言，因错误司法行为受到人身或财产方面损失的更有理由得到补偿。同理，符合刑事诉讼法采取的拘留其后终止追究刑事责任之人，国家司法机关预先的权利限制表现为通过拘留的方

---

① 胡锦光、余凌云主编：《国家赔偿法》，中国人民大学出版社 2008 年版，第 18 页。

② 庄绪龙：《刑事拘留国家赔偿的制度漏洞与补正机制》，载《法律适用》2017 年第 3 期。

式限制其人身自由，根据刑事赔偿的结果归责原则，刑事案件中撤销案件、不起诉或判决宣告无罪等结果都表明了被实施拘留之人不应受到刑事法律的追究。因此，对其所采取限制人身自由的刑事拘留措施则缺乏正当性，国家理应对权利受损的当事人给予相应的赔偿。① 将符合刑事诉讼法所采取的刑事拘留其后终止追究刑事责任之人所受损失纳入刑事赔偿范围，以弥补因国家的司法行为而遭到特殊损失的群体与普通社会民众相比之下存在的利益缺陷，同时也为维护社会稳定发挥一定的作用。

第二，将遭受取保候审和监视居住等非羁押刑事强制措施的无罪者所受损失纳入刑事赔偿范围。取保候审和监视居住这一类非羁押刑事强制措施，相比直接对被追诉对象采取强制羁押的刑事拘留、逮捕而言，此类刑事强制措施的强制力度相对较小。尽管没有将被追诉者强制拘禁在某个空间内，但也属于限制了其人身自由权利。例如，根据《刑事诉讼法》第 71 条规定，被采取取保候审者不得随意离开居住的市县。这会导致工作、学习或生活跨越多个地区的一类人要面临一个不小的困难，特别是对于需要跨地区生产经营的人群而言，此规定可谓是阻断了其正常生产经营之路；又如，根据《刑事诉讼法》第 77 条规定，被采取监视居住者不得随意离开住所，不经允许不得与外界接触。尽管取保候审和监视居住这一类非羁押刑事强制措施的强制力度尚不及刑事拘留和逮捕，但实际的实施效果也与刑事拘留和逮捕并无二致，同时在期限上甚至大大超过刑事拘留和逮捕，由此也会给被追诉者造成了很大程度的损害。

第三，将轻罪被判处较重刑罚者所受损失纳入刑事赔偿范围。从法学理论上看，对犯罪者所处刑罚与其所犯罪行必须相适应，实施犯罪的行为人所承受的刑事处罚应当是与其行为的危害程度相当的，如若实施犯罪的行为人实际受到的刑罚相对行为的危害性而言过于严厉，这是对刑法中最基本的罪刑相适应原则的漠视。如若将两种危害社会程度不等

① 杜仪方：《〈新国家赔偿法〉下刑事赔偿的司法实践研究》，载《当代法学》2018 年第 2 期。

的犯罪行为都判处一样的刑罚，那么在犯罪成本一致的情况下可能会出现更多且更为严重的危害社会行为，同时法律的惩戒力度也起不到震慑作用，人们的道德情感也会遭到破坏。① 刑罚作为对犯罪行为法律评价的具体表现方式，不仅代表一个国家对于某些特定行为在国家层面上的评价，同时也是社会道德的风向标。当对犯罪行为人的处罚措施超出其行为危害程度时，意味着犯罪者没有在法律上得到一个较为公允的评价，这不仅是对道德情感的践踏，也是对法律正义的破坏。就司法实践经验而言，世界上其他国家的刑事赔偿立法中也有不少将轻罪重判情形归入刑事赔偿之列的例子。例如《联邦德国刑事追诉措施赔偿法》规定，满足轻罪重判遭受损失的情形可请求国家给予赔偿。② 而在我国，有些地方例如重庆市的地方性法规中就有做出过将轻罪重判所致的超期羁押纳入刑事赔偿的尝试。③ 凡此种种都充分说明了将轻罪重判所致损害的情形纳入刑事赔偿范围具有深厚的实践基础。

第四，将遭受非羁押刑罚的无罪者所受损失纳入刑事赔偿范围。我国《刑事诉讼法》中所规定的非羁押刑罚有管制、剥夺政治权利等，该类刑罚相较限制人身自由的有期徒刑、无期徒刑及剥夺生命权的死刑而言，处罚力度降低了很多，尽管如此非羁押刑罚的行使在一定程度上也同样会对不应受追诉者造成负面的影响。一是刑罚的适用意味着被追诉者受到法律的负面评价，国家通过法律这一途径将被追诉者贴上了犯罪者的标签，这是对被追诉者的行为方式甚至是人格所作出的严厉否定。此种负面的评价势必会对被追诉者的个人声誉、家庭关系、社会地位等方面造成严重甚至是颠覆性的影响，可能使其前途尽失、家庭破

① ［意］贝卡利亚：《论犯罪与刑罚》，中国大百科全书出版社 2008 年版，第 65 页。

② 《联邦德国刑事追诉措施赔偿法》第 1 条第 1 项规定："对于因一项刑事法庭判决遭受损失者如其判决在再审程序的刑事诉讼中被取消或减轻，或者在能使该判决有效的其他刑事诉讼中被取消或被减轻时，由国库予以赔偿。"

③ 重庆市人大常委会在 2012 年 9 月 27 日通过的《重庆市实施〈中华人民共和国国家赔偿法〉办法》第 6 条规定："依照审判监督程序再审后，罪犯实际被羁押的期限超过再审判决确定的刑期的，受害人有依法取得国家赔偿的权利。"

裂，蒙受巨大的损失。二是非羁押刑罚虽然对被追诉者的处罚力度较小，但如若被追诉者是无罪之人，在客观事实上刑罚的适用的确对公民的人身自由、名誉等正当权利造成了不当损害，基于公平正义的法律原则，权利受损之人应当获得与损失相应的赔偿。因此，遭受非羁押强制措施或非羁押刑罚的无罪者所受损失理应纳入刑事赔偿范围。

（二）细化刑事赔偿标准

刑事赔偿标准的高低与所适用的赔偿标准原则有密切的关系，赔偿标准的确定不仅要综合考量国家经济发展状况、法治建设程度以及人口素质等多层次的要素，还要考虑最大化地平衡受害人权益保障与国家财政支付能力之间的关系。① 同时，赔偿请求人所处地区的经济发展程度不同，遭受司法公权力损害带来的实际损失也会因人而异、各不相同，在刑事赔偿标准的设计上应当充分考虑这些因素的影响。为此，对于刑事赔偿标准的改进，笔者有如下几点建议：

1. 建立以补偿性标准为基础，适当引入惩罚性标准

《国家赔偿法》从正式施行至今已历时 20 余年，国家的经济能力和财政状况已经远远比该法律实施之初的状况要好转很多，我国总体经济水平已取得了很大程度的提升。该法律实施之初我国刑事赔偿领域适用抚慰性标准主要是考虑到当时我国经济发展水平相对滞后，如若通过立法制定的赔偿标准过高，可能会给国家财政造成一定程度的负担和压力，也可能影响国家在其他领域的公共事务的投入，而且也会因国家缺乏支付能力使得《国家赔偿法》在现实中的落实效果大打折扣。因此，在当时的社会背景之下刑事赔偿选择了抚慰性赔偿标准。但是在这些年的实践经验中，《国家赔偿法》中的抚慰性赔偿标准的不足之处也日益暴露出来，也进一步说明刑事赔偿适用抚慰性赔偿标准已经跟不上当今社会的发展。并且，随着我国综合国力的进一步提升，经济实力和财政支付能力的不断增强，立法之初所考虑的问题已得到很大程度的缓解，现阶段已具备对刑事赔偿领域立法进行改革和完善的条件。因此，我国

---

① 马怀德：《我国国家赔偿制度的发展历程、现状与未来》，载《北京行政学院学报》2018 年第 11 期。

刑事赔偿领域可建立以补偿性赔偿标准为基础，当引入惩罚性赔偿标准的刑事赔偿思路。以补偿性赔偿标准为基础，坚持填平补齐的理念，即受害人的补偿所得等于所受损失，这样才能最大程度上保障受害人的合法利益，才符合当今人权思想和法治观念不断进步的时代需要。① 依照补偿性赔偿标准，国家对受害人因司法侵权行为所受到的损失应当作出全额的补偿，这是实现刑事赔偿制度弥补损害的要求，也是监督国家司法机关及其工作人员谨慎行使手中权力，从而达到将损害提前预防的结果。不仅如此，相对于抚慰性赔偿标准而言，按照补偿性赔偿标准，国家向侦查、起诉、审判、监管机关或其工作人员追偿的数额也会相应地提高，这有利于遏制侦查、起诉、审判、监管机关及其工作人员实施侵犯公民权利的行为。

同时，对于某些特别情况下，我国刑事赔偿制度也存在适用惩罚性赔偿标准的可能性和必要性，比如司法机关及其工作人员以刑讯逼供的方式侵犯受害人权利的；再审改判无罪的无辜受害人等。该类情况是司法机关及其工作人员通过国家机器的运转对受害人的合法权利所造成的侵害，这样的侵害最突出的特点就是它以权威的、不可违抗的国家名义剥夺了受害人的权利或是宣告了受害人为罪犯。也正是由于刑讯逼供、错误判决等情形对受害人的合法权利侵害之严重以及该类案件的社会影响之深远，对于刑讯逼供、错误判决等情形的刑事赔偿案件理应适用更加严苛的赔偿标准，即惩罚性赔偿标准。在全额赔偿受害人损失的基础之上，再对受害人额外增加一部分的赔偿，让赔偿的支付款项超过给受害人形成的实质损害，以推动国家制定法律或通过追偿遏制侦查、起诉、审判、监管机关及其工作人员实施侵犯公民权利的行为。

2. 人身权益赔偿标准制定应考虑特别要素

纵观国家赔偿制度的发展历史，不难发现该制度的设计是为了保护公民免受公权力不当行使的侵害，同时弥补已发生的损害并预防不法行为发生，以确保公权力的依法运行。民事领域的侵权责任制度，则是强

① 刘永强：《我国刑事赔偿制度中人权保障理念的融入与发展——以国家赔偿法的修改为视角》，载《学习论坛》2013 年第 1 期。

调对私人之间侵权行为所致损害的填补。① 故此，“从发生学角度观察，无论是作为公法的国家赔偿法还是作为私法的侵权责任法，其法律制度的发展都是以矫正正义为实现目标”。② 在世界范围内，刑事赔偿标准的规范模式在各国之间不尽相同，但多数者倾向于采用各项制度安排，呈现出国家赔偿与民事赔偿的标准相趋同，从而实现全部补偿的赔偿原则。我国刑事赔偿标准遵循“填平补齐”的改进思路，在人身权损害赔偿上应采取更加有利于保障受害人权利的标准。

首先，在人身自由赔偿金方面，目前我国刑事赔偿领域的每日赔偿金以国家上年度职工日平均工资为参照，该计算标准对不同受害人的具体情况不加区分，采取“一刀切”的简单计算方法，部分受害人的实际损失往往难以得到足额弥补。为了更大程度弥补受害人的损失，刑事赔偿领域可尝试对《民法总则》《侵权责任法》等民事法律规范的有关规定进行援引并加以适用。根据不同受害者的具体状况，综合考量受害者所在地区、从事职业、薪资收入、纳税额等因素来确定受害者的每日赔偿金标准。

其次，在生命健康权赔偿金方面，医疗费、护理费、残疾生活辅助具费、康复费等费用支出，秉持实际合理支出的原则，计算方法采取与民事侵权领域同样的标准，以保证实际合理支出费用与赔偿款相一致。同时，误工费和残疾赔偿金以国家上年度职工年平均工资作为计算基数时，也应考虑到受害者生活在不同地区会因经济水平差异而使得其实际损失存在差异的情况，不宜用全国统一标准平均适用，在计算基数的选择上要囊括对收入水平差异、生活成本高低等要素的考量。

最后，关于被扶养人生活费的发放标准，按照现有的参照当地最低生活保障标准的规定来对受害者的抚养对象支付生活费，被扶养人所能获得的生活费数额明显要低于参照民事侵权赔偿的标准。为了更利于保

① 丁晓华：《刑事赔偿标准的发展及完善》，载《上海政法学院学报》2017年第4期。

② 阳庚德：《矫正正义和功利考量互补论——统一的侵权法理论基础之构建》，载《法律适用》2013年第8期。

障受害者的合理利益诉求，生活费的计算标准可以参考当地平均消费水平，更大限度地考虑被扶养人实际生活所需。同时，关于给付未成年人扶养费的问题，一般情况之下，对大多数人而言大学毕业并获得一份工作的年龄大致在22周岁左右，若生活费只计算到未成年的被扶养人年满18周岁时止，显然存在欠妥之处，被扶养人年满18周岁时尚无稳定经济收入及欠缺独立生活的能力，因此可借鉴学习我国台湾地区的做法，可考虑将未成年被扶养人的生活费计算至年满23周岁。

（三）改良刑事赔偿程序

刑事赔偿程序是赔偿请求人合法行使救济权利并获得国家刑事赔偿的重要保障，发挥着规范救济程序、监督制约司法机关依法行使职权的作用。对于刑事赔偿程序的改良，应当以保护赔偿请求人权利、便于权利人获赔为指导目标，细化相关程序规定，增强司法化程度，从而进一步优化刑事赔偿程序。① 为此，笔者对改良刑事赔偿程序提出如下几点完善建议：

1. 细化先行处理程序，协商环节引入听证

赔偿义务机关的先行处理程序在刑事赔偿程序中的设立初衷是为了更加便捷、高效地处理刑事赔偿纠纷，为了更好地让其发挥应有的价值，有必要对先行处理程序进行适当的细化。② 具体建议如下：一是发挥协商前置在先行处理程序中的作用。赔偿请求人就赔偿项目、赔偿数额和赔偿方式与赔偿义务机关展开协商，便于赔偿请求人充分表达以及赔偿义务机关明确了解赔偿请求。若协商无法达成，赔偿义务机关应及时依法作出赔偿决定，保证法律程序效率的实现。二是明确先行处理程序之中的协商环节应当坚持自愿原则和平等原则。违背上述原则的赔偿协议不产生约束赔偿请求人的法律效力，赔偿请求人可以要求重新提出赔偿偿请求人除了希望通过赔偿程序获得赔偿金之外，更希望国家能为

① 吴光升：《论国家赔偿费用追偿程序之完善》，载《政治与法律》2014年第2期。

② 王伟琴：《国家刑事赔偿应增设先予执行程序》，载《人民检察》2010年第9期。

自己遭受的冤屈给个“说法”。① 在协商程序中引入听证，一方面有助加强对协商过程公平性、合法性的监督，从而提升人民对先行处理程序的信服，另一方面增进人民对刑事赔偿制度的了解，以树立国家司法机关勇于纠错的正面形象。

2. 将必经的复议程序改为选择性程序

在现行体制下，刑事赔偿复议机关和赔偿义务机关往往是上下级领导或业务指导关系，存在职业上的利害牵连。在办案过程中通过请示、汇报等内部工作流程，复议机关可能已经对案件有所了解并形成主观上的倾向性认识，在复议决定中则表现为较少改变原赔偿决定。同时，由于复议程序在司法实践中并未达到当初立法设计的预期，在一定程度上还导致赔偿请求人获得刑事赔偿金的期限延长，加重了赔偿请求人的时间成本。鉴于此，笔者建议将复议程序由必经程序改为选择性程序，赔偿请求人可根据案情需要对复议程序进行选取。

3. 决定程序采用诉讼模式

刑事赔偿制度要解决的问题包括“是否赔”“赔多少”“怎么赔”，换言之在刑事赔偿程序中要判断赔偿请求人是否符合刑事赔偿条件、确定赔偿数额、明确赔偿方式等问题，这与民事侵权纠纷存在本质上的趋同。因此，在刑事赔偿程序中应当让赔偿请求人享有同民事诉讼活动中的举证、质证，辩论等权利，以保障赔偿请求人能够得到公平公正地对待，这也与“司法最终裁决”的原则相契合。同时通过对其他国家和地区刑事赔偿经验的考察，刑事赔偿的救济途径不外乎复议和诉讼两种，而诉讼是被多数国家或地区所选择的救济途径。② 据此，建议将人民法院赔偿委员会定位成刑事赔偿案件的审判组织，将刑事赔偿中不公开的决定程序转变成双方可平等诉讼的程序，赔偿义务机关作出先行处理结果后，赔偿请求人对此不服的，享有直接向人民法院的赔偿委员会提起诉讼的权利。

---

① 王晋、付晓雅：《关于完善刑事赔偿程序的理性思考》，载《法学杂志》2008 年第 6 期。

② 孙际泉、胡仕浩、高京雯：《〈关于人民法院赔偿委员会审理国家赔偿案件程序的规定〉的理解与适用》，载《人民司法》2011 年第 5 期。

# 第十三章　刑事强制措施的再完善

## 第一节　完善刑事强制措施的必要性

### 一、完善刑事强制措施是尊重和保障人权的需要

综观世界各国，在适用刑事强制措施的过程中，往往容易发生侵犯犯罪嫌疑人、被告人合法权益的现象。德国学者指出，刑事诉讼法上的强制措施均为对公民基本权利之侵犯。① 尽管我国于 1996 年、2012 年、2018 年修订刑事诉讼法时，对刑事强制措施制度作了较大的完善，但仍应看到，由于观念和技术的原因，我国现行的刑事强制措施制度还存在较为明显的缺陷和不足，其实际执行的效果与其立法目的仍有较大差距，进一步完善现行刑事强制措施制度势在必行。

（一）有利于规制刑事强制措施权力

现代社会法律的基本作用之一乃是约束与限制权力，无论是私人权力还是政府权力。在法律统治的地方，权力的自由行使受到了规则的阻碍，这些规则使掌权者受到一定的行为方式的约束。② 基于此种理念，

---

① ［德］克劳思·罗科信著：《刑事诉讼法》，吴丽琪译，法律出版社 2003 年版，第 273 页。

② 宋英辉、李忠诚著：《刑事程序法功能研究》，中国人民公安大学出版社 2004 年版，第 144 页。

为了防止刑事强制措施权力滥用，设置细密、科学的程序规则，以保障公民人身自由权等基本权利不受不合法侵犯，始终为近现代刑事强制措施制度所关注。最能体现这一点的就是各国宪法或宪法性文件关于刑事强制措施的规定。鉴于刑事强制措施尤其是羁押本身的风险性，世界各国都十分重视对犯罪嫌疑人和被告人公民权利的保护。逮捕、羁押等刑事强制措施在国外刑事诉讼理论中也被称为人身强制措施或人身保全措施，对其适用规定了严格的条件，以防止滥用。① 德国学者认为，因为审前羁押严重影响人权并且容易被滥用，所以刑事诉讼法对其规定了诸多的限制，包括实体性的以及程序性的。② 法国 1789 年《人权宣言》郑重声明，“除非在法律所规定的情况下并按照法律所指示的手续，不得控告、逮捕或拘留任何人”。该《人权宣言》作为序言被写入 1791 年法国宪法之中，直至今日仍然是法国宪法的指导原则。“二战”后，日本深受美国法制的影响，在其宪法第 33 条亦规定：“除作为现行犯被逮捕的情况外，任何人，除非根据有权限的司法官署发出并载明构成逮捕理由的犯罪的命令状，不受逮捕。”

不仅如此，在近现代法治国家，宪法关于逮捕等措施的规范还详尽到其程序设计。作为英国宪法性文件之一的人身保护法规定，没有法庭所发的附有理由的逮捕令不得擒人。对于被捕人必须在 20 天以内提交法庭审理，逾期应立即释放。该法还规定了人身保护令制度，即被捕人或其代表有权请求法庭发出命令将被捕人在一定期限内解押法庭，以审判其监禁理由。如认为无正当理由可立即释放，否则法庭应依法定程序进行审判。美国联邦宪法第 4 修正案规定：“人民有保护其身体、住所、文件与财产之权，不受无理搜索与扣押，此为不可侵犯之权。除有可能之理由、以宣誓或代誓宣言确保、并详载指定搜索之地、拘捕之人或押收之物外，不得颁发搜查状、拘票或扣押状。”美国联邦宪法第 1 条第 9 款亦规定了人身保护令制度，并在第 4 修正案中进一步明确规定了逮

① 谢佑平：《论我国强制措施的完善》，载《湖南社会科学》2004 年第 1 期。

② ［德］托马斯·魏根特著：《德国刑事诉讼程序》，岳礼玲、温小洁译，中国政法大学出版社 2004 年版，第 96 页。

捕令的签发程序。

我国1954年宪法亦从公民人身自由权的视角对逮捕程序作出了具体的要求，即公民的人身自由权不受侵犯。任何公民，非经人民法院决定或者人民检察院批准，不受逮捕。这一宪法传统一直保留至今。总之，这些宪法规定无论是要求令状主义还是实行程序法定主义，都十分强调刑事强制措施程序公正性内容。可以说，严格细密的以约束与限制国家权力、保障公民基本人权为己任的刑事强制措施程序性规定，正是近现代刑事强制措施制度区别于古代刑事强制措施制度的重要特征之一。正如英国皇家刑事程序委员会报告中指出的，支撑（刑事司法改革）的基本理念，就是“在个人权利和国家利益之间”达成“适度平衡”的需要。①

### （二）有利于保障实现惩罚犯罪与保障人权的动态平衡

适用刑事强制措施的条件限制，是约束与限制国家权力，保障犯罪嫌疑人、被告人人权的屏障。由于各种刑事强制措施的适用都有明确、严格的条件，是否适用刑事强制措施，适用何种刑事强制措施，取决于刑事诉讼法确定的条件。换言之，对不符合法定条件的人，有关机关不得采取刑事强制措施。从这个角度讲，不断完善刑事强制措施，为所有公民的人格尊严和人身自由提供了一种保障。

刑事诉讼活动涉及公共利益和个人权利保障两个方面，以社会为本位，还是以个人为本位，或是两者并重，不同的价值取向直接影响着诉讼程序的立法设计和司法状况。由于我国传统上缺乏对个人权利的重视，刑事诉讼的价值取向偏重于公共安全而忽视对公民权利的保障。在这种重惩罚、轻保护的价值观念的影响下，立法上缺乏对权利的制度保障。实践中，为了惩罚犯罪，突破法定的程序规定，侵害个人权利的事件时有发生。近几年来，尤其是刑事诉讼法修正后，保障人权（包括犯罪嫌疑人、被告人的人权）的观念在社会上逐渐被广泛认同。但是，刑事诉讼基本价值究竟是以社会利益（或国家利益）为本位，还是以个

① ［英］麦高伟、杰弗里·威尔逊主编：《英国刑事司法程序》，姚永吉等译，法律出版社2003年版，第46页。

人权益为本位，理论上仍缺乏清晰的认识。随着法治观念、权利观念日渐深入民心，刑事诉讼的价值观念也必然会发生相应的变化。这一转变是一个渐进的过程，其基本方向是，从单方面强调社会利益、公共安全转向社会与个人并重的价值立场。① 因为，社会是一个集合概念，如果社会本位不立足于一个个公民的个人权利基石之上，终将走向专制。价值观念的转变涉及立法和执法两个层面，在立法方面，诉讼制度的立法必须科学地协调惩罚犯罪与保障人权的矛盾，在公民权利和国家追诉权之间划定一个合理的界限，对两者的冲突根据不同的需要给以动态的平衡；在执法方面，必须严格执法观念，将立法目的、具体制度坚决地贯彻到诉讼实践中。

当前刑事诉讼价值观念的转变其重点在于加强对个人权利的尊重和保障。笔者认为，应当通过完善刑事强制措施，改变过去那种片面强调惩罚犯罪的做法。片面强调惩罚犯罪的做法，虽然在短期内可能会有助于公共安全、社会秩序，但是，由于其实际运作中极易发生滥用权力而侵害公民权利的现象，对于国家长期的稳定发展有害而无益。不过，加强对个人权利的重视并不等于因此就转向个人权利本位的极端。② 西方一些国家的经验已经证明，过分地强调个人权利不仅有损于社会公共利益，而且也最终要危及个人权利的实现。只有在公共安全和个人权利之间谋求一种兼容并蓄的动态平衡，才能够既有效地惩罚犯罪，又可以充分保障人权。③

## 二、完善刑事强制措施是健全刑事诉讼立法的需要

我国刑事强制措施制度伴随着刑事诉讼法的数次修订而不断改革和完善，但受到相关政策、观念、诉讼结构、司法权力配置等多方面因素

---

① 陈国庆、王守安：《论取保候审适用范围的调整》，载《保释制度与取保候审》，中国检察出版社 2003 年版，第 58 页。

② 杨正万：《我国取保候审制度的反思》，载《保释制度与取保候审》，中国检察出版社 2003 年版，第 45 页。

③ 樊崇义、吴宏耀：《刑事诉讼法学五十年回顾与前瞻》，载《人民检察》1999 年第 12 期。

的限制，目前刑事强制措施制度在理论基础、体系设置、适用条件、适用程序、监督救济等方面仍存在诸多立法缺陷，难以全面适应构建中国特色社会主义法治国家的现实需要。例如，完善的刑事强制措施体系应当由三部分组成：对人的刑事强制措施、对物的刑事强制措施和对隐私权的刑事强制措施，而我国目前的刑事强制措施仅有第一种。与刑事强制措施配套的各司法解释之间不统一、不协调，个别司法解释甚至存在扩大授权的问题。实践中对刑事强制措施的应用也不甚理想，审批和执行中均有不少例外情况发生。监察法中规定的监察留置措施对刑事强制措施也存在很大的冲击。① 从法制完备的角度讲，既表明我国刑事诉讼法还存在不足，也直接影响刑事强制措施法定功能的发挥。②

### （一）完善刑事强制措施体系的需要

可以说，刑事强制措施体系的合理构建与否，很大程度上决定了刑事诉讼法修改以及刑事诉讼活动的成败。③一般而言，依照行使对象的不同，刑事强制措施可以分为：对人之强制措施（如传唤、拘提、逮捕、羁押、身体检查等）、对物（含动产及不动产）之强制措施（如扣押、对物搜查等）以及对隐私权之强制措施（如电子监听或摄像、截留抄录邮电通讯等）。当代各法治发达国家，不仅重视对公民人身权利的保护，还注重对公民财产权、特别是隐私权等基本权利的保护，其刑事诉讼强制措施制度在体系上既包括对人强制措施，也涵盖对物强制措施以及对隐私权的强制措施，有关搜查、扣押的具体规则更是详尽，在法治理念的引导下，其刑事诉讼强制措施正沿着程序正义的道路、以人权保护为主题，朝着系统化、优化的方向迈进。

反观我国，尽管宪法有关禁止侵犯“公民的合法的私有财产”“公民住宅”以及“公民的人身自由和人格尊严”的规定，为保护公民的

---

① 马密：《留置与刑事强制措施的兼容》，载《大连海事大学学报（社会科学版）》2018 年第 3 期。

② 宋英辉、李忠诚著：《刑事程序法功能研究》，中国人民公安大学出版社 2004 年版，第 149 页。

③ 郭烁：《论中国刑事强制措施体系的理想模式》，载《苏州大学学报（哲学社会科学版）》2015 年第 5 期。

财产权、住宅权、隐私权提供了最高效力的法律依据，《物权法》也为公民的财产权保护提供了私法上的支持，但公民的这些基本权利在刑事诉讼领域难以找到相对应的规范，更不必说系统的制度建设。长期以来，我国把“惩罚犯罪”当成刑事诉讼的唯一目的，对刑事强制措施存在认识上的误区，仅仅将其作为一种手段加以使用，忽视了对公民财产权、隐私权等基本权利的保护，从而导致了现行刑事诉讼立法将人身保全措施直接等同于刑事强制措施、将“对物强制措施”排除在外的重大结构性缺陷。刑事诉讼司法实务中更是较为广泛地存在滥用权力、违法使用搜查扣押措施、侵犯公民合法财产权、隐私权等基本权利的现象，理论界的学者们要么囿于立法规定仅仅关注羁押、逮捕等对人强制措施，要么醉心于研究搜查扣押的具体规则，未能就对物强制措施制度建设及时作出回应。

我国现行法律制度中有关对物搜查、扣押等强制措施的规定明显存在相当不足的问题。通过对他国立法与我国规定的比较，可将我国对物强制措施的立法缺失概括为以下三大点：首先，未能在立法上确立和健全对物搜查制度的基本原则；其次，有关对物搜查的法律规定匮乏，进而直接导致了对物搜查内容上的高度概括；最后，救济和制裁制度相当不健全。①此外，我国刑事诉讼法对隐私权的强制措施，则基本上未作任何规定。

（二）优化人身强制措施的需要

1. 关于拘传的立法问题

拘传作为最轻的一种刑事强制措施，在现行刑事诉讼法中仍然存在立法不完善。1996 年《刑事诉讼法》规定，拘传的持续时间不得超过 12 小时。2012 年的《刑事诉讼法》在此基础上进一步规定，案情特别重大、复杂而需要采取拘留、逮捕措施的，拘传的持续时间不得超过 24 小时，并明确规定在拘传过程中应当保证犯罪嫌疑人的饮食与必要的休息时间。2012 年《刑事诉讼法》对拘传时间的适当延长，考虑到

① 胡杰著：《刑事诉讼对物强制措施研究》，武汉大学出版社 2018 年版，第 4 页。

了司法实践的客观需要，具有一定的现实意义。① 同时，为实现控制犯罪与保障人权的平衡，2012 年修法将延长拘传时间的情形明确限定为“案情特别重大、复杂，需要采取拘留、逮捕措施”，并增加保证被拘传人的饮食与休息时间的规定，以避免长时间疲劳讯问的发生，加强对被拘传人合法权利的保护。但应当注意的是，相关规定并不十分明确。以保证饮食与休息时间为例，立法即缺乏具体的判断标准，办案机关对此具有很大的裁量权，并不能完全防止其对被拘传人进行连续疲劳讯问以获取相关证据。一旦发生上述情形，不仅是对被拘传人合法权利的侵犯，也会影响所获证据的真实性。② 因此相关规定有待进一步细化。对此，域外立法经验可供借鉴。如英国《警察与刑事证据法》规定的犯罪嫌疑人被羁押期间的权利包括在任何 24 小时之内至少应有 8 小时的连续休息时间，其间不能对之进行讯问；用餐时间应间断讯问等。③ 俄罗斯《刑事诉讼法》规定一次询问的持续时间不得超过 4 小时，至少间隔 1 小时休息和用餐后才允许继续询问；一天内询问时间总长不得超过 8 小时；如有医生证明，则询问时间必须根据医生诊断书确定。④ 还需注意的是，2012 年的《刑事诉讼法》对拘传证的签发、拘传的执行、违法制裁与权利救济等具体程序仍然没有进行规定，故也有待进一步予以规范。

2. 关于取保候审的立法问题

2012 年《刑事诉讼法》对取保候审措施修改的重点在于增强了其适用的可操作性：首先，2012 年的《刑事诉讼法》增加规定“羁押期限届满，案件尚未办结，需要采取取保候审的”为可以适用取保候审措

① 卞建林、张璐：《刑事强制措施的完善与实施》，载《暨南学报（哲学社会科学版）》2013 年第 1 期。

② 宋英辉、王贞会：《刑事强制措施修改若干问题》，载《暨南学报（哲学社会科学版）》2012 年第 1 期。

③ 卞建林、刘玫主编：《外国刑事诉讼法》，中国政法大学出版社 2008 年版，第 32 页。

④ 卞建林、刘玫主编：《外国刑事诉讼法》，中国政法大学出版社 2008 年版，第 342 页。

施的情形之一，以避免出现超期羁押情况，同时也兼顾了办案的需要。其次，对保证方式进行了修改。在保证金方式方面，明确规定：（1）保证金数额应当综合保证诉讼活动正常进行的需要、被取保候审人的社会危险性、案件情节与性质、可能判处刑罚的轻重、被取保候审人的经济状况等因素进行确定；（2）由执行机关指定银行的专门账户对保证金进行统一管理；（3）犯罪嫌疑人、被告人在取保候审期间未违反相关法律规定的，取保候审结束时，凭解除取保候审通知或有关法律文书到银行领取退还的保证金。在保证人方式方面，将对保证人的责罚事由从“未及时报告”修改为“未履行保证义务”。由于保证人的法定义务包括监督被保证人遵守相关规定与报告被保证人违反规定的行为两项，因此2012年的《刑事诉讼法》在实质上扩大了对保证人的责罚，但其对保证金的收取、没收、退还等具体程序并没有作出明确规定，需要进一步加以完善。

此外，现行《刑事诉讼法》第67条规定的取保候审适用范围仍然弹性过大。对于取保候审条件中的“采取取保候审不致发生社会危险性”中的“不致发生社会危险性”的标准是什么，如何掌握规定不明确，完全由司法人员依据主观判断自行决定，主观色彩较浓厚，实践执法中容易出现偏差。① 再者，现行《刑事诉讼法》第72条规定，“应当综合考虑保证诉讼活动正常进行的需要，被取保候审人的社会危险性，案件的性质、情节，可能判处刑罚的轻重，被取保候审人的经济状况等情况，确定保证金的数额”，这里的确定标准更是不好掌握，使得实践中保证金的收取数额随意性太大，有的地方收取保证金的数额很大，甚至达到百万之巨。②

3. 关于监视居住的立法问题

2012年《刑事诉讼法》在保留监视居住措施的基础上进行了重要

① 崔敏：《取保候审制度的缺陷与改革和完善的构想》，载《保释制度与取保候审》，中国检察出版社2003年版，第48页。

② 樊崇义等著：《刑事诉讼法修改专题研究报告》，中国人民公安大学出版社2004年版，第316页。

修改，确认了其应有的独立价值，将其定位为逮捕的替代措施。① 即监视居住适用于符合逮捕条件但又因具有法定特殊情形而不宜逮捕的犯罪嫌疑人、被告人。这种立法思路，可以说是“强制措施体系理性化、科学化的尝试”。② 但事实上，对监视居住的具体制度设计却与其羁押替代措施的功能定位之间存在矛盾。将监视居住作为羁押替代措施，表明其适用目的在于限制和减少羁押的适用。显然，监视居住的特征即是非羁押，故无论出于何种理由或者何种情况，监视居住都不能演变为变相羁押或实质羁押。被适用监视居住的犯罪嫌疑人、被告人应当享有不被关押的权利与相当程度的自由。但从立法有关规定来看，被监视居住人的人身自由却受到了严格限制。例如未经执行机关批准不得离开执行监视居住的处所、不得会见他人或者通信，相关身份证明被扣押，并受到执行机关以电子监控、不定期检查等方式的监视，在侦查期间的通信还可能被监控，等等。正如有学者指出的：“作为逮捕的替代措施，在法理上当然意味着相对的自由，而不是关押状态下的相对不自由，此一诉讼立法便因此与诉讼法理存在背离。”③ 而新创设的指定居所监视居住措施，立法更是明确认可其具有羁押的性质，规定了“指定居所监视居住的期限应当折抵刑期，被判处管制的，监视居住一日折抵刑期一日；被判处拘役、有期徒刑的，监视居住二日折抵刑期一日”。另外，2012年《刑事诉讼法》注意到了监视居住与取保候审的强制力存在差异，因此将监视居住适用的对象与条件与取保候审进行了区分，但从相关规定来看，二者在适用对象上仍然存在一定的重叠。如对患有严重疾病、

① 根据全国人大常委会法工委刑法室的解释：“经过反复研究，认为根据监视居住对人身自由的限制程度和实际执行情况，将监视居住措施定位于羁押的替代措施更为妥当，并单独规定和进一步严格了监视居住的适用条件，减少了适用范围……”参见王尚新、李寿伟主编《〈关于修改刑事诉讼法的决定〉释解与适用》，人民法院出版社2012年版，第83页。

② 左卫民：《反思监视居住：错乱的立法与尴尬的实践》，载《学习与探索》2012年第8期。

③ 左卫民：《反思监视居住：错乱的立法与尴尬的实践》，载《学习与探索》2012年第8期。

生活不能自理或者怀孕、正在哺乳自己婴儿的妇女，既可以适用取保候审也可以适用监视居住。此外，在具体适用时也允许进行替代或者互为补充，如规定对符合取保候审条件但不能提出保证人，也不交纳保证金的犯罪嫌疑人、被告人适用监视居住措施等。综上所述，2012年《刑事诉讼法》的立法意图将监视居住定位为减少羁押适用的替代措施，但具体设置却更偏向于准羁押或类羁押措施；既注意对监视居住与取保候审进行区分，又在适用对象上存在重叠甚至将监视居住作为取保候审的补充措施。可以说，现行《刑事诉讼法》对监视居住的功能定位实质上依然较为模糊，其制度设计与功能定位存在明显冲突，不相一致。①

此外，执行监视居住的有关立法规定可能会导致其在执行方面存在滥用的问题。现行《刑事诉讼法》第77条规定："被监视居住的犯罪嫌疑人、被告人应当遵守以下规定："未经执行机关批准不得离开执行监视居住的住所……"公安部《规定》第98条规定："固定住处，是指犯罪嫌疑人在办案机关所在的市、县内生活的合法住处；指定的居所，是指公安机关根据案件情况，在办案机关所在的市、县内为犯罪嫌疑人指定的生活居所。公安机关不得建立专门的监视居住场所，对犯罪嫌疑人变相羁押。不得在看守所、行政拘留所、留置室或者公安机关其他工作场所执行监视居住。"根据这些规定执行监视居住理应不会侵犯公民权利。但办案机关或者执行机关由于担心被监视居住人逃跑或者实施其他妨碍侦查、起诉、审判活动的行为，因而在执行监视居住时，违反法律规定，实施侵犯被监视居住人人身自由权利的行为。② 例如，派执行人员住进被监视居住人家中，对被监视居住人的生活起居均进行监视；违反规定建立专门的监视居住场所，或者在看守所、行政拘留所、留置室或者公安机关其他工作场所执行监视居住，变相羁押被监视居住人，严重侵犯公民的人身自由权利。而对办案机关或者执行机关这种违

---

① 卞建林、张璐：《刑事强制措施的完善与实施》，载《暨南学报（哲学社会科学版）》2013年第1期。

② 陈卫东主编：《刑事诉讼法实施问题对策研究》，中国方正出版社2002年版，第17页。

法监视居住的行为，法律缺乏有效的监督制约机制。作为法律监督机关的人民检察院由于本身承担着控诉犯罪的职能，因而往往也对这种违法行为听之任之。①

4. 关于刑事拘留的立法问题

我国刑事拘留制度的发展历程，就是犯罪控制理念影响下拘留权限的扩张进程，而立法层面的刑事拘留权限的急剧扩张以及相伴而生的司法实践的恣意也带来了刑事拘留理论与实践层面的种种问题，如刑事拘留适用条件的模糊，司法实践中刑事拘留的滥用，刑事拘留的国家赔偿责任认定困难等。这些问题的集中表现就是刑事拘留制度滥用对人身自由权的侵犯，前述问题的解决有赖于刑事拘留制度的正当程序转型。②

首先，刑事拘留的适用条件模糊、理解适用不统一。《刑事诉讼法》对刑事拘留适用条件的规定整体来看是较为笼统的。虽然《刑事诉讼法》第 82 条对一般拘留的适用情形加以列举，但是法定条件中的一些概念实际上存在着较大的模糊性和弹性，不仅理解上难以把握，实践中被任意解释的可能性也非常大，在一定程度上导致拘留适用的普遍化和任意化。例如，尽管《刑事诉讼法》规定一般拘留的适用对象是“现行犯或重大嫌疑分子”，但是对于何为“重大嫌疑分子”则语焉不详，司法实践中对此理解各异，甚至有的侦查人员将涉嫌犯罪的所有嫌疑人一律视为“重大嫌疑分子”，一定程度上导致拘留适用的普遍化和扩大化倾向。有学者对 2012 年《刑事诉讼法》实施之后的拘留适用情况进行调研，发现拘留的平均适用率高达 93%。③ 再如，“流窜作案、多次作案、结伙作案”的含义也较为模糊，对其理解和认定缺乏统一标准。公安部《规定》第 125 条第 3 款将其解释为，“流窜作案”是指跨

---

① 万毅著：《程序如何正义——中国刑事诉讼制度改革纲要》，中国人民公安大学出版社 2004 年版，第 17 页。

② 薛向楠：《中国刑事拘留制度的发展轨迹与完善路径（1954—2018）》，载《中国政法大学学报》2019 年第 3 期。

③ 孙长永、武小琳：《新〈刑事诉讼法〉实施前后刑事拘留适用的基本情况、变化及完善——基于东、中、西部三个基层法院判决样本的实证研究》，载《甘肃社会科学》2015 年第 1 期。

市、县管辖犯罪连续作案，或者在居住地作案后逃跑到外市、县继续作案；“多次作案”是指三次以上作案；“结伙作案”是指二人以上共同作案。按照这一解释，对于流窜作案、多次作案、结伙作案的认定标准本来就非常低，而在司法实践中，这一原本较低的条件往往还被侦查机关进一步扩大适用。如有实务工作者指出，“在实际办案过程中，不管何种情况均可成为特殊情况，且不管侦查是否需要，能延长至30日的基本都延长，使得延长刑拘时间成为常态。公安机关对于一些可以采取非羁押措施的犯罪嫌疑人，或者未达到刑事处罚标准的嫌疑人，有时为了方便全案的侦查取证，公安机关仍刑拘至30日释放，刑拘措施的延长和解除随意性较大，未能充分保障被刑拘人员的合法权益”。① 这种做法明显违背了法律规定，致刑事使拘留普遍被适用为剥夺被追诉人人身自由长达30余天的羁押性强制措施。

其次，刑事拘留的决定及适用程序缺乏有效监督。在决定程序方面，刑事拘留仅需公安机关自行决定即可对被追诉人的人身自由作出长达30天的剥夺，这一行政性的内部决策程序缺乏外部审查监督，极易引发权力的恣意行使和对被追诉人人身自由的侵犯。尽管公安部《规定》第121条要求“拘留犯罪嫌疑人，应当呈请拘留报告书，经县级以上公安机关负责人批准”，但是这种行政权内部科层制的决策程序缺乏外部的审查与监督，仅仅依靠自觉，实际上难以克制侦查权本身的扩张性，无法有效防止拘留的恣意适用。加之我国逮捕对定罪证据要求较高，将收集逮捕证据的压力传导至侦查拘留阶段，而刑事拘留及其所带来的羁押成为获取被追诉人定罪证据的重要方式和手段，如有学者的实证研究指出，“在侦查羁押阶段，刑拘阶段的查证负担远远重于逮捕阶段。”② 公安机关普遍将刑事拘留期间作为获取逮捕证据的关键阶段，

---

① 谢科可、钱丽娟、许芸华：《刑事拘留未报捕案件监督问题研究》，载《深化依法治国背景下的检察权运行——第十四届国家高级检察官论坛论文集》，中国检察出版社2018年版，第196页。

② 左卫民、马静华：《侦查羁押制度：问题与出路——从查证保障功能角度分析》，载《清华法学》2007年第2期。

致使刑事拘留成为逮捕的前置程序。人民检察院作为我国的法律监督机关，具有侦查监督的职责，而审查批捕是对侦查进行监督的最直接和最有效的方式之一。根据《刑事诉讼法》的规定，公安机关拘留提请批捕的案件，检察机关不批准逮捕的，公安机关要在接到通知后立即释放被拘留人，从而实现检察机关审查批捕对刑事拘留适用的监督和制约。然而，在公安机关对嫌疑人采取刑事拘留而未报捕的情况下，审查逮捕对刑事拘留适用的监督就处于一种缺失状态。在司法实践中，刑事拘留未报捕案件的侦查活动合法性监督线索往往难以被检察机关发现，不利于对刑事拘留措施适用的监督和对被追诉人人权的保障。①

再次，从中外对比情况看，我国的刑事拘留的时间是全世界最长的，且这种拘留羁押只需侦查机关的负责人就可决定。这对公民的人身自由权利构成极大的威胁。从国外的情况看，日本的逮捕类似我国的拘留，时间一般是 48 小时，最长不超过 72 小时。法国刑事诉讼法将逮捕和先行拘留相分离，其逮捕类似我国的拘留，时间一般是 48 小时。德国刑事诉讼法规定的“暂时逮捕”与我国的拘留相类似。该法第 128 条规定：“向法官解交：（一）对未被重新释放的被逮捕人，应当不延迟地，至迟是在逮捕后的第 2 日向逮捕地属地地方法院法官解交。法官要依照第 115 条第 3 款规定讯问被解交人。（二）法官认为逮捕无正当理由或者逮捕理由已经消灭的时候，要命令释放。否则，法官应依检察院申请或者在无法与检察官联系时依职权签发逮捕令、安置令，相应地适用第 115 条第 4 款规定。”由此可见，“暂时逮捕”的时间是比较短的。② 在英国，嫌疑人在受到警察的正式指控以前，在警察局羁押的时间一般不能超过 24 小时。但是，对可能被指控犯有严重罪行的嫌疑犯可以延长至 96 小时，但必须得到治安法官的批准。对被羁押的嫌疑人，从其最初被羁押的 6 小时后，必须由警察对其是否应被羁押复查一次。

---

① 薛向楠：《中国刑事拘留制度的发展轨迹与完善路径（1954—2018）》，载《中国政法大学学报》2019 年第 3 期。

② 卞建林、刘玫主编：《外国刑事诉讼法》，中国政法大学出版社 2008 年版，第 82 页。

然后，这样的复查每隔9小时都要进行一次。如果复查后认为嫌疑人不应被羁押，则立即释放。① 此外，联合国《两权公约》第9条第3项规定："任何因刑事指控被逮捕或拘禁的人，应被迅速带见审判官或其他经法律授权行使司法权力的官员，并有权在合理的时间内受审判或被释放。等候审判的人受监禁不应作为一般规则，但可规定释放时应保证在司法程序的任何其他阶段出席审判，并在必要时报到听候执行判决。"我国侦查机关将被刑事拘留人羁押14天甚至37天的做法显然与"迅速带见审判官或其他经法律授权行使司法权力的官员"的规定相去甚远。

5. 关于逮捕的立法问题

基于无罪推定与保障人权原则，逮捕作为未决羁押处分，应当受到严格规制。我国三次修改《刑事诉讼法》，均对逮捕制度进行了改革。1996年修正了逮捕的证据要件；2012年明确了逮捕的社会危险性要件即必要性要件，确立了准诉讼化审查程序模式，并构建了羁押必要性审查制度。实证研究表明，这两次修法对逮捕适用没有产生明显影响，未能有效减少逮捕适用，过度适用逮捕的问题未获解决。根本原因是，检察机关惯于先行作出"有罪认定"进而奉行"构罪即捕"，不能真正履行逮捕社会危险性即必要性要件审查义务。② 2018年在逮捕的条文中增加一款社会危险性考虑因素的规定，其实并无实质意义。诚然，经过数次改革完善，我国逮捕制度已经从单纯追求惩罚犯罪的一元价值逐步转变为惩罚犯罪和保障人权并重的二元价值，制度内容也有了很大完善和发展。③ 但是，现行逮捕制度仍然存在一些突出问题，有待进一步完善。

第一，现行《刑事诉讼法》尚未确立审前非羁押原则。审前释放或者审前不被羁押已经成为一项国际通行的刑事司法准则或者人权原

① 卞建林、刘玫主编：《外国刑事诉讼法》，中国政法大学出版社2008年，第134页。

② 刘计划：《我国逮捕制度改革检讨》，载《中国法学》2019年第5期。

③ 王贞会：《我国逮捕制度的法治化进程：文本、问题与出路》，载《社会科学战线》2019年第1期。

则，得到各国立法、司法和联合国有关文件的普遍认可。2012年《刑事诉讼法》在未成年人刑事案件的特别诉讼程序中规定了“对未成年犯罪嫌疑人、被告人应当严格限制适用逮捕措施”，在某种意义上意味着审前非羁押原则在我国未成年人刑事诉讼程序中的确立。但是，作为一项带有普遍意义的人权基本原则和刑事司法准则，审前非羁押原则不应当区分成年人和未成年人，应当普遍适用。而现行《刑事诉讼法》并无“严格限制对任何人适用逮捕措施”的规定。从更高层面而言，还应在《宪法》中增加规定“严格限制对任何人适用逮捕措施”的表述，从而将审前不被羁押作为公民享有的一项基本权利加以确认。

第二，逮捕的社会危险性条件的综合评估机制尚不健全。社会危险性条件是办案机关在审查批准或者决定对犯罪嫌疑人、被告人适用逮捕时需要解决的核心问题。2015年最高人民检察院、公安部《关于逮捕社会危险性条件若干问题的规定》详细列举了逮捕社会危险性条件的具体情形，对于办案人员准确理解和把握逮捕的社会危险性条件具有一定帮助。2018年《刑事诉讼法》增加了逮捕社会危险性评估的规定。但是，立法并未规定采用何种方法来考察社会危险性条件，对是否存在社会危险性的判断在很大程度上仍然取决于办案人员的主观认知和裁量。在实践中，有的办案机关采用一种量化方法对逮捕社会危险性进行综合评估，这对于准确评价和认定逮捕社会危险性条件和保证逮捕办案质量具有积极作用。①

第三，审查逮捕程序的司法化程度不高，诉讼化构造有待完善。随着司法体制改革和刑事诉讼制度改革的逐步深化，我国审查逮捕程序的立法规定在一定程度上体现了司法化、诉讼化的特点，但司法化程度仍然较低，尚未形成完善的逮捕诉讼化构造。即使法律规定应当讯问未成年人和听取辩护律师意见的未成年人审查批准逮捕程序，也没有确立公安机关和辩护方作为审查批捕程序的诉讼两方、检察机关作为中立裁判者的司法裁决构造，至于审查批捕程序中的律师参与、证明责任、非法

① 王贞会：《我国逮捕制度的法治化进程：文本、问题与出路》，载《社会科学战线》2019年第1期。

证据审查与排除、程序运行规则等诉讼要件则更为阙如。① 因此，在宏观层面上，应当研究审查逮捕程序与以审判为中心的刑事诉讼制度改革、人权司法保障、诉讼构造和正当程序、司法审查和法律监督等相关基本理论范畴的关系，明确逮捕诉讼化构造的基础理论。在微观层面上，应当研究审查逮捕程序的启动方式、律师参与、控辩举证与质证、非法证据排除证明、司法官调查与裁决、不批准逮捕后的转处、对逮捕决定不服的救济、法律监督等程序性要素的关系。②

第四，捕押分离机制尚不彻底，捕后羁押执行程序有待完善。2012年《刑事诉讼法》增加逮捕后将被逮捕人立即送看守所羁押的规定，实现了逮捕与羁押的相对分离，但逮捕和羁押均由公安机关执行这一基本模式并未改变，其仍然是一种公安机关自捕自押的逮捕执行程序，与公安机关在刑事诉讼中承担侦查案件和追诉犯罪的基本职责存在无法调和的冲突。这不利于逮捕执行中对被逮捕人的权利保障，也加大了侦查机关利用自捕自押来非法取证或者侵犯人权现象发生的概率。这也是学界一直对公安机关自捕自押模式有所质疑的主要原因。③ 党的十八届四中全会《决定》指出，“完善刑罚执行制度，统一刑罚执行体制”。这一要求为实现逮捕和羁押的彻底分离提供了依据。按照刑事诉讼基本原理，应当将逮捕的执行机关和羁押的执行机关彻底分离，将执行逮捕和执行羁押的职责分别交由不同机关行使，这样才能有效切断逮捕与羁押之间的联系，解决非法羁押、“所外讯问” 等实践痼疾。

第五，羁押必要性审查缺乏制度刚性，捕后变更功能实现受阻。根据我国《刑事诉讼法》及有关司法解释的规定，检察机关进行审查后认为不需要对被逮捕人继续羁押的，其只能向有关机关提出予以释放或者

① 孙谦：《司法改革背景下逮捕的若干问题研究》，载《中国法学》2017 年第 3 期。

② 闵春雷：《论审查逮捕程序的诉讼化》，载《法制与社会发展》2016 年第 3 期。

③ 王贞会：《我国逮捕制度的法治化进程：文本、问题与出路》，载《社会科学战线》2019 年第 1 期。

变更强制措施的建议。尽管立法机关指出“建议”并不意味着有关机关“可听可不听”，对于检察机关提出的释放或者变更强制措施建议，有关机关必须本着认真负责的态度，对建议的要求及所根据的事实、证据等进行研究和考虑。① 然而，由于检察建议并不具有对其他机关的约束力和强制执行力，造成有关机关对检察机关提出的释放或变更强制措施建议置之不理的现象，这也阻碍了羁押必要性审查制度的功能实现。应当加强检察建议的制度刚性和强制执行力，明确不执行或者违反检察建议的法律后果，提高检察建议的法律效力。就羁押必要性审查而言，应当明确有关机关在收到检察建议后必须及时执行，除非有关机关能够向检察机关提供被逮捕人仍然具有继续羁押必要性的证据。对于有关机关有证据证明被逮捕人仍然有羁押必要性的，检察机关应当撤销其发出的检察建议。②

（三）实施司法令状原则的需要

司法令状原则是指对犯罪嫌疑人、被告人采取刑事强制措施时，必须经过司法机关或者司法官员的审查与批准。对犯罪嫌疑人、被告人采取刑事强制措施时实行司法令状主义，是世界上绝大多数国家和地区的通行做法，也是符合刑事诉讼规律的。因为司法机关（指法院）或者司法官员（指法官）通常并不承担刑事追诉职责，由其对控诉机关对犯罪嫌疑人、被告人采取刑事强制措施的行为进行审查和监督，就能保证采取刑事强制措施行为的合法性和合理性，才能最有效地保护公民的人身自由权利。③ 西方各国普遍建立了由法官颁布许可令的令状制度，无论是逮捕、搜查、扣押、窃听还是羁押、保释或者其他强制性措施，司法警察或者检察官都要事先向法官或者法院提出申请，后者经过专门的司法审查程序，认为符合法定的条件后，才能许可进行上述侦查活

① 郎胜：《中华人民共和国刑事诉讼法释义》，法律出版社 2012 年版，第 222 页。

② 王贞会：《我国逮捕制度的法治化进程：文本、问题与出路》，载《社会科学战线》2019 年第 1 期。

③ 陈运财著：《刑事诉讼与正当之法律程序》，台湾月旦出版社股份有限公司 1998 年版，第 149 页。

动。这样，刑事强制措施的实施必须取得法官的授权和审查。①

根据我国《刑事诉讼法》的有关规定，作为刑事控诉机关的公安机关对犯罪嫌疑人采取拘传、取保候审、监视居住、刑事拘留措施，人民检察院对犯罪嫌疑人、被告人采取刑事强制措施，通常由公安机关、人民检察院自行决定、自行批准（公安机关需要逮捕犯罪嫌疑人的需经人民检察院批准），并不需要经过不承担刑事追诉职责的司法机关（指法院）或者司法官员（指法官）的司法审查和监督，即我国在对犯罪嫌疑人、被告人采取刑事强制措施方面并不实行国际刑事司法领域通行的司法令状主义。

我国《刑事诉讼法》基于分权理念对逮捕措施的执行权与决定权实行了分离。采用逮捕这一刑事强制措施的决定权在人民检察院，而逮捕的执行权则在公安机关，这代表着一种分权制衡体制的形成，说明我国刑事诉讼制度中不乏分权制衡机制。但是，这种诉讼分权机制在整体设计思路上却与国外通行的诉讼理念不同，不是强调司法即法院对侦查的监督制约作用，而是注重发挥作为法律监督机关的检察院对侦查的监督制约作用，司法审查原则未能得到充分贯彻。根据我国《刑事诉讼法》的有关规定，公安机关采用逮捕必须经过检察院而非法院的审查批准，因此实行的是检察审查而非司法审查。同时，由于我国检察院享有自侦权，对于自侦案件中的犯罪嫌疑人需要加以逮捕的，根据我国《刑事诉讼法》的规定，可由人民检察院自行决定，这实际上也是一种内部审查机制。② 美国著名学者 R. M. 昂格尔在论现代社会与法律的关系时指出，在法治现代化进程中，中国形成了主要表现为行政命令方式的法，而未形成自主的、普遍适用的现代法律体系和法律至上的观念。③

（四）建立强制措施救济程序的需要

在实行司法令状主义的国家，控诉一方对被控诉人采取刑事强制措

---

① 陈瑞华：《刑事侦查构造之比较研究》，载《政法论坛》1999 年第 5 期。

② 谢佑平：《论我国强制措施的完善》，载《湖南社会科学》2004 年第 1 期。

③ ［美］昂格尔著：《现代社会中的法律》，吴玉章、周汉华译，译林出版社 2001 年版，第 97~99 页。

施时，必须对为什么采取刑事强制措施、为什么采取此种刑事强制措施而不是他种刑事强制措施等向司法官员举证。被控诉一方则可对此进行反驳。

由于我国未实行司法令状主义，对犯罪嫌疑人、被告人是否采取刑事强制措施，采取何种刑事强制措施，完全由作为控诉一方的公安机关、人民检察院决定，作为被控诉一方的犯罪嫌疑人、被告人只能被动接受，没有任何反对的权利。犯罪嫌疑人、被告人认为公安机关、人民检察院采取的刑事强制措施有错误，对被采取的刑事强制措施不服时，也没有任何司法救济手段，即没有申告权。只有司法救济才能提供相对有效和公正的救济，我国立法上没有给当事人提供充分的救济，不能不说是对权利保障的轻视。①

例如，我国《刑事诉讼法》第 81 条规定："对有证据证明有犯罪事实，可能判处徒刑以上刑罚的犯罪嫌疑人、被告人，采取取保候审尚不足以防止发生下列社会危险性的，应当予以逮捕。"根据这一规定，逮捕犯罪嫌疑人、被告人需要同时具备三个条件，即有证据证明有犯罪事实，可能判处徒刑以上刑罚，有逮捕必要。是否有逮捕的必要，即对犯罪嫌疑人、被告人采取取保候审措施是否足以防止发生社会危险性，完全由承担控诉职能的公安机关、人民检察院决定，公安机关、人民检察院并不需要向谁证明。

在我国的司法实践中，通常都是将有证据证明有犯罪事实，可能判处徒刑以上刑罚的犯罪嫌疑人、被告人实施逮捕，因为公安、检察人员谁也不敢保证对犯罪嫌疑人、被告人采取取保候审措施足以防止发生社会危险性。犯罪嫌疑人、被告人对公安、检察机关的逮捕决定无能为力，法律并未赋予他申告的权利。这样的做法就必然使犯罪嫌疑人、被告人在诉讼期间基本处于被羁押的状态。这与无罪推定的原则及公民权利保障的精神是相悖的。

---

① 杨正万：《我国取保候审制度的反思》，载《保释制度与取保候审》，中国检察出版社 2001 年版，第 47 页。

## 三、完善刑事强制措施是履行国际义务的需要

随着刑事司法准则国际标准的逐步确立与推行，我国的刑事诉讼法制，在保留自身特色的基础上，也应当与国际标准接轨。我国现行法律通过一系列确认和保障权利的规定，在刑事司法领域初步建立了权利保障体系，大体上接近或者达到了国际公约所规定的刑事司法标准。我国已经签署或者加入了多个国际公约，然而现行的刑事强制措施制度体系距联合国的各项刑事司法准则还有一定的差距，某些方面还存在一定的不协调性。要使我国的刑事强制措施制度符合联合国有关刑事司法准则的要求，必须按照诉讼规律，重构我国的刑事强制措施体系，使其与新时代建设中国特色社会主义法治国家的目标相适应。① 具体到刑事强制措施制度中，参照联合国《两权公约》以及联合国《保护所有遭受任何形式拘留或监禁的人的原则》等有关规定，我国立法还有明显不足。

国际公约所确立的刑事诉讼国际准则的内容主要包括：权利平等原则、司法补救、生命权的程序保障、禁止酷刑或以残忍的不人道的或侮辱性的待遇或刑罚、人身自由权和安全的程序保障、所有被剥夺自由的人应给予人道或尊重人格尊严的待遇、独立公正审判、辩护的权利、对未成年人的特别保障、无罪推定、反对强迫自证其罪、刑事赔偿、禁止双重危险等。其总的精神是在国家追究犯罪者刑事责任的过程中，防止国家滥用权力，保障人权，实现司法公正等。② 《人权宣言》第 9 条规定：对任何人不得加以任意逮捕、拘禁或放逐。《两权公约》第 9 条规定：对任何人不得加以逮捕或拘禁，除非依照法律所规定的根据和程序，任何人不得被剥夺自由。任何因刑事指控被逮捕或拘禁被剥夺自由的人，有资格向法院提起诉讼，以便法庭能不拖延地决定拘禁他是否合法以及拘禁不合法时命令予以释放。《联合国人权委员会关于公正审判

① 宋英辉、李忠诚著：《刑事程序法功能研究》，中国人民公安大学出版社 2004 年版，第 165 页。

② 陈光中：《联合国〈公民权利与政治权利国际公约〉与中国刑事诉讼》，载《法制与社会发展》1999 年第 5 期。

和补救权利的宣言》（草案）第34条规定：任何人只能基于合理的理由和按照由合格当局签发的令状才能加以羁押。第38条规定，任何国家应当确保建立人身保护令程序或近似的程序、制度。《世界刑法学协会第十五届代表大会关于刑事诉讼法中的人权问题的决议》第8条宣称：影响被告人基本权利的任何政府措施，包括警察所采取的措施，必须有法官授权，并且可受司法审查。①

相比较而言，我国对于剥夺人身自由权的刑事强制措施尚未设立相应的司法审查机制和“人身保护令”制度。犯罪嫌疑人、被告人被逮捕或拘留以后，没有中立的第三方对逮捕或拘留的合法性加以审查，同时，对于任意、非法的逮捕或拘留，犯罪嫌疑人、被告人也不享有有效的救济途径。又如，对犯罪嫌疑人、被告人逮捕后及时接受审判或被释放的权利，我国立法没有提供严格的制度保障。我国立法虽然对逮捕以后的侦查羁押期限作了较为明确的规定，但同时又允许根据多种原因予以延长或者重新计算，并且决定是否延长的程序均为行政性的审批程序。在实践中，这些规定有时被滥用而导致犯罪嫌疑人、被告人在较长时间内无法接受审判。特别应当指出，在我国，犯罪嫌疑人在审前阶段羁押过多，虽然我国刑事诉讼法规定了取保候审的刑事强制措施，但在实践中却没有得到充分运用，相反逮捕措施的适用范围被人为扩大，对于某些机关和人员而言，只要有证据证明犯罪嫌疑人、被告人实施了犯罪，无论罪行轻重、社会危险性大小，均尽量适用逮捕。尽管犯罪嫌疑人的律师可以为其代为申请取保候审，但由于立法的粗疏，这一规定亦很难落实。

应当看到，我国是《联合国宪章》的参与制定国，并先后签署或加入了包括《经济、社会、文化权利国际公约》以及《两权公约》在内的十余项国际人权公约。根据国际法上“条约应当信守”的原则，对于以上国际条约中所确立的刑事司法准则，除声明保留的条款以外，我国应当严格遵行。因此，对于上述与国际公约不相协调之处，我国应

① 谢佑平：《论我国强制措施的完善》，载《湖南社会科学》2004年第1期。

当及时加以调整，否则，将失信于国际社会，影响我国全面对外开放。①

## 第二节　完善刑事强制措施的再思考

### 一、确立刑事强制措施新理念

#### （一）确立无罪推定原则

无罪推定是当代世界各国在刑事诉讼领域普遍采用的一项诉讼原则。根据这一原则，任何人在被法院判决确定为有罪之前，均应假定（或推定）为无罪。这一原则贯穿于刑事诉讼的全过程，在各国的刑事诉讼法中有充分的体现。② 例如，对于疑罪，应按有利被告的原则处理；控诉方承担举证责任，反对犯罪嫌疑人、被告人自证有罪；犯罪嫌疑人、被告人享有沉默权；在采取刑事强制措施方面，犯罪嫌疑人、被告人在原则上均能获得保释，在法院作出有罪判决之前的羁押均为例外。③

无罪推定不仅仅是一条证据法则和诉讼法原则，还是一项人权保障的重要准则。④ 应当说，无罪推定原则是符合刑事诉讼规律的，是世界各国在长期的刑事诉讼实践中总结出来的成功经验，是值得我国借鉴的。长期以来，由于受左倾思想的影响，我国法学领域对无罪推定原则采取了排斥的态度，在刑事诉讼领域偏重于惩罚犯罪，而对公民权利的

---

① 陈光中、［德］汉斯·约格阿尔布莱希特主编：《中德强制措施国际研讨会论文集》，中国人民公安大学出版社 2003 年版，第 4 页。

② 黄朝义著：《无罪推定——论刑事诉讼程序之运作》，台湾五南图书出版公司 2001 年版，第 5 页。

③ 陈永生：《我国未决羁押的困境与出路》，载《刑事审前程序改革与展望》，中国人民公安大学出版社 2005 年版，第 48 页。

④ 汪建成、杨雄：《从英美保释制度看我国取保候审制度存在的问题及出路》，载《保释制度与取保候审》，中国检察出版社 2003 年版，第 124 页。

保障则有所轻忽。经过多年的拨乱反正和思想解放，法学领域对无罪推定原则渐渐接受。① 在1996年修改刑事诉讼法时，批判地吸收了无罪推定原则。例如，规定控诉方应当承担举证责任。现行《刑事诉讼法》第12条规定，未经人民法院依法判决，对任何人都不得确定有罪。第175条第4款规定，对于二次补充侦查的案件，人民检察院仍然认为证据不足，不符合起诉条件的，应当作出不起诉的决定。第200条第3项规定，证据不足，不能认定被告人有罪的，应当作出证据不足、指控的犯罪不能成立的无罪判决。

但是，我国法学领域对无罪推定理念的确立并不彻底。学者们认为，《刑事诉讼法》第12条对无罪推定原则的吸收并不充分，例如未赋予犯罪嫌疑人、被告人沉默权。由于未确立无罪推定原则，我国的刑事强制措施制度体系实际是将犯罪嫌疑人、被告人当作犯罪人来对待的。例如，对犯罪嫌疑人、被告人适用取保候审、监视居住只是一个例外，犯罪嫌疑人、被告人最终被法院判决确定为有罪之前，原则上应处于被羁押状态。又如，逮捕的首要条件是“有证据证明有犯罪事实”，被逮捕的人实际上就是犯罪人。虽然事实上绝大多数犯罪嫌疑人、被告人最终被法院判决确定为有罪，但是毕竟还有一部分犯罪嫌疑人、被告人最终被法院判决确定为无罪。而对于这一部分被法院判决确定为无罪的犯罪嫌疑人、被告人，追诉机关对其采用的限制或者暂时剥夺人身自由权的刑事强制措施就是对其人身自由权利的严重侵犯。作为公民，显然没有义务要为国家惩罚犯罪的职责付出自己的人身自由权利。因此，在修改刑事强制措施时，确立无罪推定原则甚为必要。

### （二）确立刑事强制措施令状原则

所谓令状（warrant），是指记载有关强制性处分裁判的裁判书。令状主义有时也译为令状原则，是指在进行强制性处分时，关于该强制性处分是否合法，必须由法院或者法官予以判断并签署令状；当执行强制

① 樊崇义等著：《刑事诉讼法修改专题研究报告》，中国人民公安大学出版社2004年版，第130页。

性处分是原则上必须向被处分认出是该令状。① 在西方，对于涉及限制、剥夺公民人身自由权和财产等权利的强制性侦查措施，侦查机关没有最后的决定权，事先必须向中立的司法官提出申请，然后由法官决定，以确保侦查行为的客观、公正。② 例如，德国刑事诉讼法就规定对刑事强制措施的采取，除非在有法律明文规定的某些特殊情况下，其他机关均无权直接进行，必须由法官决定。③ 在美国，一般认为司法权高于行政权。而美国的刑事诉讼模式是典型的当事人主义，控辩双方互相抗辩、争斗。在这种情况下将刑事强制措施的控制权交由法庭，由中立的第三者来审查决定就十分自然。④

为了在惩罚犯罪与保护公民的宪法权利之间获得一种平衡，西方国家的刑事强制措施遵循令状原则，对于刑事强制措施的实施予以一定的限制，同时考虑到刑事侦查之紧急性，对令状原则的例外以法定的形式作出了许多明确规定。⑤ 实行令状主义和司法审查制度可以将侦查机关适用刑事强制措施的行为自始至终置于司法机关的控制之下，不仅能在事前预防刑事强制措施的不当使用，同时也为事后发现刑事强制措施的不当并加以纠正提供了契机。这对规范国家机关权力的正确行使，保障公民的合法权益不受无理侵犯，无疑具有积极的意义。

相比之下，我国的刑事强制措施的采取不受司法审查，不仅事先无须批准，事后也不接受审查，随之而来的有可能是司法腐败或公民合法权利无法保障等问题。弥补这一缺陷的主要措施是改革现行刑事司法体

---

① 陈光中：《联合国〈公民权利与政治权利国际公约〉与中国刑事诉讼》，载《法制与社会发展》1999 年第 5 期。

② 宋英辉、吴宏耀著：《刑事审判前程序研究》，中国政法大学出版社 2002 年版，第 39 页。

③ 陈光中、[德] 汉斯·约格阿尔布莱希特主编：《中德强制措施国际研讨会论文集》，中国人民公安大学出版社 2003 年版，第 6 页。

④ 蔡兆诚著：《最好与最坏的时代——当代司法与人权评论》，台湾元照出版公司 2000 年版，第 165 页。

⑤ 陈瑞华著：《程序性制裁理论》，中国法制出版社 2005 年版，第 88 ~ 89 页。

制，加强司法对侦查阶段采取刑事强制措施的审查与控制。在侦查阶段的开始，法院的审查庭就可以参与并负责所有涉及个人权益的事项进行司法授权和审查，作为一个中立司法机构，对警察或检察人员采取的强制性措施发布许可令状并进行合法审查。在侦查阶段就允许那些权益受到限制或剥夺的公民向法院提出申请，从而引发法院就此事项举行专门听审，作出权威的裁判，并允许上诉，充分给予这些公民（包括犯罪嫌疑人）的司法救济权。

（三）确立刑事强制措施比例原则

根据无罪推定原则，犯罪嫌疑人在刑事诉讼过程中处于法律上无罪的地位，并享有一系列足以与国家追诉机构进行理性对抗的程序保障。为防止其诉讼地位陷于恶习化的境地，追诉机构对其个人人身自由权的限制在严厉程度上必须与这种限制的目的存在合理的联系，而不得采取过渡的刑事强制措施甚至滥用刑事强制措施，这就是适用刑事强制措施的"成比例"或"相适应"原则，亦即比例原则。①

比例原则堪称当代公法领域通行的一项基本原则。比例原则作为考量政府公权力是否得介入人民基本权利领域的宪法原则，源自法治国家原则，并具有宪法位阶，其用以制约立法、行政及司法，以避免该权利行使之恣意与逾越，是为调和公益与私利，达到实质正义的一种理性思考的法则。②比例原则源自"法治国"理念及"基本人权的本质"之最基本的法律原则。该原则是国家干预人民基本权利时所必须遵守的基础原则，即国家行使权力、干预人民基本权利所使用的"手段"与所欲达到的"目的"之间必须合乎比例，抑或说具有相当性关系。具体到刑事诉讼强制措施，是指刑事诉讼中的各项强制措施，在其种类、轻重上，应当与所要调查犯罪事实、所要追究的犯罪事实相适应。

比例原则在刑事强制措施中的适用，已经得到当代各法治国家的一

① 汪建成：《正当程序维度内的刑事强制措施》，载《刑事审前程序改革与展望》，中国人民公安大学出版社 2005 年版，第 38 页。

② 蔡榕庭著：《警察职权行使法逐条释论》，五南图书出版股份有限公司 2005 年版，第 570 页。

致认可，不仅有以本国刑事诉讼法加以规范者，更有将其提升为宪法性原则者。例如，德国《基本法》第 1 条和第 20 条就明文规定了相应性原则。根据这一原则，对付犯罪的手段必须同犯罪的严重程度和怀疑的强弱程度以及所涉及的宪法利益相适应。因此，在某些案件中适当的措施，如果用在另一些案件中就不一定合适。德国《刑事诉讼法典》也规定了该原则，据此，德国的侦查机关在侦查过程中所采用的强制措施，特别是侵犯公民基本权利的措施在其种类、程度上，必须要与所要追究的罪行相适应。① 法国、意大利等国也均按照比例原则要求法官在确定适用刑事强制措施种类及决定羁押期间时，要考虑犯罪嫌疑人所涉嫌的犯罪的性质和犯罪嫌疑人逃避诉讼的可能性等诸多程序性因素，充分体现了程序正义的要求。② 英国皇家委员会建议："逮捕是一种强制力，不应把诉诸逮捕视为理所当然的事，应更多的依靠传票程序。因而，理论上，逮捕权的使用受必要性标准的规制。"③ 在一些国际文献中，比例原则也得到了确认。1994 年 9 月 10 日通过的《世界刑法协会第十五届代表大会关于刑事诉讼法中的人权问题的决议》第 3 条宣称，"在预审阶段，无罪推定要求在与一切强制措施有关的活动中适用比例原则。根据这一原则，必须使政府干预刑事被告基本权利的严重程度与限制的代替性措施的目的存在合理关系。这一点应推动立法者把规定审前羁押的代替性措施置于首位，审前羁押在任何情况下都应视为例外情况"。

我国的刑事强制措施制度也应采用比例原则，这不仅与体现实体正义的刑法的罪行相适应原则对应，而且对于实现我国刑事诉讼的程序正义、维护犯罪嫌疑人的合法权利具有重要意义。实行逮捕的直接目的是保全证据和保证犯罪嫌疑人按时出庭。由于犯罪嫌疑人的非犯罪人地

① ［德］约阿希姆·赫尔曼：《德国刑事诉讼法典（中）引言》，李昌珂译，载《德国刑事诉讼法典》，中国政法大学出版社 1995 年版，第 11~17 页。

② ［德］克劳思·罗科信著，吴丽琪译：《刑事诉讼法》，法律出版社 2003 年版，第 218 页。

③ ［英］麦高伟、杰弗里·威尔逊主编，姚永吉等译：《英国刑事司法程序》，法律出版社 2003 年版，第 47 页。

位，逮捕后的羁押并不具有实体刑罚的性质，因而这种措施的采取必须受到限制，应贯彻最低限度及必要性原则，在保证刑事诉讼顺利进行的前提下减少羁押，其中最重要的就是建立羁押分流制度，适时变更刑事强制措施的种类，变羁押为取保候审等。① 当前执法中应当进一步畅通将逮捕变更为取保候审的渠道，适度减少逮捕后不必要的羁押人数。② 甚至有学者提出，根据被羁押者可能判处的刑罚的幅度明确设定最高羁押期限，并将整个诉讼过程中的最高羁押期限限定在可能判处的刑罚的1/3范围之内。③

## 二、完善刑事强制措施的具体建议

### （一）确立适合国情的修法总目标

完善刑事强制措施制度，既要借鉴国外成熟的经验，将世界各国符合刑事诉讼规律的，既能有效惩罚犯罪，又能兼顾人权保障的刑事强制措施制度吸收过来，为我所用；又要立足我国实际，从我国的实际出发，而不能只讲借鉴，照抄照搬，脱离我国国情。

从实际看，我国目前正处于新时代的社会转型时期，在诸多因素的共同影响下，当前我国恶性刑事案件的发案率呈现逐年上升、居高不下的之势，严重危害社会治安，破坏社会主义市场经济秩序，甚至危及当政者威信和形象的犯罪也频频发生，惩治官员腐败仍是十分严峻的政治任务。在此环境下，加强对犯罪嫌疑人、被告人的权利保障较之迅速有效地惩治犯罪而言，可能难以获得社会的普遍支持，也无法具有较为广泛的社会基础。

由于我国是一个人口众多、资源有限、经济发展不平衡不充分的发展中国家，长期以来，国家对司法资源的投入严重不足，也对刑事诉讼

---

① 张丽卿著：《刑事诉讼法理论与运用》，台湾五南图书出版公司2001年版，第240页。

② 樊崇义主编：《刑事诉讼法实施问题与对策研究》，中国人民公安大学出版社2001年版，第138页。

③ 陈瑞华著：《问题与主义之间——刑事诉讼基本问题研究》，中国人民大学出版社2003年版，第240页。

中加强公民权利的保障构成了内在的限制。随着社会转型的加速和变革的加快，各种传统的和新型的犯罪呈现不断增长的态势，而与此形成鲜明反差的是侦查资源的严重不足。公安机关的侦查人员由于警力严重不足，一些地方侦查技术、侦查装备严重落后，面对严峻的犯罪，往往是疲于奔命，穷于应付。在此情况下，对公安、司法机关提出过高的人权保障要求是较为困难的。面对这样的国情，对刑事强制措施制度的完善也不宜采取“一步到位”的做法，而应采取循序渐进的方法，逐步完善。总的完善目标应当定位为：严格法定原则，实现刑事强制措施的正当化；完善刑事强制措施，实现刑事强制措施的体系化；建立独立的羁押制度，实现羁押措施的例外化；建立保释制度，实现被保释的常态化；建立司法审查机制，实现刑事强制措施的法治化。①

### （二）构建完备的刑事强制措施体系

为了实现对罪犯的追诉，刑事诉讼强制措施的适用普遍而广泛。从侦查伊始，到提起公诉，直至法院判决，强制措施始终存在并发挥着自己的效用。同民事诉讼与行政诉讼比较而言，刑事诉讼强制措施中权利的脆弱性与权力的扩张性之间，冲突尤其激烈、对立明显尖锐。作为一项重要的诉讼制度，刑事诉讼强制措施的体系建构十分重要。种类齐全、层次分明、结构合理、体系完整、规则周密的刑事诉讼强制措施，更有助于保障刑事诉讼活动的顺利进行，防止诉讼过程中的意外，有助于实现多维正义，是实现刑事诉讼目的与任务不可或缺的制度。

通过对刑事强制措施演变史的回溯，不难发现，刑事强制措施虽说历经不同时代，但在整体结构上始终涵盖了对人身的强制措施和对物的强制措施。② 刑事强制措施制度诚然是为适应和实现控制、惩罚犯罪这一刑事诉讼目的的需要而产生的，其重要性和必要性不言而喻。但是，刑事强制措施直接关系到相对人的生命权、自由权、财产权等基本权

---

① 汪建成：《正当程序维度内的刑事强制措施》，载《刑事审前程序改革与展望》，中国人民公安大学出版社 2005 年版，第 42 页。

② 胡杰著：《刑事诉讼对物强制措施研究》，武汉大学出版社 2018 年版，第 15 页。

利，其以国家强制力为后盾的“强制性”特征使得对当事人权益的保护处于极为薄弱、极易受侵犯的不利状态。权利，而不是权力或者义务，是法律王国中最为基本的概念、最为常用的叙事方式。①

人类从有刑事诉讼开始，强制措施就一直伴随着刑事诉讼。为了实现对罪犯的追诉，刑事诉讼对强制措施的适用普遍而广泛。从侦查伊始，到检察机关起诉，直至法院判决，强制措施始终存在并发挥着自己的效用。正是考虑到刑事诉讼强制措施对公民基本权利的巨大影响，当代学者往往从受到侵犯的基本权利的性质出发，以刑事强制措施所侵犯的权利为划分标准，对刑事强制措施进行体系建设。例如，日本学者土本武司就认为，刑事强制措施包括对人（嫌疑人、参考人）的强制措施、对物的强制措施（如搜查、查封、勘验、鉴定处分）。② 在外国，通常根据刑事强制措施所干涉的权利属性的不同，将刑事强制措施分为三大类，即干涉人身权益的强制措施、对物的强制措施、干涉隐私权的强制措施。干涉人身权益的强制措施在具体形态上表现为逮捕、羁押、拘提、搜身、附条件的保释等；对物强制措施主要包括对物搜查和扣押；干涉隐私权的强制措施则包括监听、身体采样等。

事实上，将对物强制措施纳入刑事诉讼强制措施体系的主张，也得到了外国立法上的首肯。意大利刑事诉讼法典第四编“防范措施”第二章就有关于对物强制措施的规定。③ 德国在立法上虽然没有采取专章规定刑事强制措施，然其相关内容于其各程序规定中可见，具体包括逮捕、审前拘留、身份认定、带至有关当局、通缉、观察所观察、身体检查、鉴定、扣押、通讯监听、搜查以及其他临时性措施，如暂时羁押在

① 杨雄著：《刑事强制措施的正当性基础》，中国人民公安大学出版社 2009 年版，第 7 页。

② ［日］土本武司著：《日本刑事诉讼法要义》，董璠舆、宋英辉译，台湾地区五南图书出版公司 1997 年版，第 134 页。

③ 包括对被告人财产的实行得实施保全扣押、对与犯罪有关的物品得进行预防性扣押的规定等。

精神病医院或者未成年人教养机构、暂时没收驾驶执照、暂时禁止执业活动。① 俄罗斯刑事诉讼法对强制措施的规定中同样包含了对物强制措施。英国和美国是判例法代表国家，其中，美国通过联邦刑事诉讼规则和大量的判例肯定了对物强制措施是刑事诉讼强制措施的必要组成部分；英国更是以近乎于前所未有的方式——以一部成文的《警察与刑事证据法》② 将搜查、扣押、逮捕、羁押等各种干涉基本人权的强制措施一举纳入囊中。

关于刑事强制措施的体系，我国台湾地区学者指出，强制处分主要包括“传唤、通知、拘提、通缉、逮捕、羁押、搜索、扣押”，广义上，尚涵盖证据保全处分、身体检查处分与鉴定留置；特殊的侦查方式比如通讯监察（监听或窃听）、临检、卧底侦查、诱捕侦查（钓鱼）、催眠等，亦可认为是强制处分。台湾地区学者林钰雄主张，对物强制措施为刑事强制措施之当然构成部分。“强制处分之目的，不外乎保全被告，例如拘提、通缉、逮捕、羁押等，以及搜集、保全证据，例如搜索、扣押、身体检查、通讯检察等。”③ 该学者根据行使对象的差异，对强制处分进行了划分：将强制处分划分为对人强制处分、对物强制处分，这也是传统的划分方法。其中，对人强制处分在范围上包括传唤、拘提、逮捕、羁押、身体检查等，对物强制处分则包括对物搜查和扣押等。④

在我国方兴未艾的刑事诉讼法再修改中，尽管刑事诉讼强制措施改革受到前所未有的关注，扣押查封等对物强制措施的改革问题却远远未能引起各界的重视。我国大陆地区的刑事诉讼法教材对“刑事诉讼强制措施”体系的解构直接来源于我国《刑事诉讼法》第六章“强制措施”

---

① 钟佳平、程晓辉著：《中外刑事诉讼法概论》，第427页，贵州人民出版社2003年版。

② 参见英国《警察与刑事证据法》第六十章第一到第五部分的规定。

③ 林钰雄著：《刑事诉讼法（上册 总论编）》，中国人民大学出版社2005年版，第226页。

④ 林钰雄著：《刑事诉讼法（上册 总论编）》，中国人民大学出版社2005年版，第231页。

的规定；搜查、扣押等对物强制措施则见诸“侦查”中规定。这种立法例实际将在实务中广泛应用的对物强制措施排除在刑事诉讼强制措施体系之外，直接导致了我国刑事诉讼强制措施体系的狭隘与残缺。作为一项极其重要的诉讼制度，刑事强制措施在刑事诉讼中的地位和功用是十分明显的。然而，作为大陆法国家，我国无论在法理学上还是在司法实践中，关于强制措施之立法均为司法和守法的前提。如果立法本身存在制度不健全、体系不完善的弊端，具体规范又留有漏洞或者空白，则势必导致该制度的应有功能无法全面有效地发挥，更会带来对公民基本权利的严重侵害。

如何完善我国刑事诉讼强制措施的体系，如何理性、正确对待搜查、扣押等“侦查方法”，如何协调各种强制措施，如何制约公权力和保障救济私权利，已经成为研究对物强制措施时必须面对的迫切问题。有关改革刑事诉讼强制措施的呼声一直回荡在我国刑事诉讼领域，经过反复地研究讨论和理论沉淀，实务和学界已经就“刑事诉讼强制措施需要进行体系化建设”达成了一致。在刑事诉讼强制措施的体系化问题上，有学者主张采纳台湾学者的观点，刑事强制措施由对人强制处分、对物强制处分。主流观点则认为，刑事强制措施在层级建设上，理应由对人身的强制措施、对物的强制措施和对隐私权的强制措施这三部分构成。显然，法律界人士对刑事强制措施应当包含对物强制措施已经达成了一致意见。在是否建立对隐私权的强制措施这一问题上，学者们并不否认刑事诉讼强制措施对公民隐私的侵害，主要分歧是这类措施是否有独立之必要，换言之，就是否将对隐私权的侵害从对人身权的侵害中剥离并单独列出。我们赞成单独列出，主要理由是，当代公民无不重视对隐私权的保护，相关理论趋于成熟。对隐私的保护发轫于美国，然在其影响下，各国纷纷认可了刑事强制措施对隐私的侵害，并采取措施确认和保护隐私权。当然，由于法律传统、社会环境等方面的差异，各国对隐私权的具体规范不尽相同。值得注意的是，对物强制措施的适用也存在对隐私的侵犯，这一点通过各国立法及司法判例得到了证实。

作为一项重要的诉讼制度，刑事诉讼强制措施的体系建构十分重要。合理的刑事强制措施体系对刑事强制性本身整体功能的发挥具有特别重要的意义。刑事强制措施作为一个有组织的体系，需要、也必然由一定数量的刑事强制措施的种类组成。不同的强制措施有着不同的适用主体、对象、条件，对物强制措施作为强制措施的一部分不是孤立存在的，而是作为和诸如“对人强制措施”等其他部分的关系存在的。刑事强制措施体系之各要素相互关联、相互作用，在结构上以集合体的形式发挥“保证诉讼顺利进行和保障人权”的整体功能，表征着强制措施自身能够作用于刑事诉讼的能力。种类齐全、层次分明、结构合理的刑事诉讼强制措施，在体系上是完整的，更有助于保障刑事诉讼活动的顺利进行，防止诉讼过程中的意外，有助于实现多维正义，是实现刑事诉讼目的与任务不可或缺的制度。①

### （三）完善对人身的刑事强制措施

#### 1. 对拘传的完善

一方面，完善拘传起算时间规范。有关司法解释明确了拘传的时间是自犯罪嫌疑人、被告人到案时起计算，由于拘传后路途时间不计算在内，而有时路途占用时间很长，故此被拘传人实际被拘传的时间会大大超出法律规定的 12 小时。解决这个问题，应当在立法上予以明确。一是对在外地的犯罪嫌疑人、被告人的拘传，应当由办案机关派员到当地有关机关实施拘传，或者委托当地有关机关进行拘传和讯问。二是如果拘传在路途上的时间超出一定时间，应当由办案机关派员到犯罪嫌疑人、被告人所在地拘传和讯问，但法庭审理时除外。通过上述规定，将实际拘传的时间尤其是路途上的时间降低到最小限度。② 同时，明确两次拘传的间隔时间。考虑到拘传的法定期限和人的正常生理限度，两次拘传的间隔时间应不低于 12 个小时。

#### 2. 对取保候审的完善

---

① 胡杰著：《刑事诉讼对物强制措施研究》，武汉大学出版社 2018 年版，第 18 页。

② 宋英辉、李忠诚著：《刑事程序法功能研究》，中国人民公安大学出版社 2004 年版，第 162 页。

第一，明确规定取保候审的适用条件，适当扩大适用范围。在适用条件规定上，我国的取保候审过于笼统，在实践中存在易混淆区。① 在立法上可以借鉴保释制度，采用法定主义为基础，自由裁量主义为辅助的模式。② 应细化法定的取保条件，对于存在认识误区的条款尽快出台司法解释。在自由裁量领域，牢固树立人权保障意识，积极彰显取保候审制度的权利属性，缓解诉讼双方的对立矛盾，推进诉讼程序顺利开展。除了应进一步明确规定可以取保候审的情形，还需明文规定不适用的条件，在司法实践中可以采用"排除法"，除去法定的不适用情况，优先考虑适用取保候审。与此同时，针对自由裁量部分设置限制条件，进一步压缩自由裁量空间。在取保候审适用范围的扩大上，可以从所犯罪行性质入手，如未造成严重后果的过失犯罪优先考虑适用，其次是犯罪情节轻微的刑事案件。除去故意杀人、故意伤害致人重伤或者死亡、强奸、抢劫、贩卖毒品、放火、爆炸、投放危险物质等八类重罪，其他罪行都可优先考虑使用取保候审。也可从申请人的角度出发，对主观恶性不大，社会危险性相对较低人群适用取保候审，同时设立取保候审的可追溯档案，详细记录取保人员的表现及后续处理情况，作为定罪量刑的重要依据。

第二，增加保证形式，规范保证金担保。我国现行《刑事诉讼法》仅规定了保证人保证和保证金保证两种形式。法律规定采用何种担保方式的决定权在于司法机关，并且人保和财产保不能并用。而实际上，在保证方式的选择上应当赋予被追诉人一定的自由选择权，司法机关负责对其选择进行审查。同时，还可增加个人具结的保证方式。对于罪行轻微的被追诉人（如过失犯），可以适用个人具结的方式获得审前释放。即无须交纳保证金，也无须提供保证人，只需被追诉人在宣誓后出具保证书以保证按时到庭。同时司法机关可以对被追诉人附加一定的条件，

---

① 林兆波、王枧图：《取保候审制度存在的缺陷和出路》，载《保释制度与取保候审》，中国检察出版社 2003 年版，第 85 页。

② 晏向华：《陈卫东教授谈英国保释制度：借鉴，不存在法律障碍》，载《检察日报》2002 年 11 月 1 日。

如宵禁、定时报告、限制外出旅行、限令居于某处等。在适用保证金保证方面，需要加以重新界定。目前我国的财产保中，只允许现金担保，此种方式易于操作但过于僵化。在被追诉人不能提供现金而有其他财产的情况下，无法被取保，易导致不必要的羁押发生。因此，立法应当允许被追诉人提供除现金外的其他财产担保，如不动产、股票、期货等。此外，应当规定保证金额的上限。因为取保候审毕竟是程度比较轻的刑事强制措施，且保证金过重也不利于赃款赃物的追缴。这样就可以避免现行《刑事诉讼法》和有关司法解释中都没有保证金数额而使执法机关确定保证金数额任意性太大的问题。对于取保候审期限的解释也有待进一步的研究。①

第三，严格限定取保候审的期限。即使将取保候审规划于“权利”范畴，但也应适度运用，因为其必定要限制被追诉人的人身自由。《刑事诉讼法》第 66 条规定公、检、法三机关都有权对犯罪嫌疑人、被告人采取取保候审措施。三机关在各自的解释中都规定本机关采取取保候审的最长期限为 12 个月。在实践中容易出现多个执法部门根据各自需要，分别决定取保候审的情况，这就导致了实际取保候审时间有可能超过法定的 12 个月。如此，对犯罪嫌疑人、被告人采取取保候审最长期限可能长达 3 年。② 因此，对于刑事诉讼法规定的取保候审的期限，应当在刑事诉讼法规定的范围内在三机关之间进行合理的分配，各机关使用的取保候审期限累计不得超过 12 个月。必要时，公、检、法三机关可以进行协商，作出联合解释。

3. 对监视居住的完善

第一，扩大指定居所监视居住的适用范围。对患有重大疾病、生活不能自理或处于怀孕期、哺乳期的妇女中的重大犯罪嫌疑人、被告人如果适用一般监视居住，可能会发生逃跑、妨碍侦查、自杀自残等行为；如果执行逮捕，从司法实践的情况来看，因为他们自身身体的原因，不

① 樊崇义等著：《刑事诉讼法修改专题研究报告》，中国人民公安大学出版社 2004 年版，第 317 页。

② 柯葛壮：《完善我国取保候审制度的几点思考》，载《保释制度与取保候审》，中国检察出版社 2004 年版，第 68 页。

适宜关押，看守所可能会拒收，即便看守所同意接收，很可能会加重病人的病情，或不利于胎儿生长和妇女的身心健康。对他们适用指定居所监视居住，可以最大程度降低风险。① 所以，建议在《刑事诉讼法》第75条指定居所监视居住的适用对象中增加两条：一是患有重大疾病、生活不能自理的重大犯罪嫌疑人、被告人；二是处于怀孕期、哺乳期的妇女中的重大犯罪嫌疑人、被告人。

第二，修改《刑事诉讼法》关于监视居住期限的规定。鉴于司法实践中适用监视居住强制措施时在期限上存在的种种弊端，② 建议修改《刑事诉讼法》关于监视居住适用期限的规定，可效仿逮捕羁押期限的规定，采用弹性制，把监视居住的期限和刑事诉讼不同阶段的办案期限紧密结合起来。具体可以修改为：对犯罪嫌疑人监视居住后的侦查期限不得超过3个月；案情复杂、期限届满不能终结的案件，经上一级公安机关批准延长2个月；对案情重大复杂，对犯罪嫌疑人可能判处十年有期徒刑以上刑罚的案件，经延长仍不能结案的，经省、自治区、直辖市公安厅（局）批准，可以再延长2个月。在审查起诉阶段、审判阶段，监视居住的期限和审查起诉、审判的办案期限一致。

第三，修改《刑事诉讼法》关于监视居住转化逮捕的规定，区别对待因为监视居住对象情况的复杂性。建议将监视居住转化逮捕的情形规定为：对患有重大疾病、生活不能自理的犯罪嫌疑人、被告人和怀孕、正在哺乳自己婴儿的妇女的犯罪嫌疑人、被告人，违反义务，情节严重的，可以予以指定监视居住；对系生活不能自理的人的唯一扶养人的犯罪嫌疑人、被告人，违反义务，情节严重的，可以予以逮捕；对患有重大疾病、生活不能自理的犯罪嫌疑人、被告人和怀孕、正在哺乳自己婴儿的妇女，其病情好转或哺乳期满，可以予以逮捕。

第四，进一步明确指定居所监视居住的场所。关于指定居所监视居住场所的选择，有的学者指出，没有固定住处又确实需要对其采取监视

---

① 张文泉：《论我国监视居住制度适用中存在的问题及法律完善》，载《广西政法管理干部学院学报》2018年第1期。

② 樊崇义主编：《刑事诉讼法实施问题与对策研究》，中国人民公安大学出版社2001年版，第141页。

居住的，可以在工作单位、居住社区或特定公共场所进行。① 这种做法，可以有效防止变相羁押，但对人力、物力要求仍然很高，而且司法机关基本没有专门的执行人员，对特殊案件短期内或可适用，普遍适用可能性不大。笔者认为，在这个问题上，可以参考英国的保释公寓制度。在英国附条件保释制度中，没有固定住所或者被控罪行与住所有联系的被保释者，会被要求住进保释寓所，并且会在食宿、工作以及医疗条件方面获得帮助，保释寓所因为这些优点常常“供不应求”。② 这种公寓，在关押环境和生活条件方面要比看守所明显好得多，同时可以对犯罪嫌疑人、被告人进行集中管理，节省物力财力。关于居所的设置，有学者认为各地应根据不同的情况进行设置，对指定居所监视居住适用人员较多的地区，可以采取一次性投入的方式，由当地司法行政机关建立监视居住宾馆进行管理。指定居所监视居住的决定机关在使用监视居住宾馆时，必须向司法行政机关支付少量费用；对指定居所监视居住适用人员较少的地区，可以采取分散化投入方式，即在临时租用的宾馆房间或工作单位、居住社区、特定公共场所执行。③ 笔者认为，对监视居住所用宾馆的设置，应区分行政区域单独或合并设置，对使用率高的地区，每个县或市辖区设立一所，负责该辖区被指定居所监视居住犯罪嫌疑人、被告人的看管；对使用率低的地区，每个市设立一所，负责全市被监视居住犯罪嫌疑人、被告人的看管。指定居所监视居住宾馆机构、人事编制等参照看守所的设置。

第五，对监视居住折抵刑罚的幅度做出合理规定。鉴于修改后监视居住强制性的增加和监视居住执行的不同情况，建议《刑事诉讼法》规定一般监视居住也可以折抵刑罚，具体可以规定为：监视居住的期限应当折抵刑期。一般监视居住的，犯罪嫌疑人、被告人被判处管制的，

---

① 卞建林：《我国强制措施的功能回归与制度完善》，载《中国法学》2011年第6期。

② 周伟、汤晖：《从例外到寻常：英国的附条件保释》，载《当代法学》2003年第12期。

③ 汪建成著：《冲突与平衡——刑事程序理论的新视角》，北京大学出版社2006年版，第222页。

监视居住一日折抵刑期一日；被判处拘役、有期徒刑的，监视居住二日折抵刑期一日；指定居所监视居住的，犯罪嫌疑人、被告人被判处管制的，监视居住一日折抵刑期一日半；被判处拘役、有期徒刑的，监视居住一日半折抵刑期一日。

4. 对刑事拘留的完善

首先，应通过司法解释或指导性案例进一步明确刑事拘留制度的法定适用条件。目前对于拘留制度适用程序的法律规定较为明确，但是对刑事拘留制度的适用条件而言还有待统一理解。一方面，有必要通过指导性案例或司法解释明确限定“现行犯”“重大嫌疑分子”的内涵外延，建立对刑事拘留适用条件的相对统一的司法认定标准，防止刑事拘留决定机关的任意解释。另一方面，司法实践表明，《刑事诉讼法》中“流窜作案、多次作案、结伙作案”审查批捕期可以延长至30日的规定已沦为刑事拘留制度侵犯公民人身自由权的重灾区。应当注意的是，现行公安部《规定》对前述情形的解释其实仍停留在20世纪90年代对社会流动和社会治理的理解基础上,① 在当前人员快速流动、信息高度共享的社会发展和综合治理模式下，前述20年前对“流窜作案、多次作案、结伙作案”的解释已经明显落后于时代发展，导致这一规定的适用几乎涵盖司法实践中很大一部分案件。因此，有必要尽快更新解释，严格限制前述情形的适用。

其次，应当加强对刑事拘留制度的检察监督，畅通对刑事拘留适用的监督渠道。如前所述，审查逮捕在一定程度上会对拘留的适用形成监督，根据刑事诉讼法规定，检察机关不批准逮捕的，公安机关应当将被拘留的人立即释放。然而，对于公安机关采取刑事拘留但不报捕的案件在司法实践中却存在线索来源少、难以监督的问题。② 对此，一方面，有必要建立并畅通公安机关与检察机关针对刑事拘留信息的共享平台和

---

① 2020年版《公安机关办理刑事案件程序规定》对于“流窜作案、多次作案、结伙作案”的解释沿用了1998年版《公安机关办理刑事案件程序规定》的理解。

② 樊崇义等著：《刑事诉讼法修改专题研究报告》，中国人民公安大学出版社2004年版，第324页。

沟通机制，通过刑事拘留适用信息的共享，便于检察机关对刑事拘留活动的监督；另一方面，应建立刑事拘留制度适当的报备乃至特殊情况下拘留适用的检察审批制度，以便于刑事拘留后提请批捕时间严格遵守法律规定。可以考虑规定，公安机关拟将刑事拘留期限延长 4 天的，应当向检察机关报备；公安机关拟将刑事拘留期限延长至 30 天的，应当报请检察机关审批。这种设置实际上既符合检察机关作为我国实际的羁押审查者的制度定位，同时也符合其法律监督机关的宪法地位和侦查监督的法定职能。事实上，如果能够将《刑事诉讼法》规定的 3 天以内提请批捕作为原则，将 7 天以内提请批捕作为补充，而将延长至 30 天作为极其例外的情况予以适用，将会明显降低目前拘留制度对被追诉人人身自由的侵犯程度。① 此外，为解决检察机关决定刑事拘留的案件在执行上的不协调问题，有必要在法律上赋予检察机关有权决定刑事拘留的同时，有权执行刑事拘留。在立法上可以采用弹性规定，即原则上由决定机关执行刑事拘留，如果决定机关认为执行有困难或者执行过程中可能遇到抵抗需要公安机关协助时，由公安机关协助执行。在刑事拘留的具体手续上，刑事拘留的凭证也应当采用检察机关负责人签发的刑事拘留证，改变目前检察机关决定刑事拘留后，制作刑事拘留决定书，通知公安机关，再由公安机关履行内部签发刑事拘留证的做法。因为目前的做法不利于提高诉讼效率。所以，应当由检察机关作出拘留决定的同时，签发刑事拘留证，公安机关看守所依据检察机关的刑事拘留证关押犯罪嫌疑人。②

再次，应发挥国家赔偿责任对滥用刑事拘留的遏制作用，即以国家赔偿责任倒逼刑事拘留的合法和合理适用。现行《国家赔偿法》“对刑事拘留的归责原则所进行的调整，进一步淡化了对侦查机关错误刑事拘留可能带来的负面影响，减轻了其在行使侦查权时的顾虑与担忧，却在

① 薛向楠：《中国刑事拘留制度的发展轨迹与完善路径（1954—2018）》，载《中国政法大学学报》2019 年第 3 期。

② 樊崇义主编：《刑事诉讼法实施问题与对策研究》，中国人民公安大学出版社 2001 年版，第 140 页。

事实上忽视了被拘留人合法权利的法律保护与救济”。① “违法归责”的责任认定关键在于判断刑事拘留制度适用是否符合法律规定，然而前已述及，目前对刑事拘留制度适用条件中的一些概念含义缺乏统一理解，在这种情况下，也为国家赔偿责任中“违法”的认定带来了一定的困难，以至于司法实践中出现了“只要拘留行使符合程序条件就视为依法适用拘留”② 的做法。值得注意的是，对于拘留的国家赔偿责任的司法认定已经出现了一定的进展。如最高人民法院、最高人民检察院2015年底联合发布的《关于办理刑事赔偿案件适用法律若干问题的解释》对于“违法”拘留解释为具体包括违反拘留法定条件、法定程序或者法定期限三类，对于“终止追究刑事责任”的情形也进一步明确细化。③ 2016年，最高人民法院发布了关于国家赔偿的典型指导案例，其中“陈伟国、刘钱德申请桐庐县公安局违法刑事拘留国家赔偿案”对刑事拘留行为合法性审查判断作出了指导，该案例要旨明确指出，对于刑事拘留合法性的审查应当包括对刑事拘留适用条件的实质审查。④

---

① 汪澜、戴洪斌：《社会管理与私权保护的冲突与衡平：对刑事拘留赔偿的法律思考》，载《法律适用》2013年第3期。

② 许安标、武增主编：《中华人民共和国国家赔偿法解读》，中国法制出版社2010年版，第83页。

③ 《关于办理刑事赔偿案件适用法律若干问题的解释》第5条规定：“第五条对公民采取刑事拘留措施后终止追究刑事责任，具有下列情形之一的，属于国家赔偿法第十七条第一项规定的违法刑事拘留：（1）违反刑事诉讼法规定的条件采取拘留措施的；（2）违反刑事诉讼法规定的程序采取拘留措施的；（3）依照刑事诉讼法规定的条件和程序对公民采取拘留措施，但是拘留时间超过刑事诉讼法规定的时限。违法刑事拘留的人身自由赔偿金自拘留之日起计算。”

④ 该指导案例裁判要点指出：“人民法院赔偿委员会在审查判断刑事拘留决定是否违法时，既要对办案机关采取强制措施的程序是否合法进行审查，也要对采取该强制措施的条件是否合法进行实质审查。根据刑事诉讼法的规定，公安机关对于现行犯或者重大嫌疑分子，如果有被害人或者在场亲眼看见的人指认他犯罪的，可以先行拘留。本案中，人民法院赔偿委员会经实质审查，认为陈伟国、刘钱德不属于现行犯或重大嫌疑分子，桐庐县公安局将陈伟国、刘钱德刑事拘留主要证据不足，该刑事拘留决定违反了刑事诉讼法规定的条件。据此，受害人有取得国家赔偿的权利。”载中国法院网：https：//www. chinacourt. org/article/detail/2016/01/id/1783936. shtml。

这是刑事拘留的国家赔偿认定向正当程序和人权保障迈出的可喜的一步，今后，除了对被违法刑事拘留者进行国家赔偿之外，也应当考虑对获得无罪处理者的刑事拘留给予国家赔偿，以实现对无罪被拘留者合法权益的充分保护。

最后，从长远来看，在我国审前羁押制度整体完善的基础上，我国刑事拘留制度的完善应当着眼于使刑事拘留制度回归本源的思路，也即让刑事拘留回归至建国初期 1954 年《逮捕拘留条例》中的临时性、强制性到案措施，并在刑事拘留后设置独立的羁押审查程序，将到案后的羁押决定权交给有权的审查主体而不能由公安机关自行决定。具体而言，可以要求公安机关在采取刑事拘留措施后，尽快将被追诉人带至具有羁押审查权的法定主体，由后者依照法定条件和法定程序决定对被追诉人予以羁押、释放或者采取其他替代措施。①

5. 对逮捕的完善

逮捕因其同时具备强制到案和长期羁押的双重职能而成为剥夺人身自由的最严厉的刑事强制措施，也是公权力和人权保障的交锋点。刑事诉讼中的逮捕权是指在法官作出生效判决前裁决是否强制剥夺被追诉人人身自由的权力。人身自由作为《宪法》规定的基本权利，是人权的重要组成部分。据此，逮捕权的性质是司法审查权，而司法审查权要求以《刑事诉讼法》为依据，中立的司法机关作为权力主体，通过诉讼化的程序行使逮捕权，以司法权限制追诉犯罪的行政权，并保证被追诉人的基本权利不受侵害。② 司法审查权内在的对主体中立性、程序公正、有效救济等要求，使诉讼化成为逮捕程序的必然选择。③ 逮捕程序的诉讼化更是基于对被追诉人基本人权保障的需要，诉讼化的逮捕程序能够契合程序正义的构成要素，通过“三方构造”的听证程序，引入

---

① 薛向楠：《中国刑事拘留制度的发展轨迹与完善路径（1954—2018）》，载《中国政法大学学报》2019 年第 3 期。

② 汪海燕：《检察机关审查逮捕权异化与消解》，载《政法论坛》2014 年第 6 期。

③ 闵春雷：《论审查逮捕程序的诉讼化》，载《法制与社会发展》2016 年第 3 期。

证明机制，充分保障犯罪嫌疑人、被告人的辩护权。①

2012 年《刑事诉讼法》对以逮捕为中心的刑事强制措施体系进行了较大幅度的修改，标志着我国向限制公权力、保障人权的法治社会目标又迈进了一步。② 随着我国法治国家的建设要求和司法改革的进一步深入，有必要促使逮捕程序逐步褪去行政化的色彩，向诉讼化的轨道全面推进。这不仅是切实保障被追诉人权利的要求，也是以权利制约权力的需要。而且 2012 年《刑事诉讼法》也为逮捕程序诉讼化提供了法律支撑和制度铺垫，亦即 2012 年《刑事诉讼法》确立了审查批捕讯问程序并增加听取辩护律师意见的规定，开启了逮捕程序诉讼化的进程。但剖析现行立法和司法实践情况，逮捕程序诉讼化进程中仍然存在以下四方面难题：第一，逮捕权行使主体不中立。检察院作为逮捕权的主体在理论上存在固有缺陷。司法改革过程中部分地区出现的“捕诉合一”改革措施，会导致公诉销蚀逮捕，不仅使逮捕丧失诉讼化的程序空间，而且会使检察院在公诉职能的行使下失去逮捕的中立地位。第二，逮捕程序行政化。2012 年《刑事诉讼法》以逮捕为核心对刑事强制措施体系进行了较大幅度的修改完善，审查批捕程序呈现诉讼化形态。但是修改后的审查批捕程序采用较为保守的“听取意见模式”③，程序结构是散射线型构造，本质上仍然是行政化程序，而非完整诉讼化形态的“三方构造”听证模式。第三，证明机制缺失。行政化的逮捕程序，不以证据裁判原则为基础，不运行证明机制，逮捕程序不具有举证质证环节，不具备诉讼化的程序平台。第四，辩护不力。辩护律师介入逮捕程序比例低，辩护效果不理想，辩护权保障不到位。④

针对上述难题，全面实现逮捕程序的诉讼化应从以下四个方面推

① 陈永生：《逮捕的中国问题与制度应对——以 2012 年刑事诉讼法对逮捕制度的修改为中心》，载《政法论坛》2013 年第 4 期。

② 王彪：《刑事诉讼中的“逮捕中心主义”现象评析》，载《中国刑事法杂志》2014 年第 2 期。

③ 刘敏、马洁：《建立逮捕必要性听取意见机制初探——以自由证明为视角》，载《政法论丛》2011 年第 1 期。

④ 杜瑞晗：《逮捕程序诉讼化问题研究》，吉林大学硕士学位论文 2017 年。

进：第一，取消“捕诉合一”的司法改革措施，使逮捕独立公诉，保证逮捕有足够的程序空间推进诉讼化；建立逮捕听证程序，以法定诉讼化程序限制逮捕权，保证检察院作为权力主体的中立性。① 第二，分析、重置逮捕条件并界定听证程序的适用范围；在审查逮捕阶段和庭前会议中构筑双重“三方构造”模式，分别以检察官、法官作为中立第三方。这样的程序设计不仅契合我国现行逮捕权的双主体制，同为将来条件成熟时建立司法审查制度、法院行使逮捕权奠定基础。② 第三，“有裁决则必有证明”。听证程序以诉讼化方式运行逮捕权，因此裁决的作出必以证明为基础。听证程序中存在证明，以证据裁判原则为基础。因此，要厘清证明对象，根据证明对象选择恰当的证明方式、设定证明标准，并分配证明责任，建立听证程序中的证明机制。③ 第四，逮捕程序中的辩护是程序性辩护。辩护方作为听证程序的另一端，要确立告知程序以保障程序介入权，并保障以会见权、阅卷权、调查取证权为核心的辩护权在实质意义上得到畅通行使。④

（四）完善对物的刑事强制措施

修改刑事强制措施、建立健全对物强制措施搜查、扣押制度已成为刑事诉讼法修改讨论的热点。我国对物强制措施立法困境的解决并不能完全依赖于司法这个体系自身，更要仰仗的是司法与其他制度之间的契合，即应当重视对物强制措施法律制度的构建。因此建议：第一，用制度规范秩序，因为依靠制度要比依靠“人治”更理性、更明智。第二，刑事诉讼对物强制措施的制度建设应当设计严密、层次分明、相互衔接，对一般情状、特殊情况均应加以规制。例如，搜查证、扣押证应当有副本，并交至当事人核对、签收。第三，必须建立完善的权利救济制

---

① 夏阳、钱学敏：《建立听证式逮捕必要性审查机制》，载《人民检察》2009 年第 22 期。

② 刘计划：《逮捕审查制度的中国模式及其改革》，载《法学研究》2012 年第 2 期。

③ 万毅：《逮捕程序若干证据法难题及其破解——法解释学角度的思考》，载《西南民族大学学报》2015 年第 2 期。

④ 叶青：《审查逮捕程序中律师介入权的保障》，载《法学》2014 年第 2 期。

度。第四，对物强制措施需要与其他法律、其他制度相互配合，特别是在构建此制度的过程中，应当避免“立法万能主义”思想的影响。第五，切实提高司法人员的素质。对他国对物强制措施的借鉴应当是“改造式”借鉴，而不能盲目地全盘拿来，必须注意到中国的具体情况，但同时也要具备发展眼光，不可一味借口国情特殊。①

首先，就搜查制度而言，从体系化的视角反观我国现行搜查制度，首先存在的重大缺陷是体系不完整。“体系”“系统”意味着诸要素的组合，意味着各要素在以发挥各自作用的同时相互作用、相互联系，并按照一定的逻辑关系构成一个整体，形成整体效用。搜查作为侦查措施，其存在有自身的法理基础，一是个人权利的相对性和公共利益对公民权利的制约性，二是追究犯罪、获取证据的必需性，因此，搜查应当是保障人权导向下的侦查措施，为了实现“保证诉讼顺利进行”的效用，其构成要素需要也应当包括有证搜查和无证搜查，需要强制侦查也需要任意（同意）搜查。不同种类的搜查各有发挥作用的领域和特有的效应，同时组合在一起相互关联，使搜查制度不仅在内容上更加丰富，体系上也更加完整、合理，秉承以程序公正的理念，注重搜查程序的合法性、正当性、适当性，沿着民主和法治的轨道发展完善。我国刑事诉讼中搜查法律制度的完善路径具体包括：一是有证搜查的规范化；二是无证搜查制度的完善；三是搜查执行程序的规范化；四是建立非法搜查的制裁、救济机制等。②

其次，扣押制度的完善与搜查制度的完善有着密切的关系，二者所面临的问题有共性，则在制度的完善上也存在共同之处。但扣押本身是一项独立的对物强制措施，具有自己的特殊性。我国现行《刑事诉讼法》有关扣押的规定过于原则和简单，最高人民检察院于 2010 年开始实施的《人民检察院扣押、冻结涉案款物工作规定》对扣押的存在问

① 胡杰著：《刑事诉讼对物强制措施研究》，武汉大学出版社 2018 年版，第 5 页。

② 胡杰著：《刑事诉讼对物强制措施研究》，武汉大学出版社 2018 年版，第 154~168 页。

题进行了集中治理，不少在过去于理论上遭受学者批判、于实务中饱受指责的弊端、不足和错误做法已经得到矫正、修改或增补，但此规定仍有未予明确、需要完善之处。具体而言，可从如下几个方面予以完善：第一，明确扣押的客体，将扣押的对象规定为“可为证据之物、得没收之物”；第二，增加有关扣押客体的限制性和禁止性规定；第三，补充有关扣押之合理根据的规定；第四，确立不同种类的扣押、接受独立的司法审查；第五，添加强制扣押适用比例原则的规定；第六，增加有关扣押时间的规定；第七，建立非法扣押的制裁、救济机制等。①

（五）完善对隐私权的刑事强制措施

随着我国刑事立法日益与国际接轨，急需借鉴域外立法经验，以监听为例构建我国对隐私权的刑事强制措施，即应尽快对我国侦查监听立法予以完善以实现法治化。侦查监听措施法治化的目的在于：一是为侦查监听的采用提供权威的法律依据；二是对侦查监听活动进行法律约束，将侦查监听限定在法律许可的范围内，尽可能将其负面影响减少到最低限度，以确保当事人的权益不受非法侵害。②

以监听为例构建我国对隐私权的刑事强制措施，首先，应将监听措施纳入刑事强制措施体系。即应将监听的相关条款规定于刑事诉讼法第一编第六章“强制措施”中，使其与对人的五种强制措施以及搜查、扣押等对物强制措施一起共同构成一个完整的刑事强制措施体系。

其次，对监听措施的适用条件、对象和程序等内容应在刑事诉讼法中作出明确的规定。③ 一是关于监听的范围，应限定为犯罪性质严重、社会危害性大，可能处以较重刑罚的案件。具体而言包括：（1）危害国家安全罪、危害国防利益罪；（2）危害公共安全罪；（3）侵犯公民

① 胡杰著：《刑事诉讼对物强制措施研究》，武汉大学出版社 2018 年版，第 169~175 页。

② 龙宗智著：《徘徊于传统与现代之间——中国刑事诉讼法再修改研究》，法律出版社 2005 年版，第 151 页。

③ 李薇薇：《构建对物及对隐私权的刑事强制措施之设想》，厦门大学硕士学位论文 2006 年。

人身权利、民主权利罪中的故意杀人罪、绑架罪、拐卖妇女儿童罪；(4) 破坏社会主义市场经济秩序罪中的走私罪、破坏金融管理秩序罪、金融诈骗罪；(5) 侵犯财产罪中的抢劫罪、诈骗罪、职务侵占罪、贪污贿赂犯罪；(6) 妨害社会管理秩序罪中的妨害国（边）境管理罪、走私、贩卖、运输、制造毒品罪、组织、强迫、引诱、容留、介绍卖淫罪、制造、贩卖、传播淫秽物品罪等。除以上罪名，其他可能判处有期徒刑十年以上的犯罪也应允许使用监听。但在立法上，应明确监听罪名的选择必须遵循必要性原则，即当侦查机关可以通过其他侦查方式查明案件的，不管是否以上所列的犯罪，都不允许监听。二是关于监听的对象，应该包括犯罪嫌疑人及发送、传达或接收其通讯的人。三是关于监听的审批权限与程序，不宜采用侦查机关内部审批制度，而应由检察机关作为是否采用侦查监听措施的审查决定机关。还应规定，在情况紧急时，侦查机关可不经批准直接进行无证监听，但必须在一定时间内提请检察机关审查批准，对检察机关不批准的，应中止监听。四是关于监听资料的处理，侦查人员对于取得的监听资料，首先要区分是否与犯罪有关，对于无关的内容应在检察机关的监督下及时销毁；对于与犯罪有关的材料只能是与前述罪名相关的材料，才允许在诉讼中作为证据使用。监听资料如用作庭审中的证据，应遵循刑事诉讼证据使用规则。此外，还应明确规定被监听当事人具有知情权以及救济保障等措施，在这些方面，可以借鉴国外的有关立法和判例。

## 三、完善刑事强制措施相关制度的思考

### （一）完善审前羁押的司法审查制度

1. 域外国家审前羁押司法审查机制考察

审前羁押作为侦查程序中最为严厉的刑事强制措施，会导致犯罪嫌疑人、被告人的人身自由权受到较长时间的剥夺。对这一强制措施的司法限制集中体现了侦查程序的整体构造特征。大体说来，西方各国通过以下途径对审前羁押实施司法控制：逮捕和拘留被设计成保证犯罪嫌疑人到场或到庭的手段，因此只能带来较短时间的羁押，而正式的审前羁

押则一律要由法官或法院在控辩双方同时参与下专门加以确定。① 换言之，逮捕和拘留不过属于一种“行为”，只能带来极短时间的羁押，而审前羁押才属于一种典型的羁押状态。这种所谓的“逮捕与羁押（在适用条件和程序上）相分离”的做法，能够确保法官对警察、检察官在实施羁押行为方面的严密控制。② 法官对于是否适用羁押以及羁押期间的问题，按照法庭审理的方式进行确定。这种程序性裁判活动具有典型的控、辩、裁三方主体参与的诉讼构造，并按照控辩双方平等对抗、法官居中裁判这一诉讼原则进行运作，使得有关羁押问题的裁判能够严格按照法定的条件和程序来进行。

在有关适用羁押的实体性限制方面，各国确立了比例原则，要求法官在确定羁押期间时要考虑被告人所涉嫌的犯罪的性质和被告人逃避诉讼的可能性等诸多程序性因素。对于审前羁押，各国普遍要求只在最必要的情况下加以适用，一般不将适用羁押作为保证诉讼进行的一般原则，而使其尽可能地成为一种例外和最后的措施。为此，各国确立了一系列旨在替代羁押的刑事强制措施，尤其是广泛地采用保释这一措施，并采取了保证人担保、保证金担保和个人具结等多种保释手段。目前，不仅在英美，而且在法国、德国、意大利等大陆法系国家，保释作为刑事强制措施都得到法律上的确立。美国自 20 世纪 60 年代和 70 年代的保释改革运动提出，预防羁押是基于这样的假设：“少数但是能够辨别出来的特别危险的被告人”，只有通过审前羁押的方法，才能阻止他们侵犯公共利益。③ 各国都允许犯罪嫌疑人、被告人对其所受的羁押措施随时向法院提起申诉或者上诉，以期引起法院对羁押合法性问题进行事后的司法救济，如发布“人身保护令”等。不少国家还确定了向法院提起这种诉讼的法定期限，超过此期间，嫌疑人和被告人都可以直接提

① 樊崇义主编：《刑事诉讼法实施问题与对策研究》，中国人民公安大学出版社 2001 年版，第 139 页。

② ［日］土本武司著：《日本刑事诉讼法要义》，董璠舆、宋英辉译，台湾五南图书出版公司 1997 年版，第 17 页。

③ ［美］爱伦·豪切斯泰勒·斯黛丽、南希·弗兰克著：《美国刑事法院诉讼程序》，陈卫东、徐美君译，中国人民大学出版社 2002 年版，第 254 页。

请有关法院进行司法审查。英国高等法院王座庭、美国联邦法院、德国各州高等法院、法国上诉法院审查起诉庭以及意大利省府所在地的法院都具有这种就羁押合法性进行司法审查的职能。各国甚至还允许遭受不当羁押的被告人直接向本国最高法院提起申诉。各国还都建立了针对不公正羁押措施的国家赔偿制度，保证遭受不当羁押的被告人获得由一中立的司法机构主持的赔偿听审机会。①

2. 我国审前羁押司法审查现状

司法审查原则要求刑事强制措施应当在司法力量的控制下运行，不应当在行政力量的控制下运行。②

根据《刑事诉讼法》第93条的规定，犯罪嫌疑人、被告人被逮捕后，人民检察院仍应当对羁押的必要性进行审查。对不需要继续羁押的，应当建议予以释放或者变更强制措施。有关机关应当在10日以内将处理情况通知人民检察院。最高人民检察院《规则》对此又作了进一步规定。由此建立了我国逮捕后羁押必要性审查制度。根据法律和司法解释的规定，我国审前羁押具有以下特点：审查的主体只能是人民检察院；审查的客体包括人民检察院批准逮捕的案件、决定逮捕的案件以及人民法院决定逮捕的案件；审查的启动方式可以是人民检察院依职权进行审查，也可以是人民检察院依犯罪嫌疑人、被告人及其法定代理人、近亲属或者辩护人的申请而进行审查；审查的内容是由人民检察院对是否有继续羁押的必要性进行审查，而不是对之前的逮捕决定是否合法进行审查；经人民检察院复查后，对不需要继续羁押的，应当建议予以释放或者变更强制措施。

显然，我国现行的审前羁押制度中，不存在由中立裁判机构主持进行的司法审查机制，致使羁押的授权、审查和救济几乎完全变成行政行为，丧失了诉讼性品质。将逮捕与羁押加以分离的机制，使得中立的司法机构能够对审前羁押问题进行一次独立的司法审查，其证明标准也比

① 陈瑞华：《刑事侦查构造之比较研究》，载《政法论坛》1999年第5期。

② 汪建成：《正当程序维度内的刑事强制措施》，载《刑事审前程序改革与展望》，中国人民公安大学出版社2005年版，第96页。

逮捕要高一些。审前羁押只适用于那些涉嫌重大犯罪行为的犯罪嫌疑人，如果与案件的重大程度和可能的刑罚不相称的，则不适用审前羁押。这种机制可以使在实力上处于劣势的被追诉一方获得与追诉权主体相抗衡的手段，以维护自己的权利。“强制处分权涉及被强制处分的一方的人身、财产、住宅等权利；是否采取强制处分权，实质上具有裁判的性质。”① 即是否应当采取搜查、扣押、拘留、逮捕等措施以及采取这些强制措施后可能引起的争议也是刑事诉讼需要解决的纠纷。公正是司法的生命，是诉讼程序的内在要求。无论是纠纷的解决还是公正的实现都必须存在一个基本的前提，即有一个具有客观、公正的诉讼立场的中立的裁判者。在侦查程序中，仅仅只有控辩双方是不够的，而应具备控、辩、裁三方，各自承担相应的职能，才能维持程序的公正。② 按我国现行《刑事诉讼法》关于刑事拘留和逮捕的规定，执法机关一旦获得授权，就意味着可以将嫌疑人采取长达 14 天、37 天甚至 2 个月的持续羁押。刑事拘留和逮捕会直接带来长时间羁押状态。而且，公安机关作为行政机关和刑事侦查机关，同时拥有侦查权和行政处罚权，它可以在羁押期限届满后采取行政拘留等行政手段，使得刑事拘留和逮捕后的羁押期间的延长缺少任何外部机构的控制和审查。

3. 对审前羁押司法审查制度的完善

我国目前的审前羁押完全由警察和检察官通过一种极具行政化的方式来享有的模式，来源于苏联。1992 年 5 月，俄罗斯联邦在审判前阶段已经建立了司法审查制度。③ 这更加迫使我们思考我国审前羁押的改革方向，法官的中立裁判可公正行使羁押处分权，可完善现行缺乏制约的具有随意性和便宜性的羁押制度，能较好地解决目前实际存在的超期羁押状态。当然，赋予检察机关对刑事案件紧急情况下的逮捕权是必要

---

① 宋英辉著：《刑事诉讼目的论》，中国人民公安大学出版社 1995 年版，第 194 页。

② 任寰：《关于在我国刑事诉讼中建立司法审查制度的构想》，载《法学》2000 年第 4 期。

③ 陈瑞华著：《问题与主义之间——刑事诉讼基本问题研究》，中国人民大学出版社 2003 年版，第 159～160 页。

的，但为保护被捕人的权利，应在尽可能短的时间内提交法院，最终由法院作出是否羁押的裁判。①

目前看来，上述设想尚难以实现，但作为过渡，可以对现行逮捕制度进行完善，实行逮捕与羁押专职检察官负责制。公安机关逮捕或拘留犯罪嫌疑人后，短时间内应将犯罪嫌疑人带到专职检察官处，专职检察官应听取犯罪嫌疑人的意见，然后依法作出是否羁押的决定。犯罪嫌疑人不服羁押决定，有权向法院申诉，法院应设置专职法官负责书面审查决定。② 侦查部门逮捕的犯罪嫌疑人是否需要羁押，应由专职检察官听取犯罪嫌疑人的意见后决定。如果犯罪嫌疑人对羁押的决定不服可以向法院申诉，由专职法官负责审查，程序同上。应赋予犯罪嫌疑人的律师帮助权，审查羁押时律师有权在场。被羁押人应有权提出解除羁押或刑事强制措施的申请，检察官也应定期依职权审查对犯罪嫌疑人是否有继续羁押的必要，如无继续羁押的必要，应释放或者采取取保候审。③

### （二）完善刑事拘留、逮捕与羁押分离制度

我国侦查机关实施的刑事拘留、逮捕的行为与后续的羁押没有实现程序上的分离，以致羁押成为刑事拘留和逮捕的自然结果，导致了侦查羁押适用的普遍化，而对犯罪嫌疑人的任意拘捕以及超期羁押，严重地侵犯犯罪嫌疑人、被告人的人身权利。④ 因此，我国刑事诉讼法中有必要降低逮捕的适用条件，且只能引起短时间的羁押，逮捕后应当“毫不迟疑地”将逮捕者提交到法官面前，由后者对是否继续羁押、是否保释以及羁押期间等问题通过开庭的方式，在控辩双方都参与的情况下作出

---

① 陈卫东主编：《刑事诉讼法实施问题对策研究》，中国方正出版社2002年版，第31页。

② 孙谦：《司法改革背景下逮捕的若干问题研究》，载《中国法学》2017年第3期。

③ 樊崇义主编：《刑事诉讼法实施问题与对策研究》，中国人民公安大学出版社2001年版，第139页。

④ 牛学理：《审前羁押的观念改造及法律控制——兼论超期羁押的制度化解决》，载《刑事审前程序改革与展望》，中国人民公安大学出版社2005年版，第127页。

裁判。这可以保证羁押具有高于逮捕的法定条件，从程序上防止犯罪嫌疑人受到不公正、不合理的刑事强制措施。①

进一步完善刑事拘留、逮捕与羁押相分离制度，应当适时变更刑事强制措施的种类，变羁押为监视居住、取保候审等。当前，刑事执法中要畅通逮捕措施变更为监视居住、取保候审的渠道，适度减少逮捕后不必要的羁押人数。② 因为修订后的刑事诉讼法对逮捕条件放宽了，逮捕条件的放宽势必增加被逮捕的犯罪嫌疑人，增加羁押场所的压力和国家负担。为此，《刑事诉讼法》对监视居住、取保候审进行调整，与此同时建立这种配套、分流的刑事强制措施制度既可以缓解逮捕条件，降低可能产生的羁押压力，又能确保公安、司法机关顺利进行刑事诉讼。

同时，将犯罪嫌疑人被逮捕后的羁押场所脱离侦控机关的直接控制，交由另一相对独立的行政部门管理，侦控机关讯问犯罪嫌疑人应取得法院及行政部门的批准令状方可进行。为了更好地保护犯罪嫌疑人的人身权利，我国刑事诉讼立法还应当作如下规定：对于非法羁押，包括擅自延长羁押期限和超期羁押获得的犯罪嫌疑人的供述予以排除。羁押场所应当事先中立化，羁押场所的维权职责应当明确化。③ 此外，立法还应规定执行羁押任务的看守所监督超期羁押的职责。羁押期限届满前10天，看守所应当书面告知办案单位，提醒其应在法定期限内办理延长手续或者变更刑事强制措施。对超期羁押的，看守所应当及时将情况向人民检察院或者人民法院报告。

笔者认为，为了杜绝超期羁押，应当将超期羁押行为明确规定为犯罪。因为超期羁押实际上是未经有权机关或者人员批准的羁押，其实质就是非法拘禁。根据我国《刑法》第238的规定，非法拘禁他人或者以其他方法非法剥夺他人人身自由权的，构成非法拘禁罪。由于我国未完

---

① 樊崇义等著：《刑事诉讼法修改专题研究报告》，中国人民公安大学出版社2004年版，第325页。

② 马静华：《逮捕率变化的影响因素研究——以新〈刑事诉讼法〉的实施为背景》，载《现代法学》2015年第3期。

③ 李学军、赵琦峰：《超期羁押：成因分析及治理管见》，载《刑事审前程序改革与展望》，中国人民公安大学出版社2005年版，第168页。

全确立无罪推定原则，也由于我国在刑事诉讼领域对犯罪嫌疑人、被告人人权的相对轻视，在司法实践中，公安司法机关及其人员，甚至包括大多数的普通公民均认为，被羁押的人是涉嫌犯罪的人或者是被指控犯罪的人，对这些人即使超期羁押也无碍大局。公安、司法机关人员因办案而对这些人超期羁押，有时也是无奈，因而并不认为超期羁押行为构成了犯罪。这种认识值得商榷。如果这种认识逻辑能够成立，那么，我国刑事诉讼法就不必规定侦查羁押期限，刑讯逼供也同样不构成犯罪，而这显然不正确。因此，将超期羁押行为明确规定为犯罪，有利于根绝超期羁押。

（三）完善被执行人员的法律救济制度

“救济性权利，即对国家追诉机构、裁判机构所作的对其不利的行为、决定或裁判，要求另一机构予以审查并作出改变或撤销的程序性权利。”① 英国有句法谚：“无救济即无权利。”台湾学者也指出，传统的学说认为以诉讼行为论而排除强制处分的救济可能，于理不和。② 但是，被侦控机关采取强制性措施的嫌疑人和其他公民本应获得的程序性救济权利，我国现行刑诉法并没有设立相应的规范，因此有必要予以完善。③

1. 进一步强化犯罪嫌疑人、被告人不服刑事强制措施的申告权

对于可能错误的羁押或者对羁押决定不服的，各国为被羁押人设计了程序救济渠道，如英国通常情况下被告人可获得保释；德国被告人可以提出抗诉或者申请司法复查；日本除可获得保释外，对于不当延长的羁押法院可依申请或依职权裁定撤销羁押获准予保释。④ 笔者认为，在我国《刑事诉讼法》中应明确规定，犯罪嫌疑人、被告人对公安司法机关采取的各种强制措施以及变更强制措施的决定、裁定不服的，都有

---

① 陈瑞华：《修正后的中国刑事诉讼法典》，载《现代法学》1996年第5期。

② 林钰雄著：《刑事诉讼法》，台湾学林文化事业公司2003年版，第261页。

③ 任寰：《关于在我国刑事诉讼中建立司法审查制度的构想》，载《法学》2000年第4期。

④ 王晶：《实然与应然——我国审前羁押制度之反思》，载《刑事审前程序改革与展望》，中国人民公安大学出版社2005年版，第65页。

权向作出决定的机关申请复议一次，公安司法机关应在接到复议申请的第2日作出复议决定。对复议决定仍不服的，犯罪嫌疑人、被告人有权向作出决定机关的上一级机关提请复核，上一级机关应在接到复核申请的第2日作出复核决定。复核决定为终局决定。公安司法机关在进行复议、复核时，应召集案件承办人、被采取刑事强制措施人及其聘请的律师到场，由案件承办人说明采取刑事强制措施的事实依据和法律根据，被采取刑事强制措施人及其聘请的律师可以对此进行反驳。

2. 进一步完善犯罪嫌疑人、被告人变更刑事强制措施的申请权

尽管我国现行《刑事诉讼法》已赋予了犯罪嫌疑人、被告人及其法定代理人、近亲属或者辩护人些许变更强制措施的权利，如取保候审的申请权，变更逮捕措施的申请权，解除超期羁押的申请权等，但对犯罪嫌疑人、被告人基本权利保障来说，这还远远不够。笔者认为《刑事诉讼法》应进一步增加犯罪嫌疑人、被告人对不当的刑事强制措施，有申请变更强制措施的规定。被申请的机关应当组织听证会，由公安机关的法制部门或者人民检察院的批捕部门组织，由申请人及其聘请的律师、案件承办人参加，公安机关的法制部门或者人民检察院的批捕部门在充分听取申请方与案件承办方的意见后，作出是否变更刑事强制措施的决定。另外，对于逮捕后在羁押期限内发现犯罪嫌疑人另有重要罪行而重新计算侦查羁押期限的，刑事诉讼法应当明确规定仍应报检察院审查批准，而不应仅由公安机关负责人决定。①

3. 进一步健全犯罪嫌疑人、被告人对被超期羁押的申告权

我国《刑事诉讼法》已赋予被期羁押的犯罪嫌疑人、被告人及其法定代理人、近亲属、受聘请的律师提出申告的权力，但如何控告，则缺乏相应的制度保障，应进一步完善相关申告制度。可以考虑，对超期羁押行为进行治罪，以杜绝超期羁押。如果羁押决定是公安机关作出的，则向人民检察院申告。如果羁押决定是人民检察院作出的，则向人民法院申告。人民检察院、人民法院接到申告后，经审查认为确属超期

---

① 岳礼玲：《刑事诉讼程序中预防性羁押的国家标准》，载《刑事审前程序改革与展望》，中国人民公安大学出版社2005年版，第137页。

羁押的，应立即作出决定，要求原决定机关在规定时间内变更刑事强制措施或将犯罪嫌疑人、被告人释放，原决定机关逾期不执行决定的，人民检察院或者人民法院有权作出释放被羁押人的决定。①

（四）建立刑事强制措施的责任追究机制

当前我国《刑事诉讼法》对滥用刑事强制措施如何追责，缺乏明确详实的规定，笔者认为，检察和监察机关可通过监督，视不同情形，分别追究相关人员的行政责任或刑事责任。

（五）进一步健全法律援助制度

我国《刑事诉讼法》第 36 条已规定，“法律援助机构可以在人民法院、看守所等场所派驻值班律师。犯罪嫌疑人、被告人没有委托辩护人，法律援助机构没有指派律师为其提供辩护的，由值班律师为犯罪嫌疑人、被告人提供法律咨询、程序选择建议、申请变更强制措施、对案件处理提出意见等法律帮助。人民法院、人民检察院、看守所应当告知犯罪嫌疑人、被告人有权约见值班律师，并为犯罪嫌疑人、被告人约见值班律师提供便利”。但这些规定都比较原则笼统，缺乏现实的操作性，更多的具有形式意义。为保证在押犯罪嫌疑人、被告人能够真正平等地获得律师帮助，应进一步借鉴加拿大、英国、日本的经验，修改完善我国的“值班律师”制度。

① 李学军、赵琦峰：《超期羁押：成因分析及治理管见》，载《刑事审前程序改革与展望》，中国人民公安大学出版社 2005 年版，第 58 页。

# 主要参考书目


[1]《马克思恩格斯选集》，人民出版社 1972 年版。

[2]《马克思、恩格斯、列宁、斯大林论法》，法律出版社 1986 年版。

[3] [法] 孟德斯鸠著：《论法的精神》，张雁深译，商务印书馆 1982 年版。

[4] [美] E·博登海默著：《法理学——法哲学与法律方法》，邓正来译，中国政法大学出版社 1999 年版。

[5] [美] 埃尔曼：《比较法律文化》，三联书店 1990 年版。

[6] 彼得·斯坦、约翰·查德著：《西方社会的法律价值》，王献平译，中国人民公安大学出版社 1990 年版。

[7] [美] 罗斯科·庞德：《通过法律的社会控制、法律的责任》，沈宗灵等译，商务印书馆，1984 年版。

[8] [美] 彼得·斯坦、约翰·香德：《西方社会的法律价值》，王献平译，中国人民公安大学版社 1989 年版。

[9] [英] P. 切克兰德著：《系统论的思想与实践》，左晓斯、史然译，华夏出版社 1990 年版。

[10] [意] 贝卡利亚：《论犯罪与刑罚》，黄风译，中国大百科全书出版社 1993 年版。

[11] [德] 阿希母·赫尔曼《德国刑事诉讼法典（序言）》，李昌珂译，载《德国刑事诉讼法典》，中国政法大学出版社 1995 年版。

[12] [日] 谷口安平：《程序的正义与诉讼》，中国政法大学出版社 1996 年版。

[13] [美] 迈克尔·D. 贝勒斯：《法律原则——一个规范的分析》，张文显等译，中国大百科全书出版社1996年版。

[14] [美] 卡尔·J. 弗里德里希：《超验正义》，周勇等译，三联书店1997年版。

[15] [美] 理查德·A. 波斯纳：《法律的经济分析》中国大百科全书出版社1997版。

[16] [德] 罗科信：《德国刑事诉讼法》，吴丽琪译，台北三民书局1998年版。

[17] [意] 杜里奥·帕多瓦尼：《意大利刑法学原理》，陈忠林译，法律出版社1998年版。

[18] [美] 德沃金：《认真对待权利》，信春鹰等译，中国大百科全书出版社1998年版。

[19] [美] 博登海默：《法理学：法律哲学与法律方法》，中国政法大学出版社1999年版。

[20] [英] 丹宁勋爵：《法律的正当程序》，李克强等译，法律出版社1999年版。

[21] [美] 约翰·罗尔斯：《正义论》，何怀宏、何包钢、廖申白译，中国社会科学出版社2001年版。

[22] 昂格尔：《现代社会中的法律》，吴玉章、周汉华译，译林出版社2001年版。

[23] [美] 莫顿·J. 霍维茨：《沃伦法院对正义的追求》，信春鹰、张志铭译，国政法大学出版社2003年版。

[24] [德] 托马斯·魏根特：《德国刑事诉讼程序》，岳礼玲、温小洁译，中国政法大学出版社2004年版。

[25] [日] 松尾浩也：《日本刑事诉讼法》，丁相顺译，中国人民大学出版社2005年版。

[26] [法] 贝尔纳·布洛克：《法国刑事诉讼法》，罗结珍译，中国政法大学出版社2009年版。

[27] [美] 约书亚·德雷斯勒、艾伦·C. 迈克尔斯：《美国刑事诉讼

法精要（第一卷）》吴宏耀译，北京大学出版社 2009 年版。

[28] [美] 尼尔·J. 凯普罗：《美国联邦宪法第四修正案：搜查与扣押》，吴宏耀、向燕、刘静、高翡等译，中国人民公安大学出版 2010 版。

[29] [美] 丹尼尔·J. 凯普斯：《美国联邦宪法第四修正案：令状原则的例外》，吴宏耀、牟绿叶、陈芳、邵夏虹译，中国人民公安大学出版社 2010 年版。

[30] [日] 田口守一：《刑事诉讼法》，张凌、于秀峰译，中国政法大学出版社 2010 年版。

[31] [英] 赫伯特·塞斯宾著：《国家权力与个人自由》，谭小勤等译，华夏出版社 2000 年版。

[32] [日] 谷口安平著：《程序的正义与诉讼》，王亚新等译，中国政法大学出版社 1996 年版。

[33] [日] 团藤重光著：《新刑事诉讼法纲要》，七订版，创文社 1984 年版。

[34] [德] 拉德布鲁赫著：《法律智慧警句录》，舒国滢译，中国法制出版社 2001 年版。

[35] James O' Reilly, Human Right and Constitutional Law, published by the Round Hall Press. Dublin 1992.

[36] Mincy v. Arizon, 437 U. S. 385, (1978).

[37] Frank I. Michelman, In Pursuit of Constitution Welfare Right: One Review of Rawls' Thory of Justice, 121 U. Pa. L. Rev. 962 (1973).

[38] Lasson, The History and Development of the Fourth Amendment to the United States Constitution (1937); Landynski, Search and Seizure and the Supreme Court (1996).

[39] Stoner v. California, 376 U. S. 483, 487-97 (1964).

[40] United States v. Robinson, 414 U. S. 218, 94 S. Ct. 467, 38 L. Ed. 2d 427 (1973)

[41] United States v. Dunn, 480 U. S. 300 (1987).

[42] Maryland v. Garrison，480 U. S. 79，107 S. Ct. 1013（1987）
[43] 陈光中主编：《〈公民权利和政治权利国际公约〉与我国刑事诉讼》，商务印书馆 2005 年版。
[44] 陈光中主编：《刑事诉讼法学》（第六版），北京大学出版社/高等教育出版社 2016 年版。
[45] 陈光中主编：《刑事诉讼法学五十年》，警官教育出版社 1999 年版。
[46] 陈光中等著：《中国古代司法制度》，群众出版社 1984 年版。
[47] 陈光中主编：《刑事诉讼法实施问题研究》，中国法制出版社 2000 年版。
[48] 陈光中主编：《外国刑事诉讼法程序比较研究》，法律出版社 1988 年版。
[49] 陈光中主编：《中华人民共和国刑事诉讼法再修改专家建议稿与论证》，中国法制出版社 2006 年版。
[50] 陈光中主编：《21 世纪域外刑事诉讼立法最新发展》，中国政法大学出版社 2004 年版。
[51] 陈光中、徐静村主编：《刑事诉讼法学》，中国政法大学出版社，2001 年版。
[52] 樊崇义主编：《刑事诉讼法学研究综述与评价》，中国政法大学出版社 1991 年版。
[53] 樊崇义主编：《刑事诉讼法实施问题与对策研究》，中国人民公安大学出版社 2001 年版。
[54] 樊崇义等著：《刑事诉讼法修改专题研究报告》，中国人民公安大学出版社 2004 年版。
[55] 樊崇义主编：《刑事审前程序改革与展望》，中国人民公安大学出版社 2005 年版。
[56] 樊崇义主编：《刑事诉讼法学》（第四版）法律出版 2016 年版
[57] 樊崇义主编：《2012 刑事诉讼法解读与适用》，法律出版社 2012 年版。

[58] 陈卫东主编：《保释制度与取保候审》，中国检察出版社 2003 年版。
[59] 陈卫东主编：《刑事诉讼法学》（第二版），高等教育出版社 2018 年版。
[60] 陈卫东主编：《刑事诉讼法实施问题对策研究》，中国方正出版社 2002 年版。
[61] 陈卫东主编：《模范刑事诉讼法典》，中国人民大学出版社 2011 年版。
[62] 陈卫东主编：《刑事诉讼法学》（马克思主义理论研究和建设工程重点教材），高等教育出版社 2017 年版。
[63] 陈卫东主编：《刑事诉讼法理解与适用》，人民出版社 2012 年版。
[64] 宋英辉主编：《刑事诉讼目的论》，中国人民公安大学出版社 1995 年版。
[65] 宋英辉译：《日本刑事诉讼法》，中国政法大学出版社 2000 年版。
[66] 宋英辉、李忠诚主编：《刑事程序法功能研究》，中国人民公安大学出版社 2004 年版。
[67] 宋英辉、吴宏耀著：《刑事审判前程序研究》，中国政法大学出版社 2002 年版。
[68] 陈瑞华主编：《刑事审判原理论》，北京大学出版社 1997 年版。
[69] 陈瑞华主编：《刑事诉讼法的前沿问题》，中国人民大学出版社 2000 年版。
[70] 陈瑞华主编：《看得见的正义》，中国法制出版社 2000 年版。
[71] 陈瑞华主编：《问题与主义之间——刑事诉讼基本问题研究》，中国人民大学出版社 2003 年版
[72] 陈瑞华主编：《程序性制裁理论》，中国法制出版社 2005 年版。
[73] 陈瑞华主编：《看得见的正义》（第二版），北京大学出版社 2013 年版。
[74] 尤志安主编：《清末刑事司法改革研究——以中国刑事诉讼制度近代化为视角》，中国人民公安大学出版社 2004 年版。

[75] 尤志安主编：《清末刑事司法改革研究——以中国刑事诉讼制度近代化为视角》，中国人民公安大学出版社 2004 年版。
[76] 左卫民、周长军主编：《刑事诉讼的理念》，法律出版社 1999 年版。
[77] 左卫民主编：《价值与构造——刑事程序的双重分析》，法律出版社 2003 年版。
[78] 卞建林主编：《刑事诉讼的现代化》，中国法制出版社 2003 年版。
[79] 卞建林、刘玫主编：《外国刑事诉讼法》，中国政法大学出版社 2008 年版。
[80] 卞建林主编：《中华人民共和国刑事诉讼法最新解读》，中国人民公安大学出版社 2012 年版。
[81] 卞建林、陈卫东等著：《新刑事诉讼法实施问题研究》，中国法制出版社 2017 年版。
[82] 张晋藩主编：《中国法制史》，群众出版社 1982 年版。
[83] 张晋藩主编：《中国司法制度史》，人民法院出版社 2004 年版
[84] 李忠诚主编：《刑事强制措施制度研究》，中国人民公安大学出版社 1995 年版。
[85] 谢佑平主编：《刑事诉讼法学论点要览》，法律出版社 2000 年版。
[86]《中国新民主主义革命时期根据的法制文献选编》，第 3 卷，中国社科出版社 1981 年版。
[87] 黄风译：《意大利刑事诉讼法典》，中国政法大学出版社 1994 年版。
[88] 李昌珂译：《德国刑事诉讼法典》，中国政法大学出版社 1995 年版。
[89] 余叔通、谢朝华译：《法国刑事诉讼法典》，中国政法大学出版社 1997 年版。
[90] 黄道秀译：《俄罗斯联邦刑事诉讼法典》，中国政法大学出版社 2003 年版。
[91] 马相哲译：《韩国刑事诉讼法》，中国政法大学出版社 2004 年版。

[92] 郎胜、熊选国主编：《荷兰司法机构的初步考察和比较，荷兰司法机构组织法，荷兰刑事诉讼法（节译）》，法律出版社 2003 年版。
[93] 朱良主编：《越南程序法（汇编）》，云南大学出版社 2000 年版。
[94] 钟佳平、程晓辉著：《中外刑事诉讼法概论》，贵州人民出版社 2003 年版。
[95]《世界著名法典汉译丛书》编委会：《十二铜表法》，法律出版社 2000 年版。
[96]《世界著名法典汉译丛书》编委会：《汉穆拉比法典》，法律出版社 2000 年版。
[97] 孙谦主编：《逮捕论》，法律出版社 2000 年版。
[98] 陈盛清主编：《外国法制史》，北京大学出版社 1987 年版。
[99]《外国法制史资料选编》，北京大学出版社 1982 年版。
[100]《中国法制史资料选编》，群众出版社 1988 年版。
[101] 徐朝阳主编：《中国古代诉讼法》，商务印书馆 1985 年版。
[102] 茅彭年主编：《中国刑事司法制度（先秦卷）》，法律出版社 2001 年版。
[103] 李交发主编：《中国诉讼法史》，中国检察出版社 2002 年版。
[104] 王云海主编：《宋代司法制度》，河南大学出版社 1992 年版。
[105] 李春雷主编：《中国近现代刑事诉讼制度变革研究（1895—1928）》，北京大学出版社 2004 年版。
[106] 孙长永主编：《侦查程序与人权——比较法考察》，中国方正出版社 2000 年版。
[107] 宗智主编：《相对合理主义》，中国政法大学出版社 1999 年版。
[108] 胡锦光、韩大元主编：《当代人权保障制度》，中国政法大学出版社 1993 年版。
[109] 夏勇主编：《人权概念起源》，中国政法大学出版社 1992 年版。
[110] 郑杭生、谷春德主编：《人权史话》，北京出版社 1994 年版。
[111] 赵磊、单丽莎主编：《走进权力》，团结出版社 1997 年版。

[112] 罗玉中、万其刚主编：《人权与法制》，北京大学出版社 2001 年版。
[113] 约翰柯亨著，王世宪译：《论政府：如何尊重少数》，台北弘文馆出版社 1986 年版。
[114] 陈弘毅、周长军主编：《刑事诉讼的理念》，中国政法大学出版社 1998 年版。
[115] 徐朝阳主编：《中国诉讼法溯源》，商务印书馆 1930 年版。
[116] 柯葛壮主编：《刑事诉讼法比较》，福建人民出版社 1999 年版。
[117] 王兆鹏主编：《刑事被告的宪法权利》，台湾翰芦图书出版有限公司 1999 年版。
[118] 李心鉴主编：《刑事诉讼构造论》，中国政法大学出版社 1992 年版。
[119] 姚莉主编：《刑事诉讼法学》，北京大学出版社 2006 年版。
[120] 宋英辉主编：《刑事诉讼目的论》，中国人民公安大学出版社 1995 年版。
[121] 张新宝主编：《隐私权的法律保护》，群众出版社 1997 年版。
[122] 龙宗智主编：《上帝怎样审判》，中国法制出版社 2000 年版。
[123] 孙长庆主编：《侦查程序与人权——比较法考察》，中国方正出版社 2000 版。
[124] 张彩凤主编：《英国法治研究》，中国人民公安大学出版社 2001 版。
[125] 甄贞主编：《刑事诉讼法学研究综述》，法律出版社 2001 年版。
[126] 谢佑平、万毅主编：《刑事诉讼法原则：程序正义的基石》，法律出版社 2002 年版
[127] 李交发主编：《中国诉讼法史》，中国检察出版社 2002 年版。
[128] 宋英诚、李忠诚主编：《刑事程序法功能研究》，中国人民公安大学出版社 2004 年版。
[129] 蔡榕庭主编：《警察职权行使法逐条释论》，五南图书出版股份有限公司 2005 版。

[130] 郎胜主编:《欧盟国家审前羁押与保释制度》,法律出版社 2006 年版。
[131] 英辉、孙长永、刘新魁等:《外国刑事诉讼法》,法律出版社 2006 年版。
[132] 马海舰主编:《刑事侦查措施》,法律出版社 2006 年版。
[133] 隋光伟主编:《羁押法论》吉林人民出版社 2006 年版。
[134] 杨开湘主编:《刑事诉讼与隐私权保护的关系研究》,中国法制出版社 2006 年版。
[135] 宋远升 闵银龙编著:《最新国外刑事司法制度研究》,东南大学出版社 2007 年版。
[136] 孙连钟主编:《刑事强制措施研究》,知识产权出版社 2007 年版。
[137] 王彬主编:《刑事搜查制度研究》,中国人民公安大学出版社 2008 年版。
[138] 高峰主编:《刑事侦查中的令状制度研究》,中国法制出版社 2008 年版。
[139] 叶巍主编:《刑事诉讼中的私有财产权保障》,法律出版社 2009 年版。
[140] 杨雄主编:《刑事强制措施的正当性基础》,中国人民公安大学出版社 2009 年版。
[141] 郑禄、姜小川主编:《刑事程序法学》,群众出版社 2001 年版。
[142] 汪建成主编:《刑事诉讼法学》,北京大学出版社 2001 年版。
[143] 唐德华主编:《刑事诉讼法及司法解释适用指南(上、下)》,人民法院出版社、中国方正出版社 2002 年版。
[144] 李晓明、陆岸编:《刑事诉讼法新释与适用》,武汉大学出版社 2004 年版。
[145] 宋英辉主编:《刑事诉讼原理导读》,法律出版社 2003 年版。
[146] 法苑精粹编辑委员会编:《中国诉讼法学精粹》(2002 年卷),机械工业出版社 2002 年版。

[147] 张穹主编：《诉讼问题研究》，中国人民公安大学出版社 2000 年版。
[148] 胡锡庆主编：《诉讼原理》，中国政法大学出版社 2002 年版。
[149] 张恒山主编：《法理要论》，北京大学出版社 2002 年版。
[150] 杨诚、单民主编：《中外刑事诉讼》，法律出版社 2000 年版。
[151] 陈国庆、何秉群主编：《中国诉讼制度与改革》，中国人民公安大学出版社 2001 年版。
[152] 武延平、刘根菊、杨雄编著：《刑事诉讼法案例教程》，北京大学出版社 2003 年版。
[153] 张少林著：《刑事证据的运用》，中国方正出版社 2003 年版。
[154] 谢佑平、万毅著：《刑事侦查制度原理》，中国人民公安大学出版社 2003 年版。
[155] 程小白、阮国平主编：《刑事侦查学通论》，群众出版社 1995 年版。
[156] 阮国平、程小白主编：《侦查方法》，中国人民公安大学出版社 2002 年版。
[157] 高春兴、阮国平主编：《侦查对策》，中国人民公安大学出版社 2003 年版。
[158] 王国枢主编：《刑事诉讼法学》，北京大学出版社 2003 年版。
[159] 罗庆东编著：《刑事立案标准法律适用手册》，中国民主法制出版社 2003 年版。
[160] 陈家逊编著：《公安机关办案程序规范》，群众出版社 2003 年版。
[161] 中共中央政法委员会：《社会主义法治理念教育读本》，中国长安出版社 2006 年版。
[162] 卞建林、李兰英、韩阳著：《刑事诉讼法专题研究》，科学出版社 2007 年版。
[163] 郑旭著：《刑事诉讼法学》，中国人民大学出版社 2007 年版。
[164] 李乐平主编：《现行刑事诉讼制度检讨与完善》，中国检察出版

社 2006 年版。
[165] 徐静村主编:《刑事诉讼前沿研究(第六卷)》,中国检察出版社 2007 年版。
[166] 王艳、袁继红主编:《刑事诉讼法》,浙江大学出版社 2007 年版。
[167] 宋英辉主编:《刑事诉讼法修改问题研究》,中国人民公安大学出版社 2007 年版。
[168] 刘根菊等著:《刑事诉讼程序改革之多维视角》,中国人民公安大学出版社 2007 年版。
[169] 2012 年 3 月 8 日王兆国关于刑事诉讼法修正案草案的说明。
[170] 郎胜主编:《中华人民共和国刑事诉讼法释义》(最新修正版),法律出版社 2012 年版。
[171] 阮国平主编:《公安执法理论教程》,中国人民公安大学出版社 2006 年版。
[172] 张军主编:《新刑事诉讼法法官培训教材》,法律出版社 2012 年版。
[173] 宋英辉、甄贞主编:《刑事诉讼法学》(第三版),中国人民大学年版。
[174] 全国人大常委会法制工作委员会刑法室审定《〈中华人民共和国刑事诉讼法〉条文释义、相关法律法规及司法解释实务全书(上)》,中国民主法制出版社 2012 年版。
[175] 孙茂利主编:《新刑事诉讼法释义与公安实务指南》,中国人民公安大学出版社 2012 年版。
[176] 宋英辉主编:《中华人民共和国刑事诉讼法精解》,中国政法大学出版社 2012 年版。
[177] 王尚新、雷建斌主编:《最新刑事诉讼法修改实用问答》(全国人大常委会法制工作委员会刑法室编著),人民法院出版社 2012 年版。
[178] 冀祥德主编:《最新刑事诉讼法释评》,中国政法大学出版社

2012 年版。
[179] 刘冀民主编：《控制侦查与庭审实质化》，法律出版社 2018 年版。
[180] 李寿伟主编：《中华人民共和国刑事诉讼法解读》，中国法制出版社 2018 年版。
[181] 马静华：《中国刑事诉讼运行机制实证研究（三）：以侦查到案制度为中心》，法律出版社 2010 年版。
[182] 宋英辉：《刑事诉讼原理》，北京大学出版社 2014 年版。
[183] 王爱立、雷建斌：《中华人民共和国刑事诉讼法》释解与适用，人民法院出版社 2018 年版。
[184] 印仕柏主编：《侦查活动监督重点与方法》，中国检察出版社 2014 年版。
[185] 李宝岳：《略论侦查的“强制性措施”与“强制措施”的区别》，载《北京政法学院学报》1983 年第 2 期。
[186] 姚莉：《司法效率：理论分析与制度构建》，载《法商研究》2006 年第 3 期。
[187] 范剑虹：《欧盟与德国的比例原则——内涵、渊源、适用与在中国的借鉴》，载《浙江大学学报（人文社会科学版）》2000 年第 5 期。
[188] 陈光中、张小玲：《中国刑事强制措施制度的改革与完善》，载《政法论坛》2003 年第 5 期。
[189] 祖鹏：《我国刑事诉讼强制措施与人权保障》，载《法学杂志》2005 年第 2 期。
[190] 李新权、宋家宁：《刑事侦查中扣押适用存在的问题与对策》，载《中国刑事警察》2005 年第 5 期。
[191] 陈怀安：《论刑事强制措施的限制、适度适用与制度完善》，载《人民检察》2005 年第 16 期。
[192] 张智辉、邓思清：《论我国刑事强制性措施制度的改革与完善》，载《法商研究》2006 年第 1 期。

[193] 徐静村、潘金贵：《我国刑事强制措施制度改革的基本构想》，载《甘肃社会科学》2006 年第 2 期。

[194] 张小宁、吕泽华：《谈强制措施的含义、诉讼功能及性质——中德侦查强制措施比较研究》，载《辽宁警专学报》2006 年第 2 期。

[195] 金石：《刑事诉讼强制措施的适用应遵守比例原则——兼论相关检察监督》，载《西南政法大学学报》2006 年第 4 期。

[196] 左卫民：《规避与替代——搜查与替代运行机制的实证考察》，载《中国法学》2007 年第 3 期。

[197] 王亚锋：《刑事强制措施的立法完善》，载《云南大学学报（法学版）》2007 年第 6 期。

[198] 万毅：《刑事诉讼中的扣押：规范分析与法律解释——以两个关键词为例》，载《法学》2008 年第 7 期。

[199] 龚举文：《论扣押、冻结款物强制性措施的司法控制》，载《中国刑事法杂志》2009 年第 8 期。

[200] 雷小政：《扣押程序的立法完善建议》，载《人民检察》2009 年第 23 期。

[201] 张爱岩：《刑事强制措施适用问题研究》，载《河北大学学报（哲学社会科学版）》2010 年第 2 期。

[202] 杨琨：《刑事强制措施客体论》，中国政法大学 2006 年硕士学位论文。

[203] 秦策：《刑事诉讼比例原则研究》，中国政法大学 2008 年博士学位论文。